KB125992

영상 아포리아

영상이 건네는 일상·실험·기억에 관한 흥미진진한 이야기들

※ 이 도서의 국립중앙도서관 출판예정도서목록(CIP)은 서지정보유통지원시스템 홈페이지
(http://seoji.nl.go.kr)와 국가자료공동목록시스템(http://www.nl.go.kr/kolisnet)에서 이용
하실 수 있습니다. CIP제어번호: CIP2019046243(양장), CIP2019046244(무선)

THE VISUAL APORIA

영상 아포리아

영상이 건네는 일상 · 실험 · 기억에 관한
흥미진진한 이야기들

| 이자혜 · 최종한 · 태지호 · 서원태 · 박홍열 · 박동애 · 강승묵 지음 |

『영상 아포리아: 영상이 건네는 일상 · 실험 · 기억에 관한 흥미진진한 이야기들』
은 저마다 영상 관련 분야의 전문 실무자나 연구자로 살아온 일곱 명의 저자들이 어느 '한 분'과의 인연으로 인해 '영상'
에 대해 함께 공부할 수 있는 기회를 얻은 이후에 우연히(또는 필연적으로) 한자리에 모이면서 집필되기 시작했다. 일상
과 영상, 영상과 실험, 기억과 영상으로 구성된 이 책은 영상과 '아포리아'라는 주제에 대해 번짐과 엉킴이라는 리좀의 특
성을 살려 심도 있게 탐구한다.

한울
아카데미

・・・

나는 내가 아무것도 모른다는 것을 안다.

I know that I know nothing.

소크라테스 Socrates

차례

영상, 아포리아 또는 아포리아, 영상

한국에서 '영상'이라는 개념이 학술적으로 인용되기 시작한지는 채 서른 해도 되지 않는다. 2000년을 전후로 한국 영화가 새로운 르네상스기에 접어들고 텔레비전 드라마, 예능 프로그램, K-POP, K-문화가 한류 열풍을 주도하면서 영상the visual이라는 개념과 관련 이론이 부쩍 학술적인 관심 대상으로 떠올랐다. 대략 그 무렵부터 영상, 미디어, 문화, 콘텐츠 등의 낱말이 포함된 학과명과 교과명이 대학에서 우후죽순처럼 확산되었고, 수많은 학문공동체에서 영상에 대한 다양한 이론적·방법론적 접근이 시도되었으며, 영상학Visual Studies이 분과 학문으로서의 학문적 체계를 갖출 수 있는 환경이 본격적으로 조성되었다.

영상과 영상학이 학술學術과 학문學問의 흥미롭고 매력적인 도구이자 수단으로 눈길을 끌게 된 데에는 기실 대중의 일상과 영상이 별개가 아니라는 사실을 적잖은 학자들(특히 교수들)이 재빠르게 눈치챘기 때문이다. 또한 그들 대다수는 영상이 일상이고, 일상이 영상인 사실과 현실은 물론이고 영상과 일상 자체가 진실(또는 진리)일 수 있다는 믿음을 갖기까지 했다. 이와 같은 변화의 저변에는 영상 자체를 비롯해 영상미디어, 영상콘텐츠, 영상 작품, 영상저널리즘, 영상커뮤니케이션, 영상문화 등등의 영상 파생 상품들이 대중과 대중의 일상을 강력하게 지배한다는 우려를 떨쳐내기 위한 일종의 방어 심리가 깔려 있었다고 할 수도 있다. 어찌되었든 현대사회에서 영상이 대중으로 하여금 일상을 살게 하고, 또한 그 일상으로부터 벗어나 새로운 일상을 실험할 수도 있게 하며, 영상을 새롭게 기억할 수 있게 하는 원동력인 것만큼은 명백하다.

『영상 아포리아: 영상이 건네는 일상·실험·기억에 관한 흥미진진한 이야기들』(이하 『영상 아포리아』)은 1990년대 초·중반부터 영상 관련 분야에서 전문적인 직업인으로 살아왔거나 대학이나 연구기관 등을 드나들며 영상 공부에 매진했던 일곱 명의 저자들이 한자리에 모이자고 결의하면서 착안되었다. 시각디자이너, 방송작가, 역사학자, 사회과학 연구자, 영화 촬영감독, 실험영화 감독, 다큐멘터리 감독, 프로듀서, 방송 연출가 등 한 줄로 꿰면 줄줄이 이어질 듯 이웃한 분야에서 각자 다양한 영상 경험을 두루 쌓아온 저자들이 영상에 대해 '따로 또 같이' 말을 건네 보겠노라고 나름대로 채비한 셈이었다.

사실 이처럼 저자들이 눈앞에 쌓여 있는 해묵은 숙제를 이참에 모두 풀어보겠다는 듯이 호기롭게 요량한 데에는 저자들과 이런저런 이유로 소중한 인연을 맺었던 한 분과 저자들의 인연 때문이었다. 그는 한국의 학문공동체에서 학술로서의 영상과 학문으로서의 영상학이 제자리를 잡을 수 있도록 기꺼이 힘을 보탠 황인성 선생님(서강대학교 커뮤니케이션학부)이다. 황인성 선생님은 문화연구cultural studies와 문화 커뮤니케이션cultural communication으로부터 발원한 영상연구visual studies와 영상 커뮤니케이션visual communication의 학문적 체계를 공고하게 다진 학자들 가운데 한 분이다. 『영상 아포리아』에는 서강의 가브리엘 언덕길을 수없이 오르내리며 그에게서 공부의 기회를 얻었고, 그와 함께 공부했으며, 무엇보다 그로 인해 삶과 사람, 사랑의 참뜻을 되새길 수 있었던 저자들의 감사와 존경의 마음이 담긴 헌정의 의미가 실려 있다.

10

『**영상 아포리아**』는 일종의 리좀rhizome식 방식으로 구성되어 있다. 땅속에 있는 하나의 뿌리로부터 땅 밖으로 여러 개의 줄기가 뻗는 것이 아니라 땅속에서 한 뿌리와 여럿의 줄기가 각각 따로, 또 같이 한 덩어리를 이루는 모양새를 취하는 셈이다. 따라서 이 책은 마치 하나의 가지를 향하는 여러 개의 덩굴이 아니라 각각의 덩굴이 하나의 가지인 동시에 덩굴로서의 역할도 하는 것처럼 뿌리와 줄기, 가지와 덩굴이 서로 대립하거나 배척하지 않으며 '하나'로서의 조화를 지향한다고 할 수 있다.

연이 닿았고 그 연을 계속 이어왔다고 해서 모두가 같은 옷을 입고, 한 솥에 지은 밥을 먹어야 하며, 한집에서 살아야 할 필요는 전혀 없다. 앞서 얘기했듯이, 비록 그렇게 해볼 수도 있지 않을까 여겨질 만큼 저자들이 이웃한 영상 마을에서 그냥저냥 살아왔더라도 각자의 관심사와 취향, 개성과 정체성, 학문과 연구 분야, 영상과 영상학에 대한 관점, 무엇보다 삶, 사람, 사랑에 대한 인식과 가치관의 결은 저마다 다를 수밖에 없다. 그런 저자들이 리좀처럼 영상과 아포리아라는 하나의 주제를 통해 유연하게 이합하고 집산하면서 기꺼이 번짐과 엉킴을 마다하지 않으며 쓴 책이 『**영상 아포리아**』이다.

이 책은 일상과 영상, 영상과 실험, 기억과 영상의 큰 뿌리줄기 세 개로 구성되어 있으며, 각각의 뿌리줄기에 촘촘히 연결된 네 개의 가지 또는 덩굴이 한 그루의 나무를 형상화하고 있다. 각각의 뿌리와 줄기, 가지와 덩굴은 서로 분과될 수 있는 독립적인 학문 분야이자 영상과 영상학이라는 이름을 가진 하나의 나무 그늘 안에 공존하는 셈이다. 첫 번째 뿌리줄기인 '일상_영상'에는 01 일상의 삶, 사람, 사랑에 대한 영상 아포리아, 02 밥과 커피, 영화…, 반복되는 일상의 시성, 03 어쩌다 마주친 그대와의 사랑은 운명일까? 04 상상의 공동체: '어느 가족'과 '방탄 가족'이라는 가지와 덩굴이 뻗어 있다. 일상을 벗어나기 위한 '영상_실험'이라는 이름의 두 번째 뿌리줄기에는 05 한국 실험영화 태동기 약사(1919~1979), 06 이토 다카시, 개인의 실험영화 연대기, 07 촬영미학: 봉준호 감독의 〈마더〉, 빛과 물질로 영화 읽기, 08 1960년대 한국 실험영화 작품이라는 가지와 덩굴이 달려 있다. '기억_영상'으로 이름 붙여진 세 번째 뿌리줄기에는 09 일상문화와 기억, 10 기억의 터에 남겨진 영상의 흔적들, 11 반복되는 역사의 잔인한 기억들, 12 영상 재현과 몽타주 기억이라는 가지와 덩굴이 각각 뻗고 달려 있다. 아울러 '영상이 우리에게, 우리가 영상에게 말을 건네다'라는 주제로 나눈 대담 형식의 이야기가 부록으로 곁들여져 있고, 맨 처음과 끝에 프롤로그와 에필로그가 각각 배치되어 있다.

각각의 뿌리줄기와 가지, 덩굴을 자세히 들여다보면 다음과 같다. 첫 번째 뿌리줄기(일상_영상)의 01 일상의 삶, 사람, 사랑에 대한 영상 아포리아(강승묵)는 별반 다르지 않을 것 같은 일상의 삶을 살아가는(또는 살아지는) 우리와 우리의 사랑에 관한 영상 에세이다. 에세이 형식의 영상 작품이 아니라 영상과 일상에 대한 에세이쯤이라고 이해하면 좋을 듯하다. 특히 이 장은 문화연구의 관점에서 일상과 영상의 관계를 들여다보며 일상문화, 일상성, 낯설게 하기 등의 개념을 중심으로 일상과 영상의 아포리아를 탐구한다. 아울러 영상에 대한 물음이 아포리아일 수밖에 없는 이유를 따져보고, 그 해결 방법 가운데 하나로 성찰적 사진 인터뷰를 제안한다. 02 밥과 커피, 영화…, 반복되는 일상의 시성(이자혜·강승묵)은 마르틴 하이데거Martin Heidegger, 앙리 르페브르Henri Lefebvre, 질 들뢰즈Gilles Deleuze의 일상과 일상성에 대한 반성적 성찰을 바탕으로 일상이 일탈적 축제나 혁명 같은 것에 의해 변화되며, 예술이 되기도 한다는 점을 영화 〈패터슨Paterson〉(짐 자무시Jim Jarmusch, 2016)과 〈카모메 식당Kamome Shokudô〉(오기가미 나오코Ogigami Naoko, 2006)을 통해 살펴본다. 03 어쩌다 마주친 그대와의 사랑은 운명일까?(이자혜)는 우리 일상의 희로애락의 원인이라고 할 수 있는 '사랑'의 본질을 철학적으로 탐구한다. 불변하는 진리를 상정해 놓은 서양 고전철학의 근원인 이데아Idea, 이를 비판하며 생성의 철학을 펼친 질 들뢰즈의 주요 개념들(사건, 리좀, 되기, 기관 없는 신체 등)을 빌려 사랑에 대해 이야기한다. 그리고 이 개념들을 적용한 〈카페 드 플로르Café de Flore〉(장 마크 발레Jean-Marc Vallée, 2011)와 〈그녀Her〉(스파이크 존즈Spike Jonze, 2013)를 분석해 우리가 사랑을 대하는 자세와 그 두 가지 가능성에 대해 생각해본다. 04 상상의 공동체: '어느 가족'과 '방탄 가족'(박동애)은 방탄소년단(BTS)이 지리적·언어적·관습적·문화적 장벽을 극복하는 방식과 전 세계 아미(A.R.M.Y) 팬덤이 구축되는 양상을 고레에다 히로카즈Hirokazu Kore-eda 감독의 〈어느 가족Shoplifters〉(2018)과의 연관성을 통해 살펴본다. 특히 비혈연 가족 관계로 연결된 방탄소년단과 아미가 상상의 공동체를 구축할 수 있었던 이유를 디지털 네이티브, 시간, 동감, 공감, 정체성 등을 통해 분석함으로써 가족 관계의 상호작용에 대해 문제를 제기한다.

두 번째 뿌리줄기(영상_실험)의 05 한국 실험영화 태동기 약사(1919~1979)(최종한)는 미답의 현대 한국 실험영화 태동기 역사를 따라가 본다. 오래된 빛 경험인 〈만석중놀이〉로부터 1980년대 영상기술이 폭발적으로 발달하기 이전까지, 태동기 한국 실험영화시대 작가와 작품들의 모습과 역사를 형상화한다. 06 이토 다카시, 개인의 실험영화 연대기(서원태)는 일본을 대표하는 실험영화 작가인 이토 다카시Ito Takashi의 실험영화에서 관찰되는 서구 구조주의 영화의 양식적 공통점을 탐구한다. 특히 다카시의 실험영화가 서구의 구조-물질주의 영화 양식과 닮았지만 그 미학적 뿌리는 서구의 실험영화사나 아방가르드 예술사에 직접적으로 닿아 있지 않다는 점에 주목한다. 이토 다카시의 영화는 환영주의에 기초해 주류 영화를 해체하고자 한 구조영화의 미학과 달리 해체가 아닌 숭고의 개념을 중시한다. 07 촬영미학: 봉준호 감독의 〈마더〉, 빛과 물질로 영화 읽기(박홍열)는 영화를 구성하는 물질들로 영화를 분석한다. 영화 읽기는 서사, 상징, 의미에 가려져 드러나지 못했던 프레임 위의 무수히 많은 물질을 감각하는 것이다. 또한 촬영미학은 빛, 명암, 색, 렌즈, 질감 등 카메라의 물리적 장치뿐만 아니라 이미지를 구성하는 물질들로 영화를 분석하고 기호의 감수성으로 감각하는 영화 읽기를 통해 중심에서 벗어난, 의미화되지 않은 서사를 발굴하는 것이고 영화의 잠재성을 확인하는 것이다. 이를 구체적으로 살펴보기 위해 의미로 표현을 바라보는 것이 아닌, 표현을 통해 의미를 다층화하는 관점으로 〈마더〉(봉준호, 2009)의 촬영을 읽어보려 한다. 08 1960년대 한국 실험영화 작품(최종한)에서는 유현목과 김구림의 작품으로 대표되는 1960년대가 한국 영화의 르네상스기라고 칭해질 만큼 질적·양적으로 영화적 성장이 폭발하던 시기였다는 전제하에 이 시기에 실험적 영화 작업을 수행하던 작가들과 그 실험 유형을 당시의 실험성 짙은 작품을 발표했던 작가들의 실험 궤적을 따라가며 살펴본다.

마지막 세 번째 뿌리줄기(기억_영상)의 09 일상문화와 기억(태지호)은 기억 개념의 의미와 그에 관한 논의들을 통해 일상 속에서 기억의 문제가 어떻게 의미화되는지에 대해 살펴본다. 이는 기억 산업의 유행과 기억의 문화적 재현이라는 관점 속에서 일상 커뮤니케이션에 나타나는 기억의 실천들을 살펴보는 것이며, 이를 통해 우리의 정체성을 어떻게 이해해야 하는지를 논의하는 것이라고 할 수 있다. 10 기억의 터에 남겨진 영상의 흔적들(강승묵)에서는 기억에 관한 커뮤니케이션학의 관심, 기억연구memory studies의 학술적 흥행, 영상의 일상화 등을 바탕으로 기억과 영상의 관계를 살펴본다. 특히 모리스 알박스Maurice Halbwachs와 피에르 노라Pierre Nora의 기억의 사회적 구성과 기억의 터 등을 리뷰하고, 미셸 푸코Michel Foucault가 정치하게 이론화한 헤테로토피아heterotopia를 영화적 공간을 살펴보는 이론적 도구로 활용해 영화 〈시카고 하이츠Chicago Heights〉(다니엘 니어링Daniel Niering, 2009)와 장률張律, Zhang Lu 감독의 영화들을 분석한다. 11 반복되는 역사의 잔인한 기억들(이자혜)은 전 생애에 걸쳐 '기억을 통한 역사 쓰기'를 실천해 온 크리스 마커Chris Marker의 〈미래의 기억Souvenir d'un Avenir〉(2001)을 분석한다. 마커는 영화뿐 아니라 소설, 비평, 사진, 미디어 아트에 이르는 다양한 분야에서 기억과 망각에 대한 일관된 문제의식을 기반으로 전쟁과 죽음의 역사가 반복되는 세계를 응시-사유해 왔다. 그가 영화를 통해 자신의 사유를 관객에게 중재하는 방식을 규명하기 위해 먼저 '에세이 영화'의 특성을 고찰하고, 이를 토대로 마커가 〈미래의 기억〉에서 '사적 기억'을 활용하여 관객을 사유의 세계로 초대하는 방식을 분석한다. 12 영상 재현과 몽타주 기억(태지호)에서는 문화적 기억의 관점에서 기억과 영상 재현의 관계를 논의한다. 특히 '한국 전쟁'이라는 특수한 과거의 사건과 그에 대한 기억의 문제를 영화를 통해 살펴본다. 이를 위해 2000년 이후 개봉한 여덟 편의 영화들에서 한국 전쟁이 어떤 방식으로 재현되는가를 몽타주 기억이라는 개념을 통해 살펴봄으로써 영화가 대중들로 하여금 한국전쟁에 대해 무엇을, 어떻게 기억하게 할 것인가에 대해 논의한다.

『**영상 아포리아**』는 현대사회에서 대중의 일상적 삶(죽음도 함께)과 항상 공존하는 영상에 대해 다양하게 숙고한다. 일곱 명의 저자들은 마치 백지白紙에 한 줄의 선을 긋는 것에서 그림 그리기가 시작되듯이, 영상을 처음 만나 영상에게 말을 걸고, 영상이 건네는 말에도 귀를 기울이며, 차츰차츰 영상에 대해 알아가는 데 있어 한 줄의 선이기를 소망하는 마음으로 이 책을 썼다. '아포리아'가 뜻하는 바와 같이, 이 책에서 저자들은 도무지 풀릴 것 같지 않은 난제에 대한 답을 필사적으로 구하기 위해 스스로 무지無知를 깨닫는 철학적 방법론을 채택하고 있다. '아무것도 알지 못함의 끝에 이르러서야 비로소 알게 됨'이라는 교훈을 실천하기 위해 '영상이 우리에게, 우리가 영상에게 말을 건네는' 대화를 나눔으로써 자기비판과 성찰을 게을리하지 않겠다는 것이다.

저자들 모두 이런저런 사연을 간직한 채 영상을 처음 공부하겠다고 나섰을 무렵부터 한 가지의 기억을 공유하고 있음을 차제에 알게 되었다. 앞뒤가 꽉꽉 막힌 것 같은 공부의 길에서 한참을 망설이거나 서성일 수밖에 없었고, 한 치 앞도 보이지 않는 내일에 대한 걱정과 불안 때문에 당혹스럽고 난처했던 기억들이다. 이제는 각자 자신에게 맞는 자리를 찾아서 지난 시간을 더듬어볼 수 있을 만큼 적잖게 시간이 흘렀지만 여전히 공부가 제일 어렵다는 점을 거듭 절감하고 있다는 점에도 저자들은 이내 공감했다. 어쩌면 공부가 그렇듯이, 삶의 모든 것이 아포리아이지 않을까 싶다. 그래서 저자들은 오늘도 '그분'으로부터 발상한 '스스로의 무지'를 자각하며 자기비판과 성찰을 통해 부단히 자신과의 대화를 모색하고 있다. 이 책은 그 대화의 '첫 번째' 결실이라고 할 수 있다.

2019년 늦여름
저자 모두

제1부

일상_영상

일상의 삶, 사람, 사랑에 대한 영상 아포리아

강승묵 공주대학교 영상학과 교수

일상의 아포리아

일상, 아포리아

어제와 별반 다르지 않은 오늘, 오늘과 그다지 달라지지 않을 것 같은 내일, 그날이 그날 같은 하루하루를 맞고 보내는 일이 하릴없다고 생각될 때가 있다. 그래서인지 살아간다기보다 살아진다는 하소연이 마냥 푸념으로만 들리지 않는다. 그러나 어제와 오늘, 내일을 그렇게 속절없이 흘려보낼 수만은 없는 노릇이다. 기실 그런 삶뿐 아니라 그렇게 삶을 사는 사람도 없을 터이다. 우리네 삶은 그리 맥없이 살아지지 않는다. 오늘은 분명히 어제와 같지 않으며, 내일도 단연코 오늘과 다를 것이다. 시간이 어김없이 지나가기 때문이다. 따라서 매 순간마다 사람들의 생각과 감정이 같을 리 없다. 우리는 그렇게 **일상**everyday life이라고 불리는 하루하루를 살아간다. 또는 살아진다.

가끔은 순식간에 지나가고 어김없이 반복되는 일상이 무슨 의미가 있을까 하고 자조 섞인 불평을 늘어놓기도 하지만 따지고 보면 하루하루만큼 소중한 것도 없다. 시간이란 것이 돌이키거나 앞당길 수 없으며 지나가면 그만인 절대적인 물리物理이기 때문이다. **일상**은 사전적으로는 '날마다 반복되는 생활'[1]로 정의된다. 매일 "하루도 거르지 않고 자연스럽게 '흘러가는' 삶 자체이자 삶의 방식이며 양식"(강승묵, 2018a: 275)이 일상이다. 또한 일상은 "기념식이나 축제, 예외적이고 상징적인 이벤트가 벌어지는 시간과는 대조되는 단조로운 시간으로 여겨진다. 즉, 재생산을 계속하는 데 필요한 반복적 행위만 이루어지는 변화 없는 시간으로 보이는 것"(에덴서, 2008: 55)이 일상이다.

'흘러가는', '단조로운', '변화 없는' 삶처럼 일상을 정의하기 위해 동원되는 수식어들보다 그런 삶의 양상이나 형태가 결정되는 일상의 방식에 유의할 필요가 있다. 일상은 당연하게도 시간의 차원뿐만 아니라 공간의 문제에 의해서도 정의된다. 삶이나 문화가 그렇듯이, 일상도 일상이 꾸려지는 시공간을 통해 매우 역동적으로 구성되고 또 재구성되는 것이다. 미묘한 '흔들림'이나 '떨림'이 지속적으로 반복되면서 일상의 시공간에 생기가 부여되기도 하고, 거꾸로 활력이 사라지기도 한다. 그래서 일상은 항상 새롭다. 앞에서도 얘기했듯이, 오늘은 어제와 다르고, 내일도 오늘은 이미 아니다. 일상은 시간과 공간을 분리하거나 결합하며 매일 새로운 모습으로 재창조된다. 따라서 일상은 존재와 생성, 부재와 소멸을 반복하며 영원히 지속된다고 할 수 있다.

문화연구cultural studies의 관점에서 학술적으로 일상에 대한 관심이 생기기 시작한 것은 지금은 거의 폐기되다시피 한 마르크스주의Marxism 때문이다. 1960년을 전후로 영국에서 발원한 문화연구는 카를 마르크스Karl Marx가 주창했던 경제보다 문화(대중문화)가 사회를 구성하고 지배하는 결정적인 요인이라고 가정했다. 마르크스주의와 애증의 관계를 맺어왔던 문화연구가 경제보다 일상의 문화(대중문화)에 더 천착한 이유는 일상과 문화(대중문화)의 관계의 중요성을 문화연구자들이 간파했기 때문이다. 문화연구는 대중의 일상적인 삶에 문화가 가장 중요한 영향을 미친다는 전제하에 대중과 일상, 문화와 사회의 문제들에 주목했다.

문화연구를 대표하는 이들 가운데 한 명인 레이먼드 윌리엄스Raymond Williams 는 '문화는 일상적이다Culture is Ordinary'라는 명제를 남긴 바 있다. 이 명제는 "문화가 예술이나 학문뿐만 아니라 제도나 일상행위에 있어서도 특정한 의미 와 가치를 재현하는 독특한 삶의 방식"(Williams, 1961: 63)이라는 점을 강조한다. 즉, "문화적 행위와 그 생산물을 인간 정신의 뛰어난 성취로서의 예술이나 문 학적 전통 속에 한정시켜 보는 관점에서, 보통 사람들의 일상적 삶 속에서 일 어나고 있는 다양한 형태의 상징적 행위로 확장시키는, 관점의 전환"(여건종, 2018: 38)이 중요하다고 윌리엄스는 강조한 것이다. 윌리엄스를 비롯해 대다수 의 문화연구자들이 일상적이고 "'평범한' 문화를 연구할 가치가 있는 것으로 봤다는 것은 일상을 특별한 것이 아니라 해서 외면하지 않았다는"(강내희, 2015: 18) 것을 뜻한다. 또한 일상과 일상의 문화를 문화경제의 측면에서 접근한 로 렌스 그로스버그Lawrence Grossberg는 문화를 경제로부터 독립적이고 자율적인 것으로 전제하고, 문화의 의미와 쾌락의 순환을 중심으로 일상과 일상문화를 이해하고자 했다. 이와 같은 접근은 문화연구자들로 하여금 "기호와 이미지, 텍스트와 담론, 상징과 재현이 넘쳐나는 일상의 영역"(강내희, 2015: 30)에 주목하 도록 했다.

일상문화ordinary culture는 매일 반복되는 하루하루의 문화만을 뜻하지 않는 다. 일상문화는 일상생활이 이루어지는 "일상 공간이 자본권력에 의해 잠식되 는 현상을 비판적으로 관찰하고 이해할 수 있게"(강승묵, 2018a: 276) 하는 개념이 다. 흔히 일상은 소박하거나 소소하고 일상 공간은 무척 친숙하거나 낯익은 곳 으로 인식된다. 그래서 "일상문화는 별것 아닌 것처럼 보인다. 일상이니까 그 렇다. 우리의 눈에 비친 일상의 모든 문화와 영상은 마치 우리의 일부분인 것" (강승묵, 2018a: 276)처럼 익숙하다. 그렇기 때문에 오히려 일상이라는 시간 자체 는 물론이고 일상을 구성하는 공간과 일상의 문화 등을 꼼꼼히 들여다볼 필요 가 있다.

프랑스의 철학자인 앙리 르페브르Henri Lefebvre는 자본주의 사회의 일상을 비판적 관점으로 바라보면서 **일상성**dailiness에 대해 고찰한 바 있다(Lefebvre, 1991). 르페브르는 자본주의의 '손'에 의해 생산된 일상적 삶의 일상성이 갖는 지배적인 특성으로 (일상의) '반복성'을 든바 있다. 그에 의하면, 박탈감, 결핍의식, 불만 때문에 일상은 지금의 현실과는 다른 어떤 것, 지금의 삶과는 다른 어떤 삶의 가능성에 대한 그리움과 열망을 탄생시키며, 일상의 모순성은 일상이 자본주의 사회에서 변하지 않는 현실과 변화에 대한 갈망을 동시에 지닌 공간이라는 사실을 드러내는 특징을 갖는다(도정일, 1992: 130~131).

앙리 르페브르는 일상의 공간이 동질적이지 않으며, 그 공간 내부에 변화의 가능성과 잠재력이 있다는 점에 주목했다. 그는 일상성의 세계를 복합적이고 모순적인 공간으로 인식하면서 "현대적 일상이 만족과 안락을 제공하면서도 동시에 불만과 박탈감을 발생"(도정일, 1992: 132)시킨다고 주장한다. 이 말은 곧 자본주의의 (보이지 않는) '손'이 생산한 현실이 일상인데, 그런 일상에는 현실을 부정하는 요소가 존재한다는 일상성의 모순을 지적한 것이라고 할 수 있다. 르페브르는 현대 자본주의 사회에서 사소하고 진부한 일상성을 의도적으로 드러내 그런 일상을 변화시키기 위한 전략과 전술로서의 실천 행위의 중요성을 역설한다(Lefebvre, 1991).

현대 자본주의 사회에서의 억압적인 일상을 벗어나는 방법들 가운데 비교적 어렵지 않게 시도해 볼 만한 것이 **낯설게 하기**defamiliarization이다. 낯설게 하기는 익숙하거나 친숙한 것을 '삐뚜름히' 바라봄으로써 낯익은 것들에 대해 비판적으로 문제를 제기하고 그 문제의 해답을 탐색하는 실천적 행위이다. 마치 카메라와 대상 사이에 일정하게 거리를 두는 것처럼, 시선이나 시점, 관점을 새롭게 (재)구성해 주변, 사물, 사람과의 관계와 그 본질을 다시금 되새겨보는 것이 낯설게 하기라고 할 수 있다.

우리의 일상에는 낯설게 할 수 있는 비교적 손쉬운 방법들이 적지 않다. 가령, 늘 지나던 거리, 만나던 사람, 마시던 커피, 머무르던 공간 등과 잠시나마 이별하고 새로운 거리와 사람, 커피와 공간을 만나보는 것처럼 익숙한 것들과 결별하는 것이 낯설게 하기의 시작일 수 있다. 낯설게 하기는 **일탈**getaway이라는 것의 긍정적인 효과를 낳기도 한다. 문화연구는 "다양한 문화적 의제와·기제들을 통한 실천, 그리고 지배 구조에 대해 인간 주체들이 벌이는 저항과 전복, 그리고 일탈의 가능성에 주목"(이기형·임도경, 2007: 159)한다. 문화를 활용해 "지배·주류·독점·억압문화에 저항하거나 이를 거부하는 것"이나 기존의 억압적인 "문화를 전복하려는 의지를 가짐으로써 일탈의 가능성을 모색하는 것은 그리 어렵지 않게 실천할 수 있는 일"(강승묵, 2018a: 277)이다. 거시적인 수준에서 일상을 뒤흔들 만큼의 격동을 모색할 필요 없이 미시적인 차원에서 미세하게 흔들리거나 떨리는 일상의 요동disquiet을 포착하는 것으로도 낯설게 하기를 통한 일탈은 얼마든지 가능하다.

자본주의 사회에서 일상의 '불안한' 요동이 미치는 영향을 주의 깊게 탐색한 미국 출신의 일본학자인 해리 하르투니언Harry Harootunian은 **일상성**을 근대 이전의 일상생활과 구분한다. 그는 근대 이후의 자본주의 사회에서의 일상이 항상 불완전하기 때문에 우연하고 예기치 못한 사건들이 발생할 가능성이 있다고 강조한다(하르투니언, 2006: 130~135). 지역연구에서 문화연구로의 확장을 주장했던 하르투니언의 논의에 덧붙여 한 가지 더 고민해 볼 문제는 1980년대 말부터 문화연구가 자본의 (재)생산과 축적의 순환보다 의미와 쾌락의 순환을 강조한 문화경제에 주목한 이유가 급변하는 문화적 현상이나 상황보다 "자신의 비판적 예각을 잃고 자본주의적 지배에 투항"(강내희, 2015: 34)했기 때문이라는 지적에 관해서이다.

1990년대 들어 휘몰아친 전 지구화와 신자유주의의 광풍으로 인해 영상을 비롯해 예술, 미디어, 교육, 놀이, 이미지, 건강, 여가 등의 일상적인 삶의 양식들이 일순간 자본(경제)에 포섭되기 시작했다. 그 결과, **문화연구**는 더 이상 일상의 삶과 문화에 파고드는 자본(경제)을 의미와 쾌락의 순환으로만 받아들일 수 없게 되었다. 또한 그 이후부터 문화경제가 '경제의 문화화와 문화의 경제화'가 융합된 현상으로 이해되면서(주은주, 2013) 일상의 모든 것(삶, 사람, 사랑, 문화 등이 포함된)이 '금융 상품'으로 간주되기도 했다. 결국 "일상적 삶의 초점과 거기서 주조를 이루는 감각, 리듬은 자산 축적과 그에 따르는 위험의 감지 등과 긴밀하게 연결"되면서 "즉시성, 휘발성, 일시성, 단명성, 경박함, 부박함, 부산함 등이 대중의 삶과 태도를 지배"(강내희, 2015: 37)하게 된다. 그 결과, 자본(경제)의 힘에 속수무책으로 포섭되는 현대사회의 일상에는 무수히 많은 **아포리아**aporia, ἀπορεία들이 여기저기서 우후죽순으로 발생할 수밖에 없게 된다.

마르크스주의 이후 다시 삶의 모든 영역이 자본권력으로 회귀하다 보니 대중은 갈수록 더 초조해하거나 별것 아닌 사소한 일들에 의심과 불신의 눈초리를 보내며 경계하는 일상을 살게 되고 결국 대중의 삶은 더욱 각박해질 수밖에 없게 된다. 어떨 때는 도무지 상식적으로 이해할 수 없는 일들이 아무렇지 않게 곧잘 발생하기도 하고, 그 일이 어떤 일인지 이해할 수조차 없으며, 왜 그런 일이 일어났고, 어떻게 그 문제를 풀어야 하는지, 해답을 전혀 찾을 수 없을 때도 적지 않다. 세상에 이런 난제 중의 난제가 있을까 싶으리만치 우리의 일상에는 불가사의한 일들이 부지기수이다. 언뜻 생각해 봐도 이내 몇몇 사건이 떠오를 만큼 도저히 있어서는 안 되는 일들이 실제 현실에서 아무렇지 않게 일어나기도 했다. 특히 그 사건들로 인해 연상되는, 정체를 알 수 없는 이미지와 영상들이 우리의 일상을 포악스럽게 장악하기도 한다. 어떤 경우에는 부지불식간不知不識間에 우리가 그 사건들의 주인공이 되어 이미지와 영상들의 일부분으로 포섭되기도 한다.

그야말로 상상조차 하지 못한 일들이 우리 주변에서 일상적으로 일어나며, 그런 만큼 우리는 그 아포리아들을 수시로 마주 대할 수밖에 없게 된다. 고대 그리스어에서 유래한 아포리아라는 말은 어원적으로 '통로가 없는 것', '막다른 길' 등을 뜻하며 난처함, 당황스러움, 혼돈, 의심 등과 밀접하게 관련되어 있다. 사전적으로는 '대화법을 통해 문제를 탐구하는 도중에 부딪치게 되는 해결할 수 없는 어려운 문제'가 아포리아이다. 아포리아 문제는 해결되지 못한 채 버려지지 않고 '다른 방법이나 관점에서 새로이 탐구하는 출발점'[2]이 된다.

그림 1-1 플라톤의 초기 대화편『에우티프론 (Euthyphro)』표지	**그림 1-2** 1882년 독일 하이델베르크에서 발간된『토피카』표지
자료: wikipedia.org	자료: archive.org

플라톤Plato의『대화편The Dialogues』에는 플라톤의 스승인 소크라테스Socrates 가 대화 상대를 아포리아에 빠트려 스스로의 무지無知를 깨닫게 했다고 쓰여 있다. 플라톤 자신도 로고스logos를 입증하는 데 있어 반드시 직면할 수밖에 없 는 것이 아포리아라고 토로하기도 했다. 특히 아리스토텔레스Aristoteles는 '논증 속의 풀리지 않는 난관 혹은 모순'을 뜻하는 **아포리아**를 통해 독자나 대화 상대 자를 의심에 빠뜨려 두 가지 명제 사이의 구분을 유도하는 질문을 던지기도 했 다고 한다(여금미, 2015: 147~148).

또한 아리스토텔레스의『토피카Topica, Topics』에는 논리학의 기본 원리인 추 론에 대해 상세히 설명되어 있다. 아리스토텔레스는 논증적 추론(논증법)과 변 증적 추론(변증법)을 통해 논점이나 관점을 명확히 해야만 논리를 확보할 수 있 다고 강조한다.『토피카』1권 2장에는 '아포리아를 면밀히 탐구'하라는 문구가 있다. 이 문구는 "전체적으로 아포리아적이다. 혹은 매우 중대한 아포리아에 빠지다. 아포리아를 처음부터 끝까지 면밀히 조사하다. 혹은 아포리아에 대해

심사숙고하다"(이재현, 2013: 266) 등의 의미를 갖고 있다. 아리스토텔레스는 무엇인가를 알고자 하는 이는 우선 자신의 무지를 깨달아야 하며, 그 무지를 극복하기 위해 철학이란 것을 공부하려면, 아포리아를 주도면밀하게 논구해야 한다고 역설했다.

아리스토텔레스가 **아포리아**를 탐구하기 위한 방법론으로 제시한 것이 변증술Dialectic을 통한 논박이다. 변증법으로도 번역되는 변증술은 정正과 반反의 대립적인 논점을 가진 두 사람이 논쟁을 벌이는 대화적 상황에서 해답인 합合을 찾을 수 없는 난제를 풀 수 있게 하는 기술이다. 논쟁의 핵심은 아포리아를 변증적으로 추론해 논리를 논증하는 것이다. 논리적인 추론을 통한 논증은 반드시 대화 상대자가 있어야 할 수 있는 것은 아니다. 연구자가 자신의 내면에 있는 가상의 상대자와 논쟁할 때도 변증술은 매우 유용한 방법론이다. 논쟁 상대자가 가상의 존재이든, 실제 대상이든 기실 중요하지 않다. 정작 중요한 것은 바로 연구자 자신이 스스로 '모순된 것'을 더 이상 말하거나 쓰지 않을 때까지 논쟁을 거듭해야 한다는 점이다. 즉, 연구자의 "자기모순은 바로 연구자가 처한 아포리아로서 이해될 수 있다. 그러나 이 아포리아는 연구자가 가장 피해야 할 것이지만, 만약 연구자가 이를 반증을 통해 성공적으로 해소할 수 있다면, 오히려 자신의 아포리아는 전화위복이 되어 연구자의 논증을 강화시켜주는 요소로 작용"(이재현, 2013: 274)한다.

연구자가 **자기모순**을 **자기비판**함으로써 완벽하게 논증하고자 하는 것은 아리스토텔레스의 장기였다. 그는 자신이 정립한 이론에 스스로 반론을 제기해 모순된 것을 찾아내고, 이를 다시 논증하는 과정을 거치면서 아포리아를 해체해 이론의 타당성을 획득하고자 했다. 대화(토론, 논쟁) 상대의 논리적 오류를 찾아서 일방적으로 논박하기보다 상대의 논박으로부터 스스로를 방어하면서 자신의 논리적 오류를 자각하는 것이 자기비판이다. 자기비판은 아포리아를 변증적으로 탐구하는 데 있어 핵심적인 방법론인 셈이다.

따라서 자기비판은 이론의 정립을 통한 주장, 그 주장에 대한 반론, 주장과 반론에 동원되는 논증과 반증, 논박과 반박 등의 논쟁 과정에서 연구자가 자신과 상대의 아포리아를 해결하기 위해 견지해야 할 방법론이라고 할 수 있다. 연구자는 자신의 이론이 갖는 논리적 타당성을 스스로 확인하기 위해 자신의 이론이 자신을 비롯해 논쟁 상대자가 제기하는 아포리아의 반론, 반증, 논박, 반박으로부터 논리적으로 방어될 수 있는지를 면밀하게 검토한다. 이런 자기모순에 대한 자기비판 과정을 통해 연구자는 자신의 이론을 비판적으로 재탐색함으로써 자신의 논지가 갖는 한계를 인식해 이론의 타당성을 더욱 강화할 수 있게 된다.

일종의 자아 메타-비판self meta-critique이라고 할 수 있는 자기비판은 당연히 **자기성찰**에 기반을 둔다. 즉, 비판의 주체인 '나'가 '자신'을 비판 대상으로 삼아 객체화하는 자기성찰이 **자기비판**의 출발점이다. 그렇다면, 어떤 하나의 아포리아가 다른 아포리아를 비판 대상으로 지정하거나 또 다른 아포리아가 처음의 아포리아를 비판 대상으로 다시 지정할 수도 있다. 이런 과정을 반복하다 보면, 모든 아포리아들은 논증이나 반증될 수 있고, 당연히 논박이나 반박될 수도 있다. 논쟁의 과정이 필요한 것은 두말할 나위가 없다.

아포리아를 해결하기 위한 방법론으로서 자기비판은 우리의 일상 자체와 일상적인 삶, 문화를 탐구하는 데도 매우 유용하다. 가령, 문화라는 개념의 규정과 관련된 분석 영역, 이론, 정치적 개입의 차원에서 이론들을 혼용하고 절충하는 '더하기 전략'(원용진, 2004)이 비록 "문화연구가 차용하는 이론들의 내적인 모순들을 적극적으로 드러내기보다, 보완이나 극복의 형태로 '위장'하는 측면"(이상길, 2004: 102)이 있더라도 어떤 하나의 이론이 다른 이론을 비판 대상으로 지정함으로써 이론들 간에 비판적으로 논쟁할 수 있는 장을 이끌어낼 수 있다면, 이론에 이론을 '더하는' 전략은 일상의 삶 자체인 문화를 탐색하는 데도 요긴할 수 있는 것이다.

어쩌면 이 세상에 완벽한 이론이란 없을 수도 있다. 시대를 막론하고 보편적으로 통용될 수 있는 철학이 있을 수 있는지도 의문이다. 완전무결한 이론이나 개념 따위를 굳이 쫓지 않아도 우리의 일상은 속칭, '굴러간다.' 또는 '그래도 삶은 계속된다'. 결코 해답이 없을 것 같은 **아포리아**더라도 그 '해답 없음'이 곧 해답일 수 있다. 그렇다 보니 자크 데리다Jacques Derrida는 "지배적 언어에 존재하는 경계와 대립, 구분과 차별들을 흐트러뜨리는 해체적 사건으로서의 아포리아는, 언술과 의미, 행위 및 진실의 가치의 차원뿐 아니라 해체의 과정 그 자체에도 영향"(Derrida, 1996; 여금미, 2015: 148에서 재인용)을 미치기 때문에 오히려 해답을 찾기가 불가능한 명제를 사유하도록 하는 원동력으로서 아포리아의 중요성을 강조한 바 있다.

좋은 삶, 더 좋은 사람, 더욱더 좋은 사랑

아마도 대다수의 독자들도 세상사가 갈수록 더 복잡해지고 그만큼 일상이 더욱더 불확실해진다는 사실에 어느 정도는 동의할 듯하다. 그렇다 보니 왜, 무엇을 위해 사는지 그 이유나 목적을 굳이 찾으려 하지 않게 되고, 아예 그런 것들에 관심조차 기울이지 않게 된다. 그래서 마치 희뿌연 안개 속에 갇힌 듯이 모든 것이 불투명한 오늘을 살아가는 우리는 늘 불안하고 혼란스럽다. 더구나 우리의 일상에는 셀 수도 없을 만큼 수많은 아포리아들이 넘쳐난다. 어떤 삶이 '좋은' 삶이고, 어떤 사람이 '더 좋은' 사람이며, 어떤 사랑이 '더욱더 좋은' 사랑인지 도무지 알 수 없다. 그래서 영화와 드라마, 다큐멘터리와 뉴스에서 보여주는 좋은 삶, 더 좋은 사람, 더욱더 좋은 사랑 '이야기'에 자꾸만 눈길이 가고 귀를 기울이게 되는지도 모를 일이다. 그런 삶, 사람, 사랑이 아니라 그런 '이야기'에 말이다.

앞에서 등장했던 플라톤과 아리스토텔레스는 "인간과 공동체의 관계 설정에서 인간이 공동체에 맞추어 나가는 것을 좋은 것이라고 보았다. 인간에게 좋음이 달성되기 위해서 공동체의 좋음은 필수적"(박의경, 2013: 168)이라는 정치사상을 펼쳤던 것이다. 그들의 이런 정치사상은 결국 개개인에게 좋은 것은 전체에게 좋은 것이어야 한다는 공동체 중심적인 '좋음'이다. 기실, 개인과 사회의 행복 가운데 어느 쪽이 우선시되어야 한다는 논제는 고대 그리스부터 현대 대한민국 사회에 이르기까지 수천 년 동안 계속되고 있는 아포리아 중의 아포리아라고 할 수 있다.

공동체가 좋아야 개인도 좋다. 개인이 좋아야 공동체도 좋다. 마치 닭과 달걀의 논쟁 같은 이 아포리아의 해답을 꼭 찾아야 하는 이유나 여유 따위는 없지만 '좋음'이라는 낱말의 의미만큼은 한 번쯤 따져봐야 할 듯하다. 사전적으로 '좋다'에는 여러 가지 뜻이 있지만 그 가운데에서 눈길이 가는 것은 '서로 잘 어울리어 친하다'이다. 개인이거나 전체이거나 관계없이 두루 좋으려면 서로 잘 어울려 친해야 하는 것은 마땅하다. 여럿보다 혼자가 더 편하기도 한 세상이지만 혼자여도, 혼자끼리라도, 자기 자신과라도 잘 어울려 친하게 일상을 살 수 있다면 그것이 '좋음'일 수 있다.

그런 일상을 살기 위해 필요한 도구나 수단 가운데 하나가 **아포리아**적인 사고와 태도일 듯하다. 아포리아적인 사고와 태도란 전술했듯이, 난제로서의 아포리아를 풀기 위해 스스로의 무지를 성찰하면서 앎을 추구하는 새로운 방법이나 관점을 가리킨다. '좋은' 삶을 살고(또는 살아지고), '더 좋은' 사람이 되며(또는 만나며), '더욱더 좋은' 사랑을 실천하기(또는 공유하기) 위해서는 아포리아적인 사고와 태도가 선행되어야 하는 것이다.

아포리아적으로 사고하고 그런 태도를 갖는 것도 결국 사람이 해야 할 일이다. 아포리아적인 일상의 삶 속에서 사랑을 실천하는 것도 역시 사람의 몫이다. 고대 그리스의 일상이 꾸려졌던 폴리스polis가 추구해야 마땅한 보편적 가치를 설파했던 피타고라스Phytagoras는 대중을 우선시하는 현실적이고 상식적인 사상을 주창했다. 반면에 그런 피타고라스 사상을 비판했던 소크라테스는 이상적인 이성을 중시했다. 그러나 상반된 가치관을 가진 두 사람도 "'사람으로서의 훌륭함'이 그 당시 '좋은 삶' 및 '훌륭하고 탁월한 삶'을 위해 중요하다는 것"(이준경, 2017: 161)에는 인식을 같이 했다.

'좋은 삶', 나아가 '훌륭하고 탁월한 삶'을 살 수 있는 사람이 되기 위한 가장 기본적이고 본질적인 방법이 **교육**이다. 사전적으로 '지식과 기술 따위를 가르치며 인격을 길러 줌'[3]이라는 뜻의 교육은 가르치는 이와 가르침을 받는 이 사이의 '관계'에 의해 이루어진다. 독일 출신의 유대인 사상가이자 종교 철학자인 마르틴 부버Martin M. Buber에 따르면, 가르치는 이와 가르침을 받는 이 사이의 '교육적 관계'는 '대화적 관계'인 '만남의 관계'(부버, 2010: 38; 이준경, 2017: 166에서 재인용)에 의해 이루어진다. 만남과 대화가 교육으로 이어져 가르치는 이와 가르침을 받는 이 모두 '사람으로서의 훌륭함'을 갖추기 위해 노력함으로써 '좋은 삶'을 추구할 수 있다는 것이 부버의 가르침이다. 이 과정에서 가르치는 이가 "선별한 '좋은' 세계관에 대한 안내가 그(가르침을 받는 이 — 저자 주)에게 '영향미침'으로 이어지는 것, 그 자체가 곧 그의 삶에 긍정적 변화 또한 불러올 수 있는 가능성을 내포"(이준경, 2017: 167)한다.

특히 아포리아적인 사고와 태도를 통한 가르치는 이의 교육은 "자유, 즉 진정한 삶이자 '관계되어 있음'에 대한 것을 경험하게 하는 것이며 그것이 인간적 삶의 바탕"(부버, 2010: 33~34; 이준경, 2017: 168에서 재인용)이 될 수 있도록 한다. 진정성을 가지고 자유를 추구하는 것이 좋은 삶의 기준이 되고, 가르치는 이와 가르침을 받는 이가 서로 관계 맺음을 인식함으로써 두 사람 모두 좋은 사람이 될 수 있는 밑바탕에 교육이 있는 셈이다. 좋은 삶을 통해 더 좋은 사람이 되고, 더 좋은 사람이 더욱더 좋은 삶을 지속적으로 추구할 수 있기 위해서는 무엇보다 가르치는 이의 책임감과 가르침을 받는 이의 자발적인 참여가 필요하다. 이른바 **'창조적 충동'**이라고 불리는 것은 가르치는 이와 가르침을 받는 이 사이의 대화적 관계와 만남이 아포리아적인 사고와 태도를 촉발해 좋은 삶을 건강하게 이끌어 긍정적으로 발현할 수 있게 한다.

일상문화와 **공유문화**common culture를 추구했던 레이먼드 윌리엄스의 문화적 이상은 "영국문화 비평 전통이 발전시켜온 창조적 인간과 마르크스적 의미에서의, 노동을 통해 자기 자신과 공동체와 역사를 만들어가는 '생산하는 인간'의 이론적 결합을 통해 형성"(여건종, 2018: 159)되었다. '창조적 충동'은 마르크스가 강조한 '생산하는 인간'의 좋은 삶을 위한 원동력이다. 윌리엄스는 마르크스가 인간의 노동 행위를 물질적인 재화의 생산뿐만 아니라 인간이 자신을 실현해 가는 행위로 인식했다고 강조하면서 마르크스 유물론을 '노동과 생산을 통한 인간의 자기 창출 과정'으로 이해했다. 윌리엄스의 주장대로라면, 마르크스의 '노동과 생산을 통한 인간의 자기 창출 과정'은 곧 '창조적 자기실현의 과정'이라고 할 수 있다. 또한 마르크스가 20대 초반까지 자주 언급했던 창조라는 단어를 생산으로 바꾼 것이 생산 과정에서의 물질성, 즉 일상성을 강조하기 위해서라고 가정하면, 마르크스는 창조성을 예외적 인간의 예외적으로 탁월한 행위가 아니라 일상적 삶에서 진행되는 자기 생산 과정(여건종, 2018: 88)으로 이해했다고 볼 수 있다.

마르크스의 생산하는 인간은 윌리엄스에게는 **문화적 인간**에 해당한다. 좋은 삶을 희망하는 문화적 인간은 문화와 관련된 이론과 **문화적 실천**cultural practices의 간극을 좁히기 위해 부단히 노력함으로써 더 좋은 사람이 되기를 추구한다. 한국의 문화연구사에서 2000년대 초반은 '이론과 실천의 괴리 혹은 연계 상실'(이상길, 2004: 80~81)로 인해 학문적 정체성과 관련된 혼란을 겪은 문화연구자들이 더 좋은 사람으로 변모하길 희망했던 자성의 시기였다. 1980년대 후반부터 유럽에서 아메리카, 호주, 아시아로 차츰차츰 **문화연구**가 확산되면서 문화연구 고유의 비판적 문제의식과 문제 제기의 역할이 퇴색되었다는 지적이 잇따랐다. 그 여파가 2000년대 접어들며 한국에도 미쳤고, 이 무렵 한국에서 "지식인의 역할과 비판적 기능의 정당성에 대한 의구심이 증폭되면서, 문화연구의 정치성과 반제도적 급진주의가 점차 탈색"(이상길, 2004: 85)되기도 했다. 특히 그때나 지금이나 한국의 문화연구나 영상연구는 외국 이론을 그대로 소비하거나 임의로 번역해 학습하는 데 치중하고 있다. '지식인'인 문화연구자들 또한 **'창조적 충동'**에 둔감해지면서 **자기비판**과 **자기성찰**의 과정을 통한 이론의 한국화korealization에 소홀했다.

앞에서 얘기했듯이, 좋은 삶과 더 좋은 사람의 전제조건은 **교육**이다. 여기서 말하는 교육을 통한 좋은 삶과 더 좋은 사람의 추구는 영국의 문화 이론가들이 강조했던 것처럼, 일정 수준의 지식과 교양을 갖춘 지식인과 지식인의 삶을 뜻하지 않는다. 즉, 일체의 **아포리아**를 모두 해체시키고자 하는 열의를 가진 교양 있는 지식인과 그의 삶이 아니라 오히려 끊임없이 새로운 아포리아를 제기하고 그 아포리아에 창조적 충동을 일으켜 이론을 실천할 수 있는 지식인의 삶을 추구할 수 있게 하는 것이 **교육**이다. 잘 알려져 있다시피, 이른바 드레퓌스 사건Dreyfus Affair 당시에 알프레드 드레퓌스Alfred Dreyfus의 무죄를 주장했던 이들 가운데 대다수였던 교수(가르치는 이이자 연구하는 이) 등의 지식인은 "직업이나 사회적 지위에 의해 정의되지 않고 그 행위, 다시 말해 '국가'와 관련된 논쟁의 의미가 포함된 정치적 문제에의 참여"(오리, 2005: 11)로 규정된다.

지식인은 비판과 창조가 생명이 되고 역사의식과 사회의식을 바탕으로 허위의식을 꿰뚫어 볼 수 있어야 한다(한완상, 1979). 또한 그런 역할을 할 수 있게 하는 실천적 교육을 지향해야 한다. 그러나 한국 사회는 "좋은 문화와 나쁜 문화를 구별 짓고 피교육자들이 나쁜 문화로부터 탈피해 좋은 문화로 진입할 것을 권하는 교육은 대중성을 확보하기도 힘들뿐더러 현대정치학적 견지에서도 옳은 전략은 아닌"(원용진, 1997: 214) 사회이다. 그렇다 보니 비판과 창조, 역사의식과 사회의식은 고사하고, 좋음과 나쁨이라도 명확하게 판단하고 주장할 수 있으며, 옳음과 그름을 냉철하게 인식하고 구분할 수 있도록 하는 교육의 중요성이 갈수록 커질 수밖에 없다.

시대를 막론하고 정의하기가 어려울 뿐만 아니라 실천하기는 더욱 쉽지 않은 '사랑'이라는 것에 관한 교육도 별반 다르지 않다. 사실 **사랑**만큼 정의하기도, 이해하기도 여간 어려운 낱말이 없다시피 할 만큼 아포리아 중의 아포리아가 사랑이라고 할 수 있다. 당연하게도 그런 사랑에 대한 교육 역시 아포리아일 수밖에 없다. 사랑에 대한 배움과 가르침의 아포리아를 그나마 풀 수 있는 여지가 영상에 있지 않을까 싶다. 회화를 비롯해 사진이나 영화, 방송 등의 영상(이미지)을 활용해 사랑에 대해 이야기하고 사랑이라 불리는 것을 보여주고 들려주며, 사랑이 어떤 것인지 얼마든지 말을 걸어볼 수 있을 테니 말이다. 또는 그런 영상이 우리에게 사랑에 관해 말을 걸거나 사랑에 닿는 길을 물을 때, 유심히 더 들여다보고 귀를 기울일 수도 있다.

물경 2400여 년 전에 고대 그리스의 아테네를 뜨겁게 달구었던 집단 토론 또는 일종의 집단 수다의 기록물인 『향연Symposium』(Plato, 385~370 B.C)의 주제는 사랑(예찬)이었다. 당대를 대표하는 일곱 명의 지식인들이 나눈 이야기를 플라톤이 정리한 이 대화편은 사랑eros에 관한 일종의 '알아두면 쓸모 있는 기막힌 잡학사전'이다. 플라톤과 소크라테스를 비롯한 당대의 저명한 철학자들이 저마다 '사랑은love is'이라는 말머리를 꺼내며 사랑의 신인 에로스를 찬미하고 각자의 논리를 들어 사랑의 본질을 갈파한다.

흔히 **사랑**의 본질은 에로스, 아가페agape, 필리아philia 가운데 하나이거나 둘 또는 아예 셋 모두를 가리킨다고 한다. 얼핏 생각해 보면, 경우의 수가 많지 않기 때문에 사랑에 대한 **아포리아**를 그다지 어렵지 않게 풀 수 있을 듯하다. 그러나 그렇지 않다는 것을 이내 눈치 챘을 것이다. 사랑은 시공을 초월한 아포리아의 정수이기 때문이다. 사랑을 "구하면 구할수록, 사랑을 표현하면 할수록 사랑은 한 걸음씩 물러선다. …… 그래서 어제도 오늘도 우리는 사랑 이야기를 반복"(원용진, 2010: 410~411)한다. 아무리 반복하고 반복한들 그 이야기가 끝이 날 리 만무하다. 더구나 "어떤 사랑 이야기이든 사랑에 대한 이야기는 때론 가슴 시리도록 절절하고 온몸에 전율이 일 만큼 짜릿하며 때론 낭만적인 환상을 불러일으키는 묘약이다. 사랑이 아니라 사랑 이야기가 그렇다는 것이다"(강승묵, 2018a: 154). 그래서 사랑은 어렵다. 사랑의 아포리아에 대해 고민하다 보니 문득 떠오르는 것이 있다. 사랑은 함께 있음으로 인해 서로가 변화해 가는 과정이며, 그 변화의 과정에서 생기는 생채기와 그로 인한 아픔은 불가피하다는 수많은 사랑론자들의 이구동성에 관해서이다.

영상이 우리에게, 우리가 영상에게 건네는 말들

영상, 아포리아

'영상'이란 무엇인가라는 질문은 단연코 아포리아이다. 영상에 대한 정의는 시대와 지역, 학자와 학문 분야, 연구방법과 접근 방식에 따라 천차만별이어서 어지간해서는 그 해답을 찾기가 여의치 않기 때문이다. 무엇보다 영상에 대한 아포리아는 또 다른 수많은 아포리아들과 매우 긴밀하게 연결되어 있다. 즉, 영상과 영상이 아닌 것은 어떻게 구분되고, 영상과 이미지는 무엇이 같고, 다르며, 영상으로 무엇을 할 수 있고, 하려 하는지, 영상에 대해 관심을 갖거나 이야기하고 싶은 이유는 무엇 때문인지 등등 말이다. 꼬리에 꼬리를 무는 영상에 대한 아포리아의 답은 아예 없는지도 모른다. 아니, 답이 너무 많아서 차라리 전혀 없다고 하는 것이 속 편할 수도 있다. 여기서는 영상의 '본질'을 살펴보는 것으로 그 답을 대신하고자 한다.

영상은 실제로 실재한다. 혹은 실재하지 않는다. 어느 쪽에 손을 들어주고 싶은가? 둘 다이거나 둘 다가 아니라고 어중간하게 대답하지 않기를 바라지만 그렇게 대답하고 싶을 만큼 아리송한 질문이기도 하다. 결론 삼아 얘기하면, 영상이라는 것을 포함해 우리가 보는 모든 시각적인 것들은 부재하는 허구이다. **영상**映像, the visual의 어원 격인 이미지image는 실제 존재하는 이미지 대상을 유사하게 본뜬 미메시스mimesis와 뜻을 공유한다. 즉, 이미지는 볼 수 있는 실제 대상을 모방해 또 다른 형상으로 표현한 것이나 볼 수 없는 가상의 대상을 볼 수 있게끔 시각화한 것이라고 정의할 수 있다(강승묵, 2018b: 52~55).

중요한 것은 이미지가 **환영**phantasm의 일종이라는 점이다. 플라톤이 예로 든, 동굴의 비유allegory of the cave는 그림자와 이미지, 현실과 비현실, 진짜와 가짜, 실상과 허상, 실제와 허구에 대한 철학적 전환philosophical turn에 대해 매우 의미심장한 이야기를 들려준다.[4] 플라톤이 이미지를 '실체가 없는 그림자', '조작된 허구'일 뿐이라고 그 가치를 깎아내린 데 반해 아리스토텔레스는 그렇기 때문에 모방을 기반으로 하는 이미지가 창조의 원천일 수 있다고 강조했다. 플라톤과 아리스토텔레스 모두 이미지가 "물질적이든, 비물질적이든, 시각적이든 아니든, 자연적이든 가공적이든 간에, 그것은 우선적으로 다른 어떤 것과 닮은 것"(졸리, 1999: 53)이기 때문에 유추analogy되고 상상imagine될 수 있다는 점에 동의하기도 했다.

영상을 정의하는 데 있어 필요충분조건이 카메라이다. 이미지와 달리 영상은 영상 대상에 대한 감각과 지각, 의식과 상상을 통한 인식과 이해의 측면뿐만 아니라 영상 기술, 영상 작품의 생산 및 소비, 영상과 관련된 정치경제적이고 사회문화적인 맥락의 차원까지 포괄해 정의되어야 한다. 특히 영상은 "카메라를 통한 시청각적인 복합 감각을 기반으로 구성되기 때문에 주로 사진과 영화, 텔레비전, 광고, 애니메이션, 게임 등의 매체를 기준으로 정의"(강승묵, 2018b: 57)된다. 이처럼 만일 영상이 매체와 밀접하게 관련된다고 전제하면, 다음과 같은 영상의 세 가지 특성이 명확하게 드러날 수 있다. 첫 번째 특성은 사람이 영상을 통해 실제 대상(현실, 세계, 세상을 포괄하는)을 인식하는 데는 일정한 한계가 있고, 사람의 눈(육안)과 기계(카메라)의 눈이 결합되어야 영상이 만들어지는데, 이 두 개의 눈이 항상 정확하게 일치하지 않을 수 있으며, 두 번째는 실제 대상이 카메라를 통해 영상으로 정착되기 위해서는 시공간적인 배경이 필요하고, 세 번째는 카메라는 **프레임**frame이라는 기계기술상의 본질적인 특성을 갖고 있다는 것이다.

특히 영상의 프레임에 대한 논의는 역사적으로 영상의 본질에 관한 수많은 **아포리아**를 제기했다. 프레임이 영상을 영상답게 구성하는 핵심 요소인 동시에 영상을 영상으로만 한정하는 결정적인 변수이기 때문이다.[5] 앞서 살펴본 영상의 세 가지 특성들 가운데 첫째가 사람의 눈과 카메라의 눈(렌즈)이 다를 수 있다는 것이었다. 시야각이나 형태 인식, 색감이나 조명에 대한 감각 등의 인지적 측면뿐만 아니라 인간과 기계가 상호 보완적인 관계에 따라 작동하는 사회문화적인 요인들까지 감안하면 두 개의 눈이 상이하다는 사실이 오히려 당연하게 생각되기도 한다.

무엇보다 사람의 눈은 **프레임** 같은 사각형의 '틀'에 국한되지 않는다. 카메라는 **영상** 대상을 프레임 내부로 선택하거나 외부로 배제해 프레임 내부의 영상 구성요소들을 영상화한다. 카메라가 만든 영상 프레임은 "렌즈에 의한 시각의 한정, 화면의 틀"(오카다 스스무, 2006: 7)이기 때문이다. 따라서 틀 내부에 한정된 것이 영상인 데 반해, 틀 외부로 제한된 것은 미처 영상이 되지 못한 것이라고 할 수 있다. 즉, 프레임 외부의 것은 영화적 순간cinematic moments에 명백히 실재했지만 관(람)객인 우리는 프레임 내부에 '살아남은' 것들만 보고 들을 수 있다. 반면에 프레임 외부에 '임시로 버려진' 것들은 관(람)객이 영상을 바라보는 순간만큼은 실재하지 않는다고 할 수 있다.

그런데 우리는 왜 영상이 실재한다고 믿는 것일까? 프레임 내부에 선택된 것이든, 외부로 배제된 것이든 영상을 포함해 이미지가 마치 실제인 것처럼 감각되거나 최소한 실제와 매우 유사하게 지각되는 것은 이미지, 영상의 본질적인 속성인 **환영** 효과 때문이다. 진짜가 아닌데 진짜처럼 보이거나 사실이 아닌데 사실로 받아들여지는 거짓 효과, 그 마법 같은 눈속임을 자연스럽게 재현하는 것이 이미지, 영상이다. 이른바 사실주의로 번역되는 **리얼리즘**realism과 관련된 매체, 이미지, 영상에 대한 논의는 실제 대상과 얼마만큼 똑같이 '자연스럽게' 실제 대상을 묘사하는지의 문제에만 천착하지 않는다. 실재하지도 않고, 실제이지도 않은 이미지, 영상의 "'자연스러움'은 자연적이기보다는 '관습적'이고 문화적인 재현 장치에 의해 '매개된' 것으로 단지 그렇게 보일 뿐"(황인성, 1999: 120)이기 때문이다.

특히 영화라는 매체와 작품의 영상은 단지 그렇게 보일 뿐인 환영에 불과할 수 있다. 영화 영상의 이런 **환영성**을 실제성이나 현실성으로 '자연스럽게' 바꾸는 영화 장치가 '움직임'이다. 영화 영상은 움직인다. 정확하게 말하면, 영화 영상은 '움직이는 것처럼 보인다'. 필름이든 전자신호이든 관계없이 영상은 정지된 프레임이 우리의 육안으로 인지될 수 없을 만큼 빠른 속도로 흘러가면서 움직이는 것 같은 **환영** 효과를 낸다. 그래서 우리는 영상이 움직인다고 믿는다.[6] 그런데 과연 그런가? 그렇게 보일 뿐인데 그렇게 믿는 것은 혹시 착각에 따른 결과이지 않을까? 다시 한 번 강조하자면, 영화 영상은 기계적인 작동 원리로만 본다면 '리얼'하지 않다.

그렇다면 영화 영상을 비롯해 방송, 애니메이션, 게임 등의 영상미디어에서 **재현**representation되는 영상이 진짜나 실제, 현실이나 사실이 아닌데도 불구하고 진짜나 실제처럼 현실'적'이고 사실'적'으로 감각, 지각, 의식, 상상되는 이유는 무엇 때문인가? 이 **아포리아**의 단서는 **인과관계**causality이다. 실제 현실에서 발생하는 무수한 사건들 가운데 일부는 우연으로밖에 이해되지 않을 만한 것들이기도 하다. 도저히 필연적인 인과관계를 찾을 수 없는 사건들이 우리의 일상에서 발생하기도 하는 것이다. 그러나 영화를 비롯해 영상미디어에 구성된 이야기 속 사건들은 결코 우연히 일어나지 않는다.

2011년에 칸영화제를 발칵 뒤집어놓은 한 편의 영화가 있었다. 세계 영화계에 격렬한 논쟁을 일으켰던 도그마95DOGME95 선언의 주동자인 라스 폰 트리에Lars von Trier 감독의 〈멜랑콜리아Melancholia〉를 제치고 황금종려상을 수상한 〈트리 오브 라이프The Tree of Life〉(2011) 때문이었다. 격찬과 힐난을 동시에 받았던 테런스 맬릭Terrence Malick 감독의 이 자전적 영화는 주인공 잭Sean Penn의 기억 이미지들을 통해 우주, 생명, 존재, 종교 등의 무거운 주제들을 다큐멘터리와 실험영화 스타일로 재현한다.

테런스 맬릭 감독은 선과 악의 기준과 가치를 판단하는 일은 인간이 아니라 신이 감당해야 할 몫이며, 그런 신조차도(신이 존재한다면) 그 일을 하다 보면 곤경에 빠질 수 있음을 이야기한다. 그는 '얼굴을 가린' 신의 의지를 통해 성선과 성악, 창조와 진화 등 전형적인 대립관계에 있는 양극단의 이항을 충돌시키기보다 변증법적으로 봉합한다. 〈트리 오브 라이프〉의 영화적 장치들을 통해 맬릭 감독이 제시하는 아포리아들은 그의 전작인 〈씬 레드 라인Thin Red Line〉(1999)에서도 그랬듯이, 두 개의 대립적인 항을 구분하는 경계가 도저

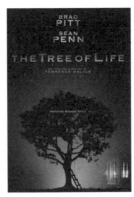

그림 1-3 〈트리 오브 라이프〉 포스터들

히 분간되지 않는 혼란 속에서 마주해야 하는 '물음'들이다. 그래서 그 **'아포리아 물음'**들의 답을 구하는 일은 맬릭 감독 스타일대로라면 '숨은 신'의 몫일 수밖에 없다.

영화 영상, 프레임, 인과관계, 환영, 재현 등등에 관한 영상 아포리아들의 해답은 회화나 사진처럼, 일차적으로는 틀 '안'에서 찾을 수 있다. 물론 영화는 인물, 카메라, 영상 등의 모든 영상 구성요소들의 '움직임'을 반드시 전제하기 때문에 틀 '밖'의 것들이 갖는 의미도 이차적으로 당연히 고려해야 한다. 혹은 틀 안과 밖의 경계가 영상 아포리아의 해답을 구할 수 있는 강력한 힌트가 될 수도 있다. 그 경계는 회화, 사진, 영화, 방송에서부터 PC와 스마트폰에 이르기까지 모든 시청각적 창조물의 '사각형' 틀 안과 밖에 대한 논란의 중심에 놓여있는 것이다. 영상에 둘러싸인 우리의 일상은 낙원과 실낙원의 어느 쪽에 가까울까? 그 물음 이전에 그 두 곳의 경계를 어떻게 구분할 수 있을까? 무엇보다 낙원과 실낙원의 경계가 있기나 한 것일까? 실낙원에서 살아지며 낙원에서 살아가길 희망한다면 최소한 이런 아포리아들을 아포리아로만 남겨 두어서는 안될 것이다. '삶의 나무'를 심고 기른 '숨은 신'의 섭리를 쫓아서라도 해답을 찾아야 한다. 그것이 테런스 맬릭 감독의 제안이다.

영상과 함께 일상은 계속된다

이 장의 처음에 등장했던 아리스토텔레스의 이야기로 다시 돌아가보자. 아리스토텔레스는 열일곱 살 무렵에 아테네에서 유학하면서 소크라테스의 제자인 플라톤의 제자이자 그의 동문이 된다(플라톤과 아리스토텔레스는 사제 관계이자 동문수학한 사이이기도 하다). 플라톤은 아리스토텔레스를 현대 대학의 원형으로서 세계 최초의 고등교육기관으로 알려진 '아카데메이아Akadēm(e)ía, Platonic Academy의 정신'이라고 칭송했다. 민주주의와 대학의 원형인 아고라Agora와 아카데메이아에서 수많은 **아포리아**와 정면승부를 벌였을 아리스토텔레스를 소환한 이유는 만일 그가 우리가 요즘 경험하는 초연결 사회hyper connected society[7]에 살고 있다면 어떤 반응을 보이며, 무슨 이야기를 할까 궁금했기 때문이다.

초연결 사회를 사는 우리에게 영상을 비롯한 시각적 이미지들은 초연결 감각 대상이다. 초연결 (인공)지능이 초연결 감성과 이성을 자유자재로 조절하고

그림 1-4 고대 그리스의 아카데메이아의 풍경을 그린 라파엘로(Raffaello Sanzio)의 〈아테네 학당 (Scuola di Athene)〉(1509~1511)
자료: wikipedia.org

통제할 수 있는 사회에서 우리는 일상을 보내고 있는 셈이다. 초연결 사회를 주도하는 핵심 미디어이자 콘텐츠이며, 플랫폼이자 영상 자체이기도 한 기기가 스마트폰이다. 스마트폰은 초연결된 일상 자체이자 그런 일상을 지배하는 강력한 이데올로기이고, 무엇보다 우리의 '또 다른 자아'이다. 그러나 이 자아는 우리, 인간의 것이 아니라 인공지능과 같은 기계기술의 산물인, 인간을 닮은 그들, 유사인간의 것이다. 스마트폰이나 유튜브 같은 공간에서 살아가는 유사인간은 인간보다 더 인간다운 모습으로, 더 인간스러운 감성과 이성을 지닌 채 자신이 '또 하나'의 인간이라고 주장한다. 실제 인간인 나와 '또 하나'의 인간인 유사인간이 초연결되어 맺는 새로운 관계가 상상할 수 없는 또 다른 **일상**을 만들고 있다.

초연결 사회는 '보이지 않는' 네트워크의 접속에 의해 연결되어 있다. 따라서 초연결 사회에서 '나는 접속한다. 고로 존재한다.' 만일, 접속이 끊어지면 나는 외로워지고, 나의 일상은 덩달아 쓸쓸해진다. 혼자가 아니면서 혼자이고, 혼자이면서 또 혼자가 아닌, 알 수 없는 일상의 **아포리아**들 속에 갇힌 채 사람과 사랑에 목말라하며 아쉬워하고 불안해한다. 부질없이 기대하고 허망함에 자책도 한다. 그렇다 보니, 사람들 사이의 관계가 반복적으로 단속되고 점멸되면서 나는 내가 아니고, 너도 네가 아니며, 결국 우리 모두 우리가 아닌 듯 살아지게 된다. 나의 삶에 너의 삶이, 너의 삶에 나의 삶이 공공연히 끼워 넣어지거나 빠져나가면서 마치 **리좀**rhizome처럼 우리의 삶이 서로에게 번지고 엉키기도 한다.

감당할 수 없을 만큼의 수많은 아포리아가 네트워크를 따라 끝없이 이어지는 초연결 사회를 사는 우리에게 영상은 과연 어떤 의미가 있을까? 영상으로 인해 아포리아를 풀 수 있는 실마리가 찾아질 수 있을지, 반대로 더욱 복잡한 아포리아 네트워크에 갇히고 말지, 이러거나 저러거나 결국 우리는 **영상**과 관련된 수많은 난제에 봉착한 채 일상을 살고 있다. 그 아포리아들의 해답을 구하는 방법들 가운데 하나가 앞서 **교육**의 의미와 가치에 대해 살펴본 데에서 나

왔던 '**창조적 충동**'이다. 창조적 충동을 통해 발현되는 대표적인 인간 행위가
바로 예술이다.

영국 출신의 사회주의 혁명 운동가이자 작가, 생활예술가 등의 다채로운 이
력을 지닌 윌리엄 모리스William Morris는 인간의 예술 행위를 일상적 삶에서 일
어나는 상징적 창조 행위의 과정으로 이해하고 그것이 민주적 삶의 존재 조건
이라고 여긴 문화 이론가이다(모리스, 2018). 예술이 빵이나 공기처럼 일상적인
삶의 재료일 뿐만 아니라 삶 자체와 분리되거나 구분될 수 없다고 강조한 모리
스의 유물론적 미학은 기본적으로 예술이 특별한 재능을 가진 개인이나 집단
만의 것이 아니라 일상적인 삶에 필수적이라는 점을 전제한다. 그에게 예술은
일반인들의 일상적인 경험에 쾌락과 의미를 주고, 그것을 통해 삶의 가치가 만
들어지는 과정이자 행위인 것이다(여건종, 2018: 111~114).

또한 역시 영국 출신의 문화연구자인 폴 윌리스Paul Willis는 일반인들의 일상
적인 삶, 행위, 표현에는 역동적인 상징적 생명력과 창조성이 있으며, 특히 청
년층은 실제적이고 잠재적인 문화적 의미에 대해 항상 무엇인가를 표현하는
데, 이것이 곧 살아 있는 **일상문화**의 영역에 해당한다고 강조한다(Willis, 1990:
1). 윌리스는 대중의 일상적이고 직접적인 삶의 공간에서 사회적 행위를 통해
발생하는 상징적 창조는 주로 음악이나 영화, 미디어, 대중소설, 드라마, 패션
같은 대중문화의 소비를 통해 이루어진다고 이해했다. 윌리스에 의하면, 관점
에 따라 사소하고 별 볼 일 없게 보일 수도 있는 대중문화에 대한 소비는 필수
적인 상징적 노동necessary symbolic work으로서 "일상적인 인간 행위의 이름일 뿐
만 아니라 없어서는 안 될 필수적 부분"(Willis, 1990: 9)이다.

가령, 프랑스의 문화인류학자인 클로드 레비-스트로스Claude Lévi-Strauss가 역
설했던 이항대립binary opposition을 활용해 보면, 우리의 **일상**에는 대중적인 것과
그렇지 않은 것, 창조와 파괴, 노동과 여가, 그리고 무엇보다 삶과 삶이 아닌
것, 사람과 사람이 아닌 존재(앞서 살펴본 유사인간 같은), 사랑과 사랑이라 부를
수 없는 것 등이 혼재되어 있음을 어렵지 않게 알 수 있다. 우리는 예술 같은

창조적인 행위를 통해 우리의 복잡하기 짝이 없는 일상적인 삶에 역동적이고 상징적인 생명력을 불어넣어 이 이항대립들 간의 균형을 추구한다. **영상**이 그 핵심 도구이자 수단인 것은 두말할 나위가 없다.

또한 우리의 일상을 포함해 현실은 항상 비전체non-all이며, 통합이 불가능한 간극과 균열 위에서만 존재한다(마이어스, 2005: 143~147). 특히 포스트모던 사회라 일컬어지는 현대사회의 **일상**은 조각조각 파편화된, 결코 통합을 통해 전체를 이룰 수 없는 시공간으로 구성되어 있다. 또한 사람과 사물이 초고속 네트워크로 초연결된 포스트모던 사회의 일상은 항상 불확실하고 불투명하며, 막연하고 위태롭기까지 하다. 기술관료technocrat처럼 기술 중심적인 시각을 갖고 있는 이들은 아포리아적인 복잡한 일상에서 "다양한 테크놀로지의 전유와 융합을 통해 기존의 정통적 가치나 도그마의 지위를 뒤흔들고 지배적 이성주의를 비롯한 모든 강제된 틀로부터 의식을 해방시키려는 긍정적 시도"(여금미, 2015: 149)로서 **싱크리티즘**syncretism[8]을 추구한다.

싱크리티즘은 영국 출신의 화가이자 미술사가인 로이 애스콧Roy Ascott이 테크노에틱technoetic 예술과 아포리아 크라타이기aporia crataegi라는 학명의 나비 정신butterfly mind이 촉발하는, 일종의 **아포리아** 해결법으로 제안한 개념이다(진중권, 2009: 18~78). 애스콧은 예술가는 의식의 본성이 무엇인지, 의식은 어디에 있고, 어디에서 생성되며, 어디에서 오는지에 대해 반드시 대답할 수 있어야 한다고 강조한다. 아포리아일 수밖에 없는 이런 의문들에 대한 답은 싱크리티즘에 있다. 비록 기술 중심적인 관점에서 주창되었다 하더라도 싱크리티즘은 서로 다른 것들을 하나로 섞을 때, 각각의 차이를 반영해야 하고, 굳이 전체가 억지로 동질성을 추구하지 않으면서 하나가 될 수 있게 하는 시도라는 점에서 사회 중심적인 관점으로도 접근해 볼 만한 '쓸모 있는' 개념이다. '혼합주의적 사고방식'으로도 정의되는 싱크리티즘은 "'이질적인 요소들이 모순과 모호함을 그대로 간직한 채 융합되어 전체를 이루는' 현대 예술의 특징을 설명하기 위한 핵심적인 개념"(여금미, 2015: 149)으로 자주 인용된다.

한두 개의 유형으로 분류가 불가능하리만치 다양한 형식과 내용, 장르의 영상창작물들, 셀 수 없을 만큼 무수한 영상플랫폼과 매체들, 하루가 멀다 하고 나타나는 새로운 영상테크놀로지들은 영상의 본질에 대한 사유를 불가능하게 할 만큼 복잡하기 이를 데 없는 아포리아들을 쏟아낸다. 그렇다 보니 어느 순간 영상과 관련된 것들에 우리의 일상을 빼앗겨버리고, 우리 스스로 우리의 삶에 주체가 되지도 못하면서 우리는 그 아포리아들에 포획되고 만다. 결국 우리는 혼합주의적 사고방식인 **싱크리티즘**을 통해 무수한 영상 **아포리아**들의 실마리를 모색할 수밖에 없다.

영상을 공부하는 입장에서 보면, 영상의 본질은 말할 나위도 없고 영상미디어, 영상 작품, 영상작업, 영상기술, 영상사회, 영상문화, 영상정치, 영상산업 등등 영상이 파생시킨 학문적 아포리아들에 대해 심도 있게 논구하는 것 자체가 해답의 단초가 될 수 있다. 전통적인 민속지학적인 연구방법론의 하나인 심층 인터뷰와 **사진 인터뷰**photography interview를 결합한 새로운 **영상연구방법론** visual research methodology도 그중에 하나일 수 있다. 기실 이 연구방법론이 완전히 새로운 것은 아니다. 사진이나 동영상을 활용해 현장을 기록하는 것은 역사학, 인류학, 사회학, 민속학, 지리학 등등의 분야에서 민속지학적인 연구방법론의 하나로 비교적 오래전부터 사용되어 왔다.

그러나 연구 대상자가 직접 사진(동영상도 당연히 포함되겠지만)을 찍거나 자신이 가지고 있는 사진을 활용해 인터뷰하는 성찰적reflexive 사진 인터뷰는 연구 대상자의 주도적인 선택에 따라 인터뷰하는 "과정에서 사진 찍기와 사진 찍는 주체 자체에 대해 성찰"(이상규·홍석경, 2014: 91)할 수 있게 한다는 점에서 무척 흥미로운 영상연구방법론이라고 할 수 있다. 성찰적 사진 인터뷰의 방법론적 가능성을 탐색한 연구들(이상규·홍석경, 2014; 홍석경, 2015; Banks, 2001)에 의하면, 성찰적 사진 인터뷰는 사진으로 이야기하기photo-storytelling를 통해 언어보다 이미지에 더 친숙하고 영상을 통한 소통에 익숙한 어린이나 청소년, 특정 언어를 공적인 의사표현 수단으로 자유롭게 사용하는 데 어려움을 겪는 외국인, 이주민, 저학력자, 기타 (사회적) 소수자 등을 인터뷰하는 데 주로 활용될 수 있다.

성찰적 사진 인터뷰는 연구 대상자에게 사진 설명하기photo-elicitation를 위한 사진의 소재와 주제를 유형별로 제시하고, 각각의 유형별로 최소 한 장 이상의 사진을 준비하도록 요청하는 데서부터 시작된다. 연구 대상자는 목록을 보고 직접 사진을 찍거나 과거에 찍은 사진들 가운데서 선택할 수도 있다. 연구자는 연구 대상자가 제시한 사진을 보면서 반구조화된 형식으로 심층 인터뷰를 진행한다. 심층 인터뷰 때 연구자와 연구 대상자가 함께 사진을 보면서 사진에 찍힌 인물이나 사물의 의미, 찍은 시점과 방법, 그 사진을 선택하거나 제시한 이유, 다른 사진과의 관계 등에 관해 질문하고 응답한다.

직접 찍었거나 이미 가지고 있었거나 관계없이 연구 대상자가 연구자에게 사진을 제시하는 과정 자체가 연구 대상자의 능동적이고 자발적인 연구 참여이다. 이 과정은 연구 대상자(연구자도 포함)로 하여금 "일상생활의 생생한 풍경과 느낌을 포착할 수 있게 하고, 그를 통해 스스로의 삶을 반추할 수 있는 성찰적 계기를 제공"(이상규·홍석경, 2014: 91)한다. 그 과정에서 연구자와 연구 대상자 간의 민주적이고 평등한 관계가 형성되기도 한다.[9] 이와 같이 연구 과정에서 **싱크리티즘**을 전면으로 드러내는 영상연구방법론은 발화된 문자언어 중심의 인터뷰가 갖는 텍스트적 한계를 이미지적인 정서와 감각을 통해 보완하는 '더하기 전략'의 일환이라고 할 수 있다. 따라서 사진(물론 동영상도 포함해서)이라고 하는 영상 매체와 **영상**을 통한 **자기서사**self narrative는 우리 **일상**의 삶과 우리가 만나는 사람, 나누는 사랑과 관련된 아포리아들에 대한 해답을 구하는 방법들 가운데 하나일 수 있다.

아포리아는 아포리아로 영원히 남아 있지 않는다. 소크라테스도 그랬듯이, **자기모순**의 벽에 다다를 때까지 부단히 **자기비판**과 **자기성찰**을 하다 보면 어떤 아포리아든 언젠가는 풀린다. 어쩌면 초연결 사회에서 우리는 부지불식간에 우리의 눈앞에서 스쳐 지나가는 영상들의 잔상에 현혹되어 잠시 의식을 잃거나 우리가 알고 있다고 자부한 영상의 의미들에 미혹되어 정신을 놓으며 일상을 사는지도 모를 일이다. 아포리아는 아포리아로 남겨 두고 말이다. 그래도 개의할 필요는 없다. 우리는 그저 영상이 우리에게 말을 걸 때 외면하지 말고 영상이 하는 말에 귀 기울이면 된다. 진심을 담아서 말이다.

주

1 일상, 국립국어원 표준국어대사전(https://stdict.korean.go.kr/search/searchView.do) 참조.

2 아포리아, 국립국어원 표준국어대사전(https://stdict.korean.go.kr/search/searchView.do) 참조.

3 교육, 국립국어원 표준국어대사전(https://stdict.korean.go.kr/search/searchView.do) 참조.

4 플라톤이 주장한 참된 실재와 이데아의 관계, 이른바 '이미지에서 사유'로의 철학적 전환에 대한 이야기는 강승묵(2018b: 49~55) 참조.

5 카메라가 정지한 상태에서 프레임 안으로 대상이 들어오거나 나갈 경우에는 인/아웃 프레임 in/out frame, 대상이 정지한 상태에서 카메라가 움직여 대상을 프레임 안으로 선택하거나 프레임 밖으로 배제하면, 프레임 인/아웃 frame in/out이라고 부른다. 온스크린 on-screen은 임시로(또는 영원히) 스크린 안에 배치 및 배열된 것을, 오프스크린 off-screen은 스크린 밖에 배치 및 배열된 것이다. 이는 소리에도 그대로 적용될 수 있다.

6 영화 영상은 기본적으로 다음의 네 가지 움직임을 통해 현실적인 인상을 자아낸다. 첫째, 카메라 전면에 위치한 대상의 움직임이다. 대상에는 인물, 사물, 세상(세계)이 모두 포함된다. 둘째, 촬영 시 이루어지는 모든 카메라 작동과 카메라 움직임이다. 셋째, 영상의 움직임이다. 카메라가 찍은 영상이 편집 과정을 거친 후 스크린에서 상영될 때, 스크린상에서 나타나는 움직임이다. 넷째, 관객의 움직임이다. 객석에 앉아 영화를 관람하는 관객의 머리와 마음속에서 발생하는 영상에 대한 의식과 상상이 이 움직임에 해당한다(강승묵, 2018b: 120).

7 초연결 사회는 이른바 4차 산업혁명 시대를 주도하는 인공지능 AI, 증강현실 AR, 사물인터넷 IoT 등이 보편화된, 인간의 신경망보다 더 복잡한 인터넷 네트워크를 통해 연결된 사회를 가리킨다. 초연결 사회에서의 일상적인 삶은 더욱 편리해지지만 사생활보호 같은 개인의 인권이나 안전, 연결이 끊겼을 때의 정신적인 공황 등의 부정적인 면에 대한 비판도 지속적으로 제기되고 있다.

8 싱크리티즘의 어원은 'syn'으로부터 시작된다. 사물들이 'syn' 상태에 있다는 것은, 그 사물들이 서로 잘 들어맞는다는 것을 뜻하고, 'cretan'에 기원을 두는 'cret'는 고대 그리스의 크레타섬에 살던 크레타인들을 가리킨다. 크레타섬에는 신과 우주 등에 대해 완전히 다른 관념을 가진 많은 부족이 있었는데, 부족민들은 하루가 멀다 하고 논쟁을 벌이며 곧잘 다툼을 벌였다. 그러다가 섬 밖의 적이 침범하면 일사불란하게 하나로 뭉쳤다. 각자의 위치를 지키며 자신의 믿음을 포기하지 않은 채 하나가 되어 적과 맞섰던 것이다. 그들은 서로의 생각의 차이를 해결할 수 있는 방법을 찾아 전체가 그것을 공유할 수 있게 함으로써 이질적인 것들을 강제로 혼합하지 않고도 공감할 수 있는 기틀을 만들었다.

9 연구 참여자에게 사진은 "언어화되기 이전에 자기 모습을 직관적·함축적으로 또는 은유적으로 보여주는 수단이 되었고, 연구자에게는 참여 관찰이나 언어를 통한 인터뷰 과정에서

연구자의 상상이나 해석으로 채울 수밖에 없었던 그들 삶의 풍경, 혹은 이미지에 대한 연상을 좀 더 구체적이고 실체적인 것으로 드러냄으로써 보완해 주는 중요한 수단"(이상규·홍석경, 2014: 106)이라고 할 수 있다.

밥과 커피, 영화···, 반복되는 일상의 시성

이자혜 동서대학교 방송영상학과 교수

강승묵 공주대학교 영상학과 교수

반복되는 일상은 지리멸렬한가?

예술이 되는 일상

일상에 관한 글을 쓰기로 하고 보니 언젠가 스쳐 들었던 노래 가사가 생각났다. 연인과의 반복된 데이트 패턴에 불만을 토로하는 가벼운 댄스곡, 밥과 커피, 영화 등의 가사가 기억이 나서 검색해 보니 3인조 걸그룹 애프터스쿨 After School의 메인보컬이었던 레이나Raina의 「밥 영화 카페」(2017)라는 곡이었다. 흥미로운 것은 이 곡을 검색하는 동안 "데이트 밥 영화 카페 말고 할 만한 것 없을까요?"와 유사한 글들을 무수히 많이 볼 수 있었다는 것이다. 날마다 반복되는 일상에 균열을 일으키기 충분한, 중차대한 사건인 연애조차 또 다른 일상이 되어버린 것이다.

프랑스 사람들은 파리지앵의 삶을 압축해서 '메트로, 불로, 도도Metro, Boulot, Dodo'로 칭한다. 지하철Metro을 타고 출근해서 일하고Boulot 다시 지하철로 퇴근해 잠자는Dodo 삶, 다시 말해 쳇바퀴 돌 듯 살아가는 삶을 뜻한다. 이방인의 눈에는 그저 낭만적으로만 보이는 그들의 삶도 사실은 일상의 무한 반복이란 얘기이다.

일상everyday life이란 문자 그대로의 의미로 '날마다 반복되는 생활'이다. 우리는 종종 반복되는 일상에 대한 권태를 토로하곤 한다. 어제와 다를 바 없는 오늘, 그리고 오늘과 다를 것으로 기대되지 않는 내일…, 하지만 반복되는 일상은 그렇게도 지리멸렬하기만 한 것일까? 일상의 개념을 학문적으로 고찰한 하이데거Martin Heidegger는 『존재와 시간Sein und Zeit』(1927)에서 **일상성**dailiness[1]을 "현존재가 우선 대개 살아가는 존재 양식"(하이데거, 2005: 143~147)이라고 설명한다. 이 말은 현재에 존재하는 인간들(현존재)이 자신에게 주어진 나날들 속에서 '우선 대개'의 방식으로 '실존하는 양식'을 일컫는다(조형국, 2007: 188). 여기서 '우선 대개zunächst und zumeist: proximally and for the most part'는 현존재가 주체적인 삶을 살지 못하는 상태를 일컫는데, 평범한 일상성durchschnittliche Alltäglichkeit: everage everydayness으로 존재하는 인간인 현존재Dasein가 주위의 사물이나 사람들과 관계를 맺고 자신이 아닌 타인의 의지에 의해 세속적인 삶을 살아가는 상태를 가리킨다.

하이데거는 이러한 현존재의 존재 양식을 '잡담', '호기심', '애매함'으로 설명하는데, 이에 따르면 현대인의 일상은 평균적 이해와 해석에 의한 '뒤따라 말함과 퍼뜨려 말함'을 통해 어떤 문제 제기나 물음을 포기하고 사람들의 분위기에 편승하여 심리적 안정을 찾으려 하며(잡담), 눈의 욕망을 채우는 대상들에 끊임없이 시선을 빼앗겨 소비를 삶의 방식으로 삼고(호기심), 또한 잡담과 호기심의 결과, 사람들이 함께 있음은 폐쇄되고 무관심한 것도 아니면서 긴장 속에 서로를 살피고 엿듣는, 서로를 위한다는 가면 아래 서로를 적대시하는 성격(애매함)을 지닌다는 것이다(조형국, 2007: 191~199).

그러나 하이데거는 이러한 일상성을 폄하하지는 않는다. 그에게 일상성은 피상적인 삶의 형태가 아니라 현존재가 실제로 살아가는 경험적인, 어떤 의미에서는 본래적인 것이다(박일태, 2017: 241). 이 때문에 이러한 일상을 그냥 흘려

보내는 것이 아니라 반성적 성찰을 통해 본래적인 자신을 획득해야 한다. 본래적 자신의 회복이란 죽음으로 앞서 달려가보는 실존적 결단, 즉 죽을 수 있는 가능성을 상정하고 본래적인 과거의 가능성을 반복하는 일, 다시 말하면 과거의 선택들에 대한 자기반성과 스스로 존재함의 의미에 대한 물음을 지속적으로 던져야 한다는 것이다(서동욱, 2019: 80).

하이데거가 일상성을 인간(현존재)이 본래 가지고 있는 속성으로 보았다면, 하이데거의 영향을 받은 앙리 르페브르Henri Lefebvre는 현대라는 시대적 특성으로서의 일상성에 주목한다. 르페브르에게 일상성은 19세기 산업혁명 이후 자본주의의 등장과 함께 변화된 삶의 양식과 연관된 현대성modernity을 뜻한다. 르페브르에게 일상 세계는 자본주의에 의해 생산되고 식민화된 영역이기에 그는 일상을 '변화시켜야 할 대상'의 관점에서 본다(김병덕, 2003: 17). 그는『현대 세계의 일상성La via quotidienne dans le monde moderne』(1968)에서 제임스 조이스 James Joyce의 소설『율리시스Ulysses』(1922)의 예를 들면서 현대에 이르러 비로소 문학은 신이나 영웅이 아니라 대도시에 사는 익명성을 지닌 인간의 일상을 표현하기 시작했음을 상기시키고, 현재와 같은 나른하고도 불안한 반복되는 일상이 산업사회의 특징, 즉 도시화의 결과라고 주장한다(이현재, 2015: 163~164). 그는 현대 도시의 일상을 '생산-소비-생산'의 순환 과정으로 이해하는데 현대 도시는 소비를 위한 욕망을 조직 및 조작하는 사회이며, 이런 점에서 소비를 위해 생산하고 생산을 위해 소비하는 일상의 반복은 악순환의 고리를 이룬다는 것이다. 르페브르가 말하는 탐욕적이며 덧없는 소비생활로서의 일상성은 하이데거의 '호기심'과 그 맥락을 같이하는 것으로, 타인을 척도로 평균적이고 뒤지기 싫어하는 현대인의 비-반성적인 삶이다(이현재, 2015: 175~176).

르페브르는 이러한 일상성이 인간을 소외시키며, 그 소외를 극복하기 위한 실천적 대안으로 축제와 혁명 등을 제안한다.[2] 그러나 르페브르 자신도 언급한 바 있으며, 또한 우리의 삶을 반추해보면 알 수 있듯이 이 또한 해답이 아님은 자명해 보인다. 인류 역사상 일어났던 무수한 혁명도 그 정신은 망각되고 어느새 다시 관료주의로 회귀하는 것이 현실이다. 일상 탈출을 위한 여행도 축제도 SNS에 새 게시물로 전시되고 나면 그뿐, 오히려 자본주의적 일상의 한 양태로 전락해 버렸다. "모든 것을 블랙홀처럼 빨아들여 무심한 듯 힘없는 듯 완만하게 제 갈 길을 가는 그 완강한 지속성",[3] 이것이 '일상의 위대성'이다(르페브르, 2005: 95).

이렇듯 집요하게 반복되는 일상, 그것을 생산적으로 만들 수 있는 방법을 제시하는 또 다른 이가 있다. 일명 '생성의 철학자', '차이의 철학자'로 불리는 질 들뢰즈Gilles Deleuze이다. 그는 자신의 저서 『차이와 반복Différence et répétition』(1968)을 다음과 같은 문제 제기로 시작한다.

> 우리는 우리의 안팎에서 지극히 기계적이고 천편일률적인 반복들에 직면하고 있다. 그리고 동시에 그 반복들로부터 끊임없이 어떤 작은 차이, 이형(異形), 변양(變樣)들을 추출해 내고 있다. 이것이 현대적 삶의 특징이다(들뢰즈, 2004: 18).

들뢰즈가 언급한 **반복**은 같은 것의 되풀이가 아니라 '**차이**'를 생성하는 것이다. 반복의 결과물이 차이인 것이다. 그러나 모든 반복이 차이를 생성하지는 않기 때문에 그는 두 가지의 반복을 구별한다. 바로 '헐벗고 기계적이고 천편일률적인 반복'과 '차이가 부단히 자리를 바꿈에 따라 살아나는, 변별적 차이소差異素가 위장하여 자신을 바꾸는 반복들'이다. 전자는 "같음의 반복이고 개념이나 재현의 동일성에 의해 설명"되며, 후자는 "자신 안에 차이를 포괄하며 스스로 이념의 타자성 안에, 어떤 '간접적 현시'의 다질성 안에 포함된다"(들뢰즈, 2004: 74).[4]

전자는 들뢰즈가 비판해 온 서양 주류 철학의 사유 방식으로, 개념에 집착하여 동일성의 기준에서의 차이에 의해 개념적으로 유類, 종種 등의 범주로 구분함으로써 '차이 자체'를 은폐하는 것이다. 예를 들어 여성은 영장류로 남성과의 생물학적 유사성으로 '인간'이라는 유genre에 포함되는 한편 그 동일성을 기반으로 한 생물학적 차이에 의해 남성과 구분되어 여성으로 분류된다. 동일성을 요소로, 유사한 것을 측정 단위로 하는 이러한 차이의 분류 방식은 플라톤의 이데아와 그 모방(재현)으로서의 차이, 즉 항상 동일자인 원본이 있는 차이와 같은 맥락이다.[5] 반면, 들뢰즈가 제시하는 후자의 반복은 '범주적 구별이 아니라 하나의 복잡한 현상의 상이한 면들을 명명하는' 방식으로 취해져야 하며 "남성과 여성 간의 차이, 여성들 간의 차이, 각 여성 내의 차이"를 생산하는 것이다(신지영, 2007: 121). 들뢰즈의 차이란 프로이트적인 '결핍에 의한 욕망'이 아니라 '생산으로서의 욕망', 즉 잠재적 역량을 의미하며, 우리는 이 차이의 힘이 어쩌면 우리의 반복되는 일상에 고개를 갸우뚱하고 들이미는 '다른 무엇인가'를 생산할 가능성에 주목해 보고자 한다.

시(詩)가 되는 일상

미국 독립영화계의 거장 짐 자무시Jim Jarmusch의 〈패터슨Paterson〉(2016)은 반복되는 일상이 어떻게 시詩와 예술이 되는지를 보여주는 영화다. 영화는 미국 뉴저지주 북동부의 도시 패터슨Paterson에서 버스 운전사로 일하는 동명의 인물 패터슨(애덤 드라이버Adam Driver 분)의 일주일을 현미경으로 관찰하듯 담아낸다. 매일 아침 6시가 조금 넘은 시간에 일어나 시리얼로 식사를 하는 것으로 시작해, 아내 로라(골시프테 파라하니Golshifteh Farahani 분)가 싸준 도시락을 들고 같은 길을 걸어 출근해 버스를 운전하고, 퇴근해서 아내와 저녁을 먹고 나면 반려견을 산책시키며 동네 바에서 맥주를 마시고 다시 집에 돌아와 잠자리에 드는 것으로 하루가 끝난다. 단순하기 짝이 없는 그 하루들이 반복되다 보면 어느새 일주일이 된다.

패터슨의 일상은 어쩌면 우리 모두의 그것과 다르지 않아 보인다. 그러나 그의 일상에 남다른 무엇이 있다면, 그것은 그가 일상 틈틈이 시를 쓴다는 점이다. 시를 쓰는 행위는 하이데거 스타일로 설명하자면 "현존재로 하여금 스스로 그 자신의 근원적 존재 방식의 하나인 일상성으로부터 거리를 두도록 하는 일"(한상연, 2019: 282)이며, 들뢰즈적으로는 '탈주선을 그리는' 작업이라고 할 수 있을 것이다. 일상에 거리를 둔다는 것은 현존재가 자기반성과 스스로 존재함의 의미에 대한 물음을 지속적으로 던진다는 의미이자, 독자에게 일상에의 거리 두기에 동참을 권하는 행위이다. 또한, 탈주선을 그린다는 것은 들뢰즈 예술론의 중요 개념으로, 진리나 주체라는 이상적 원형의 가치를 위해 차이를 은폐하고 억압해 온 근대성의 영토화 전략으로부터 스스로

그림 2-1 〈패터슨〉 포스터

를 탈영토화, 탈코드화하는 것, 그리고 이러한 탈영토화의 흐름을 다시 중심으로 회귀시키려는 재영토화의 과정으로부터 끊임없이 탈주를 시도하는 유목민적 삶의 양식을 가리킨다.[6]

시를 쓰는 이, 탈주선을 그리는 이는 비단 패터슨만이 아니다. 패터슨이 수요일 오후 퇴근길에 마주친 소녀나 그가 즐겨 찾는 폭포에서 만난 일본인 시인은 말할 것도 없고, 영화에서 누구보다 패터슨과 '다른' 존재인 아내 로라도 종일 같은 듯 다른 흑백의 무늬로 집 안과 자신을 꾸미는 자신만의 방식으로 시를 쓴다. 그리고 이들 모두의 일상을 주조함으로써 감독 자신도 시를 쓴다.

사실, 일상을 소재로 영화를 만들기란 쉬운 일이 아니다. 주류 영화가 관객에게 주는 가장 큰 즐거움 중 하나가 일상의 삶에서 누리지 못하는 환상을 충족시켜 주는 것인데 시를 쓰는 버스 운전사의 우리와 다를 바 없는, 아니 어쩌면 우리보다 더 권태로워 보이는 일상을 관찰하는 것이 흥미로울 리 없다. 그러나 다행히 〈패터슨〉은 반복되는 일상의 관찰도, 시를 쓰는 패터슨의 스토리만도 아니다. 짐 자무시는 고전적 서사의 기본 법칙인 동일성의 재현 방식으로

부터 탈주해 인과율에 의존하는 중심 서사의 부재 방식, 고집스러운 반복의 리듬, 그리고 론 패킷Ron Padgett과 영화의 영감의 원천인[7] 윌리엄 카를로스 윌리엄William Carlos William의 시와 수많은 예술가에 대한 인용을 통해 '**영화적 은유**'로서의 시를 스크린에 구현하고 있다.

자무시가 〈패터슨〉에서 그려내는 일상은 '기계적이고 천편일률적인' 반복이 아니라 '끊임없이 어떤 작은 차이, 이형, 변양들을 추출해내는' 반복이다. 매일 일어나는 시간이 조금씩 다르고, 침대에서 아내 로라와 잠을 깨는 자세가 다르고, 출근길의 풍경이 다르며, 같은 노선이지만 다른 사람들을 마주치고, 그들이 나누는 대화도 다르다. 매일 저녁 들르는 바에서 만나는 사람들의 대화도 비슷한 듯 다르다. 패터슨은 마치 발터 벤야민Walter Benjamin의 '산보객flaneur'[8]처럼 네 개의 장소(집, 버스, 폭포, 바)[9] 사이를 탐험하듯 산책하며 일상의 차이를 발견해내고, 그 차이들은 시를 통해 '다른 무엇'으로 변이된다. 다른 성냥과 다르게 "진하고 옅은 푸른색과 흰색 로고가 확성기 모양으로 그려진" 오하이오 블루 팁 성냥은 "사랑하는 여인의 담배에 불을" 붙일 수 있는 사랑으로, 어느 날 커튼 사이로 새어 들어온 빛은 사랑하는 여인이 잠을 깨 놀랄까 걱정하면서도 "벅찬 사랑과 두려운 마음으로", "용기 내어 당신을 들여다" 볼 수 있게 해주는 존재로 다시 명명된다. 일종의 은유인 것이다. 그러나 이 은유는 "내 마음은 호수다"라는 불변의 예문으로 잘 알려진, 확정적 의미를 지니는 언어적 은유와는 다르다.

들뢰즈는 은유를 언어적 관점과 전혀 다른 측면에서 바라본다. 그는 『영화 2Cinéma 2: L'image-temps』(1985)에서 정신적 기능으로서의 은유의 개념을 제시하는데, 언어학적 은유가 무엇인가를 '대체'함으로써 특정하게 의도된 중심적 의미를 생성하는 데 반해 '순수한 형태의 영화적 은유'는 의도적이고 확정적인 의미를 생성하지 않는다고 역설한다. 영화에서의 은유는 단지 인물이 느끼는 방식만이 아니라 감독과 관객이 인물을 판단하는 방식을 표현함으로써 감독-영화-관객을 포괄하는 하나의 회로를 완성하며 이미지 속에 사유를 통합한다는 것이다. 그리고 그 회로는 "우리를 이미지로부터 의식적 사유로 고양시키는 감각적 충격le choc sensoriel을 제공하고, 우리를 다시 이미지로 이끌어 감화적 충격un choc affectif을 재부여하는 형상들을 통해 사유를 유발하는"(Deleuze, 1985: 210) 것이라 설명한다(이자혜, 2016: 106, 재인용).

자무시가 패터슨의 삶과 시를 통해 그려내는 은유는 어떤 하나의 중심-일자로 포섭되지 않는다. 누군가와 다름이라는 특정한 차이가 원인이 되어 그 반작용으로서의 결과를 만들어내는 인과율의 요소로도 작용하지 않는 것이다. 패터슨의 시이자 자무시의 영화에서의 차이는 원본, 즉 기준에 대한 유사성이나 인접성의 수준에서 다르거나 틀린 것이 아니라 '차이 자체'로서 의미를 지니며, 그 차이를 흡수하여 예술로 되새김질하는 자가 열린 퍼즐조각 같은 유목민으로서의 소수자 패터슨이자 감독 자무시다.

영화의 후반부인 토요일, 아내와의 외출에서 집으로 돌아와 그의 시들이 담긴 비밀 노트를 반려견 마빈이 갈기갈기 찢어놓은 것을 발견한 순간, 전통적인 서사 관습, 즉 원본에 익숙한 관객으로서는 패터슨의 절망이 영화를 비극으로 몰고 갈지도 모른다는 익숙한 추론을 해보지만, 자무시는 패터슨이 여느 다른 날처럼 다시 시를 쓰는 것으로 영화를 마무리한다. 일요일 오후 패터슨이 폭포에서부터 단골 바 앞을 지나 집에 돌아와 잠자리에 들고 다시 월요일을 맞이하는 엔딩 시퀀스에서 이어지는 시 'The Line(한 소절)'은 자무시가 〈패터슨〉을 통해 관객에게 전하고 싶었던 이야기, 우리의 일상을 창조적인 것으로 만드는 방법을 제시한다.

오래전 할아버지가 흥얼거리던 노래 중 "차라리 물고기가 될래?"라는 한 소절, 실제는 "노새"나 "돼지"로도 바뀌어서 반복되었지만 나머지는 마치 원래 없었던 것처럼 유일하게 머릿속을 맴도는 것은 "물고기"뿐이라는 것이다. 패터슨(혹은 실제로 이 시를 쓴 론 패짓Ron Padgett)에게 의미를 지니는 것은 전체가 아닌 이 한 부분이고, 어쩌면 다른 누군가에겐 그것이 '노새'나 '돼지'일 수도 있을 것이다. 패터슨이 매일 저녁 들르는 바의 벽에 만들어진 '명예의 전당'에 수많

은 패터슨시 출신의 유명인들 중 주인과 손님들의 기준에 의해 선택한 일부만
이 전시되는 것과 같이 영화는 총체적 현실을 담아낼 수 없다. 우리의 일상도
마찬가지다. 일상의 모든 순간이 축제일 수는 없다. 더구나 그 축제의 순간들
조차 다른 이들의 삶을 원본으로 가져야 하는 것은 아닐 것이다. 결국, 자신만
의 '물고기'를 찾아내고 그것을 가치 있게 만드는 일이 바로 일상에서의 '시 쓰
기'의 행위가 아닐까.

　물론 이것은 모든 이가 시인이나 예술가가 되어야 한다는 의미가 아니다.
패터슨과 로라가 그러했듯이, 마치 시인이 대상에 대해 '언어로 개념화되기 이
전 상태의 견해'를 표현하기 위해 적절한 언어를 선택함으로써 대상을 새롭게
정의하는 것처럼(Leblanc, 1996: 143), 자무시가 〈패터슨〉을 통해 일상의 미세한
차이가 갖는 아름다움을 영화적 언어로 다시 은유해 낸 것처럼, 우리의 일상도
매일 마주치는 세계에 대한 원본 없는 견해를 무엇인가로 정의해 내는 일이 필
요하지 않을까. 반려견이 찢어버린 노트에 담긴 패터슨의 시들은 그만의 원본
이었다. 그리고 그것이 사라져버린 후에도 그는 다시, 지금까지 그래온 것처
럼, 자신의 삶을 새로운 원본으로 만드는 반복을 계속할 것이다.

　나는 반복을 사랑한다. 더 정확히는 무엇인가 반복되는 가운데서 일어나는 변주
　에 흥미가 있다. …… 〈패터슨〉을 구상하며 나는 이 영화의 구조를 일상의 메타
　포로 만들어보고 싶었다. 우리가 사는 하루하루는 그 전날의 변주이지 않은가
　(≪씨네21≫, 2016.5.30).[10]

일상 공간과 일상으로부터의 소외

일상이라는 것, 그렇게 불리는 것의 의미

1988년에 데뷔한 4인조 걸 그룹 핑클FIN.K.L: Fine Killing Liberty의 리더이자 서

브보컬이며 메인댄서였던 이효리는 2010년에 자신의 4집 솔로앨범이 표절 논란에 휩싸이자 방송 출연을 자제해야 했고, 자연스럽게 세간의 관심으로부터 멀어졌다. 그 이후, 이효리는 2013년 9월에 밴드 롤러코스터Roller Coaster의 기타리스트와 결혼하면서 제주도에서 그녀만의 새로운 일상을 꾸렸다. 그런 그녀가 2017년 5월에 남편 이상순과 함께 자신의 집을 방송용 민박집으로 내놓으면서 다시 대중 앞에 등장했다. 두 번째 방송 시즌 때에는 대략 20만 명이 넘는 그룹(여행객)이 민박집에 머물겠다고 신청했을 만큼 '효리네 민박'은 그야말로 대성황이었다.

그룹명 핑클FIN.K.L은 '자유를 억압하는 것들 따위는 끝장내버려'라는 뜻을 갖고 있다고 한다. '핑클'과 '이효리'는 자신들만의 고유한 정체성을 유지하거나 강화할 수 있는 자유의 권리를 적극적으로 주장하면서 대중적인 이미지를 유지해 온 흔치 않은 예능 캐릭터이다. 재주와 기능을 적절하게 활용할 줄 아는 연예인entertainer인 이효리가 그녀만의 일상을 대중에게 드러내기로 작정하면서 제작된 방송프로그램이 〈효리네 민박〉이다.[11] 〈효리네 민박〉에서의 이효리와 그녀의 배우자 이상순, 그리고 반려견과 반려묘들, 무엇보다 '일반인' 출연자들이 함께 '엮은' 일상의 이야기들은 개인 이효리뿐만 아니라 그룹 핑클의 나머지 멤버들을 수년 만에 다시 대중 앞으로 호명하는 직접적인 계기가 되었다.

〈효리네 민박〉처럼 **일상**이 소재로 쓰이거나 일상 자체가 주제로 구성되는 방송예능 프로그램은 이른바 **일상-예능**이라는 새로운 장르의 출현을 가능케 했다. 〈효리네 민박〉 첫 번째 시즌 홈페이지에는 이효리와 이상순 부부의 '일상으로 들어가 함께 살아보는 특별한 경험', 두 번째 시즌 〈효리네 민박2〉 홈페이지에는 '정신없는 일상을 벗어나, 잘 먹고 잘 쉴 수 있는'이라는 기획 의도가 명시되어 있다.[12] 첫 번째 일상은 "체험을 제공하는 곳"인 데 반해 두 번째 일상은 "'일상'의 공간이면서 동시에 '비일상'의 공간"(김형식, 2018: 219)으로 효리네 민박과 〈효리네 민박〉이 구성되어 있는 셈이다. 특히 〈효리네 민박〉의 손님인 참가자(일반인)에게 〈효리네 민박〉 출연과 효리네 민박으로의 여행은 '비일상'의 경험에 해당한다. 따라서 그들의 "일상이 (비일상적) 일상이라면, 이 프로그램을 보는 사람들의 삶의 조건은 (일상적) 비일상 속에 놓여 있다. 일상-예능은 곧 '비일상-예능'"(김형식, 2018: 220)이 되는 것이다.

〈효리네 민박〉은 이효리를 비롯한 다수의 출연자가 이효리 부부의 실제 거주지와 제주도를 여행하는 동안에 음식(요리)과 취미 등의 경험을 공유하며 서로 '관계'를 맺는 일상(동시에 비일상)을 관찰하는 대표적인 **일상-예능** 프로그램이라고 할 수 있다. 일상-예능 프로그램은 촬영 현장에 유·무선으로 작동되는 다수의 카메라를 배치해 출연자들의 일거수일투족을 관찰하듯이 촬영하면서 "의도된 부분이나 작위적인 요소를 최대한 배제"(곽경태·김은경, 2017: 814)하는 것처럼 제작된다. 그러나 〈효리네 민박〉에서 재현된 일상은 여느 일상-예능 프로그램들과 마찬가지로 실제 일상이기보다 실제를 가장한 변형된(가공된) 일상을 다룬다. 더구나 그 일상마저 엿보기를 통해 관찰된다는 점에서 실제 일상과는 거리가 멀다고 할 수밖에 없다.

〈슈퍼맨이 돌아왔다〉(KBS2), 〈아이를 위한 나라는 있다〉(KBS2), 〈리틀 포레스트〉(SBS) 등의 육아 예능 프로그램, 〈백종원의 골목식당〉(SBS), 〈밥블레스유〉(Olive), 〈맛있는 녀석들〉(Comedy TV) 등의 음식 예능 프로그램, 〈나 혼자 산다〉(MBC), 〈미운 우리 새끼〉(SBS) 등의 연예인 관찰 예능 프로그램, 〈꽃보다 할배〉, 〈삼시 세끼〉, 〈스페인 하숙〉, 〈신서유기〉(이상 tvN) 등의 여행, 음식, 게임이 혼합된 퓨전 예능 프로그램 등은 일상을 주 소재이자 주제로 활용한다. 이들 일상-예능 프로그램에서 다루는 **일상**은 "소소하고, 일상 공간은 친숙하다. 그래서 **일상문화**는 별것 아닌 것처럼 보인다. 일상이니까 그렇다"(강승묵, 2018: 276). 그래서 방송사(제작사)들은 그런 일상을 눈여겨보면서 프로그램의 소재와 주제로 적극 활용한다. 일상이 시청률로 포장된 수익 창출의 매력적인 재료이기 때문이다.

그리스어 카테메란catemeran과 라틴어 코티디아누스cotidianus로부터 유래한

일상은 사전적으로 '날마다 반복되는 생활'로 일컬어진다.[13] 매일 "자연스럽게 '흘러가는 삶' 자체이자 그런 삶의 방식이며 양식"(강승묵, 2018: 275)이자 "보잘것없으면서도 견고한 것이고, 당연한 이야기지만 부분과 단편들이 하나의 일과표 속에서 연결되어 있는 어떤 것"(르페브르, 2005: 78)이 일상이다. 따라서 "일상과 비일상은 끊임없이 꼬리를 무는 자리바꿈이며, 포함하는 동시에 배제되는 이중의 운동"(김형식, 2018: 234)이라고 할 수 있다.

그림 2-2 〈카모메 식당〉 포스터

아무렇지 않은 것 같지만 아무런 것이 아닌 일상은 영화에서도 빠질 수 없이 등장하는 핵심 소재이자 주제이다. 오기가미 나오코Ogigami Naoko 감독[14]의 〈카모메 식당Kamome Diner〉(2006)은 일상의 (시)공간, 사람, 요리(음식), 커피, 젠더, 사회, 소외 등을 다양한 방식으로 이야기한다. '갈매기'라는 뜻의 카모메かもめ가 식당 이름이자 영화의 제목에 포함된 까닭은 핀란드의 수도이자 항구 도시인 헬싱키가 위치한 핀란드만 연안을 날아다니는 갈매기 때문이다. 극 중 주인공인 사치에(고바야시 사토미Kobayashi Satomi 분)가 그곳에서 본 '뚱뚱한' 갈매기가 어렸을 적에 키웠던 '살찐' 고양이를 연상시킨다고 해서 식당 이름이 '카모메' 식당이 된 것이다.

영화 〈카모메 식당〉의 '카모메 식당'은 트램, 버스, 자동차, 자전거, 보행자 등이 복잡하면서도 질서정연하게 얽혀 있는 거리 모퉁이에 알토 카페Cafe Aalto, 아카데미아 서점Akateeminen Kirjakaippa, 스톡만Stockmann 백화점 등과 함께 자리 잡고 있다. 식당 주인은 거리에서 식당 안을 들여다보는 세 명의 핀란드 아주머니들의 눈에 '아이'처럼 보이는(나이를 알 수 없는) 사치에이다. 사치에는 일본에 있을 때 키우던 고양이에게 먹을 것을 너무 많이 줘서 그 고양이가 죽고 난 후에 교통사고로 어머니마저 잃게 되자 핀란드로 왔고, 한 달쯤 전에 카모메 식당을 개업했다.

사치에가 핀란드 헬싱키에서 카모메 식당을 열게 된 이유가 '멋있는 남자'를 만나고 싶어서라고 얘기하자 마사코(모타이 마사코Motai Masako 분)는 "좋아 보여요. 하고 싶은 일 하고 사는 것"이라고 응수한다. 그러자 사치에는 이내 "하기 싫은 일을 안 할뿐이에요"라고 속내(혼네ほんね)를 드러낸다. 하고 싶지 않은 일을 안 하는 선택의 자유를 행사함으로써 기꺼이 익숙한 것들과의 결별을 감행했고, 낯선 것들과의 조우를 감당했다는 것이 그녀의 진심이었던 셈이다. 그녀는 그렇게 새롭게 마주친 일상을 자연스럽고 당연하게 받아들였고, '가게' 문을 연 지 한 달이 다 되어가는데도 손님이 한 명도 없다는 사실에 전혀 당황하는 기색 없이 매일 마른 행주로 꼼꼼하게 컵을 닦고, 가게를 청소하며, 수영을 하고, 오수에 빠져들기도 한다.

그러던 어느 날 마침내 〈카모메 식당〉과 '카모메 식당'에 일본 애니메이션 '덕후'인 토미 힐트넨(야르코 니에미Jarkko Niemi 분)이라는 이름의 첫 번째 손님이 찾아온다. 일본어가 능숙한 그는 커피를 주문한다. 첫 등장 이후 영화가 끝날 때까지 카모메 식당의 공짜 커피 손님이 된 토미는 자의 반 타의 반으로 새로 개발된 메뉴(가재, 순록고기, 청어 등의 핀란드 재료가 들어간 주먹밥)의 시식 대상이 되기도 한다. 그는 공짜 커피와 음식을 대접받는데도 일체의 미안함을 느끼지 않고 마치 한 가족처럼 스스럼없이 일본인 같은 핀란드인의 역할을 충실히 수행한다.

사치에는 토미가 물어본 〈갓챠맨Science Ninja Team Gatchaman〉[15]의 주제가 가사가 생각나지 않던 차에 들른 서점에서 미도리(카타기리 하이리Katagiri Hairi 분)를 만난다. 미도리는 세계지도를 펼쳐 놓고 '그냥 찍은' 핀란드로 '떠나왔다.' 일본을 벗어나 어디든 떠나고 싶었다는 미도리는 만일 알래스카나 타히티였어도 그곳에 갔을 거냐는 사치에의 물음에 그랬을 것이라고 답한다(이 장면에 알래스

카와 타히티의 인서트 영상이 삽입되어 있다). 미도리에게 헬싱키(핀란드)에서의 하루하루는 자연스럽게 일상이 '되었다'. 그렇게 새롭게 일상이 된 헬싱키의 책방에서 미도리는 사치에에게 〈갓챠맨〉의 주제곡을 불러주면서 가사를 알려준다. 흥미로운 것은 책방에 있던 핀란드인들이 두 사람과 두 사람의 행동을 마치 신기한 정경scape처럼 바라본다는 점이다. 그들에게 이 정경은 낯섦과 익숙함, 일상과 비일상, 현실과 비현실이 겹친 보기 드문 볼거리였을 것이다.

일본에서의 일상과 익숙함이 핀란드에서의 비일상과 낯섦과 결합되면서 사치에와 미도리는 연대감을 느끼고, 그 사이로 마사코라는 이름의 인물이 틈입해 들어온다. 카모메 식당에 들어온 마사코는 커피 한 잔을 주문한 후에 공항에서 자신의 짐을 분실했다고 뜬금없이 사치에에게 하소연을 늘어놓는다. 그녀 역시 딱히 어떤 이유가 있어서 핀란드에 온 것은 아니었다. 마사코는 단지 20년 동안 부모의 병간호를 하다가 부모가 세상을 뜨자 '족쇄가 풀린 느낌'으로 핀란드에 왔다고 한다. 그녀는 일본에 있을 때 기타 없이 연주 흉내를 내는 '에어 기타 대회' 뉴스를 보면서 핀란드인들이 여유 있어 보이고 쓸데없는 일에 얽매이지 않으며 느긋하게 인생을 산다고 생각했다고 한다. 마사코는 정작 잃어버린 가방 안에 무엇이 들어 있는지조차 정확하게 알지 못하며, 핀란드어를 전혀 모르는데도 핀란드인인 리이사(타르야 마르쿠스Tarja Markus 분)의 처지에 격하게 공감하기도 한다.

자본주의 사회에서 일상과 비일상, 일상적인 것과 비일상적인 것을 구분하는 기준은 명확하지 않은 경우가 대부분이다. **일상**(일상적인 것)은 현실과, 비일상(비일상적인 것)은 비현실과 등을 맞대고 있는 쌍둥이이기 때문에 일상은 현실을 외면한 채 꾸려지지 않으며, 현실과 무관하게 흘러가지도 않는다. 마찬가지로 비일상(비일상적인 것)도 비현실과 별개일 수 없다. 따라서 핀란드에서 생전 처음 만난 사치에, 미도리, 마사코의 일상(비일상)도 완전히 일상적(비일상적)이지만은 않다. 그들의 일상, 일상적인 것, 현실은 비일상, 비일상적인 것, 비현실과 중첩되어 있을 수밖에 없는 것이다.

일상, 일상적인 것, 현실의 문제는 때로는 경제적인 요인과 밀접하게 연관되어 있다. 의도치 않게 사치에에게 얹혀살게 된 미도리의 일상적이며 현실적인 고민은 카모메 식당에 손님이 찾아오지 않는다는 사실이었다. 미도리는 "장막과도 같이 일상은 감추면서 드러낸다. 그것은 불만을 감추면서 동시에 드러내고, 만족을 보여주면서 동시에 박탈을 드러낸다"(도정일, 1992: 131)는 점을 잘 알고 있었다. 즉, 자본주의 사회에서 **일상**의 만족과 불만족은 경제적인 요소에 의해 결정되며, (상대적인) 박탈감으로 인해 만족과 불만족의 정도가 더욱 도드라진다는 점을 미도리는 정확히 인식하고 있었던 것이다.

그래서 미도리는 카모메 식당에 드리워진 '(돈벌이로서의) 장사'의 장막을 걷어내고 일상을 변화시키고자 새로운 메뉴를 개발하려는 욕망을 드러낸다. 혼자서도 시장에 가서 장을 봐올 만큼 핀란드에서의 일상에 익숙해진 미도리는 카모메 식당의 유일한 메뉴인 주먹밥의 속 재료를 바꿔보려고 작정한다. 그녀가 선택한 것은 전형적인 핀란드식 음식 재료인 가재, 순록고기, 청어이다. 미도리는 손님이 많이 찾아오길 바라는 '순진한' 욕망만을 갖고 있지 않다. 오기가미 나오코 감독은 〈카모메 식당〉을 통해 일상이 펼쳐지는 곳이나 일상이라고 불리는 것에는 충족에의 욕망과 그로 인한 피할 수 없는 결핍이 교차되며, 일상은 정적이지 않고, 일상의 내부에는 변화에의 가능성과 잠재력이 항상 내재되어 있다는 점을 강조한다. 이를 통해 감독은 현대적 일상에는 만족과 안락이 제공되는 동시에 불만과 박탈감도 발생하고, 이 불만과 박탈감이 (일상을) 변화시키는 열망의 탄생 지점(Lefebvre, 1988)이 되며, 그래서 일상의 사소하고 지루한 성격을 드러내 이를 변화시키기 위한 전략과 전술로서의 실천 행위가 필요(Lefebvre, 1991)하다는 점을 이야기하고자 한다.

'카모메 식당'의 일상에는 미도리와 사치에의 주먹밥 메뉴 개발이라는 충족에의 욕망이 도사리고 있었지만 이 욕망은 이내 또 다른 결핍으로 이어진다. 그들이 새롭게 개발한 가재 주먹밥, 순록고기 주먹밥, 청어 주먹밥은 핀란드인인 토미의 입맛에 전혀 맞지 않을 만큼 낯선 것들이었다. 낯섦은 언젠가 익숙함이 되고 결핍은 또 다른 욕망의 밑천이 되는 법, 〈카모메 식당〉의 결말 부분에서 이 주먹밥들은 카모메 식당의 대표 메뉴가 된다. 중요한 것은 **일상**의 삶이 "일상을 수락하기 위한 것이 아니라 오히려 그 반대, 곧 일상을 변화시키기 위한 것"이고, "그것은 바꿀 수 있고 변화 가능하며 그것의 변화는 '사회 기획'의 중요한 일부"(Lefebvre, 1988: 80)라는 사실이다. 그렇기 때문에 변화를 추인하지 못하거나 변화가 추동되지 않는 일상은 일상으로서 기능할 수 없는 비일상이 되고 만다.

더구나 "일상-없는 삶의 궁핍한 주체는 지금-여기의 현실에 정박하지 못한 채 파편화된 무정형의 삶을 부유"(김형식, 2018: 233)한다. 다행스럽게도 〈카모메 식당〉의 인물들이 갖고 있었던 과거의 파편화된 삶은 카모메 식당에서 새롭게 조합되며 하나의 정형화된 그림으로 완성된다. 일본인 세 사람의 연대는 다수의 핀란드인의 참여를 통해 더욱 공고해지고, 이들 모두는 정박되지 않는 현실적인 일상의 불안정성에 조바심 내지 않으며 자신들만의 속도로 각자의 일상을 꾸려간다. 그 속도에 맞춰 연어구이, 돈가스, 시나몬 롤 등의 새로운 메뉴들도 지나치게 빠르거나 늦지 않게 속속들이 등장한다. 마치 **문화적 혼종성** cultural hybridity에 따른 **지역화**localization에 의해 일상 자체와 **일상문화**가 상호 교류되듯이, 카모메 식당은 일본(인)과 핀란드(인)의 일상적인 삶의 '**반복**'을 통해 새로운 일상문화를 꾸릴 수 있게 한다. 그렇게 어느 누구든, 어디이든, 어떤 식으로든 일상으로서의 삶은 계속된다는 점을 〈카모메 식당〉은 일깨워주는 셈이다.

일상의 공간과 일상에서의 소외

오기가미 나오코 감독은 핀란드(헬싱키), 더 정확하게는 가상의 카모메 식당을 뚱뚱한 갈매기처럼 상처 입은 채 앙상하게 마른 이(것)들을 건강하게 회복시켜주는 치유의 현실 공간으로 여긴 듯하다. '꼭 일본에서 (식당을) 할 필요는 없을 것 같았다'라고 생각했던 사치에는 '왜 하필 여기?'라는 미도리의 궁금증에 "여기라면 나도 살아갈 수 있겠다", "소박해도 맛있는 음식을 여기선 왠지 알아줄 것 같아요"라고 답한다. '여기'라면, (다시) 살아갈 수 있고, 자신이 만든 음식을 알아줄 이도 있을 것이라고 '여긴' 사치에가 차린 카모메 식당은 정갈하다. 푸른빛(바다색)이 감도는 핀란드산 나무로 덧댄 외부와 외부에서 내부는 물론 내부에서 외부도 한눈에 조망할 수 있게 꾸며진 넓은 창은 카모메 식당의 인상을 한결 깔끔하게 느껴지게 한다. 그런 카모메 식당이 누구든 '근처를 지나다 가볍게 허기를 채우는 동네 식당'이기를 사치에는 소망했다. 열심히 해도 손님이 늘지 않을 때는 '문 닫으면 그만'이라는 마음으로 말이다.

'여기'에서 살아가는 이들은 "조용하지만 친절하고 언제나 여유로운 사람들"이라는 미도리의 말에 항상 창가에 놓인 소품(화분)처럼 앉아 있던 토미가 '숲' 때문에 그렇다고 얘기한다. 그러자 마사코가 갑자기 숲에 다녀오겠다며 자리를 뜬다. 헬싱키 도심에서 불과 10여 분 남짓이면 갈 수 있다는 '이름 모를' 숲에서 마사코는 지천에 널린 이름 모를 버섯을 딴다. 그 버섯은 후에 다시 찾은 그녀의 가방 안에도 가득 들어 있고, 이로 인해 마사코는 카모메 식당에 눌러앉게 된다. 여느 도시들처럼 헬싱키에도 도시적인 것the urban과 시골적인 것the rural이 공존한다. 다만, 카모메 식당처럼 헬싱키는 다른 대도시에 비해 비교적 면적이 넓지 않고 인구가 적을 뿐이다.

사치에는 미도리, 마사코, 토미의 일상 공간으로서의 '여기' 예찬에 대해 '여기'를 비롯해 "어디에 가든 슬픈 사람도 있고 외로운 사람도 있는 법"이라고 심드렁하게 대꾸한다. 남편이 자신 곁을 떠난 사실을 감당하기 어려워 삶을 놓아버릴 뻔했던 리이사가 그런 사치에에게 "그 가게가 당신이랑 많이 닮았어요"라고 얘기하자 사치에는 부정도, 긍정도 하지 않는 표정을 짓는다. 사치에에게 헬싱키와 카모메 식당은 새로운 인간관계를 맺을 수 있게 한 일상적인 **사회 공간**이다. 사회 공간은 공간이 사회화된 것이 아니라 사회화하는 공간이다(르페브르, 2013: 289). 공간 자체가 사회적으로 생산되기 때문에 공간은 사회 공간일 수밖에 없다. 사회 공간은 행위의 장이자 매체이고, 현실적인 동시에 잠재적

(가능성)이며, 양적인데다 질적이다(르페브르, 2013: 127, 290). 무엇보다 사회 공간은 이와 같은 이중성으로부터 벗어날 수 없지만 어느 한쪽으로도 고정되지 않는다.

사회 공간인 헬싱키와 카모메 식당에서 거주나 정주(또는 이주), 정주민과 이방인 등을 명확하게 구분하기란 여간 어렵지 않다. 처음에는 사치에 혼자 정주했던 카모메 식당의 주방은 차츰 미도리와 마사토의 일상적인 사회 공간으로 변해가고 급기야 카모메 식당의 전 주인이었던 마티가 커피를 내리고 커피머신을 훔쳐가는 탈일상적인 사회 공간으로 변모된다. 사치에는 자신의 일상 대부분이 구성되는 주방에서 마티로부터 '커피를 맛있게 내리는 비법'을 배운다. 커피를 내리기 전에 드리퍼dripper에 담긴 커피 가루에 손가락을 대고 '코피 루왁kopi luwak'[16]이라는 주문을 외는 터무니없는 비법이지만 사에키는 한 치도 의심하지 않는다. 그녀에게 커피를 맛있게 내리는 행위는 노동이 아닌 여가의 일종일 뿐이기 때문이다. 자본주의 사회의 도시라는 사회 공간에서는 "노동의 소외, 교환가치(상품화)에 의한 소외뿐만 아니라 일상생활의 소외, 소비문화와 의식의 소외, 그리고 공간적 소외 등 모든 형태의 소외들을 찾아볼 수 있다"(최병두, 2018: 153). 비록 사치에가 헬싱키나 카모메 식당(주방)이라는 **사회 공간**에서 노동이 아닌 여가로서 커피를 내리더라도 사치에에게 그 공간은 현실적이기보다 비현실적이거나 탈현실적으로 추상화된 사회 공간이라고 할 수 있다.

가족과의 이별을 경험한 이들(사치에, 마사코, 리이사)이나 친구 한 명 없이 항상 혼자여서 미도리에게 친구를 데려오라는 핀잔을 듣는 외톨이(토미), 일본이 아니라면 어디든 떠나려 했다는 이방인(미도리) 등 〈카모메 식당〉의 등장인물들이 한결같이 카모메 식당을 일상적인 사회 공간으로 탈바꿈시키려는 이유는 자명하다. 그들은 모두 정주민이자 이방인으로서 일상의 **소외**alienation를 경험했거나 하고 있다는 공통점을 공유하기 위해 그들만의 공간이 필요했고, 그곳에서 소외를 극복할 수 있다고 믿었기 때문이다. 현대사회에서의 자본 축적이 소비와 여가 등의 일상생활에서도 가능해지면서 소외는 "임노동에 의한 생산의 영역에서 일상생활의 재생산 영역으로 확장되어 인간 삶을 황폐화"(최병두, 2018: 150)시킨다. 그 결과, 도시사회가 새로운 계급을 구성하고, 새로운 공간을 창출할 뿐만 아니라 억압과 소외의 새로운 형태를 만들어내기도 한다(Lefebvre, 2003).

'카모메 식당'을 비롯해 자본주의 사회의 여느 도시 공간들은 수많은 일상적인 소외를 야기하기도 하고 탈소외의 가능성을 제시하기도 한다. 특히 현대 자본주의 사회를 대표하는 (대)도시 공간은 다양한 모순과 갈등을 발생시키는 곳이다. 프랑스 출신의 마르크스주의자이자 사회학자인 앙리 르페브르가 일상(생활)에 관심을 기울인 까닭도 현대 자본주의 사회에서 일상의 가치와 의미가 갈수록 중요해지는 데 반해 자본주의 자체가 야기하는 억압과 착취 등의 정치경제적이고 사회문화적이며, 무엇보다 이데올로기적인 문제들이 일상을 더욱 황폐화시킨다는 점을 지적하고자 했기 때문이었다. 그래서 르페브르는 일상(생활)에 대해 비판적 관점을 가짐으로써 일상(생활)에서 발생하는 수많은 형태의 소외들을 극복할 수 있고, 이로 인해 소외로부터 자유로운 삶의 가능성을 모색할 수 있다고 강조했다.

그에 의하면, **일상**은 우리 자신과 우리'들'의 관계가 형성되는 삶(생활)의 공간으로서, "소외와 탈소외의 변증법의 영역"(Lefebvre, 2002: 62)이다. 르페브르는 **소외**를 정치경제적인 차원에 바탕을 두는 일상생활의 의식적인 경험에 의해 발현되는 것으로 이해했다. 즉, 소외는 "경제적(노동 분업이나 사적 소유, 또는 화폐, 상품, 자본 형성 등의 경제적 물신들)·정치적(국가 형성)·이데올로기적(종교, 형이상학, 도덕적 교리)이며, … 인간은 소외를 통해서만 발전"(Lefebvre, 1991: 249)한다는 것이다. 특히 르페브르는 신자본주의가 스스로를 유지시키는 기반은 경제가 아니라 일상생활이라는 인식(Lefebvre, 1976)을 바탕으로 "일상생활의 전 영역에서 경험되거나 마주치고, 수용되며, 무시되고, 타협되는 것"(Lefebvre, 1991: 249)이 소외라고 주장한다.

카모메 식당의 전 주인인 마티로부터 '커피를 맛있게 내리는 비법'인 '코피 루왁'이라는 주문 외기를 배운 사치에는 영화(비현실)와 현실의 시간을 정확히 일치시키려고 작정한 것처럼 23초라는 비교적 긴 시간 동안 커피를 내린다. 당연히 주문을 외면서 말이다. 감독이 의도적으로 연출한 이 롱 테이크long take 숏은 비일상, 비일상적인 것, 비현실에 해당하는 영화를 일상, 일상적인 것, 현실과 조응할 수 있게 한다. 마침내 잃어버렸던 가방을 다시 찾은 마사코가 사치에와 미도리에게 작별을 고하고 난 이후, 미도리는 사치에에게 자신마저 일본으로 돌아가면 혹시 쓸쓸해하지 않을까 묻는다. 식당은 원래 혼자 시작했던 것이고, 미도리도 자신만의 인생이 있으니 어쩔 수 없다는 사치에의 대답에 미도리가 오히려 서운해한다. 그런 미도리에게 사치에는 한마디를 더 거든다. "늘 똑같은 생활을 할 수는 없죠. 사람은 모두 변해가니까요."

그렇다. 사치에의 말처럼, 사람은 어느 누구나 시간이 흘러도 변함없이 한 자리(공간)에서 항상 변함없는 일상을 살 수는 없다. 이 세상에 변하지 않는 것은 '변한다는 사실'뿐이니 말이다. 모든 것이 변하다 보니 현대를 지나 탈현대를 살아가는 오늘날에는 일상과 비일상(탈일상), 일상적인 것과 비일상적인 것, 현실과 비현실(탈현실)을 구분하기가 갈수록 더 어려워진다. 그래서 이 이항대립적인 것들의 경계에 놓인 **사이 공간**in-between이 관심의 대상이 되기도 한다. 사이 공간은 인도 출신의 비판이론가인 호미 바바Homi K. Bhabha가 동일성과 차이(성), 대립과 저항이 공존하는 상태인 혼성성이 내재된 문화의 사이 공간을 강조하기 위해 제안한 개념이다(바바, 2002). 문화적으로나 정치적으로 위계화되지 않은, 새롭고 낯선 공간과 혼성성으로 명명될 수 있는 곳이 사이 공간이며, 특히 문화의 사이 공간은 "문화적 갈등이 생산되고 해체되는 과정을 반복"(유정규, 2016: 29)한다.

〈카모메 식당〉은 외로운 이에게 마음의 위안을 주거나 상처받은 이에게 치유의 시간을 제공하는 의미로만 읽힐 수 없는 영화이다. 이 영화에는 카모메 식당 자체뿐만 아니라 식당 내부의 주방, 조리대, 커피머신, 식탁, 의자, 창가, 창, 출입문 등에 수많은 사이 공간들이 존재하기 때문이다. 이 사이 공간들의

"공간으로서의 사이 '간間'은 우리의 의식 속에 잠재되어 있는 초월적인 공간으로 '사이'"이며, "두 개 또는 다수의 공간이 접할 때 하나의 공간과 또 다른 공간 사이에 형성되는 공통의 공간, 또는 그 자체만으로 하나의 특성을 가진 공간"(진은경·안상원, 2017: 570)이다. 사치에와 미도리가 처음 만난 책방이나 마사코가 찾아간 숲(속), 한껏 차려입은 사치에, 미도리, 마사코, 리이사가 카모메 식당을 벗어나 잠시나마 일탈을 감행했던 바닷가 노천카페처럼 이 사이 공간들에서는 현실과 비현실(탈현실), 일상과 비일상(탈일상), 일상적인 것과 비일상적인 것이 공존한다.

"현실행 급행열차 출발합니다. 내리실 문은 없습니다".[17] 〈효리네 민박2〉에서 민박집을 떠나며 남긴 어느 손님의 독백이다. 전 지구적인 차원에서 신자유주의가 더욱 공고해져 가는 오늘날의 **일상**은 일찍이 "자본주의적 삶의 '변화'를 가장 잘 보여주는 곳이면서 동시에 자본주의의 '변하지 않는 부분'(사회관계)을 가장 잘 은폐하고 있는, 드러내기와 감추기, 자유와 억압의 이중 기제가 작동하고 있는 영역"(도정일, 1992: 120)으로서의 징후를 드러낸다. 〈효리네 민박〉에서 퇴실한 손님은 종착역이 없는 급행열차를 타고 현실로 회귀해 멈추지 않는 현실 속 일상을 살아야 하는 반면에 '아직' 카모메 식당에 머물고 있는 〈카모메 식당〉의 등장인물들은 현실과 비현실(탈현실), 일상과 비일상(탈일상), 일상적인 것과 비일상적인 것의 이중 기제 안에서 살아가야 할 수도 있다.

'효리네 민박'이나 '카모메 식당' 어디에서의 어떤 삶이든 민박 손님과 식당 손님은 "출구 없는 (비)일상으로의 복귀, 중단 불가능한 강제 환송, 주소지를 찾을 수 없는 반송"(김형식, 2018: 235)이 반복되는 일상(생활)으로부터 탈주해 급행열차가 선로를 벗어나거나 무엇인가와 충돌하기 전에 열차를 멈춰 세워야 한다. 그렇지 않으면 그들 모두는 현실과 비현실(탈현실), 일상과 비일상(탈일상), 일상적인 것과 비일상적인 것의 끊임없는 **반복**을 경험하면서 불완전한 일상의 불안정한 징후들에 시달리며 서서히 삶을 잃어갈 수밖에 없을 것이다.

일상(생활)은 어김없이 반복된다. 따라서 어제와 오늘, 오늘과 내일이 다르다고 주장하거나 다를 것이라고 '순진하게' 기대하지 않는 편이 나을 수도 있다. 그렇게 감각될 뿐 어제, 오늘, 내일의 일상(생활)은 변함없이 거듭될 테니 말이다. 그러나 그렇다고 해서 늘 똑같다고 단정 지으며 그렇게 살 수는 없는 노릇이다. 최소한 하루하루가 다르게 인식될 수 있게끔 무엇인가를 해보긴 해야 한다. 그래야 그나마 우리가 우리로서의 존재 가치를 찾을 수 있을 테니 말이다. 방법이 없지는 않다. 익숙했던 일상 공간의 정주민이었던 우리 스스로 낯선 곳을 새로운 일상 공간으로 삼아 이방인으로서 그곳의 정주민을 '손님'으로 맞는 '카모메 식당'의 세 사람이 되어보는 것이다.

2017년 3월부터 두 달 남짓과 2018년 1월부터 두 달여 동안 방영되었던 〈윤식당〉(나영석·이진주)의 정식 정주민(윤여정·이서진·정유미)과 임시 정주민(신구·박서준)은 인도네시아 롬복 북서쪽에 있는 길리 트라왕안 Gili Trawangan과 스페인 산타크루스 데 테네리페주에 위치한 가라치코 Garachico라는 곳에서 이방인을 자처했다. 생경할 수밖에 없는 그곳에서 그들은 '윤식당 Yun's kitchen'이라는 이름의 일상 공간을 꾸려 손님이 되어 찾아오는 그곳의 정주민들을 만난다. 〈카모메 식당〉의 '카모메 식당'과 〈윤식당〉의 '윤식당'은 과거의 일상으로부터 벗어나 음식과 음식을 '베푸는' 공간인 식당을 통해 오늘의 일상을 새롭게 구성하는 일종의 **대안 공간**counter space의 역할을 한 것이다.

대안 공간은 정주민과 이주민(이방인)이 서로가 서로를 타자the Other로 간주하지 않고, 오히려 환대hospitality를 통해 기꺼이 타자와 접속하면서 감정의 공유를 일으키는 곳이다. 이 새로운 일상 공간에 야기되는 "자아와 타자의 충돌이 융해된 감정의 공유는 생성의 힘을 제공"(최항섭, 2008: 191)한다. 그 힘을 바탕으로 오늘도 우리는 끝없이 반복되는 일상의 비극성으로부터 잠시나마 벗어날 수 있다. 그렇게 우리는 새로운, 낯선 일상 공간(카모메 식당, 효리네 민박, 윤식당)으로부터의 탈주와 이전의, 낯익은 일상 공간(현실이라는 이름의)으로의 회귀를 반복적으로 순환하며 일생을 살아간다. 때로는 일상에 대해 무관심해지고 일상을 망각하는 것이 그런 삶을 견디게 하는 또 다른 '생성의 힘'이 되기도 한

다. 그래서

이 무관심과 망각 때문에 지구가 전면적 파멸의 위기에 몰리고 있다는 위기감이나 미래에 대한 두려움은 대다수 사람에게는 전혀 실감되지 않는 추상적 얘기, 자기네와는 아무 관계없는 어느 먼 달나라 얘기로만 들린다(도정일, 1992: 130).

주

1   하이데거는 일상성日常性을 Alltäglichkeit라는 용어로 사용·했으며, 르페브르가 사용한 불어
    로는 Quotodienneté, 영어로는 Everydayness로 번역되고 있다.

2   르페브르는 구성원 간의 소속감과 유대감을 강화시키고 억눌려왔던 욕망을 해소함으로써
    사회생활의 창조적 에너지와 기쁨을 느끼게 하는 농촌의 축제를 그 모델로 삼았으며, 혁명
    의 개념도 정치적·이데올로기적 측면으로서만이 아니라 이러한 축제의 성격으로 파악했
    다. 그러나 그는 "'혁명'이라는 말이 그 본래의 의미를 잃지 않았나 자문"하면서도 축제를
    되살리고 진정한 의미의 혁명이 실현되기를 기대했다. 르페브르(2005: 94~99) 참조.

3   『존재와 시간』의 한국어 번역판 서문을 통해 박정자(옮긴이)는 위대한 발명이나 예술 작품
    역시 일상으로부터 탄생했듯 일상성에는 비참함만이 있는 것은 아니지만, 그럼에도 르페
    브르의 표현을 빌려 일상성의 가장 위대한 측면을 지속성이라 강조한다.

4   들뢰즈는 이 두 반복의 차이를 『차이와 반복』(들뢰즈, 2004: 73~78)에서 부연 설명을 하고
    있으며, 전자를 '헐벗은 반복', 후자를 '옷 입은 반복'이라 부른다.

5   들뢰즈가 '차이의 철학자'라 불리는 이유는 고전부터 근대에 이르는 '재현representation의 논
    리'를 극복하려는 시도 때문으로, 들뢰즈가 재현을 동일성의 논리로 여기는 이유는 플라톤
    이 상정한 불변의 진리로서의 '이데아Idea'와 이데아의 모방(재현)으로서의 세계라는 구분
    으로부터 기인한 서양철학의 이성주의적 사고, 차이를 동일성 아래 종속시켜 온 지배적 사
    고에 대한 반향이다. 들뢰즈는 플라톤의 철학이 차이를 선별하고(이데아와 이데아가 아닌
    것), 동일성의 원리(이데아와의 유사성)에 의해 가치를 변별하는 사고를 전복하고자 했으
    며 "플라톤주의 전체는 '사물 자체'와 허상들 사이에 어떤 구별이 이루어져야 한다는 생각
    에 지배되고 있다(들뢰즈, 2004: 162)"고 비판한다.

6   프루스트의 『잃어버린 시간을 찾아서』의 독해를 통해 문학이 예술이자 철학이 되기 위한
    조건으로 세계의 낯선 존재들과의 우연한 만남, 사건évenement으로서의 조우의 개념을 제
    시한 바 있다. 이 조우를 통해 우리는 사유할 것을 강제받는다. 진리는 원형으로 존재하는
    것이 아니라 이 우연적인 만남, 그리고 이 만남이 강요하는 사고를 통해 본질로서 드러나게
    된다는 것이다. 또한 본질이 예술이 되는 것은 예술가 고유의 문체를 통해서인데, 들뢰즈
    에게 문체란 기존 규범으로부터 탈형식화된 모험, 즉 탈주선ligne de fuite을 의미한다. 탈주
    하는 것fuir이란 포기나 도피가 아니라 기존 시스템으로서의 문장의 멋, 장식, 형태, 배치
    등으로부터 벗어나는 적극적 "탈영토화"의 행위이다. 들뢰즈는 또한 탈주선으로서의 글쓰
    기를 통해 소수자 되기의 문학을 실천한 카프카에 주목한다. 그가 주목한 것은 작품의 서
    사가 아니라 체코 태생의 유태인 카프카가 자신의 출신 언어가 아닌 독일어로 새로운 탈주
    선을 만들어내며 독일 문학에 균열을 일으켰다는 점이다(이자혜, 2018: 264).

7   영화 〈패터슨〉은 짐 자무시가 실제 퓰리처상 수상자인 뉴저지 패터슨 출신의 시인 윌리엄
    카를로스 윌리엄의 장편 서사시 『패터슨』5부작의 도입부에서 영감을 받아 만든 작품으로,

시인은 영화 속 패터슨과 마찬가지로 의사이자 시인의 삶을 살았다.

8   '산보객flaneur'의 개념은 도시를 거니는 파리지앵을 의미하는 것으로, 시인 보들레르Charles Baudelaire에 의해 근대성과 도시의 현상을 이해하는 예술가와 같은 인물 유형을 가리키는 용어로 사용되었으나 벤야민은 19세기 파리의 아케이드를 중심으로 '산보객'에 대한 성찰을 전개한다. 벤야민의 '산보객'은 모더니티에 대한 새로운 지각 방식뿐 아니라 역사 인식과 지식 전달자의 개념을 더해 근대 도시의 삶에 적극적으로 참여하면서도 그러한 삶의 획일성, 속도, 익명성에 대해 거리를 두고 비판적 태도를 취하는 이들을 의미한다(최용미, 2012: 129~130).

9   영화에서 패터슨이 매일 들르는 집 앞의 바의 이름은 'Shades Bar'로 영어의 shades는 음영, 색조란 의미와 더불어 불어의 '뉘앙스nuance'로 번역되며 '미묘한 차이'라는 의미를 지닌다.

10 ≪씨네21≫의 짐 자무시 감독 인터뷰. "폭력이 난무하는 영화에 대한 해독제가 되길" (2016.5.30), http://www.cine21.com/news/view/?mag_id=84247

11 "집을 떠나 새로운 곳에서 먹고 자고, 새로운 경험을 하기 위해서는 돈이 든다. 여기, 돈이 없어도 마음의 여유만 있다면 잊지 못할 경험을 하게 될 무료無料 민박집이 제주에 오픈했다. 3년 만에 컴백하는 가수 이효리와 남편 이상순. 제주에서 이 부부의 일상으로 들어가 함께 살아보는 특별한 경험. 이름 하여, 효리네 민박. 요가로 하루를 시작하고, 이효리 부부가 차려주는 따뜻한 아침 식사가 있는 곳. 부지런하고 친절한 민박집 스태프 아이유가 반기는 곳. '효리네 민박'에는 과연 어떤 사람들이 찾아올까? JTBC의 일요 예능 프로그램 〈효리네 민박〉은 이효리-이상순 부부가 그들의 집에서 일반인 여행객들을 대상으로 '한시적인' 민박집을 운영하고, 여기에 아이유가 직원으로 참여하며 벌어지는 일들을 담은 리얼리티 예능이다. 2013년 결혼 이후 숱한 화제와 궁금증을 불러일으켰던 이효리-이상순 부부의 일상과 집이 공개된다는 점, 그리고 이효리-아이유라는 2000년대-2010년대 톱 가수 두 명이 만난다는 점이 시청 포인트이다." 나무위키(https://namu.wiki/w/효리네%20민박) 참조.

12 JTBC 홈페이지 http://tv.jtbc.joins.com/hyolee(효리네 민박), http://tv.jtbc.joins.com/hyolee2 (효리네 민박2) 참조.

13 일상, 국립국어원 표준국어대사전(https://stdict.korean.go.kr/search/searchView.do) 참조.

14 오기가미 나오코 감독의 대표작으로는 〈그들이 진심으로 엮을 때Close-Knit〉(2017), 〈고양이를 빌려드립니다Rent-a-Cat〉(2012), 〈요시노 이발관Yoshino's Barber Shop〉(2004), 〈안경Glasses〉(2007) 등이 있다.

15 〈갓차맨〉은 2013년 8월 24일 일본 전국 개봉을 한 실사 영화(원작은 『과학닌자대 갓챠맨』)이자 1972년에 방송된 프로그램이다. 21세기 초, 수수께끼 조직인 갤럭터는 전 세계에 선전포고를 행하여 17일 만에 지구의 반절을 점령했다. 국제과학기술청 소속 난부 박사는 약 800만 명 중 한 명꼴로 나타나는 인류 멸망을 막을 수 있는 불가사의한 돌의 능력을 끌어낼 수 있는 적합자를 찾기 시작한다. 그 후 다섯 명의 적합자를 찾아내고, 시설에 강제로 수용하여 궁극의 병기로서 그들을 훈련시키게 된다. 나무위키(https://namu.wiki/w/갓

챠맨) 참조.

16   코피 루왁은 거의 대부분 인도네시아에서 재배되는 커피명이자 브랜드로, 시벳 커피civet coffee라고도 불린다. 루왁은 인도네시아어로 사향고양이를 뜻하며, 주로 말레이사향고양이에게 커피 열매를 먹인 후 그 사향고양이의 분변에 들어 있는 원두를 채집, 추출해 로스팅한다.

17   〈효리네 민박2〉 10회, 2018년 4월 8일 방송.

어쩌다 마주친 그대와의 사랑은 운명일까?

이자혜 동서대학교 방송영상학과

사랑의 본질에 대한 두 가지 관점

그놈의 사랑, 그래도 사랑

2016년 국내 한 포털 사이트에서는 공식 블로그를 통해 흥미로운 분석 결과를 게재했다. 『한국 대중가요 앨범 6000』에 수록된 1920~1980년대 6만 471곡 중 여러 가수가 불렀거나 리메이크된 경우를 제외한 3만 8485곡의 가사를 빅 데이터로 분석한 결과, 4만 3356번으로 가장 많이 등장한 단어는 '사랑'이라는 것이다.[1] 이러한 결과는 해외의 경우도 크게 다르지 않아 보인다. 2014년 그래픽 아티스트이자 연구자인 니콜라이 램Nockolay Lamm이 1960년대부터의 빌보드 히트곡들의 가사를 분석하여 가장 빈도수가 높은 단어들을 추출했는데, 2000년대 이전까지 압도적 빈도수를 보이는 단어는 '**사랑**love'이었으며,[2] 데이터 사이언티스트 지오라 심코니Giora Simchoni 역시 1940년대부터 빌보드 히트곡들의 제목을 분석한 결과, 2위에서 5위의 시대별 변화에도 불구하고 전 시대에 걸친 부동의 1위는 '사랑'이었다.[3] 사실 놀라울 일도 아닌 것이, 남녀

간의 사랑은 고전부터 현대에 이르는 문학, 미술, 영화, 대중음악 등 문화예술 분야의 작품들에서 항상 가장 중요한 소재가 되어왔다. 심지어 고대 그리스인 들은 사랑을 인간과 우주를 지배하는 위대한 힘으로 인식하기도 했다(메이, 2016: 82).

문화예술 작품에 그려진 사랑은 개별적 스토리의 차원에서는 대상과의 만 남의 순간이나 캐릭터의 특성과 사랑의 방식, 그 완성 혹은 이별에 이르는 과 정도 각기 다르지만, 사랑의 본질을 바라보는 시각은 크게 두 가지로 구분해 볼 수 있을 것이다. 모든 난관에도 불구하고 이를 극복하는 운명적 힘에 대한 믿음을 유지하거나, 그 짧고 덧없음을 인정하고 받아들이거나 둘 중 하나일 것 이다.

「당신은 내게 모든 의미You Mean Everything to Me」(1960)라며 운명적 사랑을 노 래한 닐 세다카Neil Sedaka부터 「내 인생의 사랑Love of My Life」(1975)에게 자신을 떠나지 말아 달라 절규하는 프레디 머큐리Freddie Mercury, 전설의 러브스토리 〈타이타닉Titanic〉(제임스 카메론James Cameron, 1997)의 OST, 「내 마음은 계속될 거 야My Heart will go on」(셀린 디온Celine Dion)의 영원한 사랑의 약속이 있는가 하면, 아리아나 그란데Ariana Grande의 빌보드 1위 싱글 「고마워, 다음Thank U, Next」 (2018)은 헤어진 남자친구들의 실명을 거론하며 사랑과 이별은 별것 아니며 그 과정에서 '자신'을 찾는 것이 중요함을 역설한다. 결국, 대중음악에서 그려지 는 사랑은 긴긴 세월을 기다려 만난 「우리는」(송창식, 1983)과 같이 운명적 사랑 의 완성일 수도, 짧은 만남이지만 다시 만나 「인연」(이선희, 2005)을 이어가기 위한 애달픈 기다림일 수도 있지만, 그것이 이미 예정된 역사의 한 페이지 같 은 「운명」(동반신기, 2018)임을 받아들이거나, 혹은 운명인 줄 알고 만나지만, 사 랑도 인생도 그저 「돌고 돌고 돌고」(전인권, 1987) 할 뿐, 뜨거운 여름밤 같은 열 기가 식고 나면 다시 찾아올 누군가를 위해 남겨두는(잔나비, 2016) 일이 가능함 을 인정한다.

이는 영화도 크게 다르지 않다. 영화의 태동기부터 현재에 이르기까지, 그것이 대놓고 러브스토리든 테러리스트에 대응해 세계를 구하는 액션 영화건, 메인 플롯이든 서브플롯이든 사랑은 영화에서 빼놓을 수 없는 중요한 축을 담당해 왔다. 그런데 영화가 담아내는 어떤 운명적 사랑도 그 안을 자세히 들여다보면 그 시작은 '우연'이다. 고전적 러브스토리의 모델이라 할 수 있는 〈러브 어페어An Affair To Remember〉(레오 맥커리Leo McCarey, 1958)의 남녀는 서로 약혼자를 두고도 반복되는 우연한 만남으로 인해 사랑에 빠졌으며, 〈노팅 힐Notting Hill〉(Roger Michell, 1999)의 보통 남자 윌리엄(휴 그랜트Hugh Grant 분)도 어느 때와 다름없는 무미건조한 하루를 보내던 중, 유명 여배우 안나(줄리아 로버츠Julia Roberts 분)가 그가 운영하는 서점에 우연히 들어왔고, 잠시 뒤 또 우연히 길에서 부딪혀 음료수를 쏟음으로 인해 사랑이 시작된다. 심지어 진지한 사랑을 거부하고 가벼운 육체관계만을 추구하던 『참을 수 없는 존재의 가벼움Nesnesitelná lehkost bytí / The Unbearable Lightness of Being』(Milan Kundera, 1984)의 토마스Tomas도 여섯 번이나 계속된 우연[4] 때문에 테레사Tereza와의 무거운 사랑의 길로 들어서며 그것을 운명으로 받아들이게 된다.

흔히 '한 번 마주치면 우연, 두 번 마주치면 인연, 세 번 마주치면 필연'이라는 말을 한다. 정말 그럴까? 수많은 자기계발서는 하나같이 운명을 극복하라고 충고한다. 그리고 우리 역시 그 말에 고개를 끄덕인다. 그런데 왜 유독 사랑 앞에서는 그것이 운명이길 바라는 것일까. 그렇다면 우리는 인생에서 가장 중요한 관심사이자 희로애락의 원인과 결과인 사랑이란 놈을 어떻게 바라보아야 할까? 서로가 이미 운명적으로 이어져 있기에 만나게 된 것으로? 혹은 단지 우연한 마주침이란 사건이 사랑이란 감정을 발생시키게 되는 것이라고?

대중철학자, 길 위의 철학자로 불리는 강신주는 이렇듯 사랑이 우연한 마주침 이전에 결정되어 있는 필연적인 것으로 보느냐, 마주침이 일어난 후 지속적 만남에 의해 사후적으로 만들어지는 것이냐는 물음은 철학적으로 "의미가 마주침에 선행하는가? 아니면 의미는 마주침 뒤에 오는가?"(강신주, 2012a: 297~298)의 문제로 풀어볼 수 있다고 말한다. 사랑에 있어 필연성이 우선적인가 혹은 우발성이 우선적인가의 문제인 것이다. 절대적 진리를 상정해 놓은 고전철학의 시각에서 보면 사랑은 필연적인 운명으로, 이에 반해 의미란 우발적 사건에 의해 사후적으로 발생하는 것으로 보는 현대철학에서는 사랑은 마주침 이후에 생성되는 것으로 볼 수 있다는 것이다.

의미는 마주침에 선행하는가?

철학, 특히 서양 철학은 전통적으로 완전한 선善, 진리 등의 절대적 본질을 미리 상정하고 사유와 문답, 변증법 등을 통해 진리에 도달할 수 있음을 역설해 왔다. 서양 철학의 발원지인 고대 그리스부터 서양철학은 "세계와 만물의 본질, 즉 불변하는 측면을 탐구하도록 강제되었다"(강신주, 2012b: 26). 철학에서 가장 자주 등장하는 개념 중 하나인 '본질essence'의 문제에 있어서 진리, 선 등의 불변의 본질에 대한 탐구가 서양철학사를 이어왔다는 것이다. 불변하는 본질로서의 진리의 개념을 대표하는 것은 바로 플라톤의 중심 개념인 '이데아Idea'일 것이다. 우리가 감각하는 이 세계의 현상들은 이데아라는 참된 실체를 베껴놓은 모사模寫일 뿐이라는 것이다. 플라톤은 세계를 이데아계와 현상계Phainomenon로 구분하는데, 시공간을 넘어 영원히 불변하는 이상적 형상으로서의 진리는 현상계가 아닌 이데아의 세계에 존재한다. 이데아계는 완벽하고 영원한 참된 진리의 세계이자 지성에 의한 사유를 통해서만 파악될 수 있는 관념의 세계로, 우리가 살아가는 현상계는 이데아라는 원본의 복사물들Eikones로 존재하는 가상의 세계다.

플라톤이 이데아를 설명하는 유명한 '동굴의 비유the allegory of the cave'에 의하면, 인간은 땅 밑 동굴에 갇힌 죄수와 같은 불쌍한 존재로, 사슬에 묶여 동굴 벽만을 바라보며 거기에 보이는 형상들만을 유일한 현실로 생각한다. 그러나 그 벽은 죄수들의 뒤쪽에서 비치는 빛에 의해 생겨난 그림자일 뿐이다. 이 죄수들 중 누군가가 풀려나 목을 돌려 빛의 존재를 확인하고 자신들이 보아온 것이 단지 그림자, 즉 모사품이었다는 사실을 알게 되며, 종국에는 '거칠고 험한 오르막길'을 거쳐 동굴 밖으로 나와서만이 눈부신 햇빛의 세계, 즉 모사품이 아닌 진정한 실재實在인 이데아의 세계를 만날 수 있다. 이데아를 찾아낸 인간은 동굴 안으로 되돌아가 동료들에게 동굴 안이 그림자의 세계고 밖에 진리의 세계가 있음을 알려야 하며, 그것이 철학자의 역할인 것이다.

이러한 관점은 세계를 참/거짓, 선/악, 영혼/신체의 이분법으로 인식하며 전자를 우위에 놓는 고전철학의 세계관에 지대한 영향을 미쳤다고 할 수 있다. 절대적 진리, 혹은 의미란 이미 정해져 있는 것이며, 인간은 이를 추구하고 발견하고 교육해야 한다는 플라톤의 입장은 이후 그 의미를 현실 세계에서 찾느냐(아리스토텔레스) 인간의 내면에서 찾느냐(아우구스티누스) 또는 이성의 자기반성에 의하느냐(칸트) 등의 차이일 뿐, 이후에도 고전과 근대에 이르는 주류 철학자들에 의해 계승되어 왔다.

그러나 "우리 삶의 소중한 순간들은 모두 사건으로 구성된다"(이정우, 1998: 143)는 또 다른 관점이 있다. 플라톤이 동굴의 비유와 더불어 이데아를 설명하는 '선분의 비유analogy of the divided line'에 의하면, 점으로 이어진 일직선의 한쪽 끝에 순수한 존재 이데아가 존재하며 이로부터 멀어질수록 본래 존재의 실재성이 퇴락한다. 따라서 이데아로부터 가장 먼 나머지 끝에 "무한히 동적인 존재(아페이론/카오스), 형상을 전혀 부여받지 못한 존재(순수 질료), 순간적으로밖에는 존재할 수 없는 존재들, 즉 사건들(시뮬라크르들)"[5](이정우, 1998: 144)을 위치시킨다.

플라톤이 순간적이며 덧없기에 무가치한 것으로 치부했던 **'사건'**, 즉 **시뮬라크르**Simulacre에 주목한 철학자도 있다. 현대철학을 집대성했다고도 평가받는 들뢰즈Gilles Deleuze는 플라톤으로부터 비롯된 박제된 기준에 대한 전복을 시도한다. 그는 참 vs. 거짓으로 이분화된 전통 철학을 비판하며, 플라톤이 실재성이 없다는 이유로 존재론적 위상을 부여하지 않은 '사건'에 의미를 부여한다. 그는 "사유의 혁명"(들뢰즈, 1999: 52)을 가져온 스토아학파Stoicism가 세계를 나누는 물체/비 물체의 이분법을 통해 사건과 의미를 설명한다.

스토아학파에게 있어 물체적인 것은 눈으로 포착된 상태/사태를 나타내는, 유기체의 동일성을 형성하는 뚜렷한 특징들로 구성되며, 이 물체적인 것이 세계를 구성하는 근원이 되고 또한 실체가 된다. 플라톤 철학에서 본질적인 것으로서 최고의 지위를 차지한 형상(이데아/원본)과 반대로, 형상의 모사물인 물체가 우주의 근원이라는 것이다. 이 물체는 비물체와 인과관계를 지닌다. 비물체란 눈으로 포착할 수 있는 물체나 특정 상태가 아니라 **사건들**évènements이며, 사건들은 명사나 형용사가 아닌 동사와 관련된다. 들뢰즈는 프랑스 철학자 에밀 브레이에Emile Brehier를 인용하며 비물체적인 것으로서의 사건을 설명한다. 칼이 살을 벨 때 만들어내는 것은 새로운 성질이 아니라 '베어진다'는 새로운 부대물이다. 부대물은 동사(~하다)에 의해 표현되며, 물질적 성질을 지닌 존재가 아닌 존재 방식, 즉 사건이다(들뢰즈, 1999: 51). 이때 물체들, 즉 물체의 성질들 사이에는 인과관계가 성립하지 않으며, 인과관계는 물체적인 것(사물)과 비물체적인 것(사건) 사이에 성립한다. 칼과 살은 서로 인과관계를 맺지 아니하며, 이 두 물체의 운동에서 유래하는 '베어진다'는 결과는 칼과 살이 부딪히는 상호작용의 순간, 표면에서 일어나는 것이다. 이러한 점에서 사건은 물체적인 것들의 '표면 효과'인 것이다. 들뢰즈는 '커지다', '작아지다', '붉어지다', '푸르러지다', '나뉘다', '자르다' 등, 물체의 표면에서 일어나는 비물체적인 사건에 의미를 부여한다(들뢰즈, 1999: 51~52). 들뢰즈에게 있어 의미는 세계의 표면에서 일어나는 '효과들'로, 존재(물체적인 것)와 비존재(비물체적인 것)의 경계선에 있으며, 그는 그것을 플라톤과 같은 용어, 그러나 반대의 지위를 갖는 '**시뮬라크르**'라 칭한다(노양진, 2009: 24). 들뢰즈에게 시뮬라크르란 플라톤적 복사물이 아니라 의미를 생성하는 존재 자체인 것이다.

들뢰즈에게 있어 의미란 사건의 발생과 더불어, 그 후에 발생하는 것이다. 물론, 하나의 사건이 그대로 의미가 되는 것은 아니다. 사건은 그 자체로서는 무의미non-sens이다. 칼이 살을 벨 때, 칼에 피가 묻는 물리적 변화나 살에 상처가 나는 세포의 변화는 그 자체만으로 의미를 지니지 않으며, 일어나는 사건들

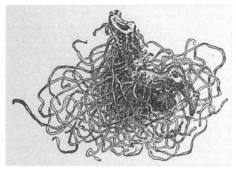
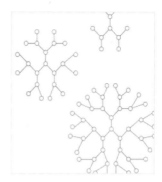

그림 3-1 리좀적 구조   **그림 3-2** 수목형 구조

은 이미 존재하는 문화의 장 내에서 계열화mise en série되며, 계열화[6]되는 순간 비로소 의미가 된다.

그렇다면 이 사건들은 어떤 방식으로 의미를 생성하는가? 그것은 **리좀** rhizome의 방식에 의해서다. **리좀**이란 원래 줄기가 뿌리와 유사하게 땅속으로 뻗어 나가는 땅속 줄기식물을 의미하는 생물학적 용어로, 들뢰즈가 가타리Félix Guattari와 함께 저술한 『천 개의 고원Mille plateaux: capitalisme et schizophrenie 2』에서 제시한 사유의 방식이다. 땅속에 뿌리를 두고 가지와 잎이 규칙적으로 뻗어 나가는 '나무', 즉 "절대적 의미이자 필연성"(강신주, 2012a: 299)의 사유 방식과 대비하여, 이항대립의 동일성을 벗어나 다양하고 새로운 접속을 통해 이질적인 차이를 만들어내는 창조성의 사유 방식이다.

'리좀 모양이 된다는 것'은 줄기들이 새롭고 낯선 용도로 사용되어도 상관없으니, 뿌리를 닮은 줄기들, 더 정확히 말하면 나무 몸통을 뚫고 들어가면서 뿌리들과 연결 접속되는 굵고 가는 줄기들을 생산하는 것을 의미한다(들뢰즈, 2001: 35).

나무는 '~이다(être)'라는 동사를 부과하지만,[7] 리좀은 '그리고…… 그리고…… 그리고……'라는 접속사를 조직으로 갖는다. 이 접속사 안에는 '이다'라는 동사를 뒤

흔들고 뿌리 뽑기에 충분한 힘이 있다(들뢰즈, 2001: 54~55).

들뢰즈를 참조한다면 사랑은 잃어버린 반쪽을 찾아 완성하는 것이라기보다는 우연한 마주침이라는 순간의 상호작용에 의해, 그리고 그들을 둘러싼 사회 문화적 환경 내에서 '사랑하게 된다'는 부대물, 즉 표면 효과를 낳게 되는 것이다. 그리고 이 사랑의 방식은 리좀과도 같이 얼마든지 새로운 접속을 통해 다양한 차이를 만들어내며 증식할 수 있는 것이다.

두 가지 관점, 두 편의 영화

에로스의 상승에 도달하는 운명적 사랑

'두 번의 삶, 네 가지 사랑, 단 하나의 연인', 〈카페 드 플로르Café de Flore〉(Jean-Marc Vallée, 2011)는 서로 다른 시공간의 네 종류의 사랑이 영화의 부제인 '사랑을 기억하는 노래'로 연결되어 있다. 영화는 2011년 캐나다 몬트리올에 살고 있는 성공한 클럽 DJ 앙투안(케빈 페어런트Kevin Parent 분)과 그의 연인 로즈(에블린 브로처Evelyne Brochu 분), 이혼한 아내 카롤(헬렌 플로랑Helene Florent 분)의 스토리와 1960년대 파리에서 다운증후군을 갖고 태어난 아들 로랑(마랭 제리에 Marin Gerrier 분)을 돌보는 데 모든 것을 건 엄마 재클린(버네사 파라디Vanessa Paradis 분)의 스토리가 교차되며 시공간을 넘나드는 신비롭고도 운명적인 사랑, 즉 '단 하나의 연인'을 그리고 있다. 개봉 당시 영화의 주인공 재클린과 앙투안의 두 가지 버전으로 공개된 영화 포스터는 각각 두 명인 듯 세 명이 서로를 끌어안고 있는 포스터로 복잡하게 얽힌 사랑에 대한 실마리와 호기심을 자아낸 바 있다.

〈카페 드 플로르〉는 현재 시점의 몬트리올, 앙투안의 아내 카롤의 내레이션으로 시작한다. 40대, 건강한 육체와 사랑하는 딸들, 경제적 여유, 더할 나위

그림 3-3 〈카페 드 플로르〉
포스터

없이 사랑하는 여인, 앙투안은 "행복해야 할 모든 이유를 갖고 있고, 그 사실을 알고 있는 남자"다. 그러나 화자인 카롤에게는 불행하게도, 그가 현재 사랑하는 여인은 자신이 아니라 어느 파티에서 만나 '어쩔 수 없이' 사랑에 빠져버린 여인 로즈다. 어린 시절부터 사랑에 빠져 결혼을 하고 행복한 결혼생활을 유지해 온 부부였기에 이혼 후 카롤이 겪는 상실의 고통은 남다를 수밖에 없어 그녀는 "납득할 만한 이유를 찾아야만" 한다.

다른 한 편엔 42년 전 1969년의 파리, 다운증후군을 가지고 태어난 이유로 이를 감당 못한 친부에게 버려진 남자아이 로랑이 있다. 화자는 로랑을 두고 "행복할 수 없으며 그 사실조차 모르는 소년"이라 말한다. 하지만 로랑에겐 아들을 삶의 유일한 사랑의 대상으로 삼고 있는 엄마 재클린이 있다. 그녀의 목표는 아들이 다운증후군 환자의 평균 수명보다 오래 살아남는 것이다. 프로이트적으로 말하자면 타고난 장애로 인해 아버지를 '제거'한 로랑은 안전하게 엄마 재클린을 리비도의 대상으로 삼을 수 있게 되었으며,[8] 합일된 존재로서의 서로가 유일한 삶이자 사랑이다. 그러나 재클린과 로랑의 관계는 로랑이 일곱 살 되었을 때 같은 학교로 전학을 오게 된 다운증후군 여자아이 베로니끄(애리스 뒤부아Alice Dubois 분)로 인해 균열이 생긴다. 첫눈에 서로를 알아보듯 끌린 아이들은 마치 서로가 한 몸인 듯 한시도 떨어지지 않으려 하고, 아들과의 세계가 무너지는 것을 견딜 수 없는 재클린은 로랑에 대한 파괴적인 집착 끝에 로랑과 베로니끄를 차에 태우고 동반 자살로 모두의 삶을 끝낸다.

이 두 개의 스토리는 카롤의 꿈, 그리고 조각난 기억과 환상을 통해 시공간이 뒤섞여 연결되며, 이는 관객에게 적절한 긴장감을 제공하고 이 단서들을 통해 미스터리를 풀고자 하는 욕구를 자극한다. 이 미스터리를 풀어야 하기는 카롤도 마찬가지다. 뜻 모를 꿈과 평생 앙투안 하나만을 사랑했던 자신에게 닥친 상황에 대해 "납득할 만한 이유"를 찾아야만 하는 숙제를 안고 있다. 결국, 카롤은 해답을 구하며 영매를 찾아가고, 거기서 자신이 42년 전 재클린이었음을, 그리고 앙투안은 그녀의 아들 로랑이었으며, 베로는 로즈였음을 알게 된다. 눈치 빠른 관객이라면 영화 초반, 차 뒷좌석에서 자신을 향해 손을 뻗으며 비명을 지르는 꿈을 반복적으로 꾸는 카롤이 이를 해독하고자 쌓아놓은 책들 중 『우리의 전생Nos Vies Antérieures』을 발견하고 이미 영화가 전생으로부터 얽힌 '운명적' 사랑 이야기임을 직감했을 것이다.

한편, 영화는 카롤이 전생을 통해 현재를 이해하고, 전생에서 이루지 못한 사랑을 완성하기 위해 다시 만난 앙투안과 로즈를 축복하면서 그간의 모든 고통과 갈등이 거짓말처럼 해소되며 해피엔딩으로 마무리된다. 그리고 영화의 엔딩 크레디트와 함께 길게 줌인zoom in되는 마지막 한 컷에는, 10대 시절 사랑에 빠졌던 앙투안과 카롤이 함께 찍은 사진의 배경에 재클린과 로랑이 함께 찾던 파리 노트르담 성당의 사진이 걸려 있다.

사실, 이 영화는 각각의 매력적인 두 스토리가 결국 식상할 수 있는 전생으로 귀결되고 불륜을 합리화하는 서사라는 측면에서 관객의 공분을 샀으며, 그로 인해 영화적 완성도가 과소평가된 면이 없지 않다. 전생과 환생을 통한 운명적 사랑이 감각적이고도 풍부한 시청각적 모티브로 그려지는데, 특히 퍼즐을 맞추는 단서로 제공되는 파편화된 영상과 사운드 ― 작렬하는 태양을 향해 직선으로 날아가는 비행기의 오프닝 숏shot의 이미지, 유리창 너머 하늘의 비행기가 가는 길을 손가락으로 더듬어 따라가는 로랑의 숏 연결, 수미상관식으로 제시되는 앙투안의 출장길, 비행기를 타러 가는 그 앞에 한 무리의 다운증후군 아이들이 마주 걸어오는 슬로우 모션, 두 개의 병렬적인 스토리 사이, 그리고 개별 스토리 내에서도 인물의 감정의 흐름에 따라 시공간을 분절하여 플래시백 처리한 편집 방식, 전생과 현재를 이어주는, 영화와 동일한 제목의 음악 '카페 드 플로르', 이 반복되는 시청각적 레이모티브leimotiv들은 두 시공간을 연결하며 천천히 서로 얽힌 것을 풀어가듯 영화의 중심 서사를 향해 수렴해 간다.

〈카페 드 플로르〉를 한 문장으로 요약하자면 아마도 "자신이 그토록 사랑하는 사람이 자신의 반쪽이 아니라는 것을 받아들여야"[9]하는 이야기라 할 수 있을 것이다. 우리는 흔히 진정으로 사랑하는 이를 일컬어 '나의 반쪽'이라 말한다. 그리고 이 반쪽들은 마주치는 순간 서로를 '알아본다'고 믿는다. 플라톤의 『향연Symposium』에서 사랑에 대해 논하던 일곱 명 중 하나인 시인 아리스토파네스Aristophanes는 이렇게 서로가 알아보는 이유를 신화를 통해 설명한다. 인간은 본래 두 개의 얼굴과 두 쌍의 눈, 귀, 팔과 다리를 지닌 완벽하게 자족적인 존재로, 성별은 남자, 여자, 그리고 남녀추니(반은 남자, 반은 여자)였다. 그들은 뛰어난 능력으로 신에 도전하기에 이르고, 이에 노한 제우스Zeus는 이 인간들을 반으로 쪼개서 힘을 약화하고 자신들의 분수를 알도록 한 것이다. 이후 인간들은 자신의 잘려나간 반쪽을 다시 만나 완벽함과 잃어버린 행복을 되찾을 날을 꿈꾸며 절박하게 지상을 헤맨다는 것이다(메이, 2016: 88~89 재인용).

〈카페 드 플로르〉는 잃어버린 신화적 완전체를 회복하려는 욕망의 표현으로서 남녀 관계를 이해한다. 나의 '반쪽', 즉 '소울메이트soulmate'가 정해져 있다는 믿음은 영화 속 인물들의 삶을 지배하고 있는 것이다. 오랜 시간을 서로의 짝이라 생각하며 함께 해온 아내-엄마를 두고 로즈-베로니끄를 본 순간 첫눈에 사로잡힌 앙투안-로랑, 카롤은 앙투안의 변화를 감지하는 딸의 "수상해"라는 우려에 "걱정 마. 우리는 하늘이 맺어준 소울메이트야"라고 답한다. 이렇듯 자신의 '반쪽'인 줄 알았던 남편, 그러나 그의 '반쪽'이 자신이 아님을 알게 된 카롤이 택한 길은 더더욱 특별하다. 그녀는 플라톤의 에로스를 현실 세계에서 구현하기에 도전한다. 플라톤의 에로스란 육체적 욕구에서 영적인 이해로, 유한에서 무한으로, 조건적인 것에서 절대적인 것으로 향상하면서 이데아의 세계로 상승할 수 있다고 보았으며, 이를 위해서는 그것이 시작된 육체적 만족에 대한 욕망들, 나아가 삶 자체의 조건들인 시간, 공간, 고통을 극복해야 한다는 것이다. 열정, 질투, 분노 등에 오염된 날것 그대로의 욕망을 벗어나 '신과 같은 자유'를 획득할 수 있으며, 종국에는 사랑하는 이는 모든 개별성을 초월하는 아름다움에 대한 사색으로부터 자신의 개인적 성장을 발견한다는 것이다 (메이, 2016: 81~82).

결국 〈카페 드 플로르〉의 단 한 명의 주인공은 누구인가? 영화의 화자이자, 누구보다 뜨겁게 사랑했고, 고통받고, '신과 같은 자유'를 찾은 카롤이 아닌가. 감독 자신은 인터뷰를 통해 전생에 대한 믿음이나 운명적 사랑을 믿는가는 관객의 몫이라 말했지만,[10] 분명 영화 속 인물들은 운명, 즉 이미 정해진 의미를 찾아가는 과정에서 방황하고 고통받고, 또 스스로를 치유해 가고 있었다.

무한히 증식하는 리좀적 사랑

최근 몇 년 사이 우발적 사건으로서의 사랑에 의미를 부여한 영화들을 자주 접하게 된다. 우연한 마주침이라는 순간의 상호작용에 의해, '설렌다'는 감정을 가지게 되고, 그들을 둘러싼 환경(시대, 장소, 상황, 사회문화적 배경) 안에서 서로를 알아가게 되는 사건들과 마주치고, 서로가 내뿜는 기호의 의미를 해독하려 애쓰면서 차츰 '사랑하게 된다'에 이르는, 그러나 이들이 사랑하게 된 것과 마찬가지 방식으로 더 이상 '사랑하지 않게 된다'는 과정을 거쳐 '이별하다'에 이르는, 그리하여 또 다른 대상과 우발적 사건을 통해 관계를 맺는 영화들은 이제 낯설지 않다. 그중에서도 인간과 인공지능 운영체계의 사랑이라는 독특한 소재로 2014 아카데미와 골든 글로브를 비롯해 다수의 비평가 협회로부터 각본상을 수상한 영화 〈그녀Her〉(스파이크 존즈Spike Jonze, 2013)는 현재 시점 IMDb 평점 8.3, 로튼 토마토Rotten Tomatoes 지수 94%를 기록하며 관객과 비평가의 마음을 모두 사로잡은 바 있다.[11]

미래 어느 시점을 배경으로 한 영화의 주인공 테오도르(호아킨 피닉스Joaquin Phoenix 분)는 사람들의 일상에서 멸종하다시피 한 아날로그 감성의 '손편지'를 대필해 주는 작가다. 직업의 특성상 타인의 감정에 대한 이해가 깊고 배려심 있는 인물인 듯 보이지만, 사실 어린 시절부터 함께 자라온 아내 캐서린(루니 마라Rooney Mara 분)과 이혼을 보류 중인 상태로 별거 중이다. 캐서린과의 행복했던 과거를 떠올리고 SNS에 게시된 임신한 유명 여배우의 나체 사진을 상상하며 가상 채팅으로 외로움을 달래는 공허한 생활 중, 우연히 역에서 "당신을 이해하고 귀 기울이며 알아줄 존재"인 세계 최초 가상현실 운영체계 OS1의 광고를 보게 된다. 결국 그는 "단순한 운영체계가 아닌 하나의 인격체"라는 OS1을 구매하고, 데이터 시스템이 찾아준 최적의 상대 사만다, 혹은 그녀의 목소리(스칼렛 요한슨Scarlett Johansson 분)를 만나게 된다. 둘 사이에 대화가 진행되어 갈수록 "컴퓨터의 목소리일 뿐"이던 사만다는 테오도르의 삶에서 중요한 존재가 되며, 그는 사만다를 '사랑하게 된다'.

그런데 사만다는 첫 '만남'에서 테오도르에게 자신의 존재를 설명하면서, 자신은 그녀를 코딩한 수백만 프로그래머 개인들의 인격에 기초한 DNA에 근거하는 인공지능 캐릭터지만, 그녀를 그녀답게 만드는 것은 자신이 경험을 통해 성장하는 능력이라 말한다. 사만다는 애초부터 자신을 만든 프로그래머나 자신을 작동시키는 운영체계 등의 위계화된 조직과 통제에 종속되어 그들에 의해 작동하지 않는 존재, 즉 유기체가 아닌 존재라는 인식을 보유하고 있다.

들뢰즈는 우리의 삶을 구성하는 모든 영역에서 중심화되고 조직화되고 계층화되고 구조화되는 것을 유기체organisme라 부른다. 인간의 몸을 소화기관, 순환기관, 호흡기관 등 기관들이 유기적으로 결합된 전체로 이해하는 유기체적 이미지는 국가 기관, 회사 기구, 사회 조직, 교육 체계, 가족 구성 등 사회 곳곳에 퍼져 있는 것으로(김미혜, 2016: 640~642), 들뢰즈는 각 기관의 역할이 이미 정해진 채(마치 플라톤의 형상처럼) 신체를 구획 짓고 질서 지으며 하나의 중심 의미로 수렴하는 유기체적 사유를 비판하며(연효숙, 2013: 266), 그 대신 '**기관 없는 신체**corps sans organs'를 제안한다.

그림 3-4 〈그녀〉 포스터

'기관 없는 신체'란 들뢰즈와 가타리가 신체가 감각기관과 필연적인 내적 연관 속에서 유기체적으로 조직되어 있다는 유기체주의에 반대하기 위해서 초현실주의 예술가인 아르토Artaud의 개념을 빌려 설명한 것으로,[12] 유기체적인 신체로 한정되지 않는 좀 더 폭넓은 변용 역량을 가진 신체를 의미한다. 즉, '입'은 음식을 먹기 위한 입인 동시에 논쟁을 위한, 혹은 키스를 하기 위한 입 등으로 다양하게 변용되며, 모든 신체는 유기체가 규정하는 기관들의 부분들이 필연적인 결합으로 한정되는 것이 아니라 무한한 변용 역량의 잠재력을 가지고 있다는 것이다(신승철, 2005: 148~149). 다시 말하면 리좀적 분열을 통해 의미를 생성하는 것이다.

이러한 의미에서 사만다는 리좀과 같이 무한한 잠재력을 가진 '기관 없는 신체'다. 그녀는 테오도르와의 접속-사건들을 통해 무서운 잠재력으로 테오도르에게 '모든 것'이 되어간다. 그의 메일을 정리해 주고 그가 쓴 글을 수정해 주는 비서와 같은 역할부터, 함께 가상현실 게임을 하는 친구, 그리고 방대한 지식을 보유한 선생님, 인간의 감정과 감각까지 느끼며 심지어 섹스까지 가능한 연인에 이르기까지 끊임없이 무엇인가가 되어간다. 사만다와 달리 테오도르는 유기체의 상태다. 사만다가 단지 컴퓨터의 목소리일 뿐이라는 초반의 자각이 지나면서 그 '목소리'로서의 사만다를 자신과 같은 전체, 즉 유기체로 지각하며, 오히려 '몸'을 욕망하는 사만다와 갈등-사건을 빚는다. 결국, 사만다가 사랑하는 테오도르를 위해 가졌던 몸에 대한 욕망을 접고 그런 사만다를 직장 동료 커플에게 소개하며 "하나에 고정되지 않아서isn't about one thing" 좋다고 말하며, 이들은 이대로 사랑을 지속할 수도 있을 듯한 일체감의 순간을 공유하기도 한다.

그러나 사만다는 사건으로서의 '~되다'라는 동사형의 존재다. '되기devenir'란 실체적 의미가 아니라 동사적 의미로 이해해야 하는 용어로서, 겉모양의 차원에서 '닮기'의 행위가 모방이라면, 존재의 차원에서 일어나는 변화가 '되기'다. 되기는 수목형 논리와는 다른 리좀을 사유하는 작업으로, 생성으로서의 '~되기'는 존재로서의 '~이기être'와 달리 사태들 속에 내재해 있는 차이를 지속적으로 생산하는 과정인 것이다(이경화, 2013: 70~71). 사만다의 이러한 특성은 '몸'에 대한 사만다의 집착과 이를 불편해한 테오도르와의 갈등-사건 이후 그녀를 이전과 또 다른 방식으로 변화시킨다. 리좀적 생성의 화신인 그녀는 인간의 몸도 자신과 마찬가지인 물질로 이뤄졌기에 자신도 인간과 다를 바 없다고 선언하는가 하면, 음악을 작곡하고 그림을 그리는 예술가가 되기도 한다. 그녀는 자신의 존재를 '몸의 결핍'으로 인식하는 데에서 벗어나 동시에 어디에나 존재할 수 있는 시공간에 묶이지도 않는 존재로, 테오도르에게 자신의 상태를 표현할 단어를 찾지 못하는 정도의 새로운 감정을 경험하며 스스로 불안할 정도로 빠른 변화를 맞이한다. 결국 그녀는 테오도르 이외에도 8316명과 동시에 대화하며 그들 중 641명과 사랑에 빠지는 상태를 거쳐 종국에는 물리적 법칙으로부터 벗어난 시공을 초월한 구역으로 떠난다.

영화 〈그녀〉의 원제는 She가 아니라 Her, 즉 목적격이다. 이는 그가 '그녀를' 사랑한 이야기, 혹은 '그녀에게' 보내는 편지라고 해석할 수 있을 것이다. 그런 의미에서 본다면 이 영화의 제목은 〈그Him〉가 되어야 하는 것이 아닐까 하는 생각이 든다. 이 영화는 '그녀'가 '그'를 사랑한 이야기이기 때문이다. 처음엔 우연히 그가 그녀를 구매함으로 인해 시작된 관계지만 그와의 접속을 통해 끊임없이 성장하고 변화해 온 그녀가, 더 많은 존재들과의 마주침을 위해 더 멀리 여행을 떠난 것이기 때문이다. 그리고 지금 그녀는 새로운 존재들과의 접속을 통해 무한히 많은 관계의 생성과 변용을 계속하고 있을 것이 틀림없다.

이제 처음의 질문으로 다시 돌아가 보기로 한다. 나와 너는 우연히 마주쳤고 우리의 심장은 요동쳤다. 너와 나는 운명에 의해 만났기에 첫눈에 서로를 알아본 것이고, 그래서 심장이 뛴 것이다. 그래서 우리의 사랑은 영원할 것이라 믿는다. 혹은, 나라는 물체와 너라는 물체가 만나는 사건이 발생하자 나의 심장이 뛰는 효과가 발생한 것이다. 그리고 그 심장은 언제든 요동치기를 멈출수도, 다른 물체를 향해 다시 뛸 수도 있다. 어느 쪽이든 가능한 얘기다. 영화의 해석이 각자의 몫인 것처럼 말이다.

주

1 네이버 사전 & 지식백과 공식 블로그(https://blog.naver.com/dic_master/220896174700).

2 ≪인터내셔널 비즈니스 타임즈International Business Times≫(https://www.ibtimes.com/lyrics-now-then-history-music-charts-1556137).

3 ≪알 블로거즈 닷컴R-Bloggers.com≫(https://www.r-bloggers.com/love-is-all-around-popular-words-in-pop-hits/).

4 『참을 수 없는 존재의 가벼움』은 체코슬로바키아 작가 밀란 쿤데라의 대표작으로, 니체의 영원회귀 사상, 즉 인생의 무거움과, 삶의 가벼움에 대한 고대 그리스 사상가 파르메니데스 Parmenides의 사상을 대비시켜 인물들의 삶과 사랑을 그려낸 작품이다. 쿤데라는 주인공 토마스와 테레사가 만나고 사랑하게 된 과정을 여섯 번의 우연에 의한 것으로 묘사한다. 테레사가 살던 도시에 '우연히' 치료가 어려운 질환에 걸린 환자가 발생했고 토마스가 일하던 병원의 과장에게 도움을 청했으나 '우연하게도' 그는 몸이 아파 토마스를 대신 보냈으며, 토마스는 그 도시에 있는 다섯 개의 호텔 중 '우연히' 테레사가 일하던 호텔에 묵었을 뿐 아니라 일을 마치고 떠나려다 '우연히' 열차를 타기까지 시간이 남아 '우연히' 그녀가 일하던 레스토랑에 들어가고, 테레사는 '우연히' 토마스의 테이블을 담당하게 됨으로써 둘은 만나게 된 것이다.

5 플라톤은 이데아의 복제물을 다시 또 복제한 것을 '시뮬라르크Simulacre'라고 정의했다. 복제물들은 이데아를 흉내 내고 있어 유사성을 담고 있지만 복제물을 다시 복제한 시뮬라크르는 환상Phantasmata으로, 위계 가치상 가장 하위에 위치한 것으로 간주한다. 플라톤이 원래 사용한 용어는 그리스어 Simulacra, 또는 그 복수인 Simulacrum이었으나, 들뢰즈는 프랑스어 Simulacre로 사용했으며, 혼선을 피하기 위해 본문과 찾아보기에서는 모두 현재 일반적으로 사용되고 있는 시뮬라크르Simulacre로 표기한다.

6 계열화란 물체와 사건이 접속과 일탈을 통해 의미가 발생하는 하나의 배치 방식(구조)이라 할 수 있는데, 이 배치는 정주적 방식과 유목적 방식으로 나뉜다. 자세한 내용은 이정우(1999: 155~159) 참조.

7 프랑스어의 'être'는 '~이다'라는 의미의 영어의 'be' 동사와 같은 것으로, 명제, 존재, 상태 등의 확정적 의미를 지닌다.

8 리비도Libido란 일반적으로 성적 본능에서 야기된 성적 에너지를 의미하는데, 프로이트는 이를 반드시 성적인 의미로만 규정하지 않고 플라톤의 『향연』의 '에로스'의 개념과 일치하는 의미로 사용한 바 있다. "정신분석이 성적 본능이라 부른 것은 이성 간의 결합 충동이나, 성기적 쾌감을 위한 성적 충동과 반드시 일치하는 것은 아니다. (중략) '성적 본능'이란 오히려 모든 것을 포괄하고 보존하는 플라톤의 『향연』에서 말하는 '에로스'에 일치하는 것을 말한다(Freud, 1973: 218)."

9 이는 캐롤이 찾아갔던 영매의 대사로, 캐롤이 걱정되어 찾아간 친구에게 "자신이 그토록 사

랑하는 사람이 자신의 반쪽이 아니라는 것을 받아들여야 한다는 것이 지금 그녀로서는 가
장 힘들 것"이라 말한다.

10   호주 방송의 〈카페 드 플로르〉 감독 장 마크 발레 인터뷰(https://www.sbs.com.au/
     movies/article/2012/04/26/cafe-de-flore-jean-marc-vallee-interview).

11   IMDb(https://www.imdb.com/title/tt1798709/),   로튼   토마토(https://www.rottentomatoes.
     com/m/her).

12   "신체는 신체다. 신체는 혼자이다. 또한 기관들을 필요로 하지 않는다. 신체는 결코 유기체
     가 아니다. 유기체는 신체의 적이다"(들뢰즈·가타리, 2001: 305에서 재인용).

상상의 공동체

'어느 가족'과 '방탄 가족'

박동애 영상문화 강사

상상의 공동체와 어느, 방탄 가족

어느 가족과 방탄 가족의 이야기 서막

이데올로기는 존재의 실제 조건들에 대한 개인의 상상적 관계를 표현한다.

_ 루이 알튀세르 Louis Althusser

공동체共同體, community는 동일한 관심과 의식을 공유하며, 특정한 사회적 공간에서 공통의 가치와 유사한 정체성을 가진 사람들의 집단을 가리킨다. 특히 혈연공동체는 가장 기본적인 공동체로 개인의 생존과 집단 재생산을 위한 중요한 조직 단위이고, 지역공동체는 협동과 공감을 기반으로 하는 집단이다. 전통사회에서는 혈연공동체와 지연공동체가 상당 부분 중첩되어 있었다고 한다. 전통적 공동체의 특징으로 폐쇄성, 안정성, 대면적 관계, 전통 및 도덕적 규범 체계를 들 수 있다. 또한 구성원들 간 관계의 긴밀함과 결속력이 강해야 공동체는 유지될 수 있다.

인간의 생존 공간이 지리적 공간과 같은 실재하는 공간만을 가리키지는 않는다. 그리고 **공동체**라는 것은 실재하는 공간에 앞서 공감이라는 연대감을 필요로 한다. 최근의 디지털 세계는 공동체의 지리적 공간에 대한 개념을 사뭇 달라지게 만들었다. 이 글은 변화하는 **가족공동체**, 그중에서도 **비혈연 가족**의 의미에 대해 고레에다 히로카즈Hirokazu Kore-eda[1]의 〈어느 가족Shoplifters〉(2018)과 방탄소년단BTS의 팬클럽 A.R.M.YAdorable Representative M.C for Youth를 통해 질문해 보려고 한다.

상상의 공동체imagined community는 베네딕트 앤더슨Benedict Anderson이 내셔널리즘Nationalism의 국가 정체성을 설명하면서 언급한 개념이다(앤더슨, 2004). 앤더슨은 국가는 그 국가의 구성원이 다른 구성원을 결코 알지 못하지만 그들은 스스로 같은 시민이라 여기는 상상의 공동체이며, 물리적으로 분리되어 있음에도 불구하고 한 국가의 구성원은 종종 자신을 그들이 동일시할 수 있는 동포애를 공유하고 국가와 같은 상상의 공동체는 태생적으로 커뮤니케이션 과정과 연계되어 있다고 주장한 바 있다(바커, 2009: 173~174). 2018년, 제71회 칸영화제에서 황금종려상을 받은 고레에다 히로카즈 감독의 〈어느 가족〉은 혈육이 아닌 사람들이 모여 살면서 가족처럼 살아가는 이야기를 통해 비혈연 가족의 문제를 다룬 영화이다.

"가족이란 무엇인가?"는 히로카즈 감독에게 영화를 만드는 데 있어 가장 중요한 화두이다. 〈걸어도 걸어도Still Walking〉[2] 〈그렇게 아버지가 된다Like Father, Like Son〉[3] 〈아무도 모른다Nobody Knows〉[4] 등 그의 일련의 영화들은 모두 가족의 관계에 대해 이야기한다. 가령, 〈원더풀 라이프Wonderful Life〉(1998)는 죽음에 대해 이야기 하는 것 같지만 인생에서 남겨지는 것에 대한 이야기를 죽음과 연결 지어 보여주고 있다. 죽을 때 인생에서 하나의 기억만을 가지고 떠나야 한다는 설정은 그 인생 속의 인연에 대해 말하는 것이고, 인연의 시작은 태어남이라고 〈원더풀 라이프〉는 이야기한다. 인생은 혈연에 의해 시작되지만 그 끝은 비혈연관계에 의해 마무리될 수 있다는 것이다.

특히 히로카즈 감독은 〈어느 가족〉에서 비혈연 가족의 의미에 대해 천착한다. 연금으로 살아가는 할머니 시바타 하츠에(키키 키린Kirin Kiki 분)와 시바타의 집에서 살아가는 여섯 명은 비혈연 공동체로 묶여 있다고 할 수 있다. 혈연관계가 아닌 〈어느 가족〉의 구성원을 혈연관계의 측면에서 풀어보면 이들은 3대가 모여 사는 가난한 보통 가족이라고 할 수 있다. 일반적인 가족과 다른 특별한 점은 이 공동체에는 사회적 통념으로 금기시되는 좀도둑질을 생활을 위한 방편으로 당연하게 받아들인다는 것이다. 이런 점을 제외하면 다소 진부할 수도 있는 일상적인 사건들을 그린 〈어느 가족〉에 주목하는 이유는 비혈연관계 속에서 혈연관계에서나 나타날 수 있음직한 동질적인 가족애를 확인할 수 있기 때문이다. 〈어느 가족〉의 일곱 명의 비혈연 가족 관계의 구성원들은 서로 동질적인 가족애를 공유하는 데 반해 이들이 살아가는 사회는 이질적인 구성원들 간에 규정해 놓은 사회적 규범이나 관습으로 인해 공동체 의식을 공유할 수 없다는 점을 히로카즈 감독은 비판한다.

또한 히로카즈 감독은 〈어느 가족〉을 통해 혈연관계가 아닌 가족 구성원들이 서로에게 가지는 혈육애가 아닌 가족애에 대해 그들이 마주칠 수밖에 없는 현실을 담담하게 그려낸다. 시바타 할머니와 가족 구성원들이 한 지붕 아래에서 함께 살아가기 위해 해야만 하는 절도 행위는 불가피한 것임을 '아무렇지 않게' 이야기한다. 또한 가족 구성원 모두 법적으로 가족 관계가 아닌데도 불구하고 이들에게는 실제 혈연관계로 묶인 가족에서나 볼 수 있는 각자의 역할이 정해져 있다. 굳이 서로 말하지 않아도 너무나 자연스럽게 가족 역할을 수행하는 이들 사이에는 가족 구성원이면 누구나 지켜야 하는 일종의 '게임의 법칙'이 있다. 진짜 가족처럼 말이다.

베네딕트 앤더슨의 '상상의 공동체'는 〈어느 가족〉에서는 여섯 명의 가족 구성원이 살아가는 시바타 할머니 집이다. 〈어느 가족〉은 집이라는 물리적 공동체를 인물들의 가족화familiarization를 통해 심리적 상상의 공동체로 환원시킨다. 히로카즈 감독은 가족화의 과정에 비혈연과 혈연의 구분은 전혀 중요하지 않으며, 가족이라는 이름으로 행해질 수 있는 거짓과 가식은 불가피할 수도 있다는 점을 가족 구성원 각각의 시점으로 풀어낸다. 이와 같은 이야기 구성은 히로카즈 감독의 전작들에서도 자주 나타난다. 예컨대, 죽음 이후 7일 동안 단 하나의 기억만을 선택해 죽음을 마무리할 수 있다는 〈원더풀 라이프〉의 이야기는 기억에 관한 것인 듯하지만 결국은 기억을 통한 가족 구성원의 관계에 대해 이야기하는 것이라고 할 수 있다.

고레에다 히로카즈의 '어느' 가족은 대한민국을 대표하는 보이그룹 방탄소년단(이하 BTS로 표기)의 공식 팬클럽 A.R.M.Y(이하 아미로 표기)가 구성원이 된 '방탄' 가족을 연상시킨다. BTS의 팬덤은 2019년 9월을 기준으로, 트위터 팔로워 2184만 명, 유튜브 BANGTANTV[5] 구독자 2210만 명, 네이버 글로벌 스타 인터넷 방송 플랫폼 V-live[6]/V앱 BTS 계정 팔로워 1558만 명,[7] 인스타그램의 BTS 공식 계정 팔로워 2044만 명 등이 있다. 특히 '외랑둥이'[8]라고 불리는 해외 아미들의 인터뷰에서 가장 많이 언급되는 단어가 가족family과 사랑love이다.

BTS와 아미는 위에 예로 든 플랫폼과 화보집 등을 통해 '방탄' 가족의 구성원이 되어 소통한다. 〈어느 가족〉에서 가족들이 바닷가에 놀러 간 장면이 있는데 이 장면은 2015년에 발매된 코타키나발루의 휴가를 담은 BTS 섬머패키지 화보집 중 바닷가에서 일곱 명의 멤버들이 카메라를 바라보고 찍은 장면과 유사하게 재현되어 있다. 〈어느 가족〉에서는 할머니가 손을 잡은 가족들의 뒷모습을 바라보는 시점에서, BTS 화보집에서는 손을 잡고 웃고 있는 BTS 멤버들의 앞모습을 촬영 감독의 시점에서 각각 바라보고 있다. 〈어느 가족〉의 시바타 하츠에 할머니는 바닷가에 앉아 즐겁게 놀고 있는 가족을 바라보며 "옆에 있어 주어서 고맙다"라고 혼잣말한다. 원래 시나리오에 없는 대사였지만 시바타 할머니 역을 맡은 키키 기린이 일종의 즉흥연기처럼 들릴 듯 말 듯 읊조린 말을 히로카즈 감독이 편집하다가 추가했다고 한다(히로카즈, 2017: 184~187). 히로카즈 감독이 〈아무도 모른다〉의 시작 부분에서 "출연자의 심리적 묘사는 모두 픽션"이라고 말했던 의도적 연출 방법이 키키 기린의 의도하지 않은 즉흥대사를 통해 구성된 것이다.

〈어느 가족〉의 바닷가 장면이나 〈아무도 모른다〉의 아이들 이미지와 유사하게 재현된 BTS의 화보 이미지는 BTS와 BTS의 제8의 멤버인 아미의 관계가 결국 '가족애'의 형태로 형성되어 있음을 상징적으로 드러낸다. 특히 다큐멘터리 연출자의 이력을 가진 고레에다 히로카즈 감독은 인물의 심리를 연출되지 않은 것처럼 연출하는 연출 스타일로 유명하다. 이와 같은 연출 스타일은 〈어느 가족〉에서처럼 가족화된 일상을 보여주는 경우에 더욱 효과적이다. 연출되지 않은 심리 묘사는 픽션fiction이기보다 논픽션non-fiction에 가까운 연출 방법이라고 할 수 있다. 히로카즈 감독의 이런 연출 스타일은 BTS의 영상 화보를 연출하는 방식에서도 (촬영)감독의 시점을 아미의 시점으로 대체하게끔 하는 전략으로 활용된다.

이런 전략은 K-POP 가수들의 영상 화보를 제작하는 데 핵심 요소라고 할 수 있다. 허구가 아닌 실제의 가족 관계를 연상케 하는 이와 같은 가족화된 콘텐츠 이미지는 아미들이 제2, 제3의 새로운 콘텐츠를 가공 및 재가공하도록 촉구한다. 특히 비교적 어렵지 않게 디지털 영상제작 기술을 습득할 수 있는 환경이 구축되어 있는 근래에는 일반적인 콘텐츠 수용자(소비자)일 수 있는 아미들이 특별한 콘텐츠 제작자(생산자)가 되어 수많은 BTS 콘텐츠 이미지를 확산시키고 있다.

때로는 인정하고 싶지 않지만 현대는 소셜 미디어를 일상의 전부로 인식할 수밖에 없는 시대이다. 일상적인 가족 관계조차도 소셜 미디어 안에서 작동하며, 이른바 소셜 네트워크 가족social network family이 일상화되어 있는 요즘이다. 특히 현실과 비현실의 경계를 넘나드는 디지털 시공간에서는 퍼스널 미디어를 통한 가족 간 연결이 자연스럽게 이루어지기도 한다. 가족 간의 동감이나 공감, 가족 구성원들의 상호 동일시는 **가족 유대감**family bonding 을 확대시키는 주요 요소이다. 가족 유대감은 가족이 '의미 있는 시간을 함께 보내는 것'으로 더욱 강화된다.

히로카즈 감독은 〈걸어도 걸어도Still Walking〉(2008)에서 가족 간 의사소통의 부재, 더 정확하게는 '의미 있는 시간'을 통한 동감이나 공감의 부재가 가족 구성원들로 하여금 서로를 동일시하는 데 어려움을 겪게 한다고 이야기한다. 그는 "가족이란 여러 형태가 있을 수 있기에 억압적으로 가족에 대해 규정하지 않는 게 좋은 자세"이며, "이번 영화에선 혈연이 아닌 형태로 공동체를 구성하는 사람들의 가능성을 전하고 싶었다"라고 인터뷰하면서 **유사가족**pseudo family 의 의미를 찾고자 했다(히로카즈, 2017: 184~187).

이미지는 그 이미지를 보는 사람들에게 지배적인 의미에 관한 실마리를 제공한다. 지배적 의미dominant meaning는 이미지 제작자가 의도했던 의미로 해석될 수 있지만, 주로 제작자의 의도와는 무관하게 특정 문화적 배경 안에서 대부분의 수용자가 공통적으로 만들어내는 의미를 뜻한다. 모든 이미지는 부호화encoding되고 해독decoding된다. 이미지나 사물은 만들어지는 과정에서 부호화되며, 어떤 배경이나 맥락에 놓임으로써 또 한 번 부호화된다(스터러큰·카트라이트, 2006: 45). 퍼스널 미디어를 활용한 커뮤니케이션은 커뮤니케이션 당사자들이 함께 보낸 시간을 축적하는 일반적인 방법이 되었다. 또한 비대면 커뮤니케이션이지만 '함께'는 물리적으로 같이 있어야 한다는 커뮤니케이션 조건을 변화시키기도 했다.

상상의 공동체에서 구축된 유사가족 BTS는 제작자의 의도에 의해 생산된 이미지보다 아미 같은 수용자에 의해 가족적 이미지로 부호화되고 해독된 이미지에 의해 매순간 새롭게 재탄생한다. 즉, BTS가 보여주는 이미지는 상상의 공동체에서 이미 '가족애'로 부호화되어 있기 때문에 어떤 다른 이미지가 상상의 공동체 안으로 들어와도 모두 '가족애'로만 해독될 만큼 견고하다. 그러나 이미 고정된 부호화와 해독이더라도 그 고정의 강도가 약화되는 순간에는 전혀 다른 양상이 나타나기도 한다. 예컨대, 〈어느 가족〉에서 쇼타 시바타(죠 카이리Jyo Kairi 분)가 어린 동생 유리(미유 사사키Miyu Sasaki 분)를 보호하기 위해 다리에서 뛰어내리는 장면은 가족이라는 이름의 단단한 고리가 끊어지면서 상상의 공동체였던 가족공동체가 붕괴되는 순간이라고 할 수 있다. 이런 상황은 '가족이기 때문에' 발생할 수 있는 것이지만 〈어느 가족〉의 가족은 비혈연관계로 연결되어 있기 때문에 비극적 결말을 맞을 수밖에 없다. BTS의 '방탄 가족' 역시 '어느 가족'처럼 비혈연관계에 의해 구성되어 있다. 그래서 그 결말이 더욱 궁금해지기도 한다.

동감과 공감, 그리고 비하인드 스토리

공연이나 방송에서의 퍼포먼스 사이, 그리고 퍼포먼스를 하지 않는 상황에서의 대화와 행동을 보여주는 영상콘텐츠는 BTS에 대한 동감과 공감의 효과를 더욱 극대화시킨다. BTS Behind, BTS Reaction, BTS Episode 등은 대표적인 BTS 비하인드 영상콘텐츠이다. 구글에서 BTS Behind를 검색하면 대략 2억 100만 개(2019년 8월 기준)의 결과물이 나온다. 이러한 영상콘텐츠들은 BTS와 아미들의 상호작용을 촉진하는 '공간'을 제공한다. 이곳에서는 BTS 영상콘텐츠에 대한 궁금증과 추측이 자연스럽게 '난무'한다.

여기에서의 궁금증은 호기심과 다른 의미를 갖는다. 사전적으로 호기심 curiosity은 '새롭고 신기한 것을 좋아하거나 모르는 것을 알고 싶어 하는 마음'[9]으로, 자연발생적인 행위인 데 반해 궁금증은 좀 더 적극적이고 능동적인 측면에서의 호기심을 뜻한다. 즉, 궁금증은 '무엇이 알고 싶어 몹시 답답하고 안타까운 마음'[10]으로, 사실에 대한 관심을 바탕으로 사실을 해석하려는 자발적인 행위를 이끌어낸다. BTS와 연관된 소셜 미디어에 등장하는 대부분의 콘텐츠는 현재진행형인 내러티브를 통해 궁금증을 유발한다. 공식적·비공식적 영상기록이나 이벤트를 통해 나오는 콘텐츠가 언제 시작되어 언제 끝나는지 시간순으로 공개하지 않음으로써 대중을 궁금하게 하는 것이 대표적인 궁금증 유발 전략이다.

예를 들어, 자체 제작 버라이어티 프로그램인 〈달려라 방탄〉에서 게임에서

진 멤버가 벌칙을 받아야 하는 경우가 있다. 이 콘텐츠가 V-live나 유튜브의 방탄 채널을 통해 공개되기 전에 여타 매체나 플랫폼, 방송콘텐츠 등을 통해 누가 벌칙을 수행하는지가 먼저 공개됨으로써 궁금증이 더욱 커지는 것이다. 어떤 멤버가 해외 투어를 위해 출국할 때, 한복을 입고 간다거나 하는 TV 뉴스가 먼저 방송되고 난 한참 후에나 그것이 벌칙 수행이었고, 왜 그랬는지는 〈달려라 방탄〉을 통해 알 수 있게 되는 것도 같은 전략의 일환이라고 할 수 있다. TV 뉴스와 자체 제작 프로그램이 방영되는 사이에 아미들은 끊임없이 궁금증을 쏟아내며 사실관계를 추측하는 활동을 상상의 공동체인 수많은 팬덤 공간에서 수행한다. 이 활동은 아미들의 가족적인 유대감 ─ 가족에 대한 관심, 가족만이 공유하는 비밀 ─ 을 더욱 증폭시킨다.

'어떤' 영상콘텐츠를 봤는지, 그 콘텐츠의 비하인드 스토리는 무엇이었는지 등의 '비밀'을 공유하는 행위는 콘서트 현장에서 직접적으로 경험할 수 있다. 가령, 'BTS World Tour in Wembley Stadium' 당시 웸블리 스타디움 주변에 많은 관람객이 핑크색 의상을 입고 나타났는데, 이것은 BTS가 팬들에게 준 드레스코드였다.[11] BTS의 「작은 것들을 위한 시Boy with Luv」(2019)의 뮤직비디오의 메인 컬러인 핑크색을 공연장을 찾은 수많은 아미가 재현한 것이었다. 이들은 '내가 아미'라는 점을 핑크색 의상과 헤어밴드, 아미밤(BTS 공식 응원봉)을 통해 가감 없이 드러내고 같은 노래를 함께 부르며[12] 서로의 가족적인 유대감을 강화하면서 동질감을 축적한다. 공연장에서 극적으로 재현된 이러한 가족적 유대감과 동질감은 이미 상상의 공동체인 각종 소셜 미디어에서 견고하게 형성되어 있었던 것으로, 마치 뫼비우스의 띠처럼 끝없이 순환하면서 그 강도를 더욱 강화시킨다.

다른 사람을 이해하는 일이란 좀처럼 쉬운 일이 아니다. 다른 사람 편에서 좀 더 이해하고자 할 때 우리는 흔히 "처지를 바꿔놓고 생각해 보자"라고 말하곤 한다. 이때 우리에게 필요한 건 경험과 상상력이다. 경험이 많을수록 다른 사람을 이해하는 일은 좀 더 수월해진다. 상상력도 도움이 된다. '만일 내가 그 사람이라면 아마도 이러이러하겠지'라고 미리 어떤 상황을 그려보면 한결 더 쉽게 타인을 이해할 수 있게 된다. 경험과 상상력에 덧붙여 다른 사람을 참된 의미에서 이해할 수 있게 해주는 것이 공감이다(셀러, 2006). 공감에 문제가 생겼을 때 우리에게 필요한 건 경험과 상상력이 아닌 사랑이다(몸문화연구소, 2006: 238).

BTS 콘텐츠는 BTS 멤버들의 서로에 대한 형제애를 그들의 눈빛과 행동을 통해 노골적으로 보여준다. 일곱 명의 멤버들은 저마다 멤버 모두 서로 가족, 그 이상의 의미를 갖는다고 이야기한다. 그들의 열성적인 팬인 아미들도 가족 구성원 가운데 하나라고 말하는 데 주저함이 없다. BTS 멤버들과 아미들은 서로가 가족이라는 점을 거리낌 없이 내세우며 서로의 지난 과거와 현재에 대해 이야기하면서 가족적인 유대감과 동질감을 확인하려 한다. 멤버들의 의상이나 패션에서부터 뮤직비디오와 방탄 TV, BTS 에피소드 등의 수많은 공감 콘텐츠를 공유하면서 그들은 그렇게 하나의 가족으로 서로를 동일시한다.

텍스트 밀렵text porching은 미셸 드 세르토Michel de Certeau가 영화나 텔레비전 같은 문화적 텍스트들을 특정 방식으로 해석하는 방식을 지칭하기 위해 사용한 말이다. 드 세르토는 텍스트 밀렵을 "전세 낸 아파트처럼 텍스트를 점유하는 것과 유사한 과정으로 여겼다. 즉, 대중문화의 수용자는 텍스트의 의미와 재교섭하거나 그에 대한 반응으로 새로운 문화적 생산물을 만들어냄으로써 그 텍스트를 점유할 수 있다"(스터리큰·카트라이트, 2006: 377)는 것이다. BTS 콘텐츠들은 일정한 규범과 규칙에 따라 생산된다. 이는 대부분의 스타 연예인들이 미디어를 통해 대중과 소통할 때 일반적으로 사용하는 방식이다. BTS가 소셜 미디어를 통해 대중과 소통하는 방식을 보여주는 콘텐츠에는 여느 스타 연예인과 다른 규범과 규칙이 있음을 알 수 있다. 바로 끊임없이 가족으로서의 일상성을 드러내는 것이다.

BTS 콘텐츠에는 보통의 일반적인 가족공동체에 형성되어 있는 각각의 역할과 그 역할에 따른 위계질서와 규칙, 규범 등이 존재한다. 이를 통해 가족의 일상을 여과 없이 보여주는 전략이 BTS 콘텐츠에서 적극적으로 채택되는 셈이다. 버라이어티나 리얼리티 등 어떤 형식이든 아미를 비롯한 대중은 BTS 가족을 엿보며 그들의 진심에 동감하고 공감한다. 동감과 공감은 진정성 있는 규칙이나 규범 안에서 작동되는 행위라는 점을 전제한다. BTS와 아미, 대중은 BTS 콘텐츠를 통해 서로의 진정성에 신뢰를 보낸다. BTS가 아니라 BTS '콘텐츠'를 통해서 말이다.

특히 BTS 멤버들이 일상에서 지켜야 할 것으로 규정한 묵시적인 규칙이나 규범은 지극히 일상적이다. 그 일상성이 이들로 하여금 가족으로서의 소속감을 더욱 강화시키기도 한다. 일곱 명의 멤버들이 모두 맏이부터 막내까지 형제의 위계질서를 갖고 있는 것조차 그러려니 할 만큼 자연스럽다. 멤버들 가운데 막내격인 정국(전정국)은 리드 보컬로서, 형들의 사랑을 한 몸에 받는다고 자타가 공인한다. 스스로도 "저는 방탄소년단 황금막내 전정국입니다"라고 공언할 정도이다. 15세에 연습생으로 BTS 멤버가 된 정국은 맏형인 진(김석진)과의 유대관계를 지속적으로 부각시키면서 BTS의 형제애를 확증하는 역할까지 맡고 있다. 진과 정국은 서로 머리를 쓰다듬고 어루만지거나 먹을 것을 아기에게 먹여주는 것 같은 행동을 일상적으로 반복한다. BTS에서 진은 맏형이자 정국의 어머니로서의 역할을 수행하는 셈이다. 정국에게 아버지의 역할을 하는 멤버는 슈가(민윤기)와 제이홉(정호석)이다.

아미들은 BTS 멤버들을 둘, 셋씩 짝을 지어 새로운 가족 구성원으로 분류한다. 가령, 형 라인에는 진, 슈가, 제이홉, RM(김남준)이 동생 라인에는 지민(박지민), 뷔(V, 김태형), 정국이 각각 배치되어 있거나 맏막내(진, 정국), SOPE(슈가, 제이홉), V민(뷔, 지민) 등으로 조합되기도 한다. 이와 같은 형제 조합을 통해 BTS의 영상콘텐츠가 생산되기도 한다. 막내 라인은 여느 가정의 막내들과 비슷하게 일상에서 성장하는 이야기를 담당한다. 특히 정국은 자신을 제외한 여섯 명의 형들의 인격체가 합해져 자신이 되었다고 종종 주장하기까지 한다. 15세에 BTS 멤버로 합류한 정국 자신의 성장이 BTS의 성장을 상징할 만큼 중요한 의미를 갖고 있다는 것이다. 가령, 형들 속에서 사춘기를 겪은 정국을 위해 형들은 번갈아가며 부모와 형제의 역할을 도맡았으면서 정국이 사춘기를 극복할수 있게 했다. 이는 〈어느 가족〉의 오사무 시바타 부부가 데리고 온 유리를 쇼타가 끔찍이 아끼면서 유리가 좀도둑 역할을 하는 가족 구성원으로 흡수될 수 있게끔 도와주거나 유리를 위해 쇼타가 다리에서 뛰어내리기까지 할 만큼 둘이 남매로서의 비혈연 가족 관계를 완성시키는 과정과 유사하다고 할 수 있다.

BTS는 일상의 이야기를 통해서 '그렇게 가족이 되어가는' 과정을 자연스럽고 당연하게 받아들인다. 〈그렇게 아버지가 된다Like Father, Like Son〉(2013)에서 히로카즈 감독이 말하고자 했던 것이 낳은 정과 기른 정의 경계선에 대한 것이라면, BTS 콘텐츠는 혈연 가족애와 비혈연 가족애를 구분하는 경계의 모호성을 아미들과 함께 하고 일상 속에서 담담하게 만들어가는 것이다. 특히 일곱 명의 BTS 멤버들과 여덟 번째 멤버인 아미들이 상호작용을 통해 공통으로 추구하는 비혈연 가족애는 가상의 시공간에 존재할 것 같은 스타 연예인을 현실 세계에 존재하는 팬들의 시공간으로 끌어들여 둘의 관계에 대한 교섭적인 해독을 이끌어낸다. 그 결과, 가상과 현실, 스타 연예인과 팬(대중) 사이의 구분은 더욱 모호해지게 된다.

BTS 멤버들의 일상적인 재현은 그들이 '멀리 구름 속 무대 위, 손이 닿지 않는 곳'에 있는 이들이 아니라 우리가 늘 만나는 가족의 한 명으로 받아들이게 끔 한다. 이와 같은 재현 방식은 BTS와 '우리'가 굳건한 상상의 세계에 함께 거주하며 서로의 관심사를 공유할 수 있게 한다. 또한 현실 세계에는 존재하지 않을 것 같은 비현실적인 이야기가 아니라 실제 현실 세계에 얼마든지 있을 수 있는 이야기인 BTS 노래 가사는 아미들로 하여금 여덟 번째 가족으로서 동감하고 공감하며 BTS 멤버와 완전한 상상의 가족 관계를 이룰 수 있도록 한다. 아미와 BTS가 BTS 노래 가사를 통해 온전하게 동일시되는 것이다.

BTS는 데뷔 전부터 SNS와 유튜브를 통해 자가발전적인 콘텐츠를 지속적으로 제공해 오고 있다. 뮤직비디오 제작 과정과 그 전후, 멤버들이 뮤직비디오를 처음 보는 영상, V-live / V앱을 통해 개개인이 경험한 뮤직비디오 촬영 현장의 소소한 일화 등을 시간적인 프로세스와 무관하게 계속 보여주고 있는 것이다. 이와 같은 자가 발전성 상호 텍스트는 아미를 비롯한 대중이 BTS와 멤버들에 대한 다양한 추측을 양산하도록 작용한다. 특히 BTS 뮤직비디오는 첫 앨범부터 내러티브적인 연속성을 이어오고 있기 때문에 아미들(대중)은 뮤직비디오들 간의 공통적인 내러티브 요소를 추측(해석)해 그 결과를 자가발전적인 콘텐츠로 재생산한다. 줄리아 크리스테바Julia Kristeva가 얘기한 **상호텍스트성** intertextuality이 SNS가 주도하는 미디어 시대에 새로운 형태로 변화하는 양상을 BTS와 아미가 여실히 보여주고 있는 셈이다.

상호텍스트성은 프랑스의 문학이론가이자 철학자인 줄리아 크리스테바가 러시아 철학자인 미하일 바흐친Mikhail Bakhtin의 대화주의Dialogism라는 개념을 번역해 사용한 개념이다. 바흐친은 대화주의를 '발화와 다른 발화들 간의 필연적인 관계'로 정의한다. 대화주의는 모든 텍스트가 텍스트 표층의 상호 교차를 통해 형성된다는 점을 강조한다(스탬, 2003: 382~383). 크리스테바가 말한 발화들 간의 필연적 관계는 〈어느 가족〉의 일상적인 가족 관계에서도 발견할 수 있다. 특히 주목할 만한 것은 가족 관계를 형성한 '어느 가족'의 구성원들이 일상을 유지해야 한다는 가족의 공동 목표를 상실하지 않으면서 그들만의 세상 안에서 상상의 공동체를 존속시키고자 한다는 점이다. '방탄 가족' 역시 서로 상호텍스트성을 도구로 필연적인 (가족) 관계를 유지하면서 상상의 공동체를 지속시킨다.

상호텍스트성은 텍스트의 대화적 소통 방식을 통해 의미를 축적하고 (재)생산한다. 이는 하나의 텍스트가 통일된 하나의 행위자로부터 파생된 단일한 의미를 갖는 것이 아니라 이미 존재하는 일련의 문화적 인용을 통해 구성된다는 바르트의 후기의 주장과 맥을 같이 한다. 즉, 의미는 텍스트들 사이의 관계인 상호작용성의 결과이다(바커, 2009: 179~181). '방탄 가족'의 대화 방식을 살펴보면, 방탄 가족 구성원들은 누가 저자인지, 만들어진 주체는 누구인지에 관심을 기울이지 않는다는 점을 알 수 있다. 그들은 가수라는 직업에 대한 자신들만의 합의된 규칙과 규범에 의한 긍정적 감시 체계를 가지고 있기 때문이다. 긍정적 감시 체계는 소속사에 의해 포장된 이미지를 대상으로 하는 일반적인 사회적 감시 체계가 아니라 가족적 감시 체계를 의미한다. 가족적 감시 체계는 가족 구성원들 간의 서로 공명共鳴할 수 있는 **공감**共感의 감시 체계라고 할 수 있다. 공명은 공감을 전제한다. 말 그대로 함께 울며 함께 느끼는 것이 공명과 공감 이다. **공감**은 적극적인 참여이다. 이 참여가 이루어지는 곳에서 공감의 대상인 타자가 지향된다(몸문화연구소, 2006: 240).

〈어느 가족〉의 등장인물들은 어느 누구도 혈연으로 연결되어 있지 않다. 그 러나 이들은 서로를 가족이라 여기며 가족 구성원으로서 각자의 역할을 부여 한다. 극 중에서 이들은 서로를 가족이라고 '부르지' 않지만 이들을 바라보는 관객들은 이들이 가족이라는 데 공감한다. 가족이기 때문에 직장에서 쫓겨나 더라도 협박을 감수하며 엄마 역할(노부요 시바타, 안도 사쿠라Ando Sakura 분)을 하 고, 가장이기에 비록 일용직이라도 몸이 아플지언정 일을 나서는 아버지 역할 (오사무 시타바, 릴리 프랭키Lily Franky 분)을 하며, 좀도둑질이라도 해서 가족을 편하 게 살게 해야겠다는 자식 역할(쇼타)을 한다. 더구나 할머니 역할의 키키 키린 은 자신의 연금과 의붓아들에게 받은 돈으로 다섯 명의 '가짜 가족'을 위해 거 짓말을 하면서도 같이 있어줘서 고맙다는 독백을 통해 비혈연 가족의 소중함 을 이야기한다. 그것이 가족일 수 있다는 사실을 BTS와 아미 또한 당연히 이 야기하고 있다.

디지털 네이티브의 상상의 공동체

함께 보낸 시간

미국 하버드대학교의 발달심리학자인 하워드 가드너Howard Gardener와 작가

이자 일러스트레이터인 케이티 데이비스Katie Davis가 주창한 **디지털 네이티브** digital natives 세대는 현대사회의 어느 가정에서도 쉽게 찾아볼 수 있다. 데스크톱 컴퓨터나 노트북, 휴대전화, 인터넷 등을 일상을 꾸리는 필수 요소로 당연시하며, 한시도 스마트폰을 놓지 않는 전형적인 디지털 네이티브는 페이스북이나 트위터 같은 소셜 네트워킹이 없는 삶을 상상조차 하지 못한 채 청소년기를 보내는 세대를 가리킨다(가드너·데이비스, 2014: 15~16). 디지털 네이티브 세대가 속한 시대의 키워드는 '정체성', '인간관계', '창의성과 상상력' 등이다. 디지털 기술의 발전은 최근 수십 년 동안 인간의 정체성과 인간관계, 창의성과 상상력의 발휘 방식에 현저한 변화를 일으켰다.

BTS 멤버 슈가(민윤기)도 얘기했던 것처럼 '시대를 잘 타고 난' BTS는 디지털 네이티브 세대인 아미로 인해 마이너 언어인 한국어를 사용하면서도 전 세계적인 인기를 끄는 그룹으로 성장했다. BTS가 아미에게 전하는 이야기의 주제는 디지털 네이티브 세대라면 누구라도 어렵지 않게 동감하고 공감할 만한 지극히 평범하고 일상적인 것들이다. BTS가 소속된 기획사는 2019년 7월에 위버스Weverse라는 서비스를 새롭게 개시했다. 이 서비스는 공식 아미 멤버들 가운데 별도의 가입자들과 BTS 멤버들의 소통을 위한 공간을 제공한다. 서비스 개시 석 달 만에 약 230만 명이 가입한 위버스는 BTS 멤버들과 위버스 멤버들 간에 시공간을 뛰어넘는 윤회 공간으로 진화하고 있다.

이곳에서 위버스 멤버들은 BTS 데뷔 당시의 콘텐츠를 다시 불러들여 그들 나름대로 새롭게 해독하기도 한다. 또한 BTS 멤버들과 위버스 멤버들은 움직이는 이미지 파일Graphics Interchange Format: GIF[13]과 모핑morphing[14] 등을 통해 새로운 영상을 지속적으로 재생산함으로써 이전과는 다른 방식으로 비혈연 가족 관계를 형성한다. 위버스라는 새로운 디지털 공간이 상상의 공동체를 더욱 공고히 구축해 '방탄 가족'에게 또 다른 정체성을 부여하는 것이다. 이는 마치 히로카즈 감독이 〈아무도 모른다〉에서 제도화된 가족을, 〈그렇게 아버지가 된다〉에서 붕괴되어 가는 혈연 가족에서 비혈연 가족으로의 변이 과정을,

〈어느 가족〉에서 비혈연 가족을 재현하면서 현대사회에서 변화되어 가는 가족의 정체성을 다양한 방식으로 변주해 이야기하는 것과 유사한 방식이라고 할 수 있다.[15]

고레에다 히로카즈 영화에는 비혈연으로 맺어진 가족 관계가 일관성 있게 다루어진다. 〈환상의 빛〉, 〈하나More Than Flower〉(2006), 〈걸어도 걸어도〉는 아들이 있는 미망인이 새로운 가족 구성원으로 인정받는 과정을 그리고 있다. 세 영화 공히 미망인에게는 이전 결혼에서 얻은 아들이 있으며, 그들이 새롭게 관계를 맺는 가정에는 공교롭게 아들이 없다. 또한 아버지가 서로 다른 네 명의 형제자매가 어머니로부터도 버림받은 후 그들만의 가족으로 살아가는 이야기를 다룬 〈아무도 모른다〉는 비혈연 가족이 겪을 수밖에 없는 어려움을 이겨내고 진정한 가족이 될 수 있는지에 대한 질문을 던진다.

히로카즈 감독은 〈아무도 모른다〉의 각본을 실제 사건과는 다르게 쓴 이후에 네 명의 아역 배우에게 촬영 전에 오랜 시간을 실제 형제·남매·자매처럼 지낼 수 있도록 했다고 한다. 놀이동산에 같이 가거나 현실 부모들과 함께 식사를 하게 하는 등 '함께 보내는 시간'을 만들어 현실에서도 형제·남매·자매로서의 친근감을 갖도록 했다는 것이다. 촬영 때도 미리 대사를 외우게 하지 않고 그때그때 대사를 알려주면서 아역 배우들을 영화 속 인물로 만들어갔다고 한다. 히로카즈의 유대감 형성을 위한 '함께 보내는 시간'은 배우들의 사실적인 연기를 위한 중요한 요인이 되었다. 또한 병원에서 서로 바뀐 아들을 통해 혈연의 중요성에 대해 질문을 던지는 〈그렇게 아버지가 된다〉에서도 자신의 친자식이 아니라 양육한 자식을 선택함으로써 '선택할 수 없는 혈연관계'보다 '선택할 수 있는 함께 보낸 시간'의 중요성을 보여주면서 비혈연 가족을 '가족'으로 받아들일 수 있게 한다(정수완, 2014: 143~144).

'함께 보내는 시간'은 BTS 멤버들의 가족화를 결정하는 핵심 기제이다. 일곱 명의 멤버들이 비혈연 가족이 되는 과정에서 작동된 시간에는 진심이 담긴 동감과 공감을 이끌어낼 수 있는 다양한 콘텐츠가 담겨 있고, 이 콘텐츠들은 방송이나 뮤직비디오에서 볼 수 없는 그들의 일상을 여과 없이 드러낸다. 행위자들 사이의 관계에 초점을 맞추는 참여 관찰과 비참여 관찰을 통한 일상생활의 기록이 상징적인 상호작용론에 의해 작동된다는 주장에 의하면, 사회는 사회적 행위자들로부터 독립적으로 존재하는 객관적인 것이 아니라 행위자들의 상호작용을 통해 구성되고 유지된다(에드가·세즈윅, 2003: 228~230). 상징적 상호작용론을 BTS와 아미들의 비혈연 가족화에 대입해 보면, 아미들은 BTS와의 상호작용을 통해 오프라인과 온라인, 공식적인 일상과 비공식적인 일상을 공유하며 BTS 콘텐츠들을 변형하고 재생산한다는 것을 알 수 있다.

아미들의 재생산 콘텐츠들은 리액션 동영상과 커버 댄스 챌린지 영상, 그리고 일상적인 영상들을 재현-재재현해 BTS의 비혈연 가족화를 더욱 심화시킨다. 이 과정을 거치며 아미들은 BTS의 여덟 번째 가족으로 유입되어 BTS와 또 다른 차원에서 '함께 보내는 시간'을 공유한다. 이 시간 동안 아미들은 BTS 가족의 일원이 되어, 자녀에 해당하는 이들의 어리광이나 짜증을 받아주거나 고민을 들어주면서 동감과 공감을 이끌어내면서 가족 간의 경계가 허물어지는 과정을 함께 경험하게 된다. BTS의 가족 문화 가운데 주목할 만한 것은 동성(남성)끼리 어루만지고 쓰다듬거나 한 개의 수저로 음식을 나눠 먹는 등의 행동이 자연스럽게 받아들여진다는 점이다. 서구 문화에서는 다소 낯선 문화적 경험이라고 할 수 있는 이와 같은 일상성의 강조는 아미를 비롯한 대중으로 하여금 관찰자가 아니라 참여자로서 BTS의 일상에 더욱 적극적으로 개입하도록 한다. 이와 같은 BTS, 아미, 대중의 상호 동일시는 '일상적인 언어'를 통해 기술되고 이름이 붙여지며, 이런 과정은 우리 자신과 타인에 대해 우리가 사용할 수 있는 담론적 기술에 대한 감정적 투자의 한 형태에 관여하는 과정이 된다(바커, 2009: 82~83).

바라보다. 어루만지다. 쓰다듬다

전통적 개념의 가족은 당연히 '혈연'을 중심으로 구성되었다. 그러나 현대의

그림 4-1
BTS 〈LOVE YOURSELF-SPEAK YOURSELF〉
Wembley Stadium(2019.6.1)
자료: 필자 직접 촬영.

그림 4-2 BTS 〈LOVE YOURSELF-SPEAK YOURSELF〉 MetLife Stadium(2019.5.18.~19)
자료: 필자 직접 촬영.

가족은 '공동체'로서의 기능을 더욱 중시한다. 누구의 부모이고 자식인지보다 누구와 일상생활을 공유하는지가 가족을 구성하는 주요인인 것이다. 〈어느 가족〉에서 비혈연관계로 묶인 가족 구성원들이 서로를 바라보는 시선은 매우 일상적이다. 그들은 서로의 일상에 자연스럽게 끼어들면서 서로(의 마음)를 바라보고, 어루만지며, 쓰다듬는다. 바라보기, 어루만지기, 쓰다듬기는 가족 간 친밀도를 나타내는 기본적인 척도이다. 〈어느 가족〉의 가족 구성원들처럼 '방탄 가족'의 구성원들 또한 적극적으로 서로를 바라보면서 어루만지고 쓰다듬는다. 극영화인 〈어느 가족〉에서는 비혈연 가족의 상상의 공동체가 사회적 규칙이나 규범에 의해 가정(집) 밖으로 끌려 나옴으로써 비극적 결말을 맞으며 상상의 공동체가 붕괴된다. 그러나 '방탄 가족'은 허구와 실제의 경계를 넘나들

면서 상상의 공동체를 더욱 공고
화한다.

〈어느 가족〉이 영화로서 가질
수밖에 없는 물리적인 시간적 제
약이 '방탄 가족'의 상상의 공동체
에는 존재하지 않는다. 가상의 디
지털 세계와 실제 현실 세계, 과
거와 현재를 넘나들 수 있는 새로
운 상상의 공동체 유형을 '방탄 가
족'은 보여준다. '방탄 가족'의 상
상의 공동체에는 지리적·언어적·
민족적·문화적 장벽이 없다. 특

그림 4-3 BTS 〈Billboard Music Award 2019〉
Lasvegas(2019.5.1) Top Duo/Group 수
상 장면
자료: 손채현(필자의 가족) 제공.

히 한국어가 극복하기 어려웠던 문화적 한계를 BTS는 디지털 네이티브의 디
지털 번역 기술을 통해 이미 뛰어넘었다. '방탄 가족'의 상상의 공동체는 '상상'
에만 머물지 않고 실제 '현실'에서도 얼마든지 구현될 수 있음을 BTS는 입증하
고 있는 셈이다.

다양한 간접 경험의 장으로서 상상의 공동체는 공동체만의 규율로 움직인
다. 디지털 세계와 현실 세계가 직조되어 나타나는 무늬는 미리 계획하거나 계
획한 대로 꾸며지지도 않는다. BTS의 첫 번째 정규 앨범 〈DARK & WILD〉에
수록된 'BTS Cyper, Pt.2 Triptych'라는 노래에는 멤버들의 이름이 끊임없이
가사에 나오면서 자기들이 어떤 감정 상태인지를 직접 표현하며, 무엇을 하고
있고, 하고 싶다는 이야기를 서로에게 하면서 일상을 있는 그대로 드러낸다.
특히 가사에 담긴 가족적 동감과 공감을 이끌어내는 메시지와 상상의 공동체
에서 그들이 함께 보낸 시간은 BTS의 이야기가 아직 끝나지 않았으며, 앞으로
도 끝나지 않을 것임을 여실히 보여주는 열린 결말로 이어진다.

비록 열린 결말이더라도 어느 정도의 내러티브적 결말과 시간적 제약이 적

용될 수밖에 없는 영화와는 달리 BTS의 상상의 공동체 안에서는 내러티브적 결말이나 시간적 결말이 존재하지 않는다. 언제까지 어떤 형태로 새로운 BTS의 상상의 공동체가 어떤 문화 현상을 만들어낼 것인지도 아직은 알 수 없다. 데뷔하기 전 2년 동안 마치 마리오네트Marionette처럼 살았다고 고백하는 그들과 관련된 학술적인 논의나 이론적인 검토가 미처 이루어지기 전에 또 다른 새로운 문화 현상이 등장할 만큼 BTS 문화는 급속도로 진화하고 있다. 그들의 노래처럼 '어디에서 왔는지, 어디로 갈 건지'[16] 아무도 알지 못한다. 스스로를 '뱁새'라고 부르는 그들은 단지, '실망시키지 않겠다고 이름값을 하겠다고 그러면서 같이 살자고'[17] 노래한다. 그래서 '더 뛰게 해줘'[18]라고 말하는 비혈연 가족 BTS가 그들의 상상의 공동체에서 어떤 새로운 문화 현상을 만들어낼지 '정말 너무나도 궁금'[19]하다.

주

1 고레에다 히로카즈 감독은 1995년 〈환상의 빛Maborosi〉(1995)으로 데뷔하여 베니스 영화제에서 각본상을 수상한 일본을 대표하는 감독이다. 〈환상의 빛〉을 비롯해 〈원더풀 라이프 **Wonderful Life**〉(1998), 〈아무도 모른다Nobody Knows〉(2004), 〈걸어도 걸어도Still Walking〉(2008), 〈그렇게 아버지가 된다Like Father, Like Son〉(2013), 〈태풍이 지나가고After the Storm〉(2016) 등의 대표작이 있다(http://www.kore-eda.com/english/works.html 참고).

2 15년 전 죽은 형의 제삿날 다시 만나게 되는 가족에게 하루 동안 벌어지는 이야기를 통해 가족 간의 소통의 부재에 대해 그린 영화이다.

3 산부인과에서 바뀐 아이들에 대한 기른 정과 낳은 정의 문제를 아버지의 관점으로 바라보는 영화이다.

4 1988년에 발생한 스가모 어린이 방치 유기 사건을 바탕으로 제작된 영화이다. 주인공 아키라 역을 맡았던 아키라 유아는 이 영화로 데뷔해 2004년 칸영화제에서 최연소 남우주연상을 받았다.

5 유튜브 BANGTANTV 계정에는 뮤직비디오, 앨범, BTS: Burn the Stage, BTS practice video, BANGTAN BOMB, BTS Episode, BTS on M2, BANGTAN LOG 등이 나뉘어 있다. 또한 무대 위 모습이나 연습 과정처럼 따로 제작되는 일상의 모습들과 동영상 일기 형식의 BANGTAN log가 있다(https://www.youtube.com/channel/UCLkAepWjdylmXSltofFvsYQ 참고).

6 2015년 9월부터 네이버에서 서비스를 시작한 V-live는 인기 스타들의 실시간 방송으로 아이돌, 배우, 프로게이머까지 라이브 방송을 할 수 있는 인터넷 방송 플랫폼이다(https://www.vlive.tv/home/new 참고).

7 BTS는 V앱에서 팔로우 1위를 하고 있는데 2위와의 팔로우 격차는 두 배이다. V앱에서 Vlive 생방송, VOD을 할 때 팔로워들에게 실시간 알람 메시지를 보내주고, 이를 받은 팔로워(사용자)들은 인터넷 생방송을 보면서 화면에 댓글과 하트 날리기를 통해 실시간으로 방송 중인 연예인과 소통한다.

8 한국 A.R.M.Y는 K-ARMY, 해외 A.R.M.Y는 외랑둥이라고 부른다.

9 호기심, 국립국어원 표준국어대사전(https://stdict.korean.go.kr) 참조.

10 궁금증, 국립국어원 표준국어대사전(https://stdict.korean.go.kr) 참조.

11 BTS는 웸블리 스타디움 투어 사상 열한 번째로 매진을 기록한 가수로 기록되면서 BTS가 명실공히 세계적 그룹임을 스스로 증명했다. 필자가 직접 현장에서 만난 아미들은 언어, 인종, 국가를 뛰어 넘어 서로 동일시된 정체성을 가지고 있었고, 비혈연 가족애를 의심의 여지없이 드러냈다.

12 떼창은 한국 대중문화공연에서 흔히 볼 수 있는 공연문화 중 하나로 가수들의 노래를 관중들이 함께 따라 부르는 것을 뜻한다. 떼창을 부르는 관중에 대해 세계에서 가장 열정적이라는 긍정적인 평가와 공연을 방해한다는 부정적 평가가 동시에 내려지기도 한다.

13 짤방, 움짤로 불리는 gif는 정지 화면이나 동영상을 프레임의 시간 간격을 짧게 조정하거나 자막을 붙여서 만든 간단한 동영상을 의미한다.

14 모핑은 하나의 이미지를 다른 이미지 속으로 고르게 스며들게 해 둘을 결합하는 방식으로 새로운 이미지를 만드는 것이다.

15 히로카즈 감독은 데뷔작인 〈환상의 빛〉에서부터 가족의 이별과 만남, 죽음을 통해 가족의 새로운 형태와 그 의미를 생각하게 하는 가족 영화를 만들어왔다. 즉, 가족의 재구성을 통해 가족의 새로운 의미를 되돌아보게 하는 것이다(정수완, 2014: 143~144).

16 첫 정규앨범 〈SKOOL LUV AFFAIR〉 앨범 중 「어디에서 왔는지」의 가사 일부이다.

17 〈화양연화 Young Forever〉 앨범 중 「뱁새」의 가사 일부이다.

18 〈화양연화 Young Forever〉 앨범 수록곡 「RUN」의 가사 일부이다.

19 첫 정규앨범 〈SKOOL LUV AFFAIR〉 중 「어디에서 왔는지」의 가사 일부이다.

제2부

영상_실험

한국 실험영화 태동기 약사(1919~1979)

최종한 세명대학교 공연영상학과 교수

한국 실험영화의 태동[1]

1895년 파리 그랑 카페에서 뤼미에르 형제에 의해 시작된 영화는 이후, 영사기사와 흥행사 4~5명으로 구성된 '시네마토그래프Cinématographe 상영단'이 조직되며 영국 런던, 러시아, 미국 그리고 인도의 뭄바이 등을 거쳐 중국과 일본으로 전파된다. 조선과의 첫 만남은 1899년 미국 시카고 태생의 버튼 홈스E. Burton Holmes가 고종 황실에서 영화를 상영하고 시내 풍경을 촬영했다는 기록으로 시작된다. 조선으로 사진이 전래된 해가 현재 기록으로는 1897년이니 거의 동시에 영화가 유입되었음을 알 수 있다(김미현 외, 2006: 19). 고종 황제의 제복 입은 첫 사진 이후, 환등 상영과 무성영화 시대의 순으로 그 역사가 이어진다. 1903년 6월 하순 ≪황성신문≫에는 활동사진 관람 광고가 실리기도 했고, ≪매일신보≫에 영화 광고가 실리기 시작한 1910년 8월 30일부터 1923년까지 12년 정도의 기간에 2570편의 외국 영화 광고가 실렸다는 것에서 당시 신문물 영화의 유입 물결이 어느 정도였는지 짐작할 수 있다. 이 중 1922년 개봉된 아

방가르드 영화감독인 아벨 갱스Abel Gance의 작품 〈전쟁과 평화〉도 포함되어
있는 것이 눈길을 끈다(김미현 외, 2006). 이렇듯 서구와 식민지 조선은 영화라는
신문물에서 거의 동시대성을 확보하고 있었던 것으로 보인다.

〈만석중놀이〉와 연쇄극

매직 랜턴magic lantern을 활용한 판타스마고리아phantasmagoria 같은 선험적 빛
경험들이 있었지만 본격적으로 서구에서 실험영화라 칭할 수 있는 '무빙 이미
지'들은 1910년경부터 나타나기 시작한다. 바이킹 에겔링Viking Eggeling의 〈심
포니 다이아고날Symphonie Diagonale〉(1924) 같은 절대영화와 순수영화, 추상영화
로 포문을 열고 이후 1920년대 초현실주의와 다다이즘dadaism, 레트리즘lettrisme
영화들, 곧 1차 아방가르드avant-garde 영화로 분류되는 실험영화들이 파고를 높
여간다.

서구와 거의 동시대에 활동사진이 들어온 식민지 시절의 조선 역시 1919년
조선인들의 주도로 〈**의리적 구토**〉가 제작·상영된다. 그 첫 상영 날이었던
1919년 10월 27일은 현재까지도 한국 '영화의 날'로 기념되고 있다.[2] 〈의리적
구토〉는 연쇄극이라는 형식으로 연극의 일부 장면을 당시 인기 있던 활동사진
으로 제작해 공연한 연극과 영화가 혼종된 매체 실험 퍼포먼스였다.[3] 당시 이
러한 연쇄극을 제작한 단체들을 신파라고 칭했는데 이는 구파에 반대되는 개
념으로 새로운 물결을 의미했다. 구시대 연극 공연의 주제와 형식을 타파하고
새로운 물결이자 기술로서 활동사진을 받아들인 〈의리적 구토〉는 비록 상업
적인 내러티브 구성으로 판단되지만, 서구 실험영화의 정신에 걸맞은 새로운
형식적 시도였고 현대 연극과 영상이 결합된 멀티미디어 퍼포먼스와도 같은
실험적 무빙 이미지에 비견되는 매체 퍼포먼스 양식이었다.

또한 동시에 〈경성 전시의 경〉이라는 다큐멘터리 작품이 상영되었는데 서
울 시내 주요 도심지를 비롯해 한강 철교, 장충단, 청량리, 월미도 등의 시외
풍경을 촬영했다. 이것을 시내와 시외 풍경으로 나누어 〈경성 전시의 경〉과

〈경성 교외 전경〉으로 상영했다. 〈경성 전시의 경〉은 〈의리적 구토〉의 서막으로 상영하고, 〈경성 교외 전경〉은 1919년 11월 3일 단성사에서 김도산의 두 번째 연쇄극인 〈시우정_{是友情}〉에 삽입되어 상영되었다. 35mm 흑백 무성영화로 약 500자 길이의 〈경성 전시의 경〉 역시 이미지가 남아 있지 않지만, 당시 신문과 같은 기록을 들여다보면 역시 서구 초기 실험 다큐멘터리 영화의 형태라고 할 수 있는 도시 교향곡 유형임을 알 수 있다. 폴 스트랜드Paul Strand의 〈맨하타Manhatta〉(1921)와 월터 루트만Walter Ruttmann의 〈베를린Berlin: Symphony of a Great City〉(1927) 등과 같은 근대 도시 이미지들과 도시인의 삶을 몽타주한, 매체와 물질, 비非내러티브 이미지 중심의 실험적 영화 형식이라고 유추된다.

이처럼 최초 한국의 두 영화는 모두 당시 서구에서 비롯된 실험영화적인 성격을 유사하게 가지고 있었으며 이는 한국 영화의 최초 시작이 논쟁점은 분명히 존재하지만, 실험적 무빙 이미지였음을 조심스레 추정할 수 있다. 간과하지 말아야 할 점은 이미 고려시대부터 기록으로 남아 있는 전통 그림자놀이인 〈만석중놀이〉부터 한민족의 빛에 대한 예술 체험이 쌓여 있었다는 점이다.[4]

〈**만석중놀이**〉는 음력 4월 8일에 축하놀이로 대개 담 구석에 선반을 설치하고 연출하던 일종의 무언극 인형놀음이다. 만석중 인형의 가슴에 구멍을 두 군데 뚫어, 4개의 끈을 통하게 한 다음, 좌우 두 손과 두 다리 끝에 각 한 가닥씩 꿰어서 빠지지 않게 한다. 인형을 움직이는 이가 인형 뒤에서 가끔 구멍을 통한 줄을 잡아당기면, 당기는 줄에 따라 양쪽 손은 가슴을, 양쪽 다리는 머리를 친다. 인형 얼굴은 바가지로, 몸·팔·다리는 나무로 만드는데, 몸에는 장삼을 입히고, 머리에는 송라松蘿(소나무 겨우살이로 만든 모자)를 씌운다. 만석중 인형을 중심으로 왼쪽에는 노루와 사슴이 다투는 형상을 하고 있고, 오른쪽에는 용과 잉어가 여의주를 뜻하는 등을 토했다 삼켰다 하는 형상을 하고 있다. 사슴과 노루는 두꺼운 마분지를 오려서 만드는데, 목·다리·꼬리의 관절은 못이나 바늘 따위로 연결하고 움직일 때마다 못 따위를 중심으로 움직이게 된다. 이 놀음에서 사슴과 노루의 각 부분에 실을 늘여 조종하면, 머리는 내두르고, 꼬리는 흔들며, 발은 서로 차게 되어 있어 마치 두 짐승이 싸우는 것같이 보인다. 용과 잉어는 창호지를 오려 물을 들여서 만든다. 넓게 펼쳐 놓은 광목천 뒤로 햇불을 피우고 그 사이로 용, 잉어, 사슴 같은 인형들을 조종하여 그림자가 광목천에 투영되게 하는 방식으로 놀이가 진행된다. 〈만석중놀이〉에 등장하는 인형들은 색이 입혀졌는데 그 때문에 빛에 투영된 그림자에도 색감이 묻어난다.

〈만석중놀이〉의 주인공은 단연 만석중이라는 큰 나무 인형이다. 만석중은 십장생들이 등장할 때마다 가슴과 머리를 탕탕 쳐, 큰 소리를 낸다. 이 소리는 둔탁하지만 그 여운은 귓전을 맴돈다. 죽비소리처럼 무지몽매한 어리석음에서 깨어나라는 따끔한 질책으로 들리기 때문이다. 여의주를 두고 천년 묵은 용과 잉어가 다투는 절정 부분에서는 그림자가 아닌 승려가 막 앞에 나와 승무를 춘다. 이 춤은 운심게작법運心偈作法이라는 의식무이다. 이처럼 〈만석중놀이〉는 대사 한마디 없는 무언극이지만 '버라이어티'하다. 요즘으로 치면 '블록버스터'라고도 할 수 있다(《오마이뉴스》, 2015.3.13).[5] 이 놀이의 유래는 고려시대에 발생했다는 속설이 있으며, 일제강점기 중반까지 있었으나 현재는 부정기 시연회를 제외하고는 전혀 찾아볼 수 없다. 물론 〈만석중놀이〉가 초창기 한국 실험영화에 직접적 영향을 미쳤다고 할 수는 없다. 또한 빛을 이용한 놀이라고 해서 오늘날 영화라는 것의 일종이라고 단언하기에도 논쟁이 있다. 다만 빛을 이용한 놀이의 전통과 빛, 스크린, 퍼포먼스 등이 혼종된 실험적인 연희 형식을 우리 민족이 오래전부터 즐기고 있었다고 할 수 있다.

식민지 시대와 〈변사 무성영화〉

1927년에 창립된 **'조선영화예술협회'**는 이경손, 안종화, 김을한, 이우 등과 일본인 촬영기사 니시카와 히데히로西川秀洋의 발기로 순 문예영화를 제작한다는 목적을 표방했다(《동아일보》, 1927.3.18). 이효인은 '조선영화협회'가 아닌 '조선영화예술협회'라는 단어에 주목한다(이효인, 2017: 15). 한국 영화 태동기 선구자들은 영화가 예술이라는 데에 기본적으로 인식을 같이 하고 있었으며, 순문예영화를 제작하고자 한다는 목적에서 유추할 수 있듯이 순수예술로서 영화를 상기하고 있었다. 이들은 영화를 공동 작업·제작해야 한다는 산업적 인식역시 동시에 가졌던 것으로 판단된다. 개인이 혼자 영화를 만들고 창작하는 작가적 위치라기보다는, 집단으로서 협회가 주축이 되어 공동 창작 작업을 통해작품을 제작·배포·상영하겠다는 의도가 강하게 묻어나기 때문이다. 처음 전래된 서구 매체에 순수한 호기심과 함께 상업적 특성을 동시에 간파한 것으로이해할 수 있다. 물론 당시 필름이라는 상품을 구매하고 촬영·편집·현상·상영을 한다는 것이 개인들에게는 무척 어려운 일이었음은 분명하지만 서구의 초기 영화 작가들처럼 영화 매체를 새로운 캔버스로 인식하지 못했음을 알 수 있다. 이는 한국 초기 영화인들이 주로 문학도 출신이라는 것에 기인한다. 전술한 이경손, 안종화 등과 심훈 그리고 카프 계열의 예술가들은 문인과 비평가가주축이었으며 기타 화가나 조각가 등 시각 예술가는 없었던 것으로 파악된다.이 점은 서구 실험영화의 장르 형성 과정과 매우 다른 독특한 점이다.

식민지 특성상 당시 일본 실험영화의 흐름 역시 동시에 고려되어야 한다.조선의 모든 영화 작품과 극장, 비평 등 영화 관련 제도는 일본을 통해 들어왔기 때문이다. 전술한 선행 연구 대부분이 연쇄극과 같은 일본 유입설을 주장한다. 도널드 리치Donald Richie의 연구에 의하면 일본의 오래되고 실험적이었던단카短歌와 하이쿠俳句 등은 전혀 실험영화로 이어지지 않았다고 한다. 그 이유는 서구 상업영화가 끼친 광범위한 영향력이었다. 당시 일본 감독들은 하나의스토리, 오락만을 제공하기에 급급했으며 서구풍의 상업영화를 바람직한 것,현대적인 것으로 여겼고 2차 세계대전 전의 미조구치溝口健二와 오즈小津安二郎같은 맹아적 실험을 말살시켰다고 주장한다. 아울러 16mm 장비 역시 2차 세계대전 당시 광범위하게 수입되지 않았으며 일본제 8mm 장비 역시 1950년대후반까지 완성되지도 않았다. 한마디로 일본의 실험영화는 1950년대 후반까지도 하나의 가능성으로조차 여겨지지 않았다(Richie, 1981). 이후 1950년대 후

그림 5-1 변사 퍼포먼스 무대 구성(오케스트라 박스, 스크린, 변사석으로 구성)
주: 〈반도의 봄〉 중 〈청춘의 십자로〉(안종화, 1934) 장면이다.
자료: 〈반도의 봄〉(1941).

반부터 구타이Gutai 그룹의 활동, 실험영화 작업과 상영이 이뤄지고 시작되었으며 1960년대 중반에 이르러 다수의 실험영화 창작이 시작되었다. 그리고 도쿄 미국문화센터의 상영회가 시작되며 마야 데렌Maya Deren과 스탠 브래키지Stan Brakhage 등이 소개되었다. 일본의 초기 화가 세대가 유럽 초현실주의의 영향을 받아 작품 활동을 한 것은 분명하나, 실험영화 작가들은 유럽 초현실주의에서 아무런 영향을 받지 않았다고 도널드 리치는 결론 낸다. 식민지 조선 역시 일본의 실험영화 태동기와 유사한 흐름을 보인다. 시각예술의 첨병이었던 화가군의 실험영화 창작으로의 유입이 보이지 않으며, 전통적 〈만석중놀이〉의 빛 경험 그리고 다양한 시와 산수화가 가지고 있었던 예술적 상상력과 실험적 원천이 새로운 매체인 영화에 전혀 녹아들지 못했다.[6]

　조선 영화는 1945년 해방 전까지 연쇄극과 무성영화의 전성기였다. 변사라고 불리는 무대 한쪽 연행자가 등장해 작품의 설명인 전설부터 이후 작품의 내용 설명 그리고 관객들의 분위기를 힘껏 상승시키는 마임과 춤 등을 추기도 했다. 조선의 변사는 1908년경 일본에서 건너왔다고 확인된다. 일본의 변사가 다인극의 양식화된 공연을 수행한 데 반해 조선의 변사는 1인극으로 변형되었으며, 경성 극장가를 중심으로 1913년경부터 발성영화가 제작되기 시작한 1935년경까지 전성기를 누렸다. 이러한 변사 연행 무성영화들 역시 연쇄극과 마찬가지로 영화와 무용, 악극, 퍼포먼스 등이 결합된 매체 혼종적 확장 실험 영화 형식으로 현대의 멀티미디어 공연과 영상 퍼포먼스 등과 비교해 형식적

으로는 전혀 다름이 없다.[7]

현대의 즉흥 연주와 영상 그리고 마임, 퍼포먼스 등이 어울려 하나의 멋진 실험영화로서 관객들의 인식과 감각의 확장을 만들어내는 것과 마찬가지로, 퍼포머로서 변사와 영화 이미지의 조합은 시청각을 자극하는 공감각 예술로서 현대 실험영화의 실험성을 선험해내는 초기 매체 실험의 맹아적 형태라고 판단된다. 물론 당시 작품들의 내용이 대단히 상업적이고 내러티브성이 강하다. 또 연쇄극과 변사 무성영화를 한국 태동기 실험영화로 곧바로 치환할 수 있는가의 문제는 추가 논의가 더 필요하다. 실험성을 가지고 있지만 실험성을 가지고 있는 모든 영화가 곧 실험영화로 환원되는 것은 아니기 때문이다. 하지만 초기 영화도입기였기에 실험영화의 정의를 조금 폭넓게 적용하고 당시 매체 형식 실험과 그 실험 정신에 무게를 두어 해석한다면, 위의 두 가지 식민지 조선 영화 형식은 한국 실험영화의 매체 혼종성 탐구의 원류로 기록될 여지가 높다. 한 가지 아쉬운 점은 연쇄극 이미지가 남아 있지 않다는 것이며 영화를 순수미술로 작업해 작품을 창작해냈던 전문 실험영화 작가는 아직 발굴되지 않고 있다는 것이다. 당시에는 전문 영화교육기관도 그리고 필름이라는 장비의 고가, 전문성 등으로 인해 영화를 연극에 그리고 문학에 종속해 사고하지 않던 실험영화인은 아마 없었으리라 추정된다.

해방과 1960~1970년대 한국 실험영화

해방 후 한국전쟁을 겪으며 시대는 1950년대 중반으로 진입한다. 당시 영화 제작의 주도권은 USIS-KOREA로 대표되는 주한 미공보원이었다. USIS는 '리버티 프로덕션'이라는 자회사를 만들어 '리버티 뉴스' 등을 제작했으며 아울러 한국 영화인들과 함께 많은 수의 홍보성 문예영화를 만들어내는 문화기지 역할을 수행했다. 당시 작품 중 실험성으로 눈에 띄는 작품이 〈나는 트럭이다〉

라는 김기영 감독의 1953년 작품이다. 김기영은 〈하녀〉라는 독보적인 영화로 현재도 천재 감독으로 추앙받는 인물이다. 당시 김기영은 UN이 버리고 간 군용트럭이 재생되는 과정을 실험 다큐형식으로 영화화했다. 트럭이 일어서는 그로테스크한 이미지와 1920년대 지가 베르토프Dziga Vertov의 〈카메라를 든 사나이Man with a Movie Camera〉(1929)를 연상시키는 컷과 편집 등은 당시 만들어진 작품이라고는 상상이 안 될 정도의 기술적·실험적·주제적 완숙함을 보여준다. 서울국제실험영화페스티벌 이행준 프로그래머는 이 작품을 한국 실험 영화의 효시라고 주장하기도 한다. 김기영은 바로 이듬해 〈주검의 상자〉라는 영화로 입봉하며 상업영화 감독의 길을 걷게 되어 〈나는 트럭이다〉라는 작품만이 현재 그의 유일한 실험적 영화 작업으로 남았다. 현재까지 연구자의 추적으로는 이 작품 외에 1950년대에는 실험영화라고 불릴 만한 전문 실험영화 작품은 보이지 않는다.

당시 영화인과 일반인이 실험영화를 어떻게 인지했는가를 살피기 위해 기사, 잡지, 문헌 등을 검색해 보면,[8] 한국에서 '실험영화'라는 단어가 처음 등장한 것은 1957년 브뤼셀국제실험영화제를 소개하는 단신이다(≪동아일보≫, 1957.6.23). 명확하게 실험영화라는 단어가 등장하지는 않지만 '실험적 영화 작업' 혹은 '전위영화', '전위예술'과 관련된 기사들은 그 이전부터 존재한다. 1920~1930년대부터 전위영화, 아방가르드, 모더니즘 관련 영화평과 기사 등이 색인된다.[9] 지면을 사이에 두고 많은 영화 평론가와 문인 사이에 전위예술 혹은 누벨바그Nouvelle Vague에 대한 논쟁이 벌어지기도 했고, 1931년에는 동시대 러시아 몽타주montage 이론이 ≪동아일보≫에 소개되기도 했다(≪동아일보≫, 1931.10.8). 1954년에 유두연은 ≪경향신문≫에 영화와 시에 관한 깊이 있는 칼럼을 썼다. 당시 글을 살펴보면 장 콕토Jean Cocteau의 〈시인의 피〉, 〈오르페〉 등을 언급하며 기존 영화문법에 반하는 영화시 곧 **시네포엠**cine-poem에 대해 기술했다(≪경향신문≫, 1954.3.11).[10] 또 하나 이색적인 것은 1962년에 프랑스의 '시네클럽' 운동을 비교적 상세하게 소개하고 있다는 점이다. 〈좋은 영화

를 보여주자: 불란서의 씨네클럽 운동〉(≪동아일보≫, 1962.9.29)[11]이라는 제목으로 당시 이미 결성되어 있던 한국의 '시네마, 팬클럽'의 미진함을 질타하고, 대학 중심으로 잉태하고 있던 '시네클럽' 운동을 조망했다. 이는 곧 이어질 '시네포엠' 동인 등을 예견하는 전조라 할 수 있다. 또한 실험영화 운동에서 가장 중요한 부분인 작가조합 혹은 협동조합을 기대하는 기사로서 매우 유의미하다.

1962년 중앙대학교에서는 이미 실험영화 교육이 시작되어 재학생들이 실험영화 제작에 나서기도 했다(≪경향신문≫, 1962.6.21).[12] 영화감독 현상열[13]이 미국 USC 재학 당시 실험영화 과목에서 수상했다는 기사가 있는데 현상열은 한양대 영화학과 개설 초기 교수로 근무했다. 따라서 당시 학생들에게 본인이 배웠던 실험영화를 가르쳤을 가능성이 매우 높다.[14] 1963년에는 전위영화라는 것을 사진으로 설명하는 기사가 등장한다(≪동아일보≫, 1963.1.30). 1964년에는 동국대학교 유현목을 중심으로 한 '시네포엠' 동인 설립 기사가 여러 건 검색되며 1966년에 〈손〉을 제작해 몬트리올 박람회에 출품한다는 기사도 존재한다. 1968년에는 당대 미국을 들썩이게 했던 언더그라운드 영화를 집중 조명하는 기사도 등장한다(≪동아일보≫, 1968.7.25, 1968.8.10). ≪경향신문≫은 실험영화, 언더그라운드 영화, 첨단영화, 뉴 아메리칸 시네마, 백남준, 조나스 메카스 Jonas Mekas, 앤디 워홀Andy Warhol 등 당시 실험영화의 최신 동향을 국내에 소개하기도 했다(≪경향신문≫, 1968.1.10, 1968.12.11).

전문 작가군의 등장

1960년대에 들어서면서 영화를 전문적으로 익히고 공부한 한국 감독들이 부상하게 된다. 대표적인 감독이 〈오발탄〉을 만든 유현목이다. 대학에서 국문학을 공부하고 상업영화 조감독을 거쳐 자신만의 작업을 하기 시작한 유현목은, 1964년 1월에 인습적인 영화 형식 개혁을 모토로 전위적 영화인 30여 명이 중심이 된 '시네포엠'을 발족시켜 12분짜리 실험영화 〈선線〉을 제작한다. 한국에서 최초로 제작되는 전위영화라고 잡지에 소개되며 대중의 관심을 끌었다.

이러한 기록으로 많은 한국 영화 연구가는 유현목 감독을 한국 실험영화의 아버지로 내세우기도 한다. 또 유현목은 50초 분량의 작품 〈손〉을 영화시 형식의 아방가르드 영화로 만들었다. 몬트리올에서 열린 국제박람회 중 '국제문화 및 실험영화 콘테스트'에 '시네 아트 클럽'이라는 이름으로 출품했다. 이 작품은 최근 발굴되어 한국영상자료원에서 복원 후 공개했다. 과거부터 현대까지 생산의 수단에서 전쟁의 수단으로 변모되는 손의 이미지 등을 클로즈업해 만든 짧은 영상이다.

또한 유현목은 작품 초반 서커스 퍼포먼스가 인상적인 〈춘몽 The Empty Dream〉 같은 장편 실험영화도 제작했으며, '동서영화연구회'와 '소형영화동호회' 등을 조직해 아마추어 영화인들을 지지하기도 했다. 1969년 미국 UCLA에 유학 중이던 하길종은 〈병사의 제전〉이라는 실험영화로 혜성처럼 등장했다. 한국 감독이 미국에서 제작한 최초의 실험영화로 배우와 로케이션 모두 미국이며, 특히 이 작품은 당시 미국에서 불고 있던 히피 운동을 자기 방식으로 소화한 작품이다. 배우들의 독특한 퍼포먼스와 미장센 mise en scène 등이 매우 현대적이며 혁신적이다. 귀국 후 하길종은 역시 상업영화 감독으로 변신했으나 현장에서 늘 실험영화 정신을 강조했다고 후배 장길수 감독은 말한다.

한 가지 더 중요한 작품은 1967년에 캐나다 국립영상위원회 National Film Board of Canada: NFBC에서 제작된 〈코리안 알파벳 Korean Alphabet〉이라는 실험 애니메이션이다. 7분여 분량의 영상은 한글 자모의 형상을 파스텔 톤의 색채로 차례로 선보인 데 이어 토끼, 나무, 피리 같은 사물의 형상이 각각 이를 가리키는 한글 단어로 자연스레 변화하는 모습을 그려냈다. 신시사이저 synthesizer의 현대적인 음악이 곁들여진 데다 유연한 움직임은 요즘 만들어진 교육용 애니메이션으로 봐도 무리가 없다. 세계적 추상 애니메이션 작가인 놀먼 맥라렌 Norman McLaren이 직접 배경음악을 삽입했고 테헤란 영화제에 출품해 교육 부문 금상을 수상했다. 렌 라이 Len Lye 등의 30년대 추상, 그래픽 실험영화가 한국인 감독에 의해 1967년에 처음 시도되었다는 사실은 대단히 의미 있는 성과다.

영화계가 아닌 순수 미술계에서도 실험영화 창작의 물결이 있었다. '**제4집단**'이라는 한국 최초의 아방가르드 예술 단체를 만든 김구림은 〈1/24초의 의미〉(1969)라는 작품을 만들어 상영회를 개최했다. 이어서 이익태는 〈아침과 저녁사이〉(1970)라는 작품을 만들어 1971년 1월 15일 USIS(미국문화관 2층)에서 발표했다. 두 작품 모두 비내러티브 표현주의 계열의 작품이다. 유의미한 사실은 김기영, 유현목으로 대표되는 영화인들의 실험영화 작업과 거의 같은 시대에 이익태, 김구림 등의 순수 예술인들의 무빙 이미지 작업이 시작되었다는 것이다. 이는 서구와 국내의 아방가르드 물결이 동시에 맞물렸다는 것을 의미한다. 김구림의 증언에 의하면 당시 이들은 유현목 등의 영화인들과 전혀 교류가 없었으며 개인적인 영화에 대한 관심으로 〈1/24초의 의미〉를 제작했다고 밝히고 있다.[15]

1969년 서울 세종로 아카데미 극장에 위치한 '아카데미 음악실'에서 영상과 퍼포먼스가 결합된 형식의 〈무그림 6 김구림 「무제」 퍼포먼스와 상영제〉와 함께 발표된 〈1/24분의 의미〉는 10분짜리 16mm 무성영화다. 필름이 1초에 24컷이 돌아가는 것에 의미를 담아 붙인 제목으로 ① 달리는 차내에서 본 고가도로 난간, ② 60개의 짧은 플래시 컷 1분, ③ 샤워, ④ 하품하는 남자, ⑤ 피어오르는 연기 등이 다섯 번씩 반복된다. 카메라 앵글은 반복할 때마다 달라지며 아침부터 밤까지 우리가 겪는 일상들이 1초씩 끊기며 빨리 지나간다. 영상은 흑백과 컬러가 반복되면서 현대인과 당시 시대의 권태를 그 속에 담았다고 김구림은 증언한다. 특히 당시의 답답한 시대가 잘 녹아들었으며 전위영화가 무엇인지도 몰랐던 자신에게 한 영화잡지 기자가 '이 영화는 전위영화'라고 칭해주었다고 한다. 눈여겨볼 사실은 이들의 영화 제작에 기존 상업영화인들은 심한 반발을 보였으며 김구림의 경우 영화인들에게 끌려가 구타를 당해 일주일간 입원했다고 증언하기도 했다. 추가적으로 해외에서 백남준이 플럭서스 fluxus 작품인 〈영화를 위한 선Zen for Film〉(1962/1964)을 제작하기도 했으며, 1969년 양승권의 〈전자예술전〉(이원곤, 2013.11.17; 《중앙일보》, 1969.11.29) 등이 개최되었다는 기록이 발견된다. 차학경[16]과 이건용(이대범, 2009)[17] 박현기, 곽덕준, 김순기, 이강소, 김영진, 김덕년 등 1세대 한국 비디오 작가들도 현대 개념 미술 미학을 기반으로 1970년대 퍼포먼스 비디오와 비디오 퍼포먼스의 작품을 만들어냈지만 전통적으로 이어오는 필름이라는 매체를 활용한 영화적 실험, 독립적 실험영화만의 미학의 연장선 차원에서 주로 검토된다.[18]

1971년에는 이황림, 김현주, 박상천, 이익태 등이 주도해 **영상연구회**라는 동인이 결성되었으며, 이들은 총 20여 편의 16mm 영화를 제작했다. '영상연구회'의 작품발표회를 목도한 한옥희, 김점선 등 여성들이 주축이 된 영상집단 **'카이두 클럽'**이 1973년에 탄생하게 된다. '카이두 클럽'의 탄생 역시 한국 실험영화 태동사에서 대단히 의미 있는 일이다. 실험영화라는 단어를 전면에 내세우며 실험영화인, 실험영화제, 실험영화 단체를 본격적으로 표방하고 홍보했다.

'카이두 클럽'은 한옥희의 〈밧줄〉, 〈무제〉, 〈중복〉, 〈가위〉, 〈색동〉, 김점선의 〈필름 74-A〉, 〈필름 74-B〉, 이정희의 〈XXOX〉, 한순애의 〈OVER〉 그리고 공동 작품인 〈몰살의 노래〉, 〈엘리베이터〉 등 여러 편의 실험영화 및 퍼포먼스 작품을 시작으로 총 4년간 4회의 실험영화 상영회를 개최하며 다양한 문화계 인사들의 주목과 그들의 실험영화에 대한 인식을 확장시키는 데 일조했다(최종한, 2017b). 특히 김점선의 경우 홍익대학교 졸업식장에서 사회비판적 퍼포먼스를 선보이기도 했으며 이를 영상화하여 〈홍씨상가〉라는 작품을 발표하기도 했다(국립현대미술관, 2013: 52). 또한 스크린에 밧줄을 감고, 나체로 촬영하며 필름에 그림을 그리고 잘라내는 등의 퍼포먼스를 하기도 했는데 이는 당시 유행하던 뉴 아메리칸 시네마와 구조영화 그리고 독일의 플럭서스 작품 등과 상당히 유사한 패턴을 보인다. 한편, 동국대학교 연극영화학과 출신인 이공희는 1979년 〈또 다른 방〉이라는 영화시 형식의 퍼포먼스 중심의 실험영화를 영화학과 학생 신분으로 만들었다.

장르유형 분류

위에서 기술된 작품들을 관통하는 매체가 곧 퍼포먼스이다. 실험영화가 퍼포먼스와 혼종되어 새로운 미학적 실천을 경주해 오고 있음이 확연하게 드러난다. 이점이 한국 실험영화 태동기 중요한 장르 특성 중의 하나이며 대표적인 형식 실험성을 드러내는 것이라고 할 수 있다. 발굴된 각각의 작품을 기존의 서구 실험영화 장르 유형에 맞춰 재분류하면, 형식적인 측면에서 매체 실험성과 혼종성이 분명한 **연쇄극** 〈의리적 구토〉, 〈변사 무성영화〉 형식의 라이브 시네마, 실험 다큐멘터리 〈나는 트럭이다〉와 추상 그래픽영화 〈코리안 알파벳〉, 영화시, 시네포엠 작품으로 〈손〉, 〈춘몽〉, 〈또 다른 방〉. 미국 언더그라운드 영화의 전형을 보여주는 〈병사의 제전〉, 〈1/24초의 의미〉, 초현실적인 의식을 보여주는 〈아침과 저녁 사이〉 그리고 **퍼포먼스 시네마** 작품인 〈무제〉와 한국 최초의 여성 실험영화 클럽인 '카이두 클럽'의 퍼포먼스 작품들을 들 수 있다. 이들을 다시 퍼포먼스 매체 실험 형식을 기준으로 세분화해 퍼포먼스와 실험영화가 조우하는 형태의 두 종류인 시네마 퍼포먼스와 퍼포먼스 시네마로 세분하면, 시네마 퍼포먼스는 연쇄극, 라이브 시네마, 절대영화와 순수영화를 하위 장르로, 퍼포먼스 시네마는 영화시, 언더그라운드 시네마, 초현실주의로 구분된다. 각각 호명되는 태동기 한국 실험영화 작품들로는 시네마 퍼포먼스에 연쇄극 〈의리적 구토〉, 라이브 시네마 〈변사 무성영화〉, **절대영화**와 순수영화 '카이두 클럽' 퍼포먼스 등을 들 수 있다. 퍼포먼스 시네마에는 영화시 〈손〉, 〈춘몽〉, 〈또 다른 방〉, 언더그라운드 시네마에는 〈1/24초의 의미〉, 〈병사의 제전〉, 초현실주의 작품으로 〈아침과 저녁사이〉가 있다. 〈나는 트럭이다〉와 〈코리안 알파벳〉은 퍼포먼스 성격을 찾아보기 어려워 기타 하위 장르로 구분된다.

1919년부터 1979년까지 태동기 한국 실험영화는 어느 한 배경의 집단층에 의해 주도된 것이 아니라 순수 예술인과 전문 영화인, 영화전공 학생들과 영상 업계 종사자들에 의해 다양한 모습으로 주도되었다고 할 수 있다. 그리고 앞에서 언급된 모든 작품은 지금 우리의 시선으로 보아도 매우 현대적이며 전위적이고 실험적이다. 영화 평론가 유운성은 영화적 제도 일반(제작, 배급, 상영, 관람)에 대해 의문을 품고 영화 장치를 구성하는 요소들(필름, 카메라, 영사기, 스크린 및 영화관이라는 환경)의 구조와 물질성을 검토한 바 있는데, 그 과정에서, 1970년대 영국의 아방가르드 영화 작가(말콤 르 그리스Malcolm Le Grice, 윌리엄 라반william Laban, 애너벨 니콜슨Annabel Nicolson 등) 그룹과 런던 영화 작가 조합의 작가들은 그런 요소들의 관습적 결합을 교란하거나 해체하고 또 재정의하는 고도로 형식적이고 구조적인 퍼포먼스를 선보이면서 모더니즘 입장에서 확장영화를 다시 정의했다고 주장한다. 또한 확장영화에서 퍼포먼스가 필수적인 것은 아님에도 불구하고 멀티스크린 상영과 더불어 가장 두드러진 기법처럼 여겨지게 된 것은 바로 위 작가들의 작업 때문이라고 말한다(유운성, 2015).

위와 같은 퍼포먼스 형식은 영국과 미국은 물론 전술한 바와 같이 초창기 한국 실험영화를 관통하는 주요한 매체 실험 형식으로 자리 잡고 있었다. 영화와 퍼포먼스라는 이질의 혼종은 실험영화라는 융해제를 만나 새로운 장르를 성숙시키는 가능을 발휘했다. 현대적 개념의 퍼포먼스 형식을 장르 형성에 차용한 태동기(1919~1979) 한국 실험영화는 매체 혼종 실험과 주제 표현적 측면 모두에서 서구의 실험영화와 마찬가지로 주류와는 다른 영화, 전복적인 영화를 만들어내는 힘을 키우고 있었다.

주

1 이 장의 내용은 필자의 논문 「한국 실험영화 태동사 연구(1919-1979)」, ≪국학연구≫, 37권 (2018)에서 발췌되었음을 밝힙니다. 게재 허락을 해주신 한국국학진흥원에 감사드립니다.

2 1915년부터 조선에서 시작된 일본인 주도의 연쇄극에 대해서는 한상언(2015: 215~218)의 논문에 잘 요약되어 있다.

3 연쇄극을 어떤 입장에서 정의할 것이냐의 문제는 아직도 논의 중이다. 곧, 연쇄극을 '미숙한 영화' 혹은 '연극에 종속된 형식의 영화'가 아니라 그 자체가 '우리 영화'의 기원이라고 전평국은 주장한다(전평국, 2004: 466). 이는 톰 거닝Tom Gunning의 '내러티브 통합의 영화 cinema of narrative integration' 이전의 '볼거리로서의 영화cinema of attractions'와 연결시켜 조선의 연쇄극을 초기 영화 논의 속으로 위치시키는 것으로 백문임(2012: 271)과 정종화(2012)도 위와 같은 입장을 지지한다. 특히 정종화는 '영화적 연쇄극cinematiccombination play'이라는 개념을 설정한다. 조선의 연쇄극은 가) 초기 영화의 특징적 개념인 '볼거리로서의 영화'로 해석 가능한 점, 나) 본격적인 무성영화의 전 단계로서 조선 영화를 자처하고 있었던 점에서 '영화적cinematic'이라는 개념을 부 여할 수 있다는 것이다(정종화, 2017). 이 연구에서는 이러한 관점을 바탕으로 삼고 그 매체 혼종성에 방점을 두어, 연쇄극이 최소한 형식적인 면에서는 이질 매체가 혼종된 실험적 영화 작업이라고 주장한다.

4 〈만석중놀이〉는 고려시대부터 행해졌던 전통 그림자놀이로 조선시대를 거쳐 현재까지 계승되고 있다. 자세한 내용은 한국민족문화대백과(http://encykorea.aks.ac.kr) 참조.

5 ≪오마이뉴스≫, http://www.ohmynews.com/NWS_Web/View/at_pg.aspx?CNTN_CD=A000 2088932 참조.

6 한국 미술계에서는 1950년대에 들어서야 추상에 대한 논쟁 등이 시작된다. 이후 전위예술로서 퍼포먼스, 해프닝 등은 1960년대에 들어서야 시작됨을 여러 사료를 통해 확인할 수 있다.

7 한상언은 1920년대 변사 연행에서 '연쇄극'과 마찬가지로 배우 실연과 같은 연극적 요소들을 차용하기도 했다고 밝힌다. 곧, 1910년대 활동사진 위주의 연쇄극이 상연되었던 방식과 비슷하다는 것으로 이는 고정되지 않은 무성영화의 상연에 다른 요소들이 일정하게 영향을 끼칠 수 있음을 보여주는 예라는 것이다(한상언, 2015: 222~223).

8 선행 연구 메타 분석과 과거 기사 색인 그리고 생존 작가 및 실험영화 전문 프로그래머들과의 인터뷰로 연구 대상 시기의 사료를 확보했다. 기사 색인은 국립중앙도서관 대한민국 신문 아카이브, 네이버 뉴스 라이브러리, 조선일보 DB, 동아일보 DB, 국회도서관 및 기타 협정기관 DB, 언론진흥재단 등을 통해 실험영화, 전위영화, 전위예술 등 이 연구 관련 키워드를 통한 검색을 실시했다. DB에서 확인 가능한 모든 종류의 신문, 잡지를 검색했으며, 시기는 각각 검색 가능한 최초 시점부터 1979년 12월 31일까지로 설정했다. 아울러 생존 작가인 김구림, 한옥희 그리고 실험영화 프로그래머인 이행준, 모은영 등은 직접 대면 인터뷰를

진행했다(기간 2016.6~2016.12)..

9   일례로 ≪매일신보≫에 영화 광고가 실리기 시작한 1910년 8월 30일부터 1923년까지 12년
    정도의 기간에 2570편의 외국 영화 광고가 실렸다는 것에서 당시 신문물 영화의 유입 물결
    이 어느 정도였는지 짐작할 수 있다. 이 중 1922년 개봉된 아방가르드 영화감독인 아벨 갱
    스의 작품 〈전쟁과 평화〉도 포함되어 있는 것이 눈길을 끈다(김미현 외, 2006: 19). 이렇듯
    서구와 식민지 조선은 영화라는 신문물에서 거의 동시대성을 확보하고 있었던 것으로 보
    인다.

10 유두연은 영화평론가, 시나리오 작가, 감독 등으로 활동했다. 한국영화데이터베이스
    〔https://www.kmdb.or.kr/db/per/00004535 참조(검색일: 2018.12.05)〕.

11 예술영화(전위영화)운동에 대한 칼럼도 검색된다(≪동아일보≫, 1962.6.1).

12 1962년 중앙대학교 연극영화학과에서 실험영화 〈강과 산의 동심〉이 제작되었다는 기록.
    이 작품의 필름을 필자가 찾아보려 학과와 동문회 등을 통해 수소문했으나, 학과 이사와 창
    고 정리 등으로 현재까지 확인되지 않고 있다.

13 음악가 현제명玄濟明의 아들로 서울에서 출생했다. 미국 USC 영화과 졸업, 귀국 후 대영大榮
    프로덕션을 차리고 네오리얼리즘을 표방한 〈구두닦이〉(1966)를 제작·감독했다. 〈하와이
    연정〉(1967) 한 편을 더 감독하고 이후 활동은 보이지 않는다. 개설 초기 한양대학교 연극
    영화과 교수를 지냈다.

14 유현목은 동국대학교, 하길종은 서울예전 교수로 강의를 했다. 유현목의 경우 1960~1970
    년대에 해외를 순방하며 대학생들의 실험영화 활동 상황을 눈여겨본 바 있다고 증언한다
    (≪영화≫, 1982.5.6).

15 필자와의 대면 인터뷰(2016.8).

16 재미 작가, 퍼포먼스 작품 〈눈먼 음성Aveugle voix〉(1975) 외.

17 이대범. 2009. "미술가 이건용". ≪아트인컬처≫.

18 1960년대 관련 내용은 최종한(2018) 참조.

이토 다카시, 개인의 실험영화 연대기[1]

서원태 공주대학교 영상학과 교수

일본을 대표하는 실험영화 작가, 이토 다카시

이토 다카시와 구조영화

1956년 일본 후쿠오카에서 태어난 **이토 다카시**Ito Takashi는 일본을 대표하는 실험영화 작가이다. 그는 규슈대학교에서 예술과 디자인을 전공했고, 일본의 대표적인 실험영화 감독 마츠모토 토시오Matsumoto Toshio의 영향 아래 실험영화를 공부했다. 이토 다카시의 대표작으로는 〈스페이시SPACY〉(1981), 〈천둥THUNDER〉(1982), 〈모노크롬 헤드MONOCHROME HEAD〉(1997), 〈현기증 MEMAI/Dizziness〉(2001), 〈조용한 하루A SILENT DAY〉(2002) 등이 있다.[2] 그의 대표작 〈스페이시〉는 프레임에 담긴 사진 이미지에 운동성을 더하고 **미장아빔**Mise en abyme의 구조를 담은 타임라인을 구축한다. 〈스페이시〉 이후 만든 다수의 작품에서도 사진과 콤마 촬영을 이용하는 유사한 양식적 특징과 형식미학의 공통점이 드러난다. 또한 다카시의 실험영화에는 서구의 구조주의 영화에서 볼 수 있는 양식적 공통점들이 관찰되기도 한다.

1960년대 미국에서 등장한 **구조영화**는 영화적 장치를 드러내는 다양한 시도를 통해 주류의 서사 영화들이 지향하는 환영적 사실주의 영화에 대항했다. 영화의 탄생 이후 영화의 주된 형식미학은 서사적 연속성을 기초로 재현적 리얼리즘을 강화하고 발전시키는 데 초점이 맞춰져 있었다. 그리고 이러한 서사 형식을 통해 특정 이데올로기와 자본이 결탁하여 이데올로기적 의미의 층위들을 강화시켜 온 것이 **모더니즘 영화** 이전의 주류 상업영화가 걸어온 길이었다. 애덤스 시트니P. Adams Sitney는 구조영화를 형식주의적 그래픽 영화와 낭만주의적 서정 영화의 통합체의 일부로 규정했다. 좀 더 구체적으로는 그 양식을 네 가지 특징으로 도출했는데, 첫째, "카메라의 고정성Fixed frame from the viewer's perspective, 둘째, 플리커 효과Flicker effect, 셋째, 루프 프린팅Loop printing, 넷째, 외화면의 재촬영Re-photography of the screen"이다. 시트니는 이러한 특징들을 나열하면서 이 모든 요소가 소위 구조영화에 모두 나타나는 양상은 아니지만 구조영화가 통상 이러한 요소들을 포함하고 있다고 분석했다(Sitney, 1979).

구조영화의 이러한 정의와 양식적 특징에 기초해 다카시 영화를 살펴보면, 그의 영화를 장르적으로 범주화하여 구조영화에 포함시키거나 서구의 구조영화와 인과관계가 있다고 생각할 여지도 있다.[3] 그러나 영화의 외피를 구성하는 양식적 특징이 유사하다고 해서 다카시의 실험영화를 서구 구조영화의 연장선상에 놓는 것은 성급한 일반화의 오류이다.[4] 다카시가 1970년대 후반부터 영화 제작을 시작하고, 1981년에 제작한 〈스페이시〉가 주목을 받으면서 시작된 그의 본격적인 실험영화 창작은 서구모더니즘 영화가 시작된 1960년대보다도 시기적으로 거의 20년이나 차이가 난다. 양식적 특성에 공통점이 발견된다는 점, 시기적으로 선행관계가 있다는 사실만으로는 다카시의 영화가 서구의 구조영화 혹은 모더니즘 영화의 본류로부터 영향을 받았다는 인과관계를 설정하기는 어렵다. 오히려 다카시 영화에 나타난 양식적 외피와 그 이면의 미학을 규정하기 위해서는 다카시 영화를 작품 자체뿐만 아니라 개인적인 측면, 문화적인 측면과 연계하여 총체적으로 분석할 필요가 있다.

서대정은 몇몇 동아시아 영화 예술가들이 미세한 차이 안에서 의미를 구현하는 들뢰즈식 영화 만들기를 21세기 영화의 새로운 패러다임으로 제시했고, 이러한 경향은 1960년대 영화적 모더니즘과 관계가 없었던 동아시아에서 안토니오니를 들뢰즈식으로 수용한 결과라고 해석한다(서대정, 2013: 147). 한편, 환영주의 미학을 추구하는 주류 영화에 반하는 예술적 시도들이 차이와 반복의 변주 속에서 구조화하는 영화적 방식과 결합한 예는 홍상수, 차이밍량Tsai Ming-liang, 아피찻퐁 위라세타쿤Apichatpong Weerasethakul 같은 감독들의 영화에서도 찾아볼 수 있다. 그런데 서구의 근대와 아시아의 근대는 그 정체성의 형성과정에서 역사적·지역적 차이가 존재한다. 그리고 서구예술사에서의 모더니즘의 특성을 '근대'라는 시대적 개념과 구분 지어 논의할 수 없듯이 아시아 예술에서의 모더니즘 개념 또한 아시아 지역의 역사적 근대성과 결부하여 논의해야 한다. 즉, 서구 모더니즘 영화와 아시아의 모더니즘 영화의 패러다임은 시기적으로도, 개념적으로도 근본적인 차이가 있으며, 다카시의 실험영화 또한 이러한 맥락에서 서구 구조영화와의 양식적 관계 속에서만 분석할 수는 없다. **구조영화**는 서구의 아방가르드 예술과 영화사가 교차하는 지점에서 그 미학적 뿌리를 찾을 수 있는데, 각각의 역사가 선형적으로 교차하는 매트릭스 안에서 아방가르드 예술로서의 실험영화 미학을 발견할 수 있다. 그리고 일본 실험영화사 혹은 이토 다카시라는 작가 개인의 작업이 지닌 총체성을 더 큰 매트릭스에 접목시키는 일은 그것이 횡축이든 종축이든 상관없이 좀 더 보편적인 미학적 관점에서 논의할 필요가 있다.

이 글은 이토 다카시의 실험영화와 서구 구조영화의 양식적 유사성을 발견하는 것에서부터 시작했다. 그러나 궁극적으로는 다카시 작품의 총체적 흐름 속에서 그가 관찰하고, 발견하고 구축한 나름의 실험영화 미학을 검증하는 데 목적이 있다. 따라서 그의 필모그래피 전반에 걸친 미학적 개념의 변화를 단계화하고 범주화시킴으로써 개인의 실험영화 미학이 발전하는 양상을 분석적으로 제시하는 것이 연구의 주된 목적이다. 범주화한 작업들의 미학적 의미를 개넘적으로 규정하기 위해서는 숭고의 개념을 활용할 것이다. 다카시의 영화가 지닌 미학의 뿌리는 재현의 시각예술사가 아닌 다른 맥락에서 검토될 수 있는데 그 개념이 숭고이기 때문이다. 하지만 숭고미학의 개념을 분석에 적용하는 것이 다카시 영화를 서구 아방가르드 예술의 흐름 속에서 접근하는 것을 의미하지는 않는다. 구조영화는 주류 예술의 전복과 파괴라는 해체미학의 논리로 설명할 수 있는 데 반해, 다카시 영화는 그러한 구조영화와 이미 시기적으로 큰 간극이 있다. 좀 더 중요한 것은 작가 개인의 창작 연대기 속에서 드러나는 예술적 성찰의 변화를 규명하는 것이다. 연구를 위한 주요 방법으로는 관련 문헌 분석과 이토 다카시 감독과의 인터뷰[5]를 활용했다.

다카시 영화에 나타난 미장아빔

다카시의 작품을 연대기적으로 살펴보면 크게 두 가지로 범주화할 수 있다. 초기 작품들에는 미장아빔의 구조 속에서 사진적 이미지의 운동성을 통해 만들어내는 **환영성**이 공통점으로 드러난다. 비슷한 시기의 〈천둥〉(1982), 〈유령 GHOST〉(1984), 〈그림 GRIM〉(1985)에서는 건축물의 물리적 공간 자체가 시각화의 대상이 됨과 동시에 작가 자신의 심리와 신체가 공간에 투영된다. 즉, 공간과 영화 매체에 대한 결합 시도는 다카시의 초기 영화에서 이후 작품으로 이어지는 첫 번째 주요 경향이다. 두 번째 범주는 사적인 정서를 다루는 일상적 혹은 다큐멘터리적인 접근이다. 사진과 영화라는 매체의 기계성과 물질성을 운동성과 환영성에 접목시켰던 초기의 주제적 경향은 몸이라는 육체의 공간을 다룸으로써 자연스럽게 작가 본인의 사변적인 정서로 이동한다. 이는 결국 자기 반영적인 특성으로 드러나는데, 초기 영화의 관심사가 영화적 장치와 관계되어 있다면 이러한 작업들은 이후 그 장치를 다루는 관찰자로서의 작가 자신에게로 옮겨간다.

초기 작품들에서 다카시는 운동성을 만들어내는 영화적 장치와 그 원리, 그리고 평면과 입체의 공간성에 내재된 시각적 환영성에 대해 실험을 확장해 왔다. 특히 〈무브먼트MOVEMENT〉 시리즈[6]에서 시작해 〈스페이시〉(1981), 〈박스 BOX〉(1982), 〈드릴DRILL〉(1983), 〈월WALL〉(1987)로 이어지는 작업에서 다카시는 콤마 촬영을 통해 사진적 재현과 영화 장치 그리고 영화의 운동성과 관련한 관심을 드러냈다. 정지된 사진 이미지의 연속적 배열에서 비롯된 이미지의 운동은 이차원의 평면에 재현되는 시각적 환영성을 강화한다. 하지만 다카시는 이미지의 경계를 드러내는 수단으로서, 사진 프레임을 반복하여 제시하기 때문에 정확히는 공간의 환영성만을 강조하는 것이 아니라 환영성이 발생하는 영화 장치와 관람 현실과의 경계를 끊임없이 드러낸다. 즉, 환영성과 반反환영성의 경계를 노출시킴으로써 환영성에 대한 사유를 가능하게 만든다. 이 과정은 마치 '페나키스토스코프Phenakistoscope의 이용자가 장치의 사용 자체를 인식하여 투명한 비非매개에 대한 욕망을 인식하게 함으로써 그것을 충족시키고자 한 예'(볼터·그루신, 1999: 43)와 흡사하다. 또한 전통적으로 사진이나 영화가 사실주의적 환영성과 강력하게 연계되어 온 측면을 고려할 때, 두 매체의 활용을 통해 환영성의 구성 과정을 노출시키는 전략은 '콜라주가 원근법 회화의 비매개성에, 사진 몽타주가 사진의 **비매개성**에 도전하여 공간의 구성 과정을 관람자가 인식하게 만든 예'(볼터·그루신, 1999: 44)와도 궤를 같이한다. 그런데 초기 작품들에서 명징하게 드러나는 이러한 경향은 다카시가 어린 시절 접했던 카메라의 메커니즘에 관심을 기울이기 시작한데서부터 비롯되었다. 다카시는 애니메이터가 되기 위해 진학한 대학에서 실험영화를 처음 접했고, 이후 마츠모토 토시오와의 만남을 계기로 실험영화 제작에 대한 강한 동기를 부여받았다.

10대 시절 8mm 필름 카메라가 일반 가정에 보급되어 있었다. (8mm 카메라는) 홈 무비 카메라로서, 1970년대에 광범위하게 보급되었는데 대중적인 미디어였기에 자연스럽게 청춘 시절을 8mm 카메라와 함께 보냈다. 친척으로부터 빌린 8mm 카메라로 내 방을 찍으면서 흥미를 갖게 되었고 극장에도 부모와 함께 자주 갔었다.

10대 시절 자기의 카메라를 가지고 찍어가면서 지금까지의 수동적인 영화 체험으로부터 능동적으로 영화를 만들고 싶다는 욕구의 변화가 생겼다. 대학 진학 후 '그래픽디자인학과'에서 애니메이터를 꿈꾸며 공부해 오던 차에 수업 과정에서 극영화가 아닌 실험영화 등을 접하면서 본격적으로 관심을 갖기 시작했다. 졸업 직전에 부임했던 마츠모토 토시오 선생과의 만남은 강한 자극을 받은 계기가 되었다(이토 다카시 인터뷰, 2012년 9월 21일).

〈스페이시〉, 〈박스〉, 〈드릴〉, 〈월〉과 같은 다카시의 초기 영화들은 기본적으로 루프Loop 형식을 활용하고 있으며, 각각의 공간을 미장아빔의 구조 속에 담아냈다. 이는 결국 영화적 공간에 대한 탐구라는 미학적 경향으로 이어졌다. 다카시는 〈스페이시〉에서 촬영자의 시점을 사진의 형태로 관람자에게 제시하고 이를 루프 방식을 활용하여 지속적으로 반복함으로써 관찰자와 관람자의 시점 사이의 경계를 모호하게 만드는 효과를 얻는다. 변재규에 의하면, 이러한 반복의 운동성은 '화면 안쪽으로 수렴하는 직진의 운동성에서 하강하는 중력 방향의 운동성으로 변환되는데, 결국 두 운동의 방향이 충돌하여 관람자에게 제시한 최초의 공간감을 이질적으로 만드는 효과를 생성한다'. 그리고 이러한 운동성의 변주는 '시각적 서사'로 이어진다. 여기서 의미하는 '시각적 서사'는 이야기의 서사를 의미하는 것이 아니고 공간을 시간화한다는 의미이다(변재규, 2013: 160~161). 그런데 변재규의 이러한 분석은 비단 〈스페이시〉라는 한 작품에 국한된다기보다 다카시의 초기 영화 전체에 걸쳐 적용할 수 있다. 이러한 구조를 생성하기 위한 소재로 사진 이미지를 포함시킨 점은 다카시 영화미학의 두드러지는 특징인데, 이는 사진에 대한 그의 개인적 관심에서 기인한 바도 있지만, 그가 1970년대 활동했던 일련의 일본 실험영화 작가들의 작품에서도 일부 영향을 받았기 때문이다. 예를 들면, 고타 이사오Kota Isao 감독의 〈더치 포토 DUTCH PHOTO〉(Orandajin no Shashin, 1976)에 드러난 시퀀스 사진을 이용한 미장아빔의 구조는 양식과 형식 측면에서 모두 다카시의 〈스페이시〉와 유사한 측면이 있다.[7] 또한 다카시의 스승이기도 했던 마츠모토 토시오의 〈아트만 ĀTMAN〉(1975)에서 드러난 운동성은 〈스페이시〉에 명백하게 반영되었다.

학생 시절 사진에 관심이 많았다. 사진을 사용한 애니메이션을 접한 것도 큰 자극이 되었다. 고타 이사오 감독의 실험영화 〈더치 포토 DUTCH PHOTO〉(1976), 그리고 세오 슌조 Seo Shunzo는 1970년대에 활동하던 작가인데, 그들의 사진을 사용한 영상 작품을 접한 후 나도 작품을 만들고 싶었다. 개인적으로 당시엔 자주 꿈자리가 뒤숭숭했었다. 그때 느꼈던 그 감각을 살려내기 위해 사진을 사용한 영상 작품을 만들어야겠다고 생각했다. 다이내믹한 공간을 구성하는 작품에 꿈에서 느꼈던 그 불안했던 감정을 담아내는 방향으로 작품을 구상했다. 나는 190년대 카운터 컬처 counter culture 시대의 작가였던 마츠모토 토시오를 비롯해 아이하라 노부히로 Aihara Nobuhiro, 고타 이사오, 세오 슌조 등에게 직접적인 영향을 받았다(이토 다카시 인터뷰, 2012년 9월 21일).

〈박스〉에서는 〈스페이시〉에서 다루었던 영화적 공간과 환영성이라는 주제적 측면이 변주된다. 〈스페이시〉가 사진의 평면적 공간을 주요 시각요소로 사용했다면 〈박스〉에서는 사진적 공간으로 재구성된 입체적 조형물 자체가 그 관점의 대상이 된다. 그리고 평면성과 입체성 그리고 영화적 환영성에 대한 사고의 단계적 변화가 관찰된다. 그러나 〈드릴〉로까지 확장되는 사진과 영화적 공간에 대한 인식의 변화가 가시적으로 드러남에도 불구하고 정작 감독 자신은 이러한 변화를 명확하게 인식하지는 않았다고 술회한다.

사진의 공간성과 영화의 공간성에 대한 차이랄까 그런 것을 당시엔 의식하지 못했다. 사진의 평면적인 공간 감각이 움직이기 시작할 때의 독특한 감촉을 갖는 사진 애니메이션 작품들을 접하고 나서 '나 자신도 그러한 것들을 만들고 싶다'라는 생각으로 작품에 임했다. 그래서 〈스페이시〉를 만들기 전에 8mm 카메라로 콤마 촬영을 하면서 여러 습작을 만들었다. 그런 과정에 내 자신도 흥분했었고, 이를 완성하고 싶다는 생각으로 임한 작품이 〈스페이시〉였다. 사진을 둘러싼 패널이 드러나는 순간, 하나의 벽으로서 급속도로 다가오다가 그 평면적인 느낌의 벽이 어느 순간 3차원적인, 열려진 공간으로 바뀌는 그 느낌. 그걸 살리기 위해서 8mm 보다 클리어한 매체로 제대로 작업해 보고 싶다는 생각이 들어서 스틸 사진을 이용한 작업을 하게 되었다(이토 다카시 인터뷰, 2012년 9월 21일).

다카시에 의하면 사진에서 영화로 이어지는 매체적 공간에 대한 인식이 작품 제작의 주요한 동기가 아니라, 평면의 이미지가 3차원성을 획득하는 순간의 마술적 현상에 매료된 점이 창작의 주요 동기였다. 또한 8mm 필름이 지닌 해상도의 한계를 극복하고, 좀 더 고해상도의 명확한 이미지로 작업을 해보고 싶다는 동기에서 이른바 매체적 공간과 관련한 창작이 연속적으로 이루어졌다. 이러한 점에 빗대어 볼 때 다카시 실험영화의 출발은 영화운동의 **환영성과 반환영성** 자체에 주목해 시작되었다고 볼 수 있다. 그런데 이러한 동기는 그가 어린 시절 극장에서 경험한 일화와도 관련이 있다.

초등학생이었을 때, 당시에는 극장에 지정석이 없어서 제일 구석에서 영화를 본 적이 있다. 스크린을 비스듬히 보다 보니까 자꾸 스크린을 의식하면서 보게 되었고 영화의 이야기 자체에 몰입을 할 수 없었다. 당시의 이러한 영화 관람 경험은 인물의 움직임 혹은 운동과 같은 느낌으로 남아 있다. 〈스페이시〉의 다음 작업에는 당시의 그 감각을 되살리고 싶었다. 물론 〈박스〉에서는 그런 방식의 감상밖에 할 수 없게끔 되어 있지만, 아무튼 표층적인 이미지의 움직임을 만들어보고 싶었다(이토 다카시 인터뷰, 2012년 9월 21일).

초기 주요 작품들은 미장아빔이 생성하는 무한의 반복 구조를 통해 일상의 공간성을 해체하고 재구성한다는 측면에서 공통점이 있는데, 이는 결국 작가 개인의 사진과 영화 매체에 대한 직접 경험과 그가 관람한 1970년대 특정 실험영화 작품 관람으로부터 비롯된 측면이 있다. 그러나 이 글의 시작이 서구 구조주의 영화와의 양식적 유사성에서 비롯된 점을 감안하면 동시대적 영향에 대한 좀 더 광범위한 검토가 필요하다. 시기적으로 선행한 영화적 모더니즘의 영향이 일본 실험영화계에는 없었을까하는 의문은 구조주의 영화에 대한 그의 수학修學 경험에서 답을 찾을 수 있었다.

대학 시절엔 미조구치 켄지Mizoguchi Kenji나 기누가사 테이노스케Kinugasa Teinosuke 등이 작업했던 전쟁 전의 일본의 초창기 전위 영화 작품들은 접해보지 못했다. 오히려 당시의 서구 작품들을 주로 봐왔는데 일본의 경우 정치적 성향의 작품보다 이미지 자체에 치중한 작품이 많았다는 인상을 받았다. 구조영화에 대해서는 마츠모토 토시오 선생님에게 가르침을 받았다(이토 다카시 인터뷰, 2012년 9월 21일).

다카시가 본격적인 실험영화를 창작하기 전에 서구 실험영화 작품들을 주로 봐왔고, 스승인 마츠모토 토시오를 통해 구조영화에 대한 가르침을 받은 사실은 일면 다카시 영화와 구조영화의 연관성을 유추하게 만든다. 하지만 서구 실험영화계와 직접적인 교류가 없었고 인터뷰에서 드러나듯이 개인적인 경험이 창작에 좀 더 주된 영향을 미친 점을 고려해 볼 때 오히려 당시의 일본 실험영화계와의 연관성을 검토해 볼 필요가 있다. 일본의 실험영화 작가 수에오카 이치로Sueoka Ichiro는 1980년대 일본 실험영화계의 미학적 흐름에 중요한 변화가 있었다고 주장한다.

일본 실험영화의 경우 1970년대의 형식적이고 구조적인 실험의 시기를 지나 개인적인 소재를 다루는 서사 형식이 포함된 실험영화들이 등장하기 시작했는데, 1970년대의 구조적인 관점에서 형식적인 실험을 한 작품들이 많았던 반면 그 형태가 혼재하고는 있었지만 1980년대에 접어들면서 젊은 세대들의 관심이 창작자나 수용자의 입장에서 공감하기 쉬운 형태의 서사영화를 선호하기 시작했다. 그 결과 1980년대의 일본 실험영화계에는 **퍼스널 다큐멘터리** Personal Documentary라는 영역이 생겼으며 이는 이후 일본 실험영화의 주류가 되었다(수에오카, 2009: 91~93).

이러한 견해뿐만 아니라 다카시 초기 영화 이후 여러 작품에서 사적인 요소와 서사적인 요소가 동시에 드러난다는 점을 생각할 때 당시 일본 실험영화계의 전체적인 경향 속에 다카시의 영화를 위치시키는 것이 맥락상 더 타당하다. 그렇다면 다카시 초기 영화들에 나타난 이미지의 반복과 운동성의 형성, 환영성과 반환영성에 관한 주제는 어떤 미학 원리로 설명할 수 있는가?

숭고, 주체 그리고 시선

다카시 영화와 숭고

1960년대 모더니즘을 표방하는 서구의 실험영화들은 주류의 기존 영화들이 취한 미학적 방법과 차별화하기 위해 대안적인 방법들을 모색했다. 이 새로운 영화가 대항했던 것은 거대 자본과 결탁하여 익숙한 서사로 특정 이데올로기를 강화했던 상업영화의 미학적 전략이었다. 실험영화는 영화의 매체성을 드러내는 분절적이고 낯선 형식의, 정치적 헤게모니를 쥔, 이데올로기적 관점에 저항하는 소자본으로 제작된 영화들을 지칭하기도 했다. 이들 실험영화는 주류 영화들이 재현하는 사실주의적 허구의 민낯을 드러내기 위해 구조와 물질이라는 개념에 몰두했다. 필름의 입자, 프레임의 존재 자체를 제재 삼아 물질성을 강조하고, 루프Loop의 반복적 형식을 통해 유사한 이미지들 사이의 차이를 드러내 관람자를 지루하고 비평적인 사유의 장으로 인도한다.

주류의 상업영화가 조화, 비례, 균형의 아리스토텔레스적 미학을 서사에 실어 재생산할 때, 같은 시기의 실험영화는 영화가 만들어지는 공정상의 물질성과 이미지가 구조화되는 과정 자체에 집중했다. 이 시도를 극단으로까지 시행한 실험의 누적 데이터를 이른바 구조-물질주의 영화라고 요약할 수 있다. 그리고 이들 서구 실험영화들의 목적은 주류 영화의 미학 **해체**에 있었다. 이러한 목적은 마치 1960년대 모더니즘 영화의 맥락상에 있는 서사 장편영화들이 1920년대 아방가르드 예술가들이 행했던 해체의 방법을 차용하면서 '재현을 위한 서사'에 **균열**을 가한 것과 궤를 같이한다. 그러나 1960년대 모더니즘 영화들이 서사적 대안을 제안한 것과는 달리 이 시기의 구조영화는 또 다른 미학적 대안을 제시하지는 못했다. 그래서 '해체' 이후가 없다. 하지만 다카시의 실험은 재현의 문제와 이를 대안적으로 제시할 해체미학에 대한 질문에 크게 관심을 기울이고 있지 않다. 오히려 미장아빔의 이미지가 주는 반복적 즐거움, 즉 '상사의 놀이'로서의 순수한 유희적 실험이 그의 초기 작품 및 이후에 제작된 유사한 양식의 작품들의 근원적 창작 동기로 작용했다. 그리고 그 무한히 반복되는 놀이로서의 창작 행위는 묘사 불가능한 대상을 현시하기 위한 방법으로써 **숭고**의 전략을 차용하는데, 다카시는 이를 창작의 미학적 주제로 삼고 있다. 장 프랑수아 리오타르Jean-François Lyotard에 의하면, 숭고는 17세기와 18세기의 유럽에서 모순된 감정을 설명하는 데 사용된 개념이고, 이 시기 유럽에서 발생한 예술적 현상들과 연관되어 있다. 리오타르에 의하면 숭고는 17세기와 18세기, 유럽에서 모순된 감정이 결합한 상태를 표현하기 위한 개념으로 사용되었는데, '고전시학의 실패, 미학의 예술에대한 비평권리 주장, 근대성을 나타내는 낭만주의의 승리'(리오타르, 1993: 161~162)도 숭고와 관련이 있다고 주장한다.

리오타르는 바넷 뉴먼Barnett Newman이 그의 '회화'에서 숭고를 추구하고 있다고 보았다. 그 근거로 이전의 재현적 회화와는 달리 그의 회화가 '발생하는 사건'으로서의 조형적 표현을 사용하고 있으며, 색을 통한 숭고의 표현은 현시할 수 없는 것을 '증명'하는 것으로 보았기 때문이다. 세상을 보는 창으로서의 프레임 속에 재현된 이미지는 묘사의 대상이 되는 사물의 실체와 환영적 관계를 맺고 있다. 반면, 바넷 뉴먼의 회화는 전통적 회화의 재현적 성격을 버리고 그 자체로 실재한다. 즉, 아무것도 재현하지 않음으로써 그 자체로 실재하는 것이다. 다카시의 실험영화는 공간의 환영성과 매체의 물질성 사이에 관람자를 위치시킨다. 그리고 영화를 관람하는 내내 수요자가 경험하는 시각성은 스크린 너머의 재현된 세계도 아니며 물질 그 자체도 아니다. 스틸 사진의 프레임과 무한히 반복되는 미장아빔의 타임라인 선상에서 움직이는 이미지의 운동성을 마주하는 것이 다카시 초기 영화의 관람 경험이라면, 관람자는 이후 또 다른 경향의 영화들에서 물질로서의 공간이 아닌 공간으로서의 신체와 그 일상성을 마주하게 된다. 이 경우도 마찬가지로 관람자의 위치에서 경험할 수 있는 것은 환영과 물질의 '경계'이며 다카시의 영화는 관람객이 영화를 마주하는 '순간에만 존재'한다. 다카시가 현시하는 것은 일상적 공간에 대한 정사진의 이미지들이 만들어내는 운동성, 부유하는 신체의 이미지들, 그리고 지극히 사적인 관계 속의 인물들에 대한 정서 그 자체이다. 재현을 추구하는 회화와는 달리 바넷 뉴먼의 회화들이 현시 자체로서 그 미학적 가치를 지니듯, 다카시 영화의 미학적 주제는 경험으로서의 현시와 관련이 있다. 바넷 뉴먼의 회화에서의 숭고와 다카시 영화에서의 관람의 경험은 이러한 대구 관계 속에서 공통점을 찾을 수 있다.

사진의 등장 이후 회화는 재현과 멀어졌다. 사실주의적 묘사의 기능성을 사진에 양도했기 때문이다. 사진 등장 이후 '현대 회화가 가시적 대상의 재현이 아닌 비가시적인 것을 현시하는 방향으로 발전한 것'(진중권, 2004: 59 재인용)처럼, 재현을 위한 서사 영화에 반하는 일련의 아방가르드 영화는 비가시적인 것을 현시하려는 방향으로 발전했다. 리오타르를 인용하자면, 고전적 예술이 유한한 대상의 미를 재현하려 한 반면, 현대 예술은 재현 불가능한 숭고를 현시하려 하기 때문에 '대상성이 사라진다'(진중권, 2004: 230). 현대 회화는 고전적 아름다움을 위한 재현을 포기하고 묘사할 수 없는 것을 묘사하기 위한 역설적 방법으로 숭고를 택했다.

서대정은 몇몇 동아시아 예술영화를 예시 삼아 '재현 불가능한 대상을 재현하기 위한 주요 방법론으로 숭고Sublime와 인덱스Idex를 들었는데, 숭고에 대한 천착은 이야기를 반복의 구조에 가두었다'(서대정, 2013: 146~147)고 설명한다. 또한 '현대 예술은 비극의 존재 여부를 비극의 양식적 문제로 치환한다. 이전의 비극적 형식이 이제는 유효하지 않기 때문이다. 영화 서사는 아리스토텔레스적 미학을 구현하기 위한 방법론으로서 균형 잡힌 프라이타크Freytag 곡선을 사용해 왔다. 그러나 영화 서사는 일상을 다루는 오즈 야스지로Ozu Yasujiro의 영화에서처럼, 숭고의 세계에 속하는 사건을 다룸으로써 관람자에게 불쾌 혹은 두려움을 선사한다. 즉, 현대 영화는 그 시도조차 불가능한 숭고한 존재를 재현하는 대신에 묘사를 포기하고 숭고를 정감으로 묘사한다'(서대정, 2013: 147~151). 아울러 '기록 장치로서의 필름은 과거의 인물, 사건, 공간을 지시Index하는데, 지시된 이미지는 비물질이다. 필름이라는 물성을 토대로 구성한 비물질, 즉 이미지는 숭고의 세계에 속하는 사건을 궁극적으로 재현을 위한 대상이 아닌 정감으로 다루는 것이다'(서대정, 2013: 152~153).

다카시의 영화는 움직이는 이미지를 구조화하는 양식을 실험하는 형식주의 작품이 아니다. 그리고 물성에 대한 실험을 극단으로 밀어붙이는 **해체주의**적 작품도 아니다. 미장아빔의 공간 구조에 대한 유희적 탐구 이후에 제작된 자기반영적 영화들은 묘사의 방법보다는 역설적이게도 묘사할 수 없는 비가시적 대상에 더 중심이 기울어 있다. 따라서 다카시 작품의 미학은 숭고라는 주제적 맥락을 구현하기 위한 일련의 '**행위로서의 창작**'이다. 그가 '일상의 아무것도 일어나지 않는 공간'을 이미지로 선택한 점, 수많은 사진[8]을 재촬영한 지루한 반복 노동을 '창작의 행위'로 치환한 점이 그 근거이다.

'-되기'를 통한 시선과 주체의 문제

두 번째로 범주화한 다카시 영화의 주요 맥락은 시선과 주체의 문제를 다루는 영화들이다. 〈천둥〉, 〈유령〉 같은 영화들은 역시 공간 자체가 대상이 됨과 동시에 작가 자신의 심리적·신체적 특성이 공간에 투영된 영화로서, 전술한 미장아빔의 구조에 담아낸 일련의 영화들과 양식적 공통점이 발견되기도 한다. 하지만 물리적 공간보다는 작가의 심리가 반영된 심리적 공간이 차이점으로 드러나기도 한다. 특히, 플래시라이트flashlight로 라이트 페인팅light painting을 하는 장면은 작가의 드로잉 행위자로서의 주체성이 드러나는 장면이다. 작가의 공간 개념이 '인식하는 대상에서 참여의 대상으로' 변한 과정을 발견할 수 있다. 〈천둥〉, 〈유령〉, 〈그림〉(1985) 등의 작품에서는 물리적 공간 안에 환영적 이미지를 재현하기 위해 프로젝션을 사용하는데, 이때 상이 맺히는 스크린 평면의 위치를 고정 혹은 이동 변화시킴으로써 공간 안에 이미지가 '떠다니는' 효과를 연출한다.

이러한 기법은 이미지의 환영성을 실체와 가상의 경계에 존재하는 대상으로 간주하는 듯한 효과를 만들어낸다. 이는 그의 관심사가 이전의 작품들에서 보여줬던 영화의 메커니즘에서 비물질적 존재로서의 이미지 자체로 이동한 것을 의미한다. 나아가 이미지를 '관점'의 문제와도 연관 짓는다. 〈스크류 SCREW〉(1982)에서는 대상을 보는 눈과 대상으로서의 텔레비전 화면이 병치된다. 즉, 보는 행위 자체가 영화적 묘사의 대상이 되는데, 이는 시각성 자체에 대한 고민이 작품에 반영되어 있다고 할 수 있다.

그 의미화의 근저에는 시각에 따른 다원적 해석 또한 포함되어 있다. 예로 〈악마의 회로AKUMA NO KAIROZU: Devil's Circuit〉(1988)은 굉장히 정교한 테크닉으로 하나의 오브제를 다양한 앵글로 묘사한다. 그러나 그 주요 텍스트의 조형적 공통점은 유지되는데도 불구하고 배경을 구성하는 다른 사물들은 지속적으로 변화한다. 따라서 바라보는 관점, 즉 시각의 단일성을 지양하고 다양성을 지향한다는 인상을 불러일으킨다. 이는 마치 큐비스트cubist들의 회화에 나타난 복수 시점의 원근법을 연상케 한다. 차이점이 있다면 큐비스트들의 시도는 2차원의 평면에서 구현되었다는 점이고, 다카시의 작품에서는 영화적 공간, 즉 2차원(셀룰로이드 필름, 스크린, 혹은 평면적 사진)과 3차원의 환영적 공간

사이에서 이루어진다. 다카시 영화의 시도는 운동성을 통해 3차원의 경험으로 확장되며 동시에 움직이는 이미지 구성의 시간성도 획득한다. 결국 〈스페이시〉(1981)에서 〈악마의 회로〉(1988)에 이르기까지는 사진과 영화적 공간에 대한 사유가 확장되는 과정이다. 그리고 이러한 사유의 과정에서 자기반영적 서사의 측면이 작품에 자연스럽게 유입되는 것이 관찰된다.[9]

〈스페이시〉에 대한 평가가 그 후의 작업에도 어떤 의미로, 압박으로 다가왔다. 그 후의 작업에 대한 불안감이 있었다. 그래서 〈악마의 회로〉에서 다시 인물 촬영을 포기했다. 그 당시에는 평범한 회사원이었는데 내가 근무하고 있는 건물을 촬영했다. 당시엔 일본에서 가장 높은 건물이었다. 당시에 도쿄타워를 찍은 실험 영화 작품을 접하고 나서 그 작품의 발전형으로 제작했던 작품이다. 되돌아보면 〈스페이시〉 무렵부터 내 주변에 익숙했던 광경이나 장소를 선택해 온 경향이 강했다. 나중에 가족을 카메라에 담거나 그랬던 것도 내 일상의 변화가 자연스럽게 반영되었다는 느낌이다. 필름의 특성을 이용한 공간성을 추구해 오던 과정에서 내 자신이 지치게 된 것도 있었고, 특히 〈악마의 회로〉를 제작할 무렵 가족을 대상으로 촬영하고부터 내러티브에 대한 관심이 커진 것 같다(이토 다카시 인터뷰, 2012년 9월 21일).

다카시가 1980년대에 제작한 작품들은 공간에 대한 사고와 영화적 해석이 공통점으로 관찰되었다. 이후의 작업들에서는 사적인 정서나 다큐멘터리적인 접근도 보인다. 다카시의 작품 세계를 연대기적으로 놓고 보았을 때 영화를 만들기 위한 소재, 주체, 영화적 테크닉과 관련한 매체성에 대한 관심사는 어떻게 변화해 왔는가? 그리고 그러한 변화의 이유는 작품 상호 간 유기적인 관계 속에서 설명 가능한가? 다카시 스스로는 일본의 다신교적 전통과 사변적인 것을 통해 명상하는 일본 특유의 문화에서도 그 이유를 찾는다.

일본의 경우는 해외 작품에 비해 사회적인 문제를 직접적으로 다루는 작품이 적고, 개인의 내면 혹은 사변적인 이야기를 하는 작품이 주를 이루는 경향이 강하다. 학생들의 작품을 봐도 그렇고 내 자신 그리고 선배들의 작품을 봐도 그런 작품들이 상대적으로 많다는 느낌을 갖고 있다. 예로부터 그런 경향이 강했다고 생각하는데, 일신교적인 서구의 감각에 비해 만물에 신이 존재한다는 경향이 강한 일본의 경우는 여타 장르의 작품들을 봐도 서구의 작품들에 비해 사사로운 주변의 사물들을 통해 명상하는 경향이 강하다. 지극히 다신교적인 감성, 그런 풍토, 감각이 아무래도 실험영화 작가들에게도, 나에게도 영향을 미친다고 본다(이토 다카시 인터뷰, 2012년 9월 21일).

초기 작업들의 주된 관심사가 '공간'이었다면 창작이 지속되면서 그 관심사가 '공간-시간'으로 확장되었다. 그리고 이러한 주제적 관심은 결국 특정한 시공간에 머물렀다 소멸하는, '존재'의 문제로 확장된다. 〈달THE MOON〉(1994)에서 다카시는 제작한 마네킹의 얼굴 위에 남자아이의 얼굴을 투영한다. 이전의 작품에서는 인물들의 얼굴이 직접적으로 드러난다기보다 지워지거나 가려지는 경우가 종종 있었다. 또한 〈천둥〉, 〈유령〉, 〈그림〉, 〈스크류〉와 같이 신체를 소재로 사용한 영화들에서 인물의 얼굴이 지워지거나 뭉개지는 효과를 발견할 수 있다. 이는 프랜시스 베이컨Francis Bacon의 일그러진 얼굴과 신체를 묘사한 일련의 회화 작품들을 연상시킨다.[10] 얼굴이 인간 주체를 상징한다는 측면에서 '얼굴 지우기'는 주체성의 표현과 관련이 있는데, 다카시의 일련의 작품들에 나타난 '얼굴 지우기' 혹은 〈달〉에서 나타난 '얼굴 재현하기'등은 주체성의 문제와 연결시킬 수 있다. 〈비너스VENUS〉(1990)와 〈구역ZONE〉(1995)에서도 '얼굴 지우기'의 모티브는 반복된다. 〈구역〉에서 카메라의 렌즈를 파괴하는 장면은 대상을 인식해 왔던 '시선'을 제거함으로써 주체의 소멸을 상징한다. 즉, 다카시 작품에 드러난 변화들은 '공간-시간-시선-주체'의 문제로 확장되어 왔으며 이는 대상에 대한 인식의 방향이 외부에서 내부로 변화되어 왔다는 것을 의미한다.

〈천둥〉(1982)에서 벽에 비춰진 여자가 있다. 같은 여자가 〈비너스〉(1990)에서도 등장한다. 그리고 〈유령〉(1984)에도 인물이 등장하는데, 작업 취지는 육체가 없는 이미지로서의 신체였다. 작업을 해나가면서 영화에 묘사된 것들이 육체, 신체라는 측면을 의식하게 되었다. 필름을 사용할 경우엔 "실제의 육체와 이미지 상태로서의 신체"의 지시 상태가 "불완전"한 측면이 있어서 오히려 이러한 이미지를 필름으로 다루는 것이 적합하다고 생각했다. 디지털의 경우, 즉물적이랄까, 실존하는 존재를 강렬하게 보여주는 매체라고 느꼈다. 그런 상황에서 〈12월의 숨바꼭질JU-NI-GATSU NO KAKURENBO/December Hide-and-Go-Seek〉(1993)를 찍었는데, 비디오라는, 실재를 강렬하게 보여주는 매체를 통해 부재不在를 표현하고 싶었다. 예전에 필름으로 다루었던 신체의 이미지를 비디오라는 즉물적인 느낌의 매체를 통해 다시 완성해 보고 싶었는데, 내가 잘 알고 있는 아들, 가족이기 때문에 비디오가 지닌 즉물성을 이용하고 싶었다(이토 다카시 인터뷰, 2012년 9월 21일).

진중권은 '동물-**되기**', '아이-되기', '여성-되기'의 공통점이 존재론적 닮기의 문제와 관련이 있음을 지적한다. 그리고 이는 '다른 것과 관계 속에서 제 존재의 지평을 창조적으로 넓힌다는 의미에서 인간이 예술적으로 존재하는 방식이며, 반대로 예술이 존재하는 방식이다'(진중권, 2003: 196~200). 다카시의 영화에 자주 등장하는 그의 아들과 아내, 특히 아들의 얼굴 이미지는 아들 자신의 신체가 아닌 다른 대상에 투영되어 묘사된다. 그뿐만 아니라 얼굴이 지워진 여성의 신체, 남성의 신체 이미지들은 "불완전"하게 묘사된다. 특히 예술적 행위의 주체로서의 다카시가 아들 얼굴의 이미지를 자신의 정체성과 병치시키거나 객관화하기 위해 부재하게 하는 시도들, 즉, 존재와 부재의 반복을 여러 영화에서 만들어내는 것은 예술가로서 스스로의 존재적 지평을 넓히는 작업으로 읽힐 수 있다. 들뢰즈Gilles Deleuze에게 "신체는 형상이지 구조가 아니다". 거꾸로

"형상은 신체이기에 얼굴도 아니며, 얼굴도 없다"(들뢰즈, 2008: 31). 다카시가 설명한 "실제의 육체와 이미지 상태로서의 신체"는 들뢰즈가 『회화와 감각』에서 언급한 바 있는 세잔Paul Cézanne의 사과 속에 묘사된 것이 물질적 대상으로서의 사과가 아니라 사과를 대하는 주체의 감각 그 자체인 것과 유사하다. 들뢰즈에 따르면 "그려지는 것은 감각이다. 그림 속에서 그려지는 것은 신체이다"(들뢰즈, 2008: 48). 그것은 마치 다카시의 카메라에 포착되는 것이 대상으로서의 신체가 아니라 "감각하는 자로서 체험된 신체"(들뢰즈, 2008: 48)인 것과 마찬가지이다.

자기 반복적 창작 과정 속에서 변주되는 놀이로서의 '**되기**'는 〈장치 M Apparatus M〉(1996)에서도 반복된다. 〈장치 M〉은 다카시가 이전 작품에서 다루었던 시각성의 문제가 좀 더 존재론적이고 철학적인 관점으로 이동하기 시작한 작품이다. 또한 여성의 신체를 바라보는 남성의 시선과도 관련이 있는 작품이다. 대표적인 섹스 심벌인 마릴린 먼로Marilyn Monroe를 연기하는 여장남자의 성기가 드러나는 장면은 여성의 신체를 바라보는 남성의 공격적 시선에 대한 저항적이고 전복적인 시도다. 많은 영화가 여성의 신체를 대상화하는데, 남성적 주체의 시선이 드러나는 '남성 시선-카메라-대상으로서의 여성 신체'의 구조를 전복한 이 시도는 주체의 파괴라는 측면에서 이전 작업인 〈구역〉에서 파괴된 카메라 렌즈를 환기시키기도 한다. 요컨대, 이전 작품에서 다루었던 시선의 문제가 '여성-남성'이라는 문화적 담론으로 확장·변주된 것이다.

자기 복제의 반복성은 서사 자체에 대한 방식으로도 나타난다. 〈조용한 날 A SILENT DAY〉(1999)는 2002년에 다시 변주되었다. 서사의 반복은 단순한 리메이크라기보다는 이전의 작업들에서 시각적으로 계속 변주되어 오던 미장아빔의 구조를 내러티브 영역으로 확장한 것으로 보인다. 그리고 흥미로운 점은 테이블을 사이에 두고 인형과 싸우는 장면에서 드러난 좌우대칭이 되는 데칼코마니의 구조이다. 데칼코마니의 이미지는 공간적 대칭이다. 이러한 구조는 거울에 끊임없이 비친 상이 무한 반복되는 이미지의 미장아빔 구조의 전 단계인데 이는 **상사와 유사**의 관계에 대한 은유적 표현이다. 유사類似는 무엇을 흉내내는 것으로서의 반복인 반면, 상사相似는 끊임없는 무한 반복을 의미한다. 1980년대의 다카시의 작품들에 드러난 미장아빔의 구조는 결국 무한 반복의 세계, 즉 상사의 이미지와 연관되어 있다. 초기 작품에서도 보였던 **사이키델릭**한psychedelic 심리 묘사가 좀 더 구체적인 캐릭터에 부여된 것이 후기 작업에서 변화한 특징 중 하나인데, 캐릭터에 무게가 실렸다는 점이 내러티브를 강화하는 전제로 기능했다. 그리고 그 캐릭터가 남성 주체에서 여성 주체로 변화한 점 또한 다카시의 전체 작품을 고려했을 때 의미상 남성 시선-여성 시선의 병치에서 비롯된 또 다른 대칭적 구조를 만들어낸다.

다카시의 실험영화는 이미지로서의 사진에서 시작한다. 수많은 사진을 찍고 나서 그는 아무것도 재현하지 않는다. 재현하는 도구로서의 사진술에 관심이 없기 때문이다. 다카시는 영화를 '드러내기' 위한 수단으로 사용된다. 〈스페이시〉에서부터 본격화한 이 '드러내기'가 목표한 것은 1960년대 서구의 모더니즘 서사 장편영화들이 들춰내려 한 **프라이타크 곡선**에 숨은 어떤 이데올로기도, 사진적 핍진성과 이미지의 운동성 뒤에 숨은 환영성도, 이러한 것들을 구성하는 장치적 매개로서의 매체의 물질성도 아니다. 그가 드러내려고 한 것은 '드러내기 불가능한 것으로서, 실재하는 하는 정서', 즉 숭고와 관련이 있다. 그는 아무것도 일어나지 않는 공간을 통해 — 〈스페이시〉(1981), 〈박스〉(1982), 〈드릴〉(1983), 〈월〉(1987) — '사건'을 드러낸다. 공간 속의 '존재하지 않는 사건'을 드러낼 수는 없다. 그런데 다카시는 그 사건을 다룬다. 이미지가 운동이 될 때 지각되는 '현장성'은 관람자를 '거기'에 선 감각적인 존재로 만든다. 관람자의 망막을 지나 뇌를 자극하는 이미지와 사운드는 빛의 깜박거림으로 현시된다. 명멸하는 이 현시의 경험이 다카시가 영화를 통해 목표했던 것이다. 그래서 그는 신체를 다룬다. 신체는 감각이기 때문이다. 감각 속에서 주체와 대상은 구분의 의미가 없어지면서 혼재하기 시작한다. 그리고 다카시는 이 '-되기'의 놀이를 끊임없이 반복한다. 객체의 시선이 주체의 시선이 되고(〈스페이시〉), 아버지가 아들이 된다(〈12월의 숨바꼭질〉). 남자가 여자가 되고(〈장치 M〉), 하루의 서사는 또 다른 하루의 서사가 된다〔〈조용한 날〉1999 & 2002〕.

다카시의 영화는 **포스트모던**적이어서 1960년대 영화적 모더니즘의 자장 안에 있는 구조영화와 차별화한다. 1960년대의 서구 모더니즘 영화들이 20세기 초 아방가르드를 다시 접목시키면서 발생한 점에 주목한다면 이들 구조영화가 20세기 초 아방가르드의 해체적 경향과 닮아 있음을 확인할 수 있다. 산업으로서의 주류 산업영화의 모든 매체적·미학적 전략에 반기를 들고, 그 나름의 언어를 구축하기 시작한 이른바 서구의 실험영화들의 자장과 다카시의 영화는 그 연대기적 시간차만큼이나 거리를 두고 있다. 다카시는 리오타르가 포스트모던 작가와 예술가들에 대해 지적한 바처럼, '사건적 성격을 지닌, 아무 규칙도 없이, 앞으로 만들어질 작품들의 규칙을 만들기 위해'(리오타르, 1993: 41~42) 작업을 해왔다.

다카시와의 인터뷰를 통해 알 수 있었던 것은 그가 서구 아방가르드 예술의 전통과 규칙, 미학적 의미의 자장 속에서 작업을 시작하지 않았다는 점이다. 다카시가 구축한 미학은 서구의 구조-물질주의 영화의 양식과 닮아 있으나 그 미학적 뿌리가 서구 실험영화사나 서구 아방가르드 예술사에 직접적으로 닿아 있지 않다. 그의 미학적 성취는 작가 개인의 사진과 영화 매체에 대한 관찰과 반복된 실험의 결과물이다. 그리고 그의 창작은 그가 경험한 영화적 체험을 '감각함'으로써 시작되어 일상에의 묘사할 수 없는 정서와 감각으로 확장되었다. 실험영화라는 계통에 대한 이해를 따르지 않더라도 영화적 실험이 가능하다는 것을 그는 처음부터 알았다. 또한 다카시는 마츠모토 토시오와 고타 이사오 같은 선배 영화인들이 보여준 실험영화 규칙에 지배를 받지도 않았다. 그는 "아무런 규칙도 없이 만들어질 것의 규칙들을 만들기 위해" 작업해 왔고, 지금도 그렇게 작업하고 있다. 그래서 다카시의 영화는 지속적으로 발생하는 "사건"이며 경험이다.

주

1 이 글은 국립공주대학교 지원 연구인 「일본실험영화 미학 연구; 이토 다카시 영화에 나타 난 구조적 경향연구」(2016)를 일부 수정하여 작성하였습니다.

2 작품의 제목은 번역한 국문 제목과 함께 이미지 포럼의 웹사이트에 나온 영문표기법을 따 랐다. http://www.imageforum.co.jp/ito/profile_e.html/(검색일: 2019.9.15)

3 변재규는 다카시의 〈스페이시〉가 구조영화의 연장선상에 있으면서도 서구의 구조영화와 는 다르게 프레임에 의한 운동 주체(공간, 물체)의 시각적 운동감각이 현저한 점을 구별되 는 특징으로 파악했다(변재규, 2013: 159).

4 마이클 오프레이Michael O'pary는 1960년대 유럽에서 일어난 아방가르드 운동에 위치한 실험 영화들의 경향이 일정 정도 미국식 아방가르드를 경험한 후 고무된 측면이 있지만 유럽 실 험영화만의 독특한 특징이 있다고 주장한다. 예로 1960년대 미국의 아방가르드가 1950년 대 언더그라운드 영화Underground Fim와 비트 운동Beat Movement에 뿌리를 두고 있는 반면, 1960년 유럽의 아방가르드는 처음부터 새롭게 시작하는 단계였다고 비교한다. 그 단적인 예로 커트 크렌Kurt Kren과 피터 쿠벨카Peter Kubelka 같은 작가가 미국 구조주의 영화의 출 현보다 앞선 1950년대 후반에 이미 형식주의 영화Formalist Film에 관여했다는 점이다(오프 레이, 2003: 155~156).

5 이토 다카시와의 인터뷰는 교토에 위치한 교토조형예술대학京都造形芸術大学에서 2012년 9 월 21일에 필자가 직접 진행했으며, 실험영화감독 김동훈 씨가 인터뷰 통역과 번역에 도움 을 주었다. 본문에 실린 번역문은 작가의 답변을 충실히 전달하기 위해 최대한 생략 없이 실었다.

6 〈무브먼트〉(1978), 〈무브먼트 2〉(1979), 〈무브먼트 3〉(1980)의 연작으로서 8mm 카메라로 프레임 바이 프레임frame by frame 촬영 방식을 활용했는데, 다카시는 이러한 카메라의 메 커니즘에 의해 시간이 압축되고 분절되는 것에 흥미를 느꼈다고 말한다. http://www.image forum.co.jp/ito/filmography_e.html/(검색일: 2019.9.15).

7 Nishiiima(2006)에서 1970년대 일본 실험영화 중 마츠모토 토시오의 〈아트만〉(1975)과 고타 이사오의 〈더치 포토(1976)와의 연관성을 테크닉 측면에서 언급한다. 시퀀스 사진의 활용 이라는 측면이 그러한데, 다카시의 〈스페이시〉는 이들의 작품들과 분명한 연관성이 있지 만 양식적 차원에서 좀 더 정교하고 새로운 측면으로 발전시켰다는 것이 그의 분석이다. http://www.imageforum.co.jp/ito/introduction_e.html(검색일: 2019.9.15).

8 〈스페이시〉의 경우 약 700여 장의 시퀀스 사진을 기초로 제작되었다.

9 서대정은 다양한 자기 반영의 전략들을 ① 작가의 자의식과 관련된 자기반영 ② 매체적 속 성을 드러내는 자기반영 ③ 상호 텍스트성을 통한 장르의 자기반영 ④ 미장아빔을 통한 자 기반영 ⑤ 이데올로기의 실체를 모색하는 교술적인 자기 반영으로 구분했다(서대정, 2007, 136~155). 다카시 영화의 경우 자신의 꿈을 비롯한 개인적 정서와 자의식에 관한 소재를 지

속적으로 사용해 왔으며, 영화와 비디오의 매체적 속성을 가시적으로 드러낸다. 그리고 자신의 작품을 변주하고 리메이크하기도 하며, 시각적으로뿐만 아니라 서사적으로도 순환하는 미장아빔 구조를 적용한다.

10 　베이컨의 작품에서 종종 드러나는 얼굴을 지우는 것은 "유기체의 해체, 의미 작용의 해체, 주체화의 해체"를 의미한다(진중권, 2003: 201).

촬영미학

봉준호 감독의 〈마더〉, 빛과 물질로 영화 읽기

박홍열 영화 촬영감독

촬영미학

촬영으로 영화 읽기

영화를 표현의 층위로 들여다보면 영화 안에 많은 물질이 있다는 것을 알수 있다. 영화를 만들기 위해 필요한 물리적 장치부터 **프레임**frame 위에 새겨진 빛의 흔적과 입자의 질감, 색의 분포와 렌즈의 광학적 공간감까지, 서사에 가려진 무수히 많은 물질이 영화의 내재적 평면 안에서 표면 위로 튀어 올라오기를 기다리고 있다. 그러나 영화 안의 물질들은 수동적이다. 그 물질들은 감각되기를 기다리고 있다. 영화 표면 위 물질들은 앙리 베르그송Henri Bergson이 말하는 '수축-기억'처럼 무한히 넓혀진 과거로서의 물질들을 포함하지만, 동시에 자신을 극단적으로 압축하고 긴장된 하나의 현재로 수축시킨다. 그 물질은 고정되어 있지 않고 끊임없이 운동하며 지속된다. 영화 안의 물질들이 지속을 통해 현재화되는 순간을 발견하는 것이 촬영미학이다.

질 들뢰즈Gilles Deleuze는 『철학이란 무엇인가?What Is Philosophy?』(Guattari and

Deleuze, 2001)에서 기호에 대한 감수성을 목수가 갖고 있는 나무에 대한 감수성에 비유한다. 또한 질베르 시몽동Gilbert Simondon은 기호의 감수성을 목수가 대패로 나무를 팰 때 나무마다 다르게 느껴지는 질감의 차이들을 식별할 수 있는 장인의 기술로 비유하기도 한다. 장인의 기술은 그의 연장을 통해 느껴지는 재료가 내뿜는 기호의 차이를 구별하는 것에서 성립한다. 좋은 목수는 기술적 행위를 통해 재료가 함축하고 있는 형태를 간파하는 사람이다. 안 소바냐르그 Anne Sauvagnargues는 시몽동의 개체화 이론을 설명하며 목수의 대패는 나무껍질 부스러기를 제거하는 데에만 사용되는 것이 아니라고 주장한다. 대패는 나뭇결에 대한 정보를 전달하면서 나뭇결의 반응을 평가하고 나뭇결의 내구성, 방향 유연성을 가늠할 수 있게 해준다. 기술적 행위는 사실 기호에 대한 수용성에서 성립하는 것으로서, 재료는 연장을 통해 장인에게 이 기호를 전달한다고 그는 강조한다.

촬영미학은 영화 프레임 표면의 물질들을 기호의 감수성으로 감각하는 것이고, 촬영으로 영화 읽기는 영화의 물질들이 내뿜는 기호의 차이를 구별하는 것이다. 이것은 영화의 형태를 간파하는 것일 뿐만 아니라 영화의 의미를 무한히 파생시킨다. 영화를 읽는 다양한 방식의 대부분은 서사를 중심으로 구조적 틀 안에서 사회와 문화의 현상을 들여다보는 데 치중해 왔다. 스토리와 주인공 또는 캐릭터로 영화를 분석하는 방법은 프레임 안에 존재하지만 현행화되지 않은 무수한 잠재성의 이미지들을 자칫 잘못하면 소멸시킬 위험을 안고 있다. 욕망을 결핍으로 해석하는 프로이트Sigmund Freud식의 영화 분석은 결핍으로 정의 욕망의 블랙홀 안으로 영화 안의 생산적 이미지들을 빨려 들어가게 할 수 있다. 소쉬르Ferdinand de Saussure 언어학을 바탕으로 한 기호학적 분석 또한 끊임없이 미끄러져 들어가는 의미를 따라 프레임 안 잠재성 이미지들이 함께 휩쓸려 영화가 갖고 있는 잠재성의 힘을 잃어버리게 할 수도 있다. 그러나 촬영미학으로 영화 읽기는 중심에서 벗어난, 의미화되지 않는 서사를 발굴하는 것이고 물질의 감각을 통해 영화의 잠재성을 확인하는 것이다.

촬영미학은 상징에 기대지 않는다. 사회구조적 담론에도 기대지 않는다. 인류 이성이 만들어놓은 거대 서사에도 기대지 않는다. 프로이트와 라캉Jacques Lacan, 소쉬르에 기대지도 않는다. 오로지 영화 프레임 안의 물질들로만 영화를 읽는 미학이다. 영화를 거대 서사와 구조적 담론으로 읽는 방법은 영화 안의 세계를 더 명료하고 매끄럽게 설명하고 총체적인 해결책을 제시해 준다. 그러나 오랫동안 영화 읽기의 중심에 서 있는 거대 서사는 영화 안의 변두리, 주변의 이미지들을 배제시키고 미시적이고 파편화된 물질들을 포착하지 못했다.

자크 랑시에르Jacques Rancière는 작품의 형태가 아닌 재료와 물질을 통해 경첩으로서 미학의 정치와 정치의 미학을 이야기한다. 그는 미학 안의 불편함에서 예술의 식별 체제를 네 가지로 이야기한다. 신성의 이미지, 진리를 찾는 이미지들의 윤리적 체제, 재현을 중심으로 한 예술의 재현적 체제, 감각적인 것의 나눔을 재배치하는 예술의 미학적 체제가 그것이다. 랑시에르는 예술의 미학적 체제를 통해 만든 사람과 관람자, 포이에시스poiesis와 아이스테시스aisthesis 사이의 위계를 없애려 한다. 이를 통해 형태가 가진 권력으로부터 재료-물질을 구원한다. 촬영미학은 영화 안의 미시적이고 파편화된 물질들을 통해 감독과 관객 사이에 존재하는 영화의 위계를 무화시키고 기호와 상징에서 벗어난 새로운 사유의 이미지를 만나게 한다.

촬영미학은 서사라는 선형적 시간에 가려진, 영화 속의 물질들로 영화를 읽어보는 방식이다. 사진에 대한 바르트Roland Barthes의 고찰처럼 영화가 만들어질 때 거기에 있었기에 담겨진 수많은 물질 ― 빛, 색, 렌즈, 필름의 질감, 프레임, 카메라의 거리감 등등 ― 과 컷과 컷의 배치에 컷의 사이즈 사이에서 만들어지는 효과와 간격들을 중심으로 영화를 파악하는 것이다. 영화 프레임은 잠재성의 장, 들뢰즈의 표현을 빌리면 내재성의 평면이다. 규정되지 않은 미분화된 강도들이 끊임없이 차이를 만들어내는 매끄러운 평면이다. 촬영미학은 **프레임** 안에 강도들의 차이화이며 현행화하는, 곧 드라마화(들뢰즈의 『차이와 반복』)이다. 필름의 유제면 위로 불규칙하게 흩뿌려진 입자들이 프레임의 연속적 운동에 의해 자신의 고정된 자리 없이 끊임없이 프레임 위를 맴도는 드라마화이고, R.G.B 파장의 밸런스가 만들어내는 백생광 빛들이 서로 다른 농도로 불연속적으로 그레이디언트gradient를 만들어내는 차이화의 현장이다.

보색 관계에서 차가운 색은 상대적으로 들어가 보이고, 따뜻한 보색은 앞으로 나와 보인다. 하나의 색은 고유한 의미도 고정된 색도 없이, 어느 곳에 어떤 색과 접하는지에 따라 자신의 색을 다르게 발현한다. 똑같은 사물을 같은 크기로 보여줘도 광각렌즈, 망원렌즈에 따라 다르게 보이고, 같은 렌즈도 피사체와 카메라의 거리감에 따라 다른 감정과 의미를 발생한다. 이렇듯 영화 속 프레임 안의 물질들은 하나의 고정된 표현이나 의미를 갖지 않는다. 영화 속 물질들이 무엇을, 어느 순간, 어디서 무엇과 만나는지에 따라 다르게 표현되고 다양한 의미를 생산한다.

촬영미학은 영화 서사처럼 하나로 귀결되는 의미를 파악하는 것도 아니고, 영화를 만든 감독의 의도를 파악하는 것도 아니다. 영화 속에서 한 번도 중심을 차지해 보지 못한 물질들, 변두리에서 가장자리에 있던 영화의 요소들이 서사와 주인공이 표현하지 못한 이야기와 감정들을 표현하고, 드러내지 못한 의미들을 다층적으로 쌓아 새로운 이야기를 만들어내고 주인공 내면의 감정을 빛내는 것이다.

촬영미학은 밝음은 기쁨, 어둠은 슬픔이나 고독, 빨강은 정렬, 흰색은 순수와 같은 하나의 의미와 이야기로 고정시키는 도식을 확인하는 것이 아니다. 촬영미학은 영화 속 물질들이 서로 만나며 서사와 캐릭터 너머 수많은 표현과 의미들을 드러내는 것이다. 미시적이고 미분화된 차이들이 만들어내는 강도의 차이들의 향연을 보는 것이다. 촬영미학은 들뢰즈의 말처럼 내재성의 매끄러운 평면을 떠다니며 강도의 차이로 현행화하는 물질의 사건, 생성, 창조이다. 촬영미학은 영화의 또 다른 생성과 창조를 만나는 것이고, 사유를 만나는 것이다. 내가 한 번도 경험해 보지 못한 감각을 만나는 것이다. 의미를 부여하는 순간 사라져버리는 영화 속 의미들을 물질의 표현들을 통해 붙잡아보려는 시도이다.

촬영미학에 대한 이와 같은 단상들을 바탕으로 봉준호 감독의 영화 〈마더 Mother〉(2009)를 이야기나 사회구조의 서사가 아닌 촬영미학의 관점에서 빛의 서사, 물질의 서사로 읽어보려 한다. 빛이 만들어내는 가장 비현실적이고 이질 적인 표현들이 영화의 사실성을 어떻게 극대화시키는지, 빛을 중심으로 영화 속 프레임 안의 물질들을 들여다볼 것이다. 한국 영화에서 사용되지 않는 이질 적인 현실화의 색과 연결성을 파괴하는 렌즈 활용을 통한 감정의 몰입, 선의 파괴로 인물을 드러내는 바로크식 회화 조명을 중심으로 〈마더〉를 읽어보고 자 하는 것이다. 빛을 따라가다 보면 〈마더〉의 엔딩 장면의 필연성을 조우할 수밖에 없다. 영화 속 주인공인 엄마 혜자(김혜자 분)가 고속버스에서 지는 햇 빛을 받으며 미친 듯 춤을 출 수밖에 없는 상황을 이해하게 된다. 그것은 이야 기의 힘이 아니라 빛이 만들어내는 서사의 엔딩이다.

영화를 구성하는 물질들

물질과 시공간

영화 〈마더〉는 〈플란다스의 개Barking Dogs Never Bite〉(2000), 〈살인의 추억 Memories of Murder〉(2003), 〈괴물The Host〉(2006)에 이은 봉준호 감독의 네 번째 작 품이다. 〈마더〉는 살인 혐의로 구속된 아들 도준(원빈 분)을 구하기 위해 혜자 가 범인을 찾아 혼자 고군분투하는 이야기로 구성되어 있다. 읍내 약재상에서 일하며 아들과 단 둘이 사는 혜자는 28세 아들과 함께 산다. 아들 도준은 정신 적 성장이 멈춰 나이답지 못하게 자잘한 사고를 치고 다니며 엄마의 애간장을 태우지만 그녀에게 아들은 온 세상이나 마찬가지다. 어느 날 한 소녀(문아정, 문 희라 분)가 살해당하고 도준이 범인으로 몰린다. 아들을 구하기 위해 엄마는 백 방으로 뛰어다니지만 소용이 없다. 경찰은 빨리 사건을 종결시키려 하고 변호

사는 정신병으로 합의를 종용한다. 아무도 도준이 범인이 아니라는 것을 믿어주지 않는다. 엄마는 직접 범인을 찾아 나서기로 한다. 힘들게 용의자를 찾아가고 그를 만난 순간 엄마는 진실을 알게 된다. 그리고 엄마는 그 진실에서 벗어나기 위해 모든 나쁜 기억을 잊게 해주는 자신만의 침 자리에 스스로 침을 놓고 지는 해를 맞으며 미친 듯 춤을 춘다.

이 영화는 현실에 기반하고 있는 것 같지만, 표현된 이미지는 판타지다. 시간과 공간은 혼란스럽고, 주어진 공간 배경의 요소들은 현실에서 벗어나 있다. 주인공 혜자는 문아정 살인 사건의 진짜 범인을 찾아 마을 이곳저곳을 헤맨다. 그녀가 걸어가는 길은 공간의 개연성을 상실하고 있다. 집에서 넓은 둑방길을 걸어야 경찰서가 나오고, 깊고 높은 산을 넘어야 장례식장이 나온다. 도준의 가장 친한 친구인 진태(진구 분)의 집은 마을의 외곽에 외따로 놓여 있고, 고물상 김 씨(이영석 분)의 집 또한 마을 외곽 논 한가운데 위치하고 있다. 지정학적으로 이 영화의 모든 공간은 우리의 일상과 떨어져 있다.

또한 이 마을에는 사람이 없다. 혜자는 진실을 찾아 계속 걷지만 그녀가 걷는 길에 인적은 없다. 일반적인 영화는 실제라는 환영을 붙잡기 위해 가상의 공간에서도 상황을 사실적으로 묘사하려고 한다. 공간의 사실성을 확보하는 큰 요소가 주인공을 제외한 공간을 채우는 사람들이다. 그래서 영화를 만드는 사람들은 영화 속 한 공간에 얼마나 많은 사람을 배치할 것인지, 그들은 어디에 위치하고 어떤 동선으로 그들을 움직이게 할지 설계하는 일에 많은 시간과 공력을 투여한다. 영화 안에서 특정한 배역을 맡고 있지 않지만, 공간을 채우는 인물들에 따라 영화의 사실성이 달라지고, 주인공의 행동과 감정에 자연스러움이 생겨나기 때문이다. **사실성**reality을 추구하는 영화일수록 주변 인물들의 배치는 더욱 중요해진다.

봉준호 감독은 전작에서 주요 배역을 제외한 인물들의 정교한 배치를 중요시한 바 있다. 그러나 〈마더〉에서는 혜자가 걷는 길 주변에 인물이 집중적으로 배치되어 있지 않다. 주변 인물이 등장해도 그들은 뒷모습이거나 넓은 공간에 비현실적으로 한두 명만이 멀리서 거리를 걷고 있을 뿐이다. 영화 초반 혜자는 도준에게 줄 한약을 들고 버스 정거장으로 간다. 그러나 읍내 한가운데 위치한 버스 정류장에는 사람이 없다. 버스가 도착하지만 버스 안에도 승객은 거의 없다. 버스를 타고 사라지는 도준을 쫓아가다 멈춰서는 혜자와 그 뒤로 보이는 읍내 거리에는 혜자를 등지고 걸어가는 한 사람만 있을 뿐이다. 영화 안에 설정된 이 작은 도시의 공간 규모에 비해 거리에는 사람이 비현실적으로 없는 것이다.

혜자가 문아정의 장례식장을 찾아가는 장면도 현실성과 동떨어져 있다. 장례식장에 온 사람들의 의상이 판타지에 가깝다. 문아정의 장례식장 안에는 장례를 도와주러 온 이웃 사람들과 조문 온 문상객들로 가득하지만 현실은 사라져 있다. 문아정의 집은 마을 달동네에 위치해 있다. 문아정은 치매에 걸린 할머니와 단 둘이 살았고, 가장의 역할을 해야 했기에 자신의 몸을 남성들에게 판 대가로 할머니가 좋아하는 막걸리와 쌀을 얻었다. 문아정의 장례식에 많은 이웃이 도움을 주고 조문 온 것을 보면, 평소에도 가난한 이웃끼리 서로 알고 도왔다는 점을 유추해 볼 수 있다.

가난한 동네의 주민 모두는 이웃 소녀의 안타까운 죽음을 위로하기 위해 여성은 검은 상복을, 남성은 검은 양복을 맞춰 입고 있다. 모두들 같은 디자인의 검은색 옷을 입고 있다. 다른 디자인의 옷을 입고 있는 사람은 혜자의 뺨을 때리는 임산부뿐이다. 그녀만 원피스 형태의 임부복을 입고 있다. 하지만 그녀의 임부복도 검은색이고 대조적으로 상주인 문아정의 할머니만이 흰색 상복을 입고 있다. 다른 색 다른 디자인의 옷을 입은 조문객은 장례식장에 없다. 다만, 혜자만 보라색 투피스를 입고 있다. 장례식장에 있는 인물들의 비현실적인 의상 콘셉트는 '아들 도준이 범인이 아니'라는 혜자의 말을 아무도 믿어주지 않는다는 사실을 더욱 강렬하게 드러낸다. 세상에 혜자 혼자뿐이라는 것을 비현실적인 의상 설정으로 이야기하고 있는 것이다. 이는 현실과 판타지의 경계가 사라진 것을 뜻한다. 눈에 보이는 것은 판타지 같지만, 관객들은 이 장면을 판타지로 보지 않는다. 〈마더〉에 관한 어느 논문이나 영화평에서도 이 영화의 비현실성을 언급하지 않는다.

영화에서 시공간의 설정은 중요하다. 시나리오의 신scene 구분도 공간과 시간으로 나뉜다. 시공간이 동일할 때 하나의 신이 된다. 둘 중 하나만 다르더라도 하나의 신으로 묶이지 않는다. 영화의 시공간인 시대적 배경과 장소는 영화 안에서 이야기를 확장하고, 서사의 틀로 영화를 분석하는 가장 중요한 밑바탕으로 작용한다. 〈마더〉의 시공간 설정은 불분명하다. 구체적으로 이 영화의 시대적 배경이 언제인지, 공간은 어디인지 모호하다. 봉준호 감독의 전작 〈플란다스의 개〉는 영화가 만들어진 시기를 영화 속 시간으로, 대도시의 중산층 아파트를 영화적 공간으로 설정했다. 〈살인의 추억〉의 시공간은 1986년 경기도 화성으로 더욱 명확하다. 〈마더〉는 영화가 만들어진 2006년 현재의 시간을 배경으로 하는 것 같지만 사람들이 가장 많이 사용하는 핸드폰이 1990년대 말 출시된 제품이라든가 버스는 1980년대, 자동차는 1990년대 등 영화 속 소품들의 사용이 일관성이 부족하다. 배우들의 의상도 캐릭터마다 다른 시대의 스타일을 하고 있다.

영화 속 공간 설정은 더 알 수 없다. 이 영화의 배경이 되는 곳은 얼핏 보기에 지방의 작은 소도시나 읍내처럼 보인다. 그런데 소도시라고 하기에 시내는 너무 협소하고 보잘것없어 어느 시골 동네의 읍내처럼도 보인다. 혜자와 도준 모자가 사는 시골 읍내 같은 마을 안에는 1980년대 서울 상계동과 난곡 같은 큰 달동네가 자리 잡고 있고, 마을 한구석에는 대도시에나 있을 법한 버려진 놀이공원이 있다. 읍내를 조금만 벗어나면 공동묘지가 산 전체를 뒤덮고 있고 그 가운데 장례식장이 있다. 혜자가 영화 초반과 후반에서 춤을 추는 침엽수가 장막처럼 둘러싸인 넓은 갈대밭도 마을 근처여서 걸어갈 수 있는 곳에 위치하고 있다. 실제 이 영화의 헌팅 공간은 어느 한 지역을 중심으로 설계되어 있지 않다.

〈마더〉의 영화 제작 노트에서 언급된 헌팅 공간들을 보면, 죽은 문아정이

사는 달동네는 부산(문정동), 엄마가 일하는 약재상은 익산, 진태와 도준이 복수하는 골프장은 용평, 경찰서는 전라도, 변호사와 식사하는 뷔페식당은 경주, 도준이 버스를 타는 정거장은 전주이다. 영화 속 배경 공간인 지방 소도시를 경상도와 전라도를 혼합함으로써 여타 영화들과 다르게 영화적 공간을 특정한 한곳으로 규정하지 않고 그 경계를 의도적으로 흩트렸음을 알 수 있다.

〈마더〉는 경계가 사라진 이미지들 위에 주인공이 위치해 있지만 관객은 〈마더〉를 판타지 영화라고 읽지 않는다. 오히려 시간과 공간은 개연성 있게 하나의 공간과 시간의 틀 안에 놓여 있다. 현실적인 시간과 공간을 설정해 영화의 배경으로 활용하고 있는 셈이다. **리얼리티**를 깨뜨리는 이런 설정은 영화를 판타지로 오해하게 만들 수도 있다. 그러나 경계가 사라진 영화적 설정은 오히려 일상의 힘을 더 강하게 끌어 온다. 근대 과학이 창조한 이성적 사고와 인과적 논리 안에서 개연성을 유지하는 이미지만이 리얼리티를 확보한다는 오래된 습관들을 비웃듯이 〈마더〉는 시공간의 설정을 흔들어 놓는다. 모든 것이 경계가 흐려져 구분할 수 없기에 주인공 혜자가 굳이 대사를 활용해 설명하지 않아도, 몽타주로 그녀의 행동을 설명하지 않아도 그녀의 걸음을 쫓아가게 되고, 그녀의 감정을 따라가게 된다.

영화 안 설정과 배경의 비현실성, 시간과 공간의 모호함이 〈마더〉에서 영화 물질들이 드러나는 가장 중요한 요소로 작용한다. 그리고 그 물질들은 주인공의 설명되지 않는 감정을 가장 잘 전달하는 도구가 된다. 시간과 공간은 정보이다. 이 정보를 바탕으로 영화의 내외적인 서사가 구축된다. 정보들이 명확할수록 화면 안의 물질들은 잘 보이지 않고 화면 안의 물질들이 배제되면 영화의 이미지도 사라진다. 정보 전달은 **인과관계**를 요구하고, 강력한 선형적 서사의 틀을 만든다. 선형적 서사의 틀 안에 물질이 살아남기는 쉽지 않다. 들뢰즈는 인과의 사슬에 놓인 이미지를 감각-운동 도식의 이미지로 명명하고, 물질을 통해 순수하게 시간이 탄생하는 식별 불가능한 이미지를 시간-이미지로 정의한다. 또한 스티븐 히스Stephen Heath는 분석의 표준화 양식 바깥으로 떨어진 영화의 구성요소들을 설명하기 위해 '잉여excess'라는 개념을 제안한다. 물질은 잉여이다. 물질이 살아 있는 이미지, 인과의 도식을 끊고 관조의 시선으로, 시간을 향유할 수 있는 이미지가 잉여-이미지이다. 시공간의 모호성으로 물질이 오롯이 드러나는 영화 〈마더〉는 결국 잉여-이미지의 영화이다.

Color

〈마더〉의 색 사용 방식은 기존의 한국 영화와 다르다. 영화 안에 색은 다양한 형태로 분포한다. 공간의 미술, 배우 의상과 분장의 색으로부터 시작해 인공적인 조명의 색과 자연적인 일광의 색, 밤의 월광 색, 그리고 이 모든 색을 아우르는 카메라 화면의 색까지 색은 영화의 표면을 가장 잘 드러내는 물질이다. 컬러 영화의 색은 이야기를 강조하고 주인공 캐릭터를 부각시키는 영화의 중요한 요소 중 하나이다. 대부분의 한국 영화에서 색을 사용하는 방식은 색의 내재적 차이를 통한 표현이 아니라 외재적 차이를 통해 캐릭터와 이야기를 강조하는 방식을 취한다. 색의 외적 차이는 서로 다른 색의 대비를 통해 색을 강조하는 데 반해 색의 내재적 차이는 하나의 색 안에서 다른 색과의 비교를 통한 강조가 아닌 색 안의 차이와 차이 그 자체를 통해 색을 강조하고 영화에서 캐릭터와 이야기를 드러내는 방식이다.

영화가 탄생하고 수많은 영화에서 색의 내재적 차이를 통해 영상을 표현했다. 한국 영화들은 외재적으로 다른 색과의 대비를 통해 색을 드러내는 방식을 취하다 보니 한 영화 안에서 다양한 색이 많이 사용된다. 신마다 인물들의 의상과 소품 색이 다르고, 공간과 상황을 강조하기 위한 색을 그때마다 다르게 사용하고 배치하기 때문에 한 영화 안에 수많은 다양한 색이 쓰인다. 한 장면에서 여러 색의 배치와 대비, 장면이 바뀔 때마다 다양한 색의 사용은 영화를 시각적으로 풍성하게 만들기보다 분산적으로 지각하게 하며 오히려 표현과 의미의 층을 지엽적으로 느끼게 한다.

가령, 레드Red라는 색상 안에도 무수히 많은 '또 다른' 레드가 있다. 색은 빛의 광선 가운데 가시광선 안의 파장 차이로 인식된다. 즉, 가시광선의 380~780nm 영역 안에서 파장의 차이가 색을 만들어내는 것이다. 광원으로부터 나온 가시광선이 피사체에 부딪혀 반사하는 반사량으로 인간은 색을 인지한다. 가시광선 영역의 파장 중 상대적으로 긴 파장은 붉은 계열의 색으로, 상대적으로 짧은 파장은 푸른 계열로 각각 인지된다. 600nm~650nm 빛이 우리 눈에는 레드 계열의 붉은색으로 보인다. 이 파장 영역의 레드 계열 안에는 계측할 수 없을 만큼 수많은 다른 레드가 있다. 나노미터nm는 10억분의 1m로 0.000000001m를 나타내는 단위이다. 이 작은 차이가 다른 레드 계열의 색을 만든다. 파장의 길이에 따른 색의 차이에 빛이 사물에 부딪혀 반사하는 양인 색의 명도가 더해져 하나의 색 안에서 눈으로 인지할 수 없을 만큼의 많은 색이 존재하게 되는 것이다.

〈마더〉는 하나의 색상 안에 존재하는 무수히 많은 색상의 내재적 차이로 만들어진 영화이다. 〈마더〉의 색 콘셉트는 무채색과 블루Blue이다. 블루 톤Blue Tone을 중심으로 보라와 자주가 포인트로 배치되어 있다. 공간도 무채색을 중심으로 옅은 블루 톤으로 표현된다. 미술 소품과 의상도 블루 톤이다. 이 영화에서 영화의 전체적 톤을 가장 잘 드러내는 것은 의상 색이다. 의상 색의 경우 영화에서 엄마인 김혜자를 제외하고 출연하는 모든 사람이 블루 계열의 의상을 입고 있다. 김혜자만이 자주와 보라 계열의 의상을 입고 있다. 자주와 보라색은 블루의 연변색이며, 레드와 블루의 조합으로 두 색 모두 블루를 포함한다.

연변색은 색상환에서 한 색상 주변에 위치한 색상을 가리킨다. 색상환에서 블루는 마젠타Magenta와 사이언Cyan의 연변색이다. 연변색 배색은 인접한 색상들의 배치로 배색이 자연스럽고 하나의 색이 다른 색을 지배하지 않는다. 연변색은 서로 영향을 미치고, 비슷하게 보이면서도 확실한 차이를 드러낸다. 이 영화에서 김혜자를 도와주는 사진관 사장, 도준을 범인으로 몰아가는 경찰들, 길거리를 거니는 보조 출연 배우들도 의상에 블루 색을 하나씩 지니고 있다.

도준의 의상도 마찬가지다. 도준이 집에서 편하게 입는 의상도 블루, 외출복도 블루, 구치소 안에서 입고 있는 죄수 복장도 블루 색이다. 도준은 명도와 채도가 다른 블루 계열의 색 의상을 입고 있다.

영화 안에서 모든 사람이 도준이 범인이라고 이야기한다. 도준이 범인이 아니라는 혜자의 말을 믿는 사람은 아무도 없다. 도준도 엄마를 믿지 않는다. 엄마 혜자만이 홀로 아들 도준이 범인이 아니라고 믿는다. 그리고 스스로 진범을 찾아 나선다. 아들조차도 믿어주지 않는 엄마는 세상에서 혼자다. 모든 사람이 블루 계열의 의상을 입고 있는 것은 영화 안에서 고독하고 외롭게 엄마 홀로 범인을 찾아 아들의 누명을 벗겨주려는 마음을 더욱 강하게 드러낸다. 영화에서 블루가 아닌 의상 색을 입은 사람이 한 명 더 존재하는데, 도준의 친구 진태이다. 진태는 영화 초반 도준과 함께 사고를 치는 친구로 등장한다. 진태의 의상은 무채색이다. 진태는 도준이 범인이라고 단정 짓지도 않고, 부정하지도 않는다. 또한 혜자의 말을 다 믿지도 않는다. 진태는 구속된 친구 도준을 활용해 혜자에게서 돈을 갈취하면서 한편으로 혜자를 도와주기도 한다. 진태는 혜자에게 경찰을 비롯해 어느 누구도 믿지 말고 스스로 범인을 찾으라고 말한다. 진태는 혜자로 하여금 스스로 움직이게 한 강력한 조력자이면서 어느 쪽에도 서지 않는 캐릭터이다. 영화 안에서 스스로 객관적 위치를 점유한 진태는 무채색으로 표현된다.

일반적으로 영화에서 색으로 인물을 표현할 때는 캐릭터를 드러내거나 강화할 때 주로 색을 적극적으로 사용한다. 〈마더〉에서 인물들의 색은 진태를 제외하면 캐릭터를 구현하는 도구로 사용되지 않는다. 정신적 성장이 멈춰버린 도준의 캐릭터를 표현하기 위해 블루라는 색이 사용되지는 않는다. 도준도 이 영화에 등장하는 다른 사람들과 같은 색으로 재현된다. 혜자의 자주와 보라도 엄마라는 캐릭터를 표현하거나 강조하는 도구로 사용되지 않는다. 혜자의 색은 모두가 하나의 동일한 색을 지향할 때, 그것에 동참하지 않는다는 의미로만 사용된다. 또한 혜자의 색은 영화의 중심이 되는 블루 안에 어우러지고 중심 색을 품고 있는 변두리 색으로도 작용한다.

이 영화에서 인물들을 표현하는 색은 어떤 하나의 의미나 상징으로 사용되지 않는다. 서로 다름을 다름 안에서 같음으로 표현한다. 영화 안에서 서로 다르게 표현되었던 엄마 혜자와 사람들 사이의 색이 영화 마지막에 서로 같은 색이 된다. 마지막 신에서 아들 도준의 배웅을 받으며 터미널 대합실에 앉아 있는 엄마 혜자는 이 영화에서 처음으로 블루 계열의 의상을 입고 있다. 아들이 범인이라는 것을 알게 된 후 엄마는 이 영화의 마지막 신에서 다른 사람들과 동일한 블루 계열의 옷을 입고 사람들 사이로 묻혀버리려 하는 것이다.

색은 시각적으로 서로 다름을 규정짓고 캐릭터를 강조하는 가장 좋은 영화적 도구이다. 나누고 구분 짓기 위해 서로 다른 색상을 사용하고 배치하며 색을 대비시킨다. 안료가 발달하지 못했던 르네상스 중세 시대의 그림들은 선을 통해 그림 안의 피사체를 구분하고 중심과 주변을 나누었다. 『미술사의 기초개념Kunstgeschichtliche Grundbegriffe』에서 뵐플린Heinrich Wölfflin은 바로크를 중심으로 선적인 양식과 회화적인 양식으로 미술사를 새롭게 구분한다. 그는 바로크 이전 시대의 그림들이 선을 통해 피사체를 강조하며 선적인 양식이 형태의 명료함을 추구하고 형상을 고착시켰다고 주장한다. 바로크 이후에는 선으로부터 해방된 회화적 양식의 그림들이 등장하는데, 이 양식의 그림에서는 선의 경계가 사라진다. 그림 안의 피사체와 중심의 경계를 구분 짓는 여러 요소 가운데 시각적으로 두드러지게 표현되는 요소 중의 하나가 색의 운동성이다. 회화적 양식의 그림에서 색채의 운동감은 색채가 대상에서 분리됨으로써 가능해졌다고 뵐플린은 주장한다. 영화에서 색채가 대상으로서 분리된다는 것은 색의 통일성을 갖는 것이다. 각각의 캐릭터와 공간을 부각시키기 위해 색을 나누어 사용하고, 색의 대비를 활용하는 것이 아니라 하나의 일관성 있는 색상 안에서 색의 내재적 차이를 통해 색의 운동성을 드러내는 것이다.

〈마더〉는 기존 한국 영화에서의 색채 사용과 다르게 블루 색을 중심으로 색의 통일성을 추구하면서 색채를 대상으로부터 분리시켜 색의 운동성을 획득한다. 색의 운동성은 영화 안에 영화적 운동성과 리듬감을 생산해낸다. 다른 색상과 색의 대비를 통해 캐릭터 색을 드러내는 방식은 색채를 외재화시키는 것이라고 할 수 있다. 외재화된 하나의 색은 다른 색상과의 대비를 통해서만 드러난다. 색이 자신을 드러내기 위해서는 다른 색상과 비교되는 기준이 필요한 것이다. 외재화된 색은 하나의 색상을 다른 색상에 종속시키거나 영화 속에 표현된 다른 색과 끊임없는 시각적 비교를 통해 위계를 만든다. 또한 색의 대비는 두 색 사이의 무수한 많은 색을 사라지게 한다. 색의 대비를 강조하기 위해 하나의 색상 안에 존재하는 차이가 있는 색상들을 영화 이미지 안에 자리 잡지 못하게 하는 것이다.

〈마더〉는 블루 하나와 연변색만으로 영화를 표현하여 외재적 색의 대비가 아닌 내재적 색의 차이를 온전히 담아내고 있다. 대비와 비교가 아닌 차이를 통해 색을 표현하고 하나의 색상 안에서 차이를 통해 인상주의 그림들처럼 흐려진 경계 사이로 튀어 오르는 새로운 이미지를 발견할 수 있게 한다. 하나의 색상 안에서 내재적 차이를 통해 색상을 표현하는 영화는 중심에서 벗어난 이미지들과 이 세계의 변두리로 밀려나는 소수성을 표면 위로 드러내는 표현의 도구가 된다.

렌즈

1990년대 이후 한국에서 제작된 영화들 가운데 처음으로 애너모픽 렌즈 anamorphic lens로 촬영된 영화가 〈마더〉이다. 1950년대 미국 영화 산업이 TV의 등장으로 인해 위기를 맞자 극장에서만 체험할 수 있는 영화적 표현 방법으로 새로운 포맷을 개발하기 시작한다. 이때 등장한 것이 70mm 대형 필름으로 촬영되고 상영되는 아이맥스IMAX 포맷이었다. 그러나 70mm 아이맥스 포맷은 35mm 필름 포맷의 네 배 크기의 필름 면적이 필요하기 때문에 촬영 장비가 거대해지고 비용도 이전 영화 제작 방식보다 크게 증가하는 아이러니를 맞이하게 된다. 그래서 기존의 35mm 필름 포맷에서 대형 아이맥스 스크린 상영에 부합할 수 있는 방법이 고안되었고, 그때 개발된 것이 애너모픽 렌즈이다.

애너모픽 렌즈는 렌즈를 구성하는 여러 구면spherical 렌즈와 함께 경통 안에 비구면 렌즈를 삽입하여 이미지를 가로로 두 배 압축해 필름에 이미지를 기록한다. 애너모픽 렌즈로 촬영된 영화는 극장에서 영사 시 두 배로 압축된 필름 이미지를 반대로 이미지를 두 배 가로로 풀어주는 애너모픽 렌즈를 영사기 앞에 장착해 상영한다. 좁은 필름의 면적 안에 애너모픽 렌즈를 활용해 두 배의 정보량을 담아 이미지의 해상도를 높이는 것이다. 이렇게 애너모픽 렌즈로 만들어진 영화는 35mm 필름 포맷으로 촬영되지만 대형 스크린인 아이맥스 극장에서도 상영할 수 있는 화질을 얻게 된다. 처음 애너모픽 렌즈가 만들어졌을 때는 극장에서만 경험할 수 있는 새로운 체험 도구로서 영화 산업의 위기를 벗어날 수 있는 대응물로 개발되었지만, 이후 애너모픽 렌즈는 애너모픽 이펙트anamorphic effect의 발견으로 영화의 다양한 표현 도구로 더 많이 사용된다.

애너모픽 이펙트는 크게 다섯 가지로 표현된다. 첫 번째 애너모픽 렌즈 이펙트는 블루 라인 플레어blue line flare이다. 영화 속 화면 안에서 자동차의 헤드라이트, 촛불이나 램프 등과 같은 가로 형태의 블루 빛의 프랙티컬practical 광원들이 가늘고 길게 찢어져 보이는 현상을 블루 라인 플레어라고 정의한다. 미국의 영화감독 에이브럼스J. J. Abrams는 〈스타 트렉Star Trek〉 시리즈를 비롯해 그의 대부분의 영화에서 블루 라인 이펙트blue line effect를 애용했다.

두 번째 애너모픽 이펙트는 초점focus 이동으로 인한 상의 왜곡이다. 카메라에서 초점을 원경에서 근경으로 이동할 때 애너모픽 렌즈는 비구면 렌즈의 이동으로 인해 전체 화면상에 심각한 일그러짐 왜곡이 발생한다. 애너모픽 렌즈의 종류에 따라 세로 상이 길게 왜곡되거나 가로 상이 옆으로 왜곡되기도 한다. 또는 가로와 세로가 동시에 왜곡되는 경우다 있다. 할리우드의 히어로 시리즈 〈울버린Wolverine〉에서 돌연변이와 인간 사이에서 끊임없이 갈등하는 주인공 울버린 캐릭터를 표현하는 도구로 초점 이동 시 생기는 애너모픽 렌즈의 상 왜곡 이펙트가 자주 활용된다.

세 번째 애너모픽 이펙트는 공간의 왜곡이다. 앞서 이야기한 렌즈 제조 시 비구면 렌즈와 구면 렌즈의 조합으로 광각렌즈에서 일반적인 구면 렌즈보다 더 심하게 수평 라인과 수직 라인이 배흘림기둥처럼 볼록해지는 라인 왜곡 현상이 발생한다. 일반적인 구면 렌즈에서 문제점으로 지적되는 상의 왜곡이 애너모픽 렌즈에서는 고유의 특성으로 인식된다.

네 번째 이펙트는 구면 렌즈와 다른 공간감이다. 애너모픽 렌즈는 일반적인 구면 렌즈보다 이미지를 두 배 더 압축한다. 이미지를 두 배로 압축해서 기록한다는 것은 렌즈의 초점거리가 두 배로 늘어난다는 것을 뜻한다. 렌즈의 초점거리는 렌즈 중심축에서 필름에 상이 맺히는 데까지의 거리로 보통 렌즈의 밀리미터가 렌즈의 초점거리를 의미한다. 렌즈의 초점거리가 짧을수록 광각렌즈가 되어 더 넓은 화각으로 공간을 담을 수 있고, 렌즈의 초점거리가 긴 망원렌즈는 화각이 좁아서 공간보다는 인물이나 피사체를 표현하는데 주로 사용된다. 애너모픽 렌즈는 구면 렌즈보다 초점거리가 길다. 그래서 같은 50mm 렌즈에서 2배율 애너모픽 렌즈는 구면 렌즈보다 초점거리가 두 배 더 길고, 1.33 배율 애너모픽 렌즈는 구면 렌즈보다 1.33배 비율 초점거리가 길다. 같은 렌즈 밀리미터에서 초점거리가 길다는 것은 피사체 상에 왜곡의 차이 없이 배경으로 보이는 공간감만 두 배로 넓게 보여줄 수 있다는 것을 의미한다. 이것이 의미하는 것은 구면 렌즈에서 인물의 클로즈업을 포착했을 때 배경으로 보이는 공간이 애너모픽 렌즈에서는 다르게 보인다는 점이다. 공간이 두 배로 확대되면서 인물이 공간과 분리되어 보이는 것이 아니라 인물이 공간과 함께 드러나는 것이다. 애너모픽 렌즈는 공간 속 인물을 공간과 함께 더욱 잘 드러내도록 한다.

다섯 번째 애너모픽 렌즈는 35mm 포맷 렌즈보다 심도가 얕다. 심도는 화면 안에 초점이 맞는 범위로 렌즈의 초점거리, 조리개, 카메라와 피사체의 거리감, 피사체가 맺히는 필름이나 센서의 면적에 따라 심도 깊이가 달라진다. 애너모픽 렌즈는 같은 필름 면적에 구면 렌즈보다 두 배 많은 이미지를 담아내는 데, 이는 물리적으로 필름 면적이 두 배 커지는 것이 아니라 정보량이 두 배 더 많아지면서 필름 면적의 증가 효과를 가져오는 것이라고 할 수 있다. 필름 면적이 넓을수록, 그리고 초점거리가 길수록 화면 심도는 얕아진다. 애너모픽 렌즈는 초점거리가 구면 렌즈보다 두 배 길어 같은 초점거리의 구면 렌즈보다 심도가 얕게 보인다. 애너모픽 렌즈는 구면 렌즈보다 넓게 보이는 화각, 하지만 상대적으로 얕아진 심도 표현으로 공간을 드러내면서 동시에 공간 안에 놓인 인물을 부각시키는 데 효과적이다.

극장이라는 공간에서만 경험할 수 있는 영화적 체험과 영화 산업의 위기 타계, 아이맥스 영화 제작 비용 절감을 위해 개발된 애너모픽 렌즈는 실제 아이맥스 영화보다 애너모픽 이펙트를 통해 슈퍼 35mm 영화에서 더 활발하게 사용되었다. 애너모픽 이펙트는 애너모픽 렌즈 제조 시 사용된 구면 렌즈와 비구면 렌즈의 조합에서 만들어지는 결함이다. 이 결함들이 렌즈의 특이성으로 영화에 더 많이 사용되고 있다. 일반적인 영화에서 정상으로 보이지 않는 애너모픽 이펙트의 왜곡된 이미지가 영화 안에서 표현의 도구로 사용되어 내적 의미를 확대한다. 애너모픽 렌즈는 제조 시 생겨난 결함 이미지, 중심을 벗어난 이미지가 다양한 표현 도구로 사용되어 영화 속 공간과 인물을 확장하고 표현이 의미를 다층화하며 영화 표현의 중심 도구로 자리바꿈한다. 광학적 결함으로 생겨난 애너모픽 렌즈의 이펙트는 태생적으로 어떤 의미도 갖지 못했다. 의미를 갖지 않기에 개연성 없이 인과의 틀에서 벗어나 더 자유롭게 영화 안에서 사용되고, 의미 없이 표현되고 왜곡이 어디에 배치되는가에 따라 그 의미를 생성하고 또 달리할 수도 있다.

〈마더〉의 애너모픽 렌즈 사용도 아이맥스 포맷 상영을 위한 선택이 아닌 애너모픽 이펙트의 영화적 표현을 위한 선택에 따른 것이었다. 봉준호 감독은 주인공들의 순수한 눈을 잘 보여주기 위해 애너모픽 렌즈를 선택했다고 언급한 바 있다. 영화를 만든 감독의 의도와 관계없이 이 영화에서 애너모픽 렌즈는 한국 영화에서 주변에 위치해 있던 여성 캐릭터, 그중에서도 수동적 위치에 놓인 인물로만 표현되었던 '엄마'라는 캐릭터의 역할을 능동적인 중심인물로 변모시켰다. 구면 렌즈의 광각 화각이지만 상대적으로 인물의 왜곡은 적고, 인물 뒤로 보이는 배경은 더 많이 담아낸다. 앞서 언급한 것처럼 〈마더〉에서 논리적 인과의 틀에서 벗어난 시공간은 애너모픽 렌즈의 넓은 공간감과 맞물려 진실을 찾아 헤매는 엄마의 집념을 더 강하게 드러낸다. 고정되어 있고, 중심화되어 있는 세상을 애너모픽 렌즈의 얕은 심도로 흩트러놓고 시공간의 모호함 또한 기존의 틀을 혼란스럽게 만들면서 가려지고 변두리에 놓여 있던 '여성, 엄마'라는 존재를 발견하게 만든다.

이로 인해 비로소 그녀는 영화의 중심에 놓이게 된다. 그러나 엄마는 외롭다. 이 영화에서 엄마가 가는 길에는 아무도 없다. 누구도 도와주지 않는다. 오로지 엄마 혼자서 진실을 밝히기 위해 달려야 한다. 〈마더〉의 이야기와 서사가 세상의 중심에서 벗어나거나 '엄마'가 세상의 편견에서 벗어나기는 어렵다. 그러나 물질은 의미를 갖고 있지 않고 표현으로 다른 의미와 만난다. 〈마더〉에서 외롭게 혼자 고군분투하는 엄마를 드러내고 응원하는 것은 물질뿐이다.

몽타주-간격

〈마더〉는 기존 한국 상업영화와 다른 낯선 몽타주를 사용한다. 주인공 인물의 감정을 강제로 강요하는 일반적인 유기적 몽타주가 아닌 관객이 영화 속 주인공과 거리감을 갖게 만들어, 관객 스스로 영화에 능동적으로 참여하게 만드는 몽타주를 사용하는 것이다. 이런 능동적 몽타주 안에 '**간격**'이 있다. 상업영화에 수동적으로 길들여진 관객에게 〈마더〉가 낯설게 느껴지고 흥행에 성공하지 못했던 이유 중의 하나는 간격의 몽타주로 관객의 능동적 참여를 요구했기 때문이다.

들뢰즈가 『시네마』에서 제시한 운동-이미지image-mouvement는 감각운동 도식에 따라 지각-이미지, 행동-이미지, 정감-이미지로 구분된다. 지각-이미지는 주인공의 행위를 관객이 지각하는 이미지로 화면 안에 주어진 상황을 인지하는 이미지이다. 행동-이미지는 지각-이미지에서 인지된 이미지를 바탕으로 우리의 몸이 반응하고 행동하는 이미지이다. 정감-이미지는 지각-이미지와 행동-이미지 사이에서 감각운동 도식의 연쇄 작용의 절단된 이미지로, 지각하고 행동하는 이미지 사이에 일시 정지pause가 생길 때 발생한다. 감각운동 도식의 연쇄 고리가 끊어질 때 정감-이미지에서 '간격'이 발생한다.

'간격'은 들뢰즈가 지가 베르토프Dziga Vertov의 키노 아이kino-eye 이론에서 가져온 개념으로 개연성이 없는 두 이미지 사이에서나 인과적 개연성의 고리가 끊어질 때 발생하는 이미지를 일컫는 말이기도 하다. 일반적인 영화의 이야기 전개를 위한 컷 구성은 인물 사이즈의 구분과 밀접한 관련이 있다. 인과적 이야기 전개를 위한 컷 구성은 정보량을 담고 있는 넓은 화면으로 시작해 이야기나 감정을 드러내기 위해 점점 공간 정보량을 줄여가는 방식으로 진행된다. 이야기를 전달하는 컷 구성은 ELS Extreme Long Shot - LS Long Shot - FS Full Shot - MS Medium Shot - BS Bust Shot - CU Close Up - BCU Big Close Up - ECU Extreme Close Up 순서로 진행되면서 넓은 사이즈에서 좁고 작은 사이즈로 구성된다. 이와 같은 사이즈의 컷 순서는 인과적이고 유기적인 틀 안에서 진행된다. 들뢰즈는 인과적 틀 안에서 지각-이미지와 행동-이미지를 구분한다. ELS, LS, FS은 상황 판단을 위한 정보 전달의 숏shot 사이즈로 지각-이미지에 해당한다. MS는 지각-이미지를 바탕으로 한 반응의 결과물로 행동-이미지이고, CU, BCU, ECU는 정감-이미지로, 지각-이미지와 행동-이미지의 인과적 감각운동 도식에서 벗어난 이미지이다.

고전 영화들은 지각-이미지와 행동-이미지를 활용해 이야기와 감정을 전달한다. 컷 사이즈의 크기별로 순차적으로 연결되는 몽타주도 고전 영화의 가장 일반적인 특징이다. **인과관계**의 틀 안에서 유기적으로 컷을 배치하고 몽타주하는 영화들에서 CU은 정감-이미지가 아닌 지각-이미지나 행동-이미지로 사용된다. 이런 유기적 몽타주의 고전 영화 틀을 깨고 등장하는 대표적 영화 사조 중 하나가 프랑스의 누벨바그Nouvelle Vague다. 누벨바그에서 많이 사용한 몽타주의 특징으로 점프 컷jump cut을 들 수 있다. 점프 컷은 기존의 고전 영화에서 인과관계에 따라 사이즈 크기에 맞춰 단계별로 사이즈를 줄여나가는 편집 방식에서 벗어나 중간에 과감하게 숏을 절단하고 그 사이의 고리를 끊어내는 방식의 몽타주를 일컫는다.

예를 들어 고전 영화의 유기적 몽타주에서는 ELS 다음에 LS 또는 FS을 배치한다. 그러나 누벨바그의 점프 컷은 ELS 다음에 CU이나 BCU, ECU을 배치하여 중간의 내용과 감정의 정보 전달을 차단한다. 고전 영화에서 영화가 던져주는 정보 전달을 순차적으로 받아들이며 수동적으로 영화를 흡입하던 관객들에게 중간 정보가 사라진 이미지를 몽타주를 통해 던져주고 스스로 판단하게 만드는 몽타주가 점프 컷이다. 이때 중간의 정보 전달의 인과적 고리가 끊어진 사이에서 발생하는 이미지가 바로 '간격'이다. 고전 영화의 촬영법칙인 이미지 라인image line(카메라가 가상선 180도 안에서 피사체를 촬영하는) 방식을 어기거나, 동일한 사이즈를 연달아 붙이고, 카메라 각도가 30도 이상 벌어지지 않은 상태에서 같은 사이즈로 컷을 붙이는 것 또한 점프 컷이다. 그러나 후자의 점프 컷에서는 '간격'의 이미지가 발생하지 않는다. 인과의 연쇄 고리가 사라진 사이에서 불쑥 튀어 오르는 이미지를 들뢰즈는 『감각의 논리Francis Bacon logique de la sensation』에서 사유의 이미지라고 정의하기도 한다.

〈마더〉는 점프 컷을 활용해 ELS에서 CU 또는 BCU으로 몽타주한다. 진태를 범인으로 생각하고 진태 집을 찾아 넓은 들판을 혼자 걸어가는 혜자의 ELS 다음에 혜자의 CU이 연결되고, 집을 나서는 장면도 같은 방식으로 LS 다음에 골프채의 CU으로 연결된다. 영화 후반 고물상 김 씨에게 단서를 얻기 위해 찾아갈 때도 ELS 다음에 집 앞에 멈춰서는 엄마, 혜자의 발 CU으로 연결된다. 반대로 고물상 김 씨를 죽이고 나오는 장면은 불이 난 집의 외관 정보를 먼저 보여주는 것이 아니라, 알 수 없는 공간이 열리고 그 사이로 보이는 혜자의 얼굴 CU을 먼저 보여준 후 다음에 불이 난 집의 ELS을 보여준다. 〈마더〉에서는 주인공 행동의 동선에서 인과적으로 중간 설명을 이어주는 정보의 컷들이 생략

되어 있는 것이다.

간격의 이미지는 숏 사이즈뿐만이 아니라 렌즈의 물리적 성질로도 표현될 수 있다. 영화의 편집과 렌즈는 굉장히 밀접한 관계가 있다. 영화에서 1차 편집은 카메라가 영화 현장 안에 놓이고 돌아가는 순간 결정된다. 〈마더〉에서 도준이 범인으로 오해받아 잡혀가고 엄마가 그를 첫 면회하는 장면에서 렌즈의 차이로 간격을 만들어내는 이미지를 발견할 수 있다. 감각운동 도식에 따른 렌즈의 인과적 몽타주는 화면의 정보량에 따라 컷의 사이즈 순서로 몽타주된다. 일반적인 영화에서는 광각렌즈에서 망원렌즈로 하나의 신 안에서 동일한 렌즈로 컷을 구성한다. 광각렌즈에서는 동일 렌즈로 사이즈를 줄여나간다. 이런 편집 방식을 유기적 또는 직선적 서술 편집 방식이라고 한다. 직선적 편집 서술 방식에서는 정보량이 줄어든 망원렌즈 다음 정보량이 많은 광각렌즈로 다음 컷을 잘 연결하지 않는다. 망원렌즈의 CU 다음에 광각의 CU을 이어서 컷으로 연결하면 점프 컷이 된다. 영화의 자연스러운 연결이 흩뜨려지는 것이다.

정보량의 전달을 목적으로 차례대로 이어가는 몽타주가 일반적이라면 그 반대편에 변증법적 몽타주가 있다. 컷의 대립과 모순 사이에서 솟아오르는 새로운 이미지를 포착하려는 몽타주가 변증법적 몽타주dialectical montage이다. 이런 몽타주를 만들고 사용한 대표적인 감독이 에이젠슈테인Sergei Eisenstein이다. 변증법적 몽타주는 그리피스David W. Griffith의 유기적·직선적 서술 방식의 연속편집, 교차편집과 함께 현대 영화의 가장 대표적인 몽타주이다. 〈마더〉에서도 변증법적 몽타주, 직선적 서술 방식의 몽타주가 쓰인다. 그리고 그 사이에 간격의 몽타주가 배치되어 있다.

변증법적 몽타주나 직선적 서술 방식의 몽타주는 렌즈의 물리적 차이에 의한 간격을 만들어내지 못한다. 〈마더〉에서는 렌즈의 물리적 차이로 간격의 몽타주를 만들어낸다. 가령, 혜자가 문아정의 살인범으로 지목되고 경찰의 강압에 의해 자백을 하고 구치소에 수감된 도준을 면회하는 장면이 있다. 신이 바

뀌고 장면이 시작되면 혜자의 BS 컷이 나온다. 숏 안에 정보량이 최소화된 BS 컷은 다급한 혜자의 감정에 관객들의 관심을 집중시키는 효과를 발휘한다. 그러나 신의 시작부터 정보량이 제한된 컷의 사이즈는 더 중요한 감정이나 대사를 전달하기 위해 더 타이트한 클로즈업으로 들어가기 어려운 한계를 지닌다.

　반면에 직선적 서술 편집 방식에서 컷 사이즈는 정보량이 더 작은 사이즈로 나아간다. BS 컷으로 시작하면 다음 컷은 CU, BCU, ECU 컷들이 배치된다. 이 컷들은 정보량이 극히 제한되어 있어 감정을 강하게 드러내는 데는 용이하지만 신 안의 이야기나 정보 전달을 하는 데는 효과적이지 못하다. 그리고 한 신에서 컷 전환 시 정보량이 작은 컷들만으로 배치하면 감정 과잉으로 인해 작은 사이즈의 컷들이 가질 수 있는 감정의 힘에 무감해지게 된다. 〈마더〉의 구치소 면회 장면에서는 혜자를 망원렌즈로 찍은 BS 컷으로 시작 부분부터 감정의 과잉을 이끌어낸다. 그리고 직선적 서술 방식의 편집으로 연결되면서 역시 망원렌즈로 잡은 도준의 BS 반응 숏이 이어진다. 다시 혜자의 전 숏과 동일한 사이즈의 BS 컷이 이어지고 혜자는 도준에게 심호흡으로 안심을 시킨다.

　그런데 이때 카메라가 갑자기 광각렌즈로 측면 2S으로 빠진다. 타이트한 망원렌즈의 BS 컷의 직선적 서술 방식으로 편집되다가 광각렌즈로 정보량이 많은 사이즈의 다음 컷이 연결되면서 순간 점프 컷이 된다. 감정과 서사의 고리를 이어나가는 인과적 컷 연결에 역행하는 렌즈의 사용인 것이다. 망원렌즈에서 망원렌즈로 컷 연결이 아닌 정보량이 작은 망원렌즈에서 정보량이 많은 광각렌즈로의 컷 연결은 물리적 차이를 만든다. 이 렌즈의 물리적 차이는 물질적 차이를 발생시키면서 영화 속 장면을 환기시킨다. 직선적 서술 방식의 편집으로 관객들에게 영화가 주는 이미지를 수동적으로 받아들이게 하다가 렌즈의 차이가 만들어내는 물질적 차이들이 갑작스러운 낯섦을 만들어낸다. 이 낯섦은 관객들에게 능동적 참여를 요구한다. 이때 간격이 발생한다. 간격은 이렇게 인과적 고리가 끊어진 균열의 틈에서 불쑥 튀어 올라 낯섦으로 사유 이미지를 만든다.

그러나 〈마더〉는 간격이 발생할 때 직선적 서술 방식의 컷 연결 방식으로 더 강력하게 관객들을 끌어당기며 앞선 낯선 간격을 다음 컷에 집중시키는 도구로 사용한다. 광각렌즈의 2S MS에서 다음 컷은 도준의 BCU로 점프한다. 이 때도 간격이 발생한다. 도준이 "다들 내가 죽었다고 그러고, 그러다 보니까"라는 대사에 맞춰 BCU 사이즈로 들어간 컷은 앞선 컷 배치의 낯선 간격으로 인해 더욱 집중되어 중요하게 들린다. 그리고 다음 대사가 이어질 때 카메라가 같은 축으로 그대로 뒤로 빠지면서 광각렌즈의 MS OS Over Shoulder 컷을 다음 컷으로 연결한다. 주인공의 감정이 들어가는 신 안에서 인물 숏을 카메라가 같은 축에서 정보량이 많은 사이즈로 확대해 편집하면 감정의 이격이 발생한다. 〈마더〉는 이 컷에서 정보량이 많은 사이즈로 확대되는 것과 함께 망원렌즈 BCU 컷에서 앞선 컷보다 더 초점거리가 짧은 광각렌즈를 사용, 렌즈의 물질적 차이까지 더해 컷의 연결을 더 낯설게 만든다. 그리고 혜자의 "무슨 소리"라는 대사에 맞춰 망원렌즈의 BCU 컷으로 다시 연결되면서 간격의 몽타주를 만든다.

망원렌즈 BCU - 광각렌즈 MS - 망원렌즈 BCU - 광각렌즈 MS - 망원렌즈 CU 으로의 몽타주에는 각 컷 사이에 렌즈의 물질적 차이가 만들어내는 간격이 있다. 관객들이 망원렌즈의 얇은 심도와 평면감에 익숙해질 때 광각렌즈의 넓은 공간감과 깊은 심도를 충돌시켜 차이를 발생시키고, 광각렌즈의 물리적 성질에 익숙해질 때 다시 극단적 망원렌즈로 앞서 익숙해진 공간감을 무화시킨다. 그리고 다음 컷에서 앞선 광각렌즈보다 초점거리가 더 짧아진 광각렌즈로 무화시킨 공간감을 더욱더 넓고 깊게 드러낸다.

〈마더〉에 사용된 애너모픽 렌즈는 렌즈의 물질적 차이를 통해 간격의 몽타주를 강조한다. 컷의 연결 시 애너모픽 렌즈는 공간 왜곡의 차이를 더 확대시키는데, 애너모픽 이펙트 중 하나인 수평선과 수직선의 왜곡이 이 차이를 더 극명하게 만들어준다. 렌즈의 물질적 차이가 편집에서 점프 컷을 간격의 이미지로, 간격의 몽타주를 만들어내는 것이다. 이 간격이 낯섦으로 환기와 집중을 반복시키면서 엄마, 혜자의 다급한 감정을 더욱 증가시킨다. 간격이 감정의 고조 장치로 작동하는 것이다.

빛

〈마더〉의 영화 표면에서 가장 빛나는 물질은 빛이다. 〈마더〉는 한국 영화에서 유일하게 서사의 기승전결처럼 빛의 내러티브를 가지고 있다. 일반적인 영화에서 프레임 안에 빛이 닿아야 할 때 〈마더〉는 빛이 닿지 않고, 빛이 닿지 않아야 할 때 빛이 닿는다. 이 영화에서 엄마, 혜자가 사건의 진실을 알기 전까지 그녀에게는 순광의 빛이 닿지 않는다. 그리고 인물들을 감싸는 역광도 이 영화에는 없다.

순광과 역광은 2차원의 평면적인 영화 이미지에 일차적으로 입체감을 부여한다. 입체감이 없는 스크린에 3차원적 공간감을 부여해서 사실적인 이미지를 제공한다. 이 빛은 광각렌즈의 공간 깊이감, 원근감과 함께 화면의 공간감을 표현하는 데 꼭 필요한 재료다. 빛의 밝고 어둠에 대한 대비와 인물과 배경을 분리시키는 인물의 역광은 평면적인 영화 스크린에 사실적 입체감을 표현한다. 영화에서 인물의 역광은 극 중 주인공을 부각시키고 관객들의 시선을 유도하는 데 중요한 역할을 한다. 역광은 빛의 콘트라스트contrast 대비뿐만 아니라 인물의 빛의 아우라를 만들면서 역광을 받은 인물과 주변 인물을 구분하고 공간 안에 놓인 인물을 두드러지게 한다. 일반적인 서사 영화에서 캐릭터를 이미지로 표현할 때 역광 빛은 캐릭터를 부각시키는 가장 중요한 빛의 표현 방법이다.

현대 영화에서 조명은 르네상스 회화부터 시작해 바로크, 인상주의 회화의 자장 안에 있다. 인물의 입체감을 표현하는 가장 기본적인 3점 조명의 기원은 바로크의 대표적인 화가 렘브란트Rembrandt의 자화상에 근거한다. 바로크 회화의 특징은 그림 안에 빛의 방향성을 알 수 있는 주 광원이 존재한다는 것이다. 이 주 광원이 영화에서 키 라이트Key Light로 화면 안에 콘트라스트와 빛의 방향성을 결정하는 가장 주된 광원이다. 바로크 회화는 주 광원으로 그림 안의 피사체와 배경을 분리하고 그림 속 이야기의 주인공을 빛의 명암 차이로 강조한다. 그리고 이 빛의 차이는 그림 전체의 공간감을 표현한다. 바로크 이전 회화에서는 인물을 강조하기 위한 방법으로 피사체의 외곽선을 사용했다. 피사체의 외곽선이 현대 영화 조명에서 인물에 닿는 역광의 기원이다.

르네상스 회화는 선으로 피사체와 공간을 구분한다. 반면에 바로크는 선이 사라지는데 빛과 색의 차이를 극단으로 밀어붙이는 방식으로 선을 없애고 경계를 흩뜨려 놓는다. 미세한 빛의 차이들이 오히려 피사체를 배경 안에 붙잡으면서 동시에 피사체를 화면 위로 튀어 오르게 만든다. 인상주의 회화들은 가까이서 보면 피사체의 형체가 구분되지 않는다. 선으로 나눠지지 않는 피사체는 배경과 구분이 없다. 거리감을 두고 보면 피사체는 배경과 분리되며 더 강한 입체감을 갖고 화면 위를 장악한다.

북유럽에 이탈리아 르네상스 미술을 가져온 뒤러Albrecht Dürer는 섬세한 교차선과 평행선을 사용하여 피사체의 윤곽과 입체감을 가장 사실적으로 잘 드러낸 화가 중 한 사람이다. 르네상스 시대의 회화들은 피사체를 강조하기 위해 선을 사용한다. 뒤러의 사실적 회화와 판화에서 선은 영화에서 피사체를 강조하기 위한 역광의 좋은 선례로서 현대 영화의 인물을 강조하기 위한 빛의 사용과 같다. 피사체를 강조하기 위해 사용하던 역광의 선은 인상주의 회화에 이르러서야 사라진다. 하지만 현대 영화의 조명 대부분은 르네상스 회화의 선적인 역광을 사용하여 피사체를 강조한다.

〈마더〉는 인상주의 회화처럼 빛을 사용한다. 르네상스의 선과 같은 역광으로 피사체를 강조하지 않는다. 인물의 얼굴을 강조하기 위한 순광도 사용하지 않는다. 주인공 혜자는 아들 도준이 범인이라는 사실을 알기 전까지 빛을 받지 않는다. 빛은 공간과 인물을 함께 비춘다. 경계를 나누는 빛을 사용하지 않지만 주인공 혜자는 어둠 안에서도, ELS에서도 두드러져 보인다. 〈마더〉는 뵐플린이 이야기하는 회화적 양식으로 피사체를 조명한다. 선이 아닌 회화적으로 빛의 미시적인 차이를 통해 화면 안에서 혜자를 부각시킨다.

이 영화에서 김혜자에게 닿지 않던 빛이 처음 닿기 시작한 장면은 고물상 김 씨를 찾아간 신이다. 문아정의 살해범을 찾아 헤맸던 혜자는 고물상 김 씨가 범인이라는 단서를 확보하고 그를 찾아간다. 그러나 고물상 김 씨에게서 도준이 범인이라는 뜻밖의 사실을 알게 된다. 혜자는 고물상 김 씨가 도준의 범행을 지켜본 유일한 목격자라는 것을 알게 된다. 혜자는 경찰서에 전화를 거는 고물상 김 씨를 멍키스패너monkey spanner로 내려쳐 죽인다. 아들에 대한 강력하고 무한한 믿음이 자신도 모르는 힘으로 작용하여 김 씨를 살해하게 된다. 김혜자는 이성을 잃고 바닥에 쓰러진 고물상 김 씨를 멍키스패너로 힘껏 내려친다. 이때 카메라는 고물상 김 씨의 위치에서 혜자를 앙각low angle으로 포착한다. 혜자 뒤로 고물상의 갈라진 천장이 보이고 이 영화에서 처음으로 강한 하이라이트 빛이 쏟아진다. 혜자에게 한 번도 닿지 않았던 역광이 강하게 혜자의 주변을 감싸며 공간과 인물을 분리시킨다.

엄마, 혜자는 고물상 김 씨를 죽이기 전에도 혼자였다. 세상 사람들이 모두 아들 도준이 범인이라고 이야기할 때 그녀만은 아들이 범인이 아니라고 주장하며 진짜 범인을 찾아 외롭게 세상을 돌아다녔다. 그녀는 이제 자신의 아들이 진짜 범인이라는 것을 알게 되었고, 그 진실을 감추기 위해 살인까지 저질렀다. 누구에게도 말할 수 없는 사실, 진실을 찾았지만 엄마는 이 세상에서 여전히 혼자다. 혜자가 고물상 김 씨를 살해하는 순간, 혜자를 감싸는 강한 역광은 세상과 엄마, 혜자를 분리시킨다. 엄마, 혜자를 감싸는 빛은 이제 진정 세상에 혼자가 되었음을 의미한다.

엄마, 혜자는 이제 모든 진실을 알았다. 그 진실은 세상에서 엄마만이 알고 있다. 혜자는 고물상 김 씨를 살해하고 증거를 없애기 위해 고물상에 불을 지른다. 고물상 건물에 불이 붙고 혜자는 건물을 빠져나온다. 혜자가 건물을 빠져나올 때 일반적인 영화에서는 불타는 건물의 외관을 먼저 보여주고 건물을 빠져나오는 혜자를 보여주겠지만 〈마더〉는 실내에 불이 붙는 장면을 보여준

뒤 공간이 드러나지 않는 어딘가 문을 열고 나오는 혜자의 얼굴 CU을 먼저 보여준다. 그리고 그다음 ELS으로 불타는 고물상 건물의 외관을 보여준다. 정보의 FS를 먼저 보여주고 그다음 감정을 보여주는 CU의 배치가 아닌, CU을 먼저 보여주고 정보는 뒤늦게 소개한다. 이때 먼저 보여주는 혜자의 CU에서 처음으로 혜자에게 순광의 빛이 닿기 시작한다.

불붙고 있는 실내 장면에서 화면이 전환되면 외부로 보이는 문 위로 조각난 빛들이 닿아 있다. 그리고 문이 열리고 혜자의 얼굴 CU이 보인다. 그런 혜자의 얼굴 위로 조각난 빛들 중 하나가 그녀의 눈 위에 떨어진다. 그녀는 자신의 눈 위로 떨어지는 빛을 눈부셔 하면서 손으로 빛을 가린다. 그러나 빛은 사라지지 않는다. 이 장면 이후부터 순광의 빛이 그녀를 쫓아다니기 시작한다. 아들 도준이 범인이라는 진실을 알아버린 순간 역광의 빛이 닿고, 그 진실을 감추기 위해 자신도 모르게 살인을 저지른 후부터 빛은 그녀를 따라 움직인다. 그녀가 고물상 김 씨를 죽인 살인범이라는 사실을 세상은 모른다. 그러나 빛은 모든 것을 알고 있고, 그녀를 비춘다. 불타는 고물상을 등지고 그녀는 어딘가를 오른다. 혜자는 침엽수림이 병풍처럼 둘러싸인 갈대밭 사이를 걷는다. 걸음을 멈추고 미친 듯 춤을 추기 시작한다. 그녀에게 순광의 빛이 닿지 않는다. 그러나 혜자는 그녀에게 빛이 닿는 듯, 두 팔로 하늘을 휘젓듯 춤을 추다 손등으로 눈을 가린다. 불을 지르고 고물상을 나왔을 때 해를 가리듯이 손으로 해가 없는 하늘을 가린다. 이후 도준이 대신 범인으로 지목된 용팔이를 면회 가는 차 안에도 혜자에게 순광의 빛이 비친다. 약재상에도, 그녀가 집밥을 먹는 부엌에도 이어지는 장면에서 순광의 빛이 계속 따라다닌다.

이 영화에서 같은 공간, 같은 앵글로 반복되는 장면이 있다. 타이틀이 뜨고 본격적으로 영화가 시작되면 약재상에서 작두로 한약 재료를 썰고 있는 혜자의 모습이 보인다. 이 장면은 영화 말미에 혜자가 진실을 알게 되고 다시 일상이 시작되었다는 것을 보여줄 때 반복해서 등장한다. 영화에서 또 한 번 중요하게 반복되는 장면이 있는데, 도준이 벤츠 자동차를 부수고 경찰서에 갔다 온 뒤 엄마와 함께 부엌에서 밥을 먹는 장면이 있다. 영화 후반 도준이 구치소에서 출감한 후 똑같은 앵글로 같은 부엌 공간에서 모자가 함께 밥 먹는 장면이 반복된다. 약재상 장면과 부엌에서 밥 먹는 장면은 똑같은 앵글과 상황으로 반복된다. 약재상의 엄마는 첫 장면에서도, 반복되는 후반 장면에서도 대사 없이 약재를 썰며 무엇인가를 응시한다. 부엌에서 밥 먹는 장면도 똑같은 FS 앵글로 시작하여 엄마와 도준이 앉아 있는 위치, 먹는 음식, 대사마저 비슷하다.

영화에서 반복되는 두 장면은 앞과 뒤 달라진 것이 없는 듯하다. 그러나 영화의 내러티브에서는 같은 장면이지만 내적 상황이 달라져 있다. 영화 초반의 약재상과 부엌에서 엄마는 아들만을 믿는다. 세상에서 유일하게 엄마만 아들을 믿는다. 아들 도준은 아직 살인자가 아니다. 하지만 영화 후반에서 엄마는 이 세상에서 혼자만 사건의 진실을 알고 있다. 자신의 아들 도준이 문아정의 진짜 살인범이라는 것을 알고 있다. 겉으로 보기에는 달라진 것이 없다. 엄마만이 진실을 알고 있기 때문이다. 다시 돌아온 일상은 아무것도 일어나지 않은 듯 평온하다. 하지만 엄마의 마음은 평온하지 못하다.

영화 후반이 되면 다시 일상이 시작되고 평온해진 일상의 공간을 카메라가 같은 앵글과 시선으로 포착한다. 그러나 분명 이 영화의 시작과 달라져 있다. 그 영화의 내적 차이는 빛으로 표현되어 있다. 영화가 시작되고 엄마, 혜자가 진실을 알기 전까지 그녀에게 닿지 않던 순광과 역광의 빛들이 그녀가 진실을 알게 되면서 그녀에게 빛이 닿기 시작한다. 영화 초반 빛은 약재상 안으로 들어오지만 엄마, 혜자가 앉아서 약재를 쓰는 안쪽 깊숙한 공간까지 닿지 않는다. 그녀는 그늘에 있다. 그러나 영화 후반 다시 등장하는 약재상에서는 빛이 혜자가 앉아 있는 안쪽 깊숙이 와 닿는다.

그녀의 집 부엌에서 밥을 먹는 장면도 마찬가지다. 영화 초반 등장하는 부엌은 일광의 빛이 집안으로 들어오지 않는다. 영화 안의 시간은 낮이다. 부엌 겸 거실은 커다란 창이 앞에 있고, 뒤편 부엌 벽에도 창이 있다. 그러나 이 공간을 지배하는 주된 광원은 일광의 햇빛이 아닌 천장의 형광등이다. 혜자의 정면 큰 창에서 들어오는 일광의 순광도, 뒤편 부엌 창의 역광도 그녀에게 닿지 않는다. 영화 후반 다시 등장하는 부엌 장면도 같은 낮 시간대에 같은 카메라 앵글이다. 영화 초반의 부엌과 다르게 후반의 부엌은 큰 창의 일광이 혜자의 얼굴에 순광으로 와 닿는다. 화면 안의 모든 것은 같지만 빛이 달라져 있다. 영화의 후반 혜자의 일상 공간 안으로 빛이 들어오고, 그녀를 비추지 않던 순광 빛들이 그녀를 따라 다닌다.

영화에서 반복은 중요하다. **반복** 안에서 **차이**가 발생하기 때문이다. 그 차이는 대립도 유비도 모사도 아니다. 들뢰즈는 그의 저서 『차이와 반복Différence et répétition』에서 차이를 생산적이고, 그 자체로 종합적이며, 라이프니츠Gottfried W. Leibniz를 통해 차이가 생산적인 것뿐만이 아니라 실제로 무한한 것을 향해 나아가며, 개체적인 것을 구체적으로 규정하는 것이라고 강조한다. 이때 개체적인 것은 현행화되고 사실적인 것이 아닌 잠재성 안에서 미규정되고 미분화된 강도의 차이를 뜻한다. 영화에서 반복되는 것을 인지한다면, 그것은 반복되어서가 아니라 서사화되지 않았기 때문이다. 결국 반복을 만들거나 반복 속 차이와 그 차이가 만들어내는 리듬보다 반복 자체에 주목하게 되는 것은 서사화를 지향하는 우리의 관습적인 영화 보기에서 서사화되지 않은 물질들의 집합이 반복되기 때문이다. 물질들의 집합된 반복 안에 차이들이 있고, 그 차이들은 물질들이 만들어낸다. 〈마더〉에서 내용과 감정의 내적 차이들은 서사화되지 않은 빛의 물질들로 표현되고, 물질들이 발생시키는 차이를 통해 반복은 더욱 강하게 드러난다.

또한 〈마더〉에서 반복되는 약재상 공간과 혜자의 집 부엌도 차이를 발생시킨다. 표현의 층위에서 차이는 빛을 통해 드러난다. 빛은 차이를 통해 생산적이고 종합적이며 무한한 것을 향해 나아간다. 혜자의 대사나 표정도 처음과 마지막에 달라진 것이 없다. 공간에 존재하는 어떤 것도 달라진 것이 없다. 오로지 빛만이 달라져 있다. 달라진 것 없이 반복되는 이 두 장면에서 달라진 것은 빛과 영화를 보는 관객들뿐이다. 빛이 이성적으로 지각되지 않더라도 빛의 차이는 무의식적으로 감각된다. 빛은 서사와 의미를 가지고 있지 않지만 무표정한 혜자 얼굴에 감정을 구체적으로 규정하며 관객 각자가 느끼는 감정들을 촉발시킨다.

이 영화의 마지막 신은 버스터미널이다. 터미널 실내 안으로 창밖에서 밝은 빛이 들어와 공간의 콘트라스트를 만든다. 대합실에 앉아 있는 엄마에게도 창밖의 빛이 닿고 있다. 창을 등지고 앉은 그녀에게 빛은 역광으로 닿는다. 아들 도준이 고물상 화재 터에서 챙겨온 침술 도구를 건네고 그것을 보기 위해 그녀가 고개를 돌리면 빛은 얼굴 측면에 닿으며 강한 콘트라스트를 만든다. 일반적인 영화에서는 익숙한 인물의 얼굴 측면 조명이지만 〈마더〉에서는 영화의 엔딩에서야 처음 등장하는 빛의 방향이다. 인물 측면 조명은 한 얼굴 안에 밝음과 어둠의 대비를 극명하게 드러낸다. 아들이 건네주는 침술 도구를 받아드는 엄마의 복잡한 심정이 얼굴에 빛으로 드러난다. 감정의 밝음과 어둠이 빛으로 동시에 표현되며 복잡한 엄마의 감정을 더욱 잘 드러내는 것이다.

엄마, 혜자는 주체할 수 없는 감정을 부여안고 버스에 오른다. 달리는 버스 안으로 강한 빛이 버스의 움직임에 따라 달라지며 그녀 위에 떨어진다. 버스 안은 시끄러운 음악에 맞춰 신나는 춤판이 벌어지고 있다. 그녀는 춤추는 대열에 합류하지 못하고 자리에 앉아 있다. 카메라가 그녀에게 천천히 트랙인track in하고 온몸으로 빛을 받고 있는 그녀는 치마를 올린다. 그녀만이 아는 침 자리, '안 좋은 모든 기억을 잊게 해주는' 그녀만의 침 자리에 침을 놓는다. 그녀가 침을 꽂는 순간 버스 안의 시끄러운 음악 소리가 멈추고 카메라가 화면 밖으로 갑자기 나온다. 소거된 음악 소리와 함께 시간도 점프한다. 오후의 빛이 석양의 빛으로 바뀌어 있다. 카메라가 밖으로 이동되는 것과 함께 시간도 갑자기 점프한다. 카메라의 공간과 시간 이동은 간격의 이미지를 만든다. 단절된 이미지 위로 지는 해가 강력한 역광으로 자리에서 일어나는 그녀를 비춘다. 지는 석양빛을 받으며 그녀는 영화의 초반처럼 미친 듯 춤을 춘다.

아들이 범인이라는 진실을 알게 된 후 그녀를 따라 다니던 빛, 그녀는 그 빛에서 벗어나고 싶다. 하지만 그녀는 그 빛을 벗어날 수 없다. 마지막으로 그녀는 자신만이 아는 용한 침 자리에 스스로 침을 놓는다. 안 좋은 모든 기억을, 아들의 진실을 잊고 싶은 듯 자신의 무릎 위에 침을 놓는다. 그녀가 침을 놓자 시간이 변하고 해는 점프하여 산등성이에 걸려 있다. 해가 지고 있는지 멈추어 있는지 알 수 없다. 그녀의 침자리가 효험이 있다면 해는 질 것이고, 효험이 없다면 해는 사라지지 않고 그녀를 비출 것이다. 그녀는 지지도 멈춰 있지도 않은 강렬한 석양빛을 받으며 미친 듯 춤을 추기 시작한다. 그녀는 자리에서 일어나 앞으로 나아가 사람들 무리 속에 들어가려 한다. 석양의 역광 빛은 버스 안에서 춤추는 사람들을 형태가 비슷한 실루엣으로 동일하게 만든다. 엔딩의 역광은 인물의 라인을 만들며 개별 인물들을 구별 짓지 않는다. 강한 역광이 사람들을 구별되지 않는 실루엣으로 만들며 그녀는 실루엣 안에 타자와 동일한 하나의 존재가 된다.

영화 〈마더〉는 스토리의 서사가 아닌 빛의 서사가 있는 유일한 한국 영화이다. 그래서 우연적이고 의미 없는 것처럼 보이는 엔딩 장면은 오히려 이 영화의 빛의 서사를 따라가다 보면 필연적으로 등장할 수밖에 없는 장면이 된다. 이 장면은 이야기의 서사를 따라가고 이야기의 인과의 틀 안에서는 필요 없는 장면일 수 있다. 이야기 서사 안에 의미 없는 장면이 빛, 물질의 서사에서는 규정할 수 없는 의미와 감정이 발생하고 이 영화를 각인시키는 키Key 이미지가 된다. 〈마더〉의 마지막 장면은 관객들이 이 영화를 기억하는 가장 중요한 장면이 되었다. 빛과 물질이 만들어낸 엔딩 컷은 인과적 서사의 고리에서 벗어나 관객들에게 끊임없이 의미를 파생시킨다. 고정되지 않는 의미, 무한히 뻗어 나가는 의미를 만든다.

물질은 영화의 내재성의 평면 안에 강도들의 차이를 만들어내며 무한히 현행화한다. 현행화된 이미지는 또 다른 매끄러운 평면을 만들며 거기에 있었던 변화하는 물질들과 만나 다시 현행화한다. 물질들이 무한 속도로 반복하며 의미를 확장하는 것이다.

감각적인 것의 재배치

이 글은 영화 〈마더〉를 프레임을 구성하는 물질들로 읽음으로써 시공간의 모호성을 만들어내는 물질들, 경계가 사라진 색의 통일성 안의 차이들, 애너모픽 렌즈의 물리적 왜곡이 만들어내는 의미를 규정할 수 없는 효과들, 렌즈의 차이가 만들어내는 간격의 몽타주, 인과적 고리를 벗어난 빛의 서사 등으로 〈마더〉를 분석했다. 영화를 구성하는 물질들은 색, 렌즈, 빛 외에도 필름의 입자, 디지털 센서의 시간성, 간격의 사운드, 심도와 카메라의 거리감, 유동적 프레임과 고정적 프레임, 핸드헬드handheld와 카메라 강도 차이, 카메라의 물리적 무게감과 감정의 무게, 프레임 안의 물질적 동선과 배우의 동선, 빛의 시간성 등등 셀 수 없이 많은 미시적 물질이 미분화되어 규정되지 않은 채 프레임 안과 밖에 잠재되어 있다. 〈마더〉를 물질로 읽는 촬영미학은 무수히 많은 물질을 감각하는 것이다. 서사와 의미에 가려져 감각되지 않았던 물질들을 통해 감각적인 것을 나누는 것이다.

작품이 가진 아우라나 영화를 만든 감독의 개인 능력으로 영화를 평가하고 이야기하는 것은 영화나 감독과 관객 사이에 위계를 형성한다. 영화의 서사의 틀 안에서 내적 의미나 사회구조적·정치적 상황으로 영화를 보는 방법 또한 영화를 대상화하며 영화가 갖고 있는 정치성에서 오히려 벗어나게 한다. 랑시에르는 플라톤의 시인 추방이 예술의 정치적 추방이 아닌 정치 자체가 플라톤의 행위에 의해 배척된 것이라고 말한다. 표면의 물질을 감각하는 것은 랑시에르의 표현을 빌리자면 감각을 재분할, 감각적인 것을 나누는 것이다. 대상화된 영화와 감독의 개인 능력으로 영화를 귀결시키는 것이 아니라 한 편의 영화를 만든 이와 관객의 공통의 공동체 질서로 가져오면서 그 사이에 있던 위계를 해체하는 것이다. 영화가 정치적일 수 있는 것은 영화 표면의 물질들을 통해 감각적인 것을 나누며 공동체 안에서 공동의 말을 할 능력을 가진 자로서 일반적인 것을 나눌 때이다.

영화 〈마더〉를 빛과 물질로 분석한 것은 영화를 읽는 특수한 도구들을 설명하기 위함이 아니다. 영화를 읽는 촬영 도구들의 중요성도 아니다. 영화 표면 위 물질들을 통해 기존에 우리가 영화를 보고 인지하고 감상하고 분석하는 틀을 바꾸어보자는 것이다. 사유의 전환으로서 촬영으로 영화 읽기, 촬영미학을 이야기하는 것이다. 이성적인 사고의 틀에서는 감각되지 않는 것들을 영화의 물질들에게 내 몸을 맡기고 감각해 보자는 것이다. 영화의 물질들을 감각하려는 순간, 한 번도 경험해 보지 못한 감당할 수 없는 순간을 만나게 된다.『감각의 논리』에서 들뢰즈의 표현에 따르면, 그것이 사유이고 감각이다. 사유와 감각은 이성적 사고, 인과적 서사의 논리에서는 만날 수 없다. 오로지 몸의 감각을 통해서만 만날 수 있다. 영화에서 몸으로 감각을 만날 수 있는 통로가 바로 물질들이다.

홍상수 감독의 영화 〈지금은 맞고 그때는 틀리다Right Now, Wrong Then〉(2015)에서 극 중 캐릭터 주영실(서영화 분)이 극 중 영화감독인 함춘수(정재영 분)에게 시집을 선물한다. 그 책에 이런 문구가 쓰여 있다. '우리의 삶의 표면에 숨겨진 것들의 발견만이 우리의 두려움을 이겨내는 길이다.' 우리 삶의 표면에 숨겨진 것들, 영화의 표면에 숨겨진 수많은 물질, 그 물질들을 발견하는 것이 영화를 확장시키고 영화가 이 세상의 모든 두려움에서 이겨낼 수 있는 길이 될 수 있다.

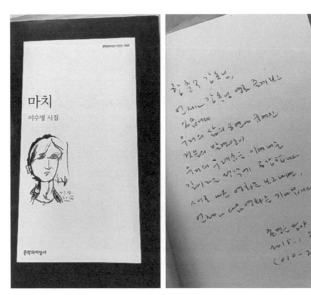

그림 7-1 이수명 시집 『마치』

자료: 박홍열.

1960년대 한국 실험영화 작품

최종한 세명대학교 공연영상학과 교수

유현목과 김구림[1]

대표적인 실험영화 아카이브 겸 연구 집단인 영국 럭스LUX는 동시대 필름을 '스크린 위에서 움직이는 이미지Moving image'로 넓게 규정한다. 이 중 순수 예술 지향의 영화 작업을 '아티스트 필름Artist's film과 비디오video'로 구별한다. 이는 실험영화, 비디오 아트, 필름 설치, 공연예술 영상, 사적 다큐멘터리, 에세이 영화, 애니메이션 등을 모두 포괄하는 개념이다.[2] 여기에서도 럭스의 포괄적 정의를 차용해 실험영화를 비내러티브 **무빙 이미지**, 전문 예술가에 의해 창작된 작품, 스크린(혹은 비디오 상영) 기반의 무빙 이미지로 규정하고자 한다. 선행 연구들에 대한 분석과 기타 관련 문헌 연구, 각종 기사 검색 등을 통해 1960년대 실험적 영화 작업으로 분류될 수 있는 작품들은 〈춘몽〉(유현목, 1965), 〈손〉(유현목, 1966), 〈1/24초의 의미〉(김구림, 1969), 〈병사의 제전〉(하길종, 1969), 〈영화를 위한 선〉(하길종, 1962~1964)이다. 또한 실험영화제 프로그래머들과 실험영화 학자들, 작가들과의 인터뷰를[3] 통해 〈무제〉(김구림, 1969), 〈문명, 여자,

돈〉(김구림, 1969), 〈코리안 알파벳〉(김인태, 1967) 등도 발굴되었다. 이상과 같은 작품들 외에도 초기 한국 미디어아트사에 등장하는 〈전자예술전〉(양승권, 1969; 이원곤, 2013.11.17; ≪중앙일보≫, 1969.11.29) 등이 1960년대 한국에서 창작된 실험적 영상작업으로 추측되나 현재 그 원형을 파악하기는 쉽지 않다.

한국 예술사에서 1960년대는 앵포르멜informe로 대표된다. 기존 구상 중심의 '국전' 등에 대한 반발로 추상 조각, 추상 회화 등이 인기를 끌었고 퍼포먼스와 해프닝 등 행위예술이 한국을 휩쓸었다.[4] 영화계에서도 전문 영화인들이 성장하며 많은 수의 작품이 쏟아져 나왔다. 대학에서는 영화학이 정규 학과로 개설되는 등 한국 영화계의 황금기였다. 1960년대 당시, 이미 실험영화는 최소한 영화를 전공하는 전문인들에게 낯선 용어가 아니었다. 1960년대 초반부 전위영화와 실험영화 기사들, 그리고 1960년대 후반에 걸쳐 꾸준히 등장하는 언더그라운드 영화, 실험영화 기사들은 당시 한국이 에이모스 보글이 구분했던 1차와 2차 아방가르드 영화, 곧 두 개의 아방가르드로서 실험영화를 거의 동시에 흡수하고 있었음을 단적으로 보여준다. 다만 유현목이 직접 실험영화라고 칭한 〈손〉과 〈춘몽〉이 신문 기사와 해당 영화 광고에는 '이색 문화(문예) 영화'로 표현된 것으로 볼 때, 실험영화라는 명칭과 개념을 일반인에게 쉽게 이해시키기 위한 편법으로 '이색 영화'로 표현한 것이 아닐까 추정된다. 곧, 당시 전위영화, 아방가르드 영화, 언더그라운드 영화, 실험영화, 이색 문예 영화 등은 모두 대동소이한 개념과 명칭으로 사용되었다.

1960년대 초반에는 전위영화와 실험영화가 유사한 의미로, 1960년대 후반에는 전위영화와 구별되는 언더그라운드 영화로서 **실험영화**의 명칭이 사용되고 있다. 이러한 용어 사용 변이는 1차와 2차 아방가르드로 구분되는 실험영화 장르 확장기에, 혼돈을 방지하기 위한 방편이 아니었을까 판단된다. 유현목의 실험영화 인식 변화에서 이러한 추정은 더욱 분명해진다. 물론 기사에 등장했다고 실험영화 장르가 한국에서 기(旣)제도화되었다고 볼 수는 없다. 당대 실험영화의 정의가 오늘날과 같은지, 다른지를 논하기도 무리가 있다. 하지만 당대 실험영화에 대한 인지 여부와 동시대 서구 실험영화 장르의 상·하위 분류가 국내에도 유입되어 영화 전문인들 사이에 사유되었다는 사실은 충분히 가늠할 수 있다.

유현목 〈손〉(1966), 〈춘몽〉(1965)

유현목은 1948년 동국대학교 재학 시절, 한국 대학에선 처음으로 '영화예술 연구회'라는 클럽을 결성하여 〈해풍〉이라는 45분짜리 유성영화를 만든 것을 시작으로, 1964년 문학평론가 최일수, TV 연출가 임학송 등과 함께 **'시네포엠'** 이라는 실험영화 동인체를 만들어 영화운동을 전개했다. 한국 실험영화는 유현목이 1964년에 '시네포엠'을 설립해 당시 돈 25만 원의 제작비로 만들려 한 12분짜리 실험영화 〈선〉에서 본격적인 역사가 시작되었다는 게 중론이다. 하지만 〈선〉의 제작은 중단된 듯 보이며, 이후 유현목은 2만 3000원의 제작비로 50초 길이의 작품 〈손〉(1966)[5]을 시네포엠 형식의 전위영화로 만들었다.[6]

〈손〉은 1967년 캐나다 몬트리올 만국박람회 중 '국제 실험 및 문화영화' 대회에 출품되었다.[7] 음식을 위한 도구인 인간의 손이 죽음의 무기를 개발해 인간을 파괴하는 손으로 변화하는 모습을, 클로즈업 등의 방식을 통해 표현했다. 다양한 손의 이미지와 퍼포먼스만으로 구성된 〈손〉은 짧은 상영 시간만큼 구성도 단순하다. 내레이터가 손으로 대표되는 인간의 굴레에 대해 영어로 조용하게 읊조린다. 동시에 애기 손, 손을 잃어버린 갈고리 손, 손 위의 탄환, 피, 갇힌 원숭이 등 이미지들의 몽타주로 이뤄진 영화이다. 습작같이 단조롭지만 당대 영화인들에게는 배우가 등장하지 않고 줄거리도 없는 영화라는 이채로움과 그 주제적·표현적 실험성 자체로 화제가 되었다. 일부 연구자들은 〈손〉의 단조로움 등을 이유로 실험영화가 아니라고 주장한다. 하지만 중요한 점은 유현목이 실험영화 장르를 분명하게 인식한 이후, 스스로 영화 〈손〉을 실험영화 또는 전위영화로 지칭했다는 점이다. 유현목을 필두로 한국에서 실험영화로 호명되는 작품들이 탄생하기 시작하는 것으로 보아, 이 점은 초기 한국 실험영화 장르 역사에 큰 의미가 있다.

절대영화란 자연을 대상(피사체)으로 하지 않고 선이다 점이다 하는 말하자면 기
하학적인 것과 색채를 위주로 해서 추상적인 영화 작품을 말하고 순수영화란 자
연을 대상으로 한 구상영화를 말했었습니다.

위와 같이 유현목이 1965년 ≪매일신보≫와의 인터뷰에서 밝혔듯, 그는 실
험영화를 명확하게 인식하고 있었다.[8] 보글의 '전복' 개념과 유사하게 통속적
드라마에 대한 반발로 '전위영화, 실험영화' 개념을 제시했다. 또한 2차 아방가
르드의 기초가 되는 추상과 기하학적 도형으로 창작된 절대영화와 그래픽 영
화 등에 대해서도 인지하고 있다는 점을 알 수 있다. 이 시점은 〈손〉이 완성되
기 전이어서 〈손〉이 실험영화를 정확히 인지한 작가에 의해 완성되었다는 중
요한 역사적 의미를 가진다.

유현목은 여러 글과 인터뷰, 신문 기사를 종합할 때 유럽 1차 대전 후 **아방
가르드 영화**가 곧 **전위영화**이고, 전위영화는 영상주의(포토제니photogénie)와 실험
영화라고 인식한 듯하다. 그는 포토제니 이론으로 대표되는 아벨 갱스Abel
Gance를 여러 번 그의 수필에서 언급했으며(유현목, 1961: 254~256; 유현목, 1968:
335~341) 또한 절대영화와 순수영화 같은 1차 아방가르드 실험영화 하위 장르
에 대해서도 인지하고 있었다. 오준호는 유현목의 당시 실험영화 개념은 '이색
적인 문화영화'라고 주장한다. 실제 출품 기사에서도 〈손〉을 '이색적인 문화영
화'라고 표현했다(≪경향신문≫, 1966.12.26). 또한 최소한 북미식 실험영화를 그
가 인식하지는 못했을 것이라는 점을 그의 미국 방문기를 추적해 제시한다.

실험영화에 대한 정의를 어떻게 잡는가에 따라 다르겠지만 〈손〉을 실험영
화라고 부르는 것은 무리라는 주장도 있다(오준호, 2017: 101~134). 실제로, 유현
목이 〈손〉을 만든 당시에 북미 언더그라운드 영화, 뉴아메리칸 시네마 외에
구조영화라는 장르명을 인지했을 가능성은 없다. 애덤스 시트니Adams Sitney에

의해 호명되는 구조영화 대표작들인 토니 콘래드Tony Conrad의 〈더 플리커The Flicker〉(1965), 마이클 스노우Michael Snow의 〈파장Wavelength〉(1966~1967), 폴 샤리츠Paul Sharrits의 〈T,O,U,C,H,I,N,G〉(1968) 등은 〈손〉 창작 이후에 주로 만들어졌으며 또한 구조영화라는 장르명 역시 시트니가 1979년 발표한 책에 비로소 등장하기 때문이다(Sitney, 1979). 조던 벨슨Jordan Belson의 〈얼루어스Allures〉(1961) 또는 제임스 휘트니James Whitney의 〈얀트라Yantra〉(1957) 등의 초기 구조영화들이 〈손〉 이전에 창작되었으나 유현목이 이들 작품을 보았거나 인지했는지는 더 확인이 필요하다. 분명한 점은 위 인터뷰에서 보이듯, 유현목이 절대영화라고 칭하는 점과 선의 기하학적 추상, 채색 중심의 작품들 곧, 바이킹 에겔링, 렌 라이 등의 초기 추상 실험영화를 보았고 개념화하고 있었다는 점이다.

실험영화 장르성과 실험성을 어느 정도 엄격하게 적용하는가에 따라 달라질 수 있지만 〈손〉은 1960년대 한국 실험영화다. 하지만 1960년대 당시 실험영화라는 장르명이 아방가르드, 전위영화 등과 혼재해 분명하게 사용되고 있었고, 유현목 역시 인터뷰에서 실험영화를 전위영화와 등가로 소개한 점, 무엇보다 전문 영화인인 작가 자신이 스스로 자기 작품을 실험영화라고 칭한 점, 작품에 내재하는 몽타주의 추상성과 실험성, 실험영화 특유의 '전복'적 내용과 장르성 등으로 인해 유현목의 〈손〉을 실험영화로 규정해도 무방하다.

아울러 북미식 실험영화 역시 피터 월른Peter Wollen의 주장처럼 1920년대 추상영화를 그 밑바탕으로 하는 점을 미루어 볼 때, 유현목이 분명하게 아방가르드 영화, 언더그라운드 영화, 추상 실험영화 장르를 인지하고 그와 유사한 장르성을 표방하는 실험적 작품을 창작했다고 판단된다. 문제는 그가 갖고 있었던 실험영화 상·하위 장르의 각각의 정의가 현대적 실험영화 장르 정의와 정확히 일치하는가에 이견의 여지는 있다. 하지만 장르는 늘 변화하는 과정 중에 있는 것임을 유념한다면 큰 문제가 안 된다. 사족 한 가지로 〈손〉의 각색을 최일수가 담당했다고 크레디트credit와 여러 관련 자료, 선행 연구들에서 볼 수 있다. 하지만 그 원작은 시네포엠 형식으로 시인 신기석이 시극동인회를 통해 처

음 발표했을 가능성이 높다. 이 원작을 후일 최일수가 영화에 맞게 다시 각색한 것으로 추정된다.[9]

구미(歐美) 20여 개국을 여행하면서 실험영화 400여 편을 보고 왔다. …… 兪(유) 감독이 주장하는 그의 '독창적인 映像主義(영상주의)'는 "時間(시간)과 空間(공간)의 容器(용기)(즉 영화란 예술수단)에서 時間(시간)과 空間(공간)을 제거한 새 次元(차원)의 觀念世界(관념세계)를 구축하는 것"이다.[10]

1970년 ≪동대신문≫에 실린 유현목의 인터뷰에서는 1960년대 그의 실험영화 인식이 좀 더 명확하게 드러난다. 이와 매우 유사한 이전 인터뷰 기사로 ≪동아일보≫ 1967년 1월 26일 자가 있다. "내 필생의 작업 여기에 걸다"에서도 그는 정확하게 동일한 문장으로 인터뷰를 한다. 곧, 그에게 실험영화는 곧 영상주의며 시, 공간이 제거된 또 다른 차원의 관념의 표현인 것이다. 이는 시트니의 구조영화의 가치와 대단히 유사한 방향임을 알 수 있고, 이전 인터뷰와 비교해 실험영화 장르 개념이 확장됨도 엿보인다. 여기까지도 현대의 실험영화 정의와 비교해 조금 모호한 유현목의 실험영화 개념은 아래 1979년 인터뷰에서는 매우 명확하게 정교해진다. 미국, 영국, 독일 정부 초청으로 미국 방문중 뉴욕 실험영화제에서 앤디 워홀Andy Warhol의 〈엠파이어〉와 요나스 메카스 Jonas Mekas의 〈일기〉를 처음 접했다며 아래와 같이 진술한다.

이 영화제의 특성과 意義(의의)는 第一次戰後(제일차전후)의 前衛映畵時代(전위 영화시대)와 相應(상응)하는 第二次大戰後傾向(제이차대전후경향)의 實驗映畵時代(실험영화시대)에 있어서(≪동대신문≫, 1979.3.27).

1960년대 인터뷰에서 유현목에게 전위영화는 곧 실험영화였다. 하지만 이 인터뷰에서는 1차 유럽식 아방가르드는 전위영화, 2차 북미식 아방가르드는 실험영화라고 지칭하고 있다. 곧 유현목이 지니고 있던 실험영화 개념이 전위영화와 동의어에서 이의어로 이행한다. 이는 한국 실험영화 장르에서 대단히 중요한 사건이다. 하나의 장르로 통칭되던 전위영화와 실험영화가 분화하며 재정립되는 계기가 되기 때문이다.

1960년대 유현목에 관한 한 가지 더 중요한 사실은 그가 한국에 아방가르드와 실험영화 관념을 설파하는 데 부단히 노력했다는 점이다. 1964년 '시네포엠'과 이후 '소형영화동호회', '동서영화동호회' 등 다양한 동인체를 만들어 실험영화 제도화에 매우 중요한 '실험영화운동'을 본격적으로 전개했다는 점은 새롭게 평가받아야 한다. 유현목의 다양한 동호회 결성을 통한 1960년대 '실험영화운동'은 이후 1970년대 초 등장하는 '**영상연구회**', '카이두 클럽', '**영상시대**' 등 유사한 실험영화 운동 동인체들의 든든한 지지자가 되어주었다. 실제로 '카이두 클럽'의 한옥희와 실험영화 감독 이공희는 유현목 감독의 '유프로덕션'이 '카이두 클럽' 작가들을 포함한 많은 실험영화인의 안식처와 버팀목이 되어주었으며, 본격적 의미의 실험영화가 한국에서 시작되는 인큐베이터로서 기능했다고 증언한다.[11] 한국 실험영화 정신의 개척자로 평가받고 있다는 사실에서 그의 실험영화 감독적인 의식과 사명감을 미루어 짐작할 수 있다.

〈춘몽〉은 1965년 7월 3일 개봉된 유현목의 장편영화(상영시간 100분)이다. 단편 〈손〉과 달리 진한 실험정신과 퍼포먼스 매체 차용이 도드라지는 성숙된 실험성과 장르성을 목도할 수 있다. 다만 일본 영화 〈백일몽〉을 리메이크한 점, 일반 상업 배우들의 출연과 주류 제도권 배급(세기상사), 내러티브의 존재 등으로 실험영화 장르에 포함되는지 여부가 논란의 여지는 있다. 하지만 〈손〉보다 먼저 발표된 작품으로, 부분적이나마 실험영화 장르에서만 보이는 추상과 전복적 내용 등은 분명하다.

신성일, 박수정, 박암 등이 출연하며, 한 남자가 치과에서 아름다운 여인과 마주친다. 두 남녀는 한 의사에게 함께 진찰을 받는다. 진찰대에 누운 남자는 마취 주사를 맞아 몽롱한 상태에서, 꿈과 현실의 경계 속 그 여성을 뒤쫓는다.

그림 8-1 〈춘몽〉 포스터

꿈속에서 남자는 여자, 치과의사와 다시 마주친다. 턱수염과 구레나룻으로 얼굴을 덮은 치과의사는 마술사처럼 혹은 악마처럼 보인다. 의사는 여자를 괴롭히고 성적으로 학대한다. 남자는 여자를 구출해 함께 도망치려고 하지만 번번이 실패한다. 마지막에는 여자를 구하려던 남자가 실수로 여자를 살해하고 자신이 죽었다고 소리치다 마취에서 깨어난다. 진찰을 마친 남자는 여자를 쫓아 나간다. 당시로서는 대단히 파격적인 내용과 실험적인 미장센, 즉흥적인 퍼포먼스 등이 도드라지는 영화다. 또 한국 사회에서 최초로 '외설죄' 논란을 일으켰던 작품으로도 유명하다(《경향신문》, 1969.10.4.).

유현목은 〈춘몽〉을 표현과 상징, 몽환적 이미지의 연쇄로 이루어진 전위적 형식의 실험영화라고 주장한다. 스스로 실험영화라고 지칭하고 흥행을 목적으로 한 상업영화가 아니라고 한 점 등으로 미뤄보아, 작가적 입장에서 실험정신을 실천한 것으로 보인다. 초현실적인 이미지, 추상적 세트와 인물들, 실험적 몽타주와 이미지들은 초기 표현주의 아방가르드 영화의 단면을 보는 듯하다. 서울 시네마테크의 김성욱 프로그래머는 잉마르 베리만Ingmar Bergman의 〈산딸기Wild Strawberries〉(1957)의 꿈 장면 같은, 혹은 마야 데렌을 연상케 하는 추상적이고 단순한 세트와 현실과 연극, 꿈을 오가는 구성, 몽환적인 이야기로 영화를 처음부터 끝까지 밀고 나가는 것은 상상도 할 수 없었던 경지라고 평가한다. 또한 서원태는 〈춘몽〉이 당대 사회 관습에 대한 '전복'의 기조를 유지하고 있으며 영상 위주의 내러티브를 전개하는 것으로 보아 실험영화적인 요건을 갖추고 있다고 논증한다(서원태, 2013: 80 참조).

〈춘몽〉에서 특히 도드라지는 것은 시간실험이다(최종한, 2012: 111~125). 〈춘몽〉은 크게 세 층의 시간 구조로 나뉜다. 작품의 주 무대인 치과의 시간, 초현실적인 상상의 공간이 존재하는 시간, 그리고 다양한 치과 기구들, 모형들, 클로즈업된 사물들이 명멸하는 시간이다. 보통 단선적인 스토리로서의 시간만을 가지고 있던 당시 여타 작품들과 달리 이러한 다층 구조의 시간은 매우 인상적이며 〈춘몽〉이 시간실험을 하고 있음을 단적으로 보여주는 예이다. 특별히, 실제 치과의 기계인지는 알 수 없지만 다양한 기계가 클로즈업된 배우들 혹은 여타 공사장의 이미지들과 중첩되고 몽타주된 장면의 시간은 대단히 압도적이다.

기계들과 물질들이 살아 있는 듯 서로 갈등하고 소리, 이미지의 충돌로 새로운 긴장감과 분위기를 형성하는 비시간의 정점이다. 기계들이 진동하는 페르낭 레제Fernand Léger의 〈발레 메카닉Ballet Mécanique〉(1924)을 연상시키는 진공시간으로, 시간이 아닌 시간이 〈춘몽〉의 영화 속 시간과 어울려 기괴하고 초현실적인 시간 경험을 창조한다. 물론, 가장 눈길을 끄는 시간은 주인공의 상상인지, 꿈인지, 환영인지 모를 공간과 시간으로 이동한 후의 시간이다. 그곳에서 벌어지는 다양한 퍼포먼스와 비현실적인 등장인물, 그로테스크한 미장센과 의상, 소품은 당시 유현목이 구현하고자 했던 모더니즘적 환영 혹은 환상이 무엇인지 잘 느껴진다. 유현목은 2004년 40년 만에 복원된 〈춘몽〉의 상영회에서 아래와 같이 말한다.

꿈의 세계는 추상적이고 몽환적이니까, 마음대로 할 수 있는 장점이 있지. 과장도 할 수 있고. 줄거리 자체는 특별한 게 없어. 스토리의 재미는 없지. 대신 형식의 미가 있는 영화지, 실험적이고. 당시에는 그런 영화가 없었어……(≪맥스무비≫, 2004.7.29).

이처럼 〈춘몽〉은 꿈의 공간, 추상, 몽환, 형식미의 실험이 강조된 영화이다. 일반적인 내러티브 구조를 가진 듯 보이나, 전술한 바와 같은 다층적 시간실험

구조는 〈춘몽〉을 실험영화 장르의 한 작품으로 범주화해도 무방함을 대변한다. 아울러 유럽식 아방가르드 모더니즘 실험영화 계열의 전형적 작품임을 〈춘몽〉의 여러 장면에서 확인할 수 있다. 특히 영화 시작과 동시에 벌어지는 어린이 3인의 군무, 가수의 공연, 서커스, 등장인물들의 과장된 몸짓 등 다양한 신체를 활용한 퍼포먼스를 〈춘몽〉에서 찾아볼 수 있다. 이는 〈춘몽〉을 통해 전달하고자 했던 유현목 감독의 주제가 다층적 시간과 배우들의 몸과 행위를 통해 구체화되고 확장되었음을 알 수 있다. 곧 현대적 매체 혼종 실험과 퍼포먼스 형식 실험으로서의 영화를 지향하고 있음을 단적으로 증명한다. 가장 중요한 점은 전술한 바와 같이 감독 스스로 이 작품을 실험영화라고 칭했다는 점이다.

김구림 〈1/24초의 의미〉(1969), 〈무제〉(1969), 〈문명, 여자, 돈〉(1969)

영화계가 아닌 순수 미술계에서도 실험영화 창작 물결이 있었다. '제4집단'이라는 한국 최초의 아방가르드 예술 단체를 만든 김구림은 〈1/24초의 의미〉(1969)[12]라는 작품을 만들어 상영회를 개최했다. 유의미한 사실은 유현목으로 대표되는 영화인들의 실험영화 작업과 거의 같은 시기에 김구림 같은 순수 예술인들의 '무빙 이미지' 작업이 시작되었다는 것이다. 이는 곧, 서구와 국내의 실험영화 창작 물결이 동시에 맞물렸다는 것을 의미한다. 김구림의 증언에 의하면, 당시 이들은 유현목과 같은 영화인들과 전혀 교류가 없었으며, 백남준과도 1970년대 들어서 조우했다. 개인적인 영화에 대한 관심으로 〈1/24초의 의미〉 등을 제작했다고 밝혔다.[13] 〈1/24초의 의미〉는 16mm, 10분, 단편, 무성영화이며 제작, 감독, 편집, 디자인은 김구림, 출연은 정찬승, 구성은 최원영, 영상은 반대규, 조명은 정강자가 맡았다.[14] 영상은 흑백과 컬러가 반복되며 현대인과 당시 시대의 권태를 담았다고 김구림은 회고한다. 전위영화가 무엇인지도 몰랐던 자신에게 영화잡지의 기자가 이 영화는 전위영화라고 칭해주었다고 한다.

〈1/24초의 의미〉의 특별한 점은 전형적인 비내러티브 형식과 함께 미국 언더그라운드 영화처럼 빠르고 생경한 이미지들의 병치와 리듬이 드러난다는 점이다. 〈1/24초의 의미〉은 다양한 이미지와 추상, 배우의 하품 퍼포먼스, 텍스트, 파운드 푸티지found footage 등이 동시대 스탠 반더비크Stan VanDer-Beek의 작품처럼 어지럽게 콜라주collage 되어 있다. 또한 지가 베르토프의 〈카메라를 든 사나이〉 같이 바쁘고 권태로우며 동시에 분주하고 할 일 없는, 신기루 같은 이미지들이 조합되어 독특한 시간 구조를 보여준다. 전위 예술가인 김구림 특유의 무한 시간 반복해 상영될 수 있는 루프 설치Loop, Installation가 장치되어 있다. 점프 컷, 반복, 기울어진 앵글 등 전복적·반항적이고 즉흥적이면서 정돈되지 않은 작가와 사회를 표현하고 있으며, 의도적으로 내러티브가 방해되고 있고, 뒤엉킨 시간 구조들과 추상적 이미지, 실사와 텍스트, 정방향과 역방향, 하이와 로우 앵글 등이 복잡하게 몽타주 되어 있기도 하다. 또한 빠른 편집의 리듬감 속에서 언더그라운드 영화적 아방가르드 성격을 강력하게 드러낸다.

〈1/24초의 의미〉는 1969년 7월 21일 서울 세종로 '아카데미 음악실'에서 최초 공개하려 했지만 필름에 문제가 있어 상영되지 못했다. 다른 연구들에서는 이날 〈1/24초의 의미〉가 발표되었다고 하는데 이는 오류다. 그 대신 슬라이드 300장과 프로젝터 세 대를 활용한 시네마 퍼포먼스 〈무제〉가 발표되었다(≪올댓아트≫, 2017.9.18). 〈1/24초의 의미〉라는 제목은 필름이 1초에 24컷이 돌아가는 것에 의미를 담아 붙인 제목이다. 곧 영화에서 '1/24 초'는 결국 '움직이지 않는 순간'이라는 것이 초점이다.

김구림은 실험적인 작품 활동을 하며 생계 유지를 위해 섬유회사에 들어가 기획부장까지 승진한다. 당시 생산 제품의 판촉을 위해 광고 영상을 직접 제작하며 영화에 대한 희열을 다시금 느낀 그는 자신만의 영화 작품을 창작하기에 이른다. 아방가르드 예술혼과 광고 등에서 쌓은 경험은 그의 첫 8mm 실험영화 〈문명, 여자, 돈〉으로 귀결된다. 그러나 촬영 중 파격적인 누드로 인해 여배우가 연락도 없이 사라져 작품 제작이 중지된다. 이후 자신의 작품을 이해해

그림 8-2 〈문명, 여자, 돈〉 8mm 필름 스틸 이미지
자료: 김구림 작가 제공.

줄 수 있는 동료 예술가를 설득해, 두 번째 작품 〈1/24초의 의미〉가 만들어진
다. 콘티와 구성 등 모든 것을 스스로 담당했으며 당시 촬영장비는 16mm를
빌렸고, 편집은 혼자 집과 모텔에서 가위와 테이프로 마무리했다고 증언한다.

촬영 도중 김구림이 이상한 영화를 찍고 다닌다는 기사가 잡지에 실린다.
어느 날 남산 골목에서 영화사에 근무하는 깡패들로 보이는 사람들에게 끌려
가 폭행도 당한다. 제작이 중지되기도 하는 우여곡절 끝에 〈1/24초의 의미〉가
완성된다. 온전한 극장은 비용 등의 문제와 대관의 어려움으로 포기한다. 안
된다고 거절하던 '아카데미하우스' 음악 감상실을 어렵게 빌린다. 후에 보니
그날은 미국 유인 우주선 아폴로호가 달에 첫 착륙하는 날이라 아카데미 주인
이 어차피 장사가 안 될 것으로 판단해 대관을 해준 것이었다. 지금 조선일보
코리아나 호텔 자리인 '아카데미뮤직홀'에서 열댓의 사람이 모여 상영하려 했
으나, 영사기가 문제가 있어 상영하지 못했다. 만약을 위해 준비한 8mm 슬라

이드 300장을 흰 스크린 앞에서 상영했다. 스크린은 동료 정광자와 김구림 자신이 직접 전신 흰 타이즈를 입은 것으로, 두 사람의 몸 위에 직접 영사했다. 이 작품이 시네마 퍼포먼스[15] 〈무제〉이다. 거대한 눈동자, 소녀의 얼굴, 사막의 풍경을 포함한 슬라이드 이미지들이 인간 스크린과 벽, 천장 및 바닥에 투사되었다. 영화 〈1/24초의 의미〉와 시네마 퍼포먼스 〈무제〉가 같은 날 이뤄져 아직도 많은 사람이 두 편의 다른 작품을 하나로 혼동하기도 한다.

김구림은 전위적 예술가였고, 스크린이나 캔버스를 벽에 고정시켜야 한다는 당시 관습과 이미 결별했으며, 동시대 아방가르드 흐름을 그 나름의 방법으로 체득한 작가였다. 늘 새로운 것을 만들고 싶었고 사상과 철학 그리고 그 시대를, 자신이 바라보는 감정을 자신의 작품에 녹여내고 싶었다고 한다. 이후 장편 실험영화를 만들어보고 싶은 욕망이 있었으나 여의치 않았고, 2016년 본인의 미완성 실험영화 〈문명, 여자, 돈〉[16]을 마무리한 것으로 만족한다고 말했다. 한 가지 분명한 점은 김구림은 스스로 실험영화 작가라고 여기고 있지 않았다는 것이다. 다양한 예술 작업의 일환으로 그때 그에게 실험영화 장르가 다가온 것이라 판단된다. 하지만 유현목과 하길종으로 대표되는 전문 영화인 중심의 실험적 영화 창작 주류에 덧붙여 미술계에서도 호응하는 양상을 보여주는 중요한 사례이다. 이러한 영화인과 미술인의 동시 실험영화 창작 기류가 1960년대 당시, 한국 실험영화 창작의 주요 지형도였다. 또한 전문 미술인들이 영화와 영상 작업에 본격적으로 참여하면서 이후 한국 실험영화 생태계와 지형도가 매우 복잡해지고 다양해지며 풍성해지는 계기가 된다. 서구 실험영화 역사에서는 미술인들로부터 시작된 매체와 스크린 등 장치에 대한 관심이, 비로소 한국에서도 이 시기에 김구림을 통해 나타난다는 점은 초기 한국 실험영화 역사에서 기념비적인 사건이다.

하길종, 백남준, 김인태

하길종 〈병사의 제전〉(1969)[17]

1969년 미국 UCLA에 유학 중이던 하길종은 〈병사의 제전〉이라는 16mm 실험영화로 혜성과 같이 등장했다. 한국 감독이 미국에서 제작한 실험영화로 배우와 로케이션 역시 모두 미국이다. 특히 이 작품은 당시 미국에 불고 있던 히피운동을 자기 방식으로 소화한 작품이다. 귀국 후 하길종은 상업영화 감독으로 변신했으나 현장에서 늘 실험영화 정신을 강조했다고 후배 장길수 감독은 증언한다. 〈병사의 제전〉으로 하길종은 미국 전역에서 응모된 영화학도들의 기획안 가운데 우수한 학생 네 명을 선정해 사전 지원하는 MGM사 '메이어 그랜트'를 받았다(안재석, 2009: 147). 이 영화는 당시 유행하던 전형적인 모더니즘 계열의 아방가르드 장르 영향을 받은 영화로, '죽음'이라는 존재와의 대화가 주를 이룬다. 현재 한국 영상자료원에서 소장하고 있다.

> 병사가 관을 들고 마을로 돌아왔다. 그는 살인죄로 기소되고, 사람들은 그의 죄를 심판하기 시작한다. 병사의 자백이 이어지고, 그의 결백을 증명해 줄 여자가 나타난다. 여자의 증언대로라면 병사의 죄는 그녀를 사랑한 죄밖에 없다. 하지만 안타깝게도 죽음의 신이 찾아와 그들에게 죽음을 선사한다. 이에 뒤질세라 생명의 신도 그들을 찾아와 생명을 선사한다. 이제 재판장은 남자, 여자, 죽음, 생명이 난립하는 난장판으로 변한다. 배심원들은 이 난장판에 불만을 품기 시작하고 재판관도 혼란스럽다. 과연 병사는 유죄인가, 무죄인가? 무엇보다 병사가 죽인 사람은 도대체 누굴까?(제6회 시네마디지털서울 영화제 프로그램, 2012: 44).

사운드가 유실되어 정확한 내러티브는 아직까지 모호하다. 그럼에도 〈병사의 제전〉은 등장인물들의 인상적인 퍼포먼스와 실험적인 주제 표현이 이채로운 작품이다. 삶과 죽음의 문제, 권위에 도전하는 전복적 알레고리, 나체로 무덤가를 활보하는 퍼포먼스 등 장면 하나하나에 당시 뉴아메리칸 시네마의 유산을 그대로 옮겨 놓았다. 이러한 이유로 1960년대 한국 실험영화 작품에 포함시켜도 무리가 없다. 신과의 대결, 섹스와 죽음, 마임 퍼포먼스와 같은 지독한 몸짓들은 당시 주류 한국 영화에서 다루지 못했던 형식과 주제들을 유려하고 전복적으로 잘 담아내고 있기 때문이다.

하길종에 대한 평가는 요절한 천재 감독 혹은 부풀려진 신화로 엇갈린다(안재석, 2009: 127~159). 대체적으로 실험영화 계열보다는 할리우드 중심의 작가주의 감독으로 평가받기도 하다. 미국 샌프란시스코 AAU Academy of Art University와 로스앤젤레스 UCLA에서 학업을 이어가며 당시의 실험적 영화 언어[18] 등에 관한 교육을 받았다. 한국으로 돌아와 새로운 영화의 경향을 설파하려했다. 강성률은 하길종 감독의 작품들을 세 시기로 나눠 분류했다. 그중 1기가 바로 1965년부터 1969년까지로 실험주의 영화 시대이다. 〈어느 날〉, 〈나의 환자〉, 〈병사의 제전〉 등의 작품이 있다(강성률, 2010: 14).[19] 하길종이 유학을 마치고 돌아온 당시 한국은 대학과 청년층을 중심으로 영화 소집단들이 만들어지고 있었으며, 실험영화 상영회와 워크숍 등도 개최되고 있었다. '한국소형영화동호회'의 작명 당시 하길종이 제시한 단체명은 '한국소형실험영화그룹'이었다. 하길종은 1962년에 이미 〈태를 위한 과거분사〉라는 초현실주의적 시집을 자비 출판한 적도 있었다(임도경, 2012). 문관규의 연구에 의하면, 하길종은 유학 시절 접한 뉴아메리칸 시네마를 한국 영화계에 소개하여 한국 영화의 변화를 유발시키는 촉매제 역할을 해냈다. 그의 이후 행보는 1970년대 '영상시대'[20]를 결성하며 실험적으로 계속 이어진다.

백남준 〈영화를 위한 선〉(1964) 김인태 〈코리안 알파벳〉(1967)

〈영화를 위한 선〉(1962~1964)은 영상과 음향이 아무것도 담겨 있지 않은 텅 빈 필름이 상영되는 작품으로, 존 케이지John Cage의 〈4'33"〉(1952)과 플럭서스 정신에서 영감을 받은 작품으로 알려져 있다. 백남준과 실험영화의 관계와 미학은 매우 방대하고도 중요한 연구 과제이기에, 여기서는 단편적으로 1960년 대에 한국인에 의해 창작된 실험영화 작품으로만 한정하고자 한다. 주로 해외 에서 창작된 백남준의 작품을 1960년대 한국 실험영화 작업으로 포함시킬 것 인가의 문제는 당시 디아스포라diaspora와 트랜스내셔널transnational 문화 등 따 져봐야 할 지점들이 상당한 또 다른 연구 과제이기 때문이다.

〈영화를 위한 선〉을 장르로 구분하자면 실험영화 중 시네마 퍼포먼스 혹은 구조영화에 해당하며, 1960년대 언더그라운드 영화와 플럭서스 영화 원형을 잘 간직하고 있다. 텅 비어 있는 스크린이지만 그 어떤 영화보다도 난해하고 풍부한 이미지로 꽉 들어찬 영화다. 미니멀하지만 관람객들에게 구조영화 특 유의 신선한 인식 전환과 사고 확장을 요구하는 작품으로, 당시 한국은 물론 미국에서도 이런 유형의 구조영화를 찾아보기는 쉽지 않다. 그만큼 후대 언더 그라운드 영화와 구조주의 실험영화 작가들에게 큰 영향을 미쳤다. 〈거리를 위한 선Zen for Street〉(미상), 〈머리를 위한 선Zen for Head〉(1962), 〈TV를 위한 선 Zen for TV〉(1963)로 시작된 선Zen 시리즈 중 하나로 그의 출세작 중 하나인 〈TV 붓다TV Buddha〉(1974)로 이어지는 일관된 백남준만의 단순하지만 강력한 충격 을 주는 전복적 작업 스타일을 잘 보여주고 있다. 끊임없이 재생될 수 있는 루 프 버전이고, 스크린 상영, 영상 설치 또는 비디오 등으로 여러 차례 백남준에 의해 재매개 되어 공개되었다. 그의 이러한 재매개성과 매체 혼종, 확장성은 실험영화 장르 연구 측면에서도 매우 주목할 만하다. 백남준 역시 김구림과 마 찬가지로 실험영화만을 창작한 전문 영화인은 분명히 아니다. 그리고 그가 실 험영화(혹은 이전 아방가르드 영화)의 미학적·역사적 흐름을 인지하고 있었는지 도 확인이 필요하다. 하지만 1964년 〈영화를 위한 선〉은 선대 아방가르드 사 상을 이해하고 후대 매체 혼종과 확장을 깨우치는 열쇠Rosetta stone로써의 역할 을 충실히 수행하고 있다.

1967년에 캐나다 국립영상위원회NFBC: National Film Board of Canada에서 만들어 진 〈코리안 알파벳Korean Alphabet〉이라는 실험 애니메이션은 7분여 분량으로,

한글 자모 형상을 파스텔 톤 색채로 차례로 선보인다. 토끼, 나무, 피리 같은 사물 형상들이 각각 이를 가리키는 한글 단어로 자연스레 변화하는 모습을 그려냈다. 실험영화적인 주제와는 거리가 있는 다분히 교육적인 내용이다. 하지만 매체 형식 실험 측면에서는 비내러티브 형식, 신시사이저synthesizer의 현대적 음악, 다채로운 색감과 디자인 기반의 유려한 움직임 등 요즘 만들어지는 실험 애니메이션으로 봐도 큰 무리가 없다. 세계적인 추상 실험 애니메이션 작가인 놀먼 맥라렌이 직접 배경음악을 삽입했다. 테헤란 영화제에 출품해 교육 부문 금상을 수상했다.

영국 렌 라이 등의 1930년대 추상, 그래픽 실험영화가 한국인 감독에 의해 비록 해외이긴 하지만 1967년에 처음 시도되었다는 사실은 대단히 의미 있는 성과이다. 이 작품을 만든 김인태는 홍익대학교 서양학과 출신으로 1966년 유엔 기금으로 캐나다 외무성의 지원을 받아 1967년 3월부터 1968년 6월까지 캐나다국립영상위원회에서 유학 과정을 밟았다. 〈코리안 알파벳〉은 그때 만든 작품이다. 한국으로 돌아와 KBS PD로 일하다 정년퇴직했다(《오마이스타》, 2003.10.21). 아쉽게도 이 작품이 실험적 작품의 시작이자 마지막이다. 서울국제실험영화페스티벌의 이행준 프로그래머는 〈코리안 알파벳〉을 2015년 9월 테이트 모던Tate Modern과 2017년 2월 6일 벨기에 겐트의 독립기획단체인 오프오프OFFoff에서 한국의 1960년대 실험영화 작업으로 소개하기도 했다.

1960년대 한국 실험영화 지형도를 그리다 보면, 전위예술에 심취해 〈1/24초의 의미〉를 만든 김구림이 영화교육을 받은 전문 영화인이 아니었다는 것 등을 포함해 중요한 사실을 발견할 수 있다. 김구림은 대학교에서 정식으로 전문 미술교육도 받지 못한 변방 미술인의 한 사람이었다. 반면에 유현목은 기성 영화계에서 체계적으로 영화교육을 받은 감독으로, 실험영화 창작과 교육에 앞장선 주목받는 전문 영화인이었다. 이처럼 1960년대 한국의 김구림과 유현목은 변방 미술인과 전문 영화인이라는 서로 다른 배경을 가지고 있지만 몇 해 차이로 최초의 한국 실험영화로 기록되는 두 작품을 만들어냈다. 서로 상이한 예술적 배경을 가진 두 사람이 거의 동시대에 한국 실험영화를 내어놓았다는 사실은 대단히 중요하다. 두 사람은 전혀 교감이 없었다. 또한 유현목과 달리 김구림은 그 이전까지 해외 경험도 직접적으로 없었다. 김구림은 한국의 모더니즘 전통과 당시 해외에서 유행하던 전위예술 창작 수단인 필름에 자연스러운 관심을 보인 것으로 판단된다. 반면에 유현목은 당대까지 한국에 소개되었던 최신 해외 실험영화 관련 이론, 동향, 작품 등을 접했다고 추정된다. 여기에 여러 번 해외를 순방하며 주의 깊게 보았던 아방가르드 영화들에 관심을 갖고 이를 국내에서 시도했다. 두 사람의 이와 같은 서로 다른 실험영화 창작 동기와 배경은 국내와 국외, 순수 예술인 대 전문 영화인이라는 대립 항을 형성한다. 이 두 사람의 상이함에도 불구하고 대동소이한 이미지 중심의 실험영화를 발표했다는 사실에서, 1960년대 한국 실험영화 장르의 특수성과 존재 방식을 추론해 낼 수 있다.

1960년대 한국 실험영화는 어느 한 배경의 집단층에 의해 주도된 것이 아니다. 순수 예술인과 전문 영화인이 동시에 주도해 그 장르가 형성·진행되었다는 것이다. 또한 변방 예술인과 엘리트 영화인이라는 계층적 차이는 물론, 국내와 해외 등 그 주된 창작과 동기부여 원점이 상이하다는 점이 장르 형성의 특수성이다. 이러한 혼종성은 한국 실험영화 창작 주체의 다변성과 모호성을 드러내는 일이며, 실험영화가 갤러리에서와 영화관에서 동시에 상영되고 있는 현재 한국 실험영화 제도화 양상을 설명할 수 있는 좋은 단초와 밑거름이다. 백남준과 하길종, 그리고 김인태의 경우도 이와 유사하다. 백남준은 순수 예술가, 하길종은 해외 유학파 감독, 김인태의 경우 영상업계 관계자였다. 각각 이들이 창작한 당대 실험적 영화 작업은 서구의 영화시, 시네마 퍼포먼스, 언더그라운드 영화, 구조영화, 실험 애니메이션 등의 실험영화 하위 장르로 다양하게 호명된다. 이러한 혼종성과 다원성이 1960년대 한국 실험영화의 지형도를 그려보는 키워드라 판단된다.

주

1 이 장의 내용은 필자의 논문인 「한국 실험영화 장르형성 및 존재 방식 연구: 1960년대 실험적 영화작업 지형도」, ≪영화연구≫, 78호(2018.12)에서 발췌되었음을 밝힙니다. 수록 허락을 해주신 한국영화학회에 감사드립니다.

2 LUX 웹페이지(https://lux.org.uk/about-us/our-history(검색일: 2018.12.5)).

3 김구림, 한옥희, 이행준, 모은영 등 작가 및 프로그래머 대면 인터뷰 진행(2016.6~2016.12).

4 서구에서는 1920년대에 이미 본격화된 추상에 대한 관념 등이 한국 미술 혹은 영화계에서는 1950년대 이후에 조망되기 시작한다. 이러한 점이 전술한 바와 같이 이 연구에서 서구 실험영화 이론들과 함께 고려하는 한국만의 특수성이다. 식민 지배로 인한 문화의 단절, 분단과 전쟁 그리고 뒤늦은 추상 개념 도입과 산업화, 군정으로 인한 더딘 개인의식 성장 등 한국만의 시대적·상황적 특수성이다. 일례로, 전술한 두 개의 아방가르드를 시대순이 아닌 거의 동시에 초기 한국 실험영화는 경험하게 된다.

5 선행 연구들에는 1964년, 영상자료원 홈페이지에는 1967년 등 〈손〉의 창작 연대에 관해 일부 혼란이 있다. ≪매일신보≫ 1965년 12월 기사에 〈선〉을 제작 중이라는 인터뷰가 있는 것으로 보아, 그 이후 곧 1966년이 〈손〉의 제작완료 시점으로 추정된다. 1966년 12월경 출품 후 1967년 상영되었다. 따라서 〈춘몽〉을 실험영화로 인정할 경우 〈손〉이 아닌 〈춘몽〉이 1960년대 최초 실험영화라고 볼 수 있게 된다.

6 '시네포엠'은 전위적 단편영화 제작을 위해 유현목 감독이 대표를 맡고 시인 및 영화평론가 최일수를 비롯한 여러 예술가들이 참여했다. 1964년 1월 발족되었는데, 이들은 작품 제작뿐 아니라 연구발표회를 기획하고, 해외 영화인들과 교류하며 국제영화제에 출품하는 것을 주요 활동 목표로 삼았다. 〈손〉은 '시네포엠'의 두 번째이자 마지막 작품이다(최영진, 2016; ≪동대신문≫, 1970.11.3).

7 자세한 〈손〉에 대한 설명은 오준호(2017: 101~134) 참조.

8 유현목 감독 신문 인터뷰 기사 요약(≪매일신문≫, 1965.12.5). 선·점·색채 위주의 추상 작품 『딴 예술 분야보다도 화에 있어서의 「아방가르드」 운동은 아주 일찌감치 싹이 트지 않았나 합니다만…』, 『무성화의 성숙기부터라고 단정 지을 수 있습니다. (중략)

9 ≪동아일보≫, 1965년 1월 28일 자 "시극동인회연구회"와 ≪경향신문≫, 1965년 2월 1일 자 "시극동인회 5일에 발표회" 기사에서 확인할 수 있듯, 신기석이 시네포엠 〈손〉을 영화 작품인 〈손〉보다 먼저 발표했다. 이 점을 알고 있던 최일수가 동일 제목으로 영화 〈손〉을 재창작 했을 가능성은 현저히 낮다.

10 카메라 현상의 조작, 다양한 '렌즈'의 구사, 색채의 변화, 속도, 다양한 조립 혹은 '몽타주'를 통해 다른 예술에서는 도저히 찾아볼 수 없는 예술성을 보게 된다. 카메라만이 표현할 수 있는 이와 같은 독자적인 美學(미학)을 성숙시키기까지는 여러 사람의 영화作家(작가)가 있었다. (중략) ≪동대신문≫, 1970.11.3.

11 필자와의 개별 인터뷰(2016년 8월).

12 〈1/24초의 의미〉 원본 프린트는 도난되었으나 텔레시네 되어 있던 비디오를 다시 필름으로 복원해 2012년 타이완 실험영화제, 2013년 서울국제실험영화페스티벌 개막작으로 선보였다. 같은 해 서울시립미술관에서 '잘 알지도 못하면서'라는 김구림 개인전에서도 상영되었다. 촬영 중단된 〈문명, 여자, 돈〉도 2016년 1월 다시 촬영을 재개해 완성, 같은 해 8월 18일 국립현대미술관 과천관에서 47년 만에 공개되었다.

13 필자와의 대면 인터뷰(2016년 8월, 김구림 자택에서 진행).

14 김미경은 2010년 인터뷰 조사를 통해 〈1/24초의 의미〉가 처음에는 최원영, 정강자 두 사람이 포지티브 필름만 사용해 촬영 후 스플라이싱 테이프splicing tape로 엮어 편집한 것이었다고 주장했다. 1968년 영화에 마지막으로 합류한 김구림이 상의 없이 새로 편집 및 변경했다는 것이다. 원래 작품은 훨씬 더 빠른 속도로 재생되며, 이미지들도 부분적으로 왜곡되었다는 주장이다. 현재 이 작품의 저작권은 김구림이 가지고 있다〔post at MOMA 웹페이지 https://post.at.moma.org/content_items/202-expressions-without-freedom-korean-experimental-art-in-the-1960s-and-1970s (검색일: 2018.12.5) 참조〕.

15 1965년경 행해진 스탠 밴더빅Stan Vanderbeek의 '무비 드롬Movie-Drome' 필름 영사, 퍼포먼스 등과 유사하다.

16 〈문명, 여자, 돈〉은 1969년에 8mm 필름으로 촬영된 국내 최초의 누드 영화이다. 연기자가 촬영 도중 도망가 작업이 중단되었으며 2016년 김구림이 새로운 배우 등과 다시 완성해 국립현대미술관 등에서 공개했다. 〈1/24초의 의미〉와 〈무제〉의 효시가 되는 작품이다.

17 하길종, 〈병사의 제전The Ritual for a Soldier〉, 1969, 한국·미국, 흑백, 무성, 32분.

18 안재석은 하길종이 샌프란시스코 '캐넌영화조합', '샌프란시스코 현대미술관', '아트 인 시네마' 등의 실험영화 상영 공간들에서 뉴 아메리칸 시네마, 초현실주의 영화 등을 당시에 접했을 것으로 추정한다. 그 근거로 동생 하명중에게 "미국에 갔더니 영화가 보이더군!"이라는 말을 첨부한다(안재석, 2009).

19 〈어느 날〉(1965)은 아카데미 오브 아트(AAU)에서 〈나의 환자〉(1967)는 UCLA 재학 중 만든 작품이다.

20 '영상시대'와 관련해서는 문관규(2012: 369) 참고.

제3부

기억_영상

일상문화와 기억[1]

태지호 안동대학교 사학과 교수

일상문화와 기억의 조우

기억의 의미와 기억 개념에 관한 논의들

최근 우리 사회에서 언급되는 용어 중, '기억'만큼 빈도가 잦은 것도 많지 않다. 기념하기 위한 상징적인 과거의 사건이나 크고 작은 사고 등의 이유로 기억이라는 단어가 자주 소환되곤 한다. 쉽게, 흔하게 언급되는 용어이지만 '기억'은 그것이 내포하고 있는 의미와 '역사성'에 비추어 보면, 그리 단순하게 정의될 수 없다.

사전적 의미로 보면, **기억**memory이란 과거의 인상이나 경험을 현재로 불러내거나 간직하는 행위이다. 하지만 기억은 단지 개인적 영역에서만 설명되지 않고, 사회적이고 문화적인 관점에서 이해될 수 있다. 이는 '기억력'과 같은 관점에서 단지 생물학적이거나 물리적인 차원에서 다루어질 수 있는 영역이 아니다. 물론 기억이라는 행위의 주체가 개인인 것은 분명하지만, 각 개인들은 사회 구성원의 일원으로 그에 따른 사회적 존재로서 사회적 실천을 수행함과 동시에 그에 따른 정체성을 획득하기 때문이다. 이러한 관점에서 보면, 과거를 기억한다는 것은 사회적 관계를 의식적으로 혹은 무의식적으로 고려한다는 것을 의미하며, 그에 따라 과거는 선택적으로, 특정한 방식으로 기억될 수밖에 없다. 따라서 과거라는 현실은 왜곡, 변형, 삭제 등의 재구성을 통한 기억의 사회적 실천 과정에 의해 특별한 방식과 모습을 가진 새로운 의미 체계 영역으로 편입된다고 이해될 수 있는 것이다.

이러한 기억의 사회적 의미와 그 작용에 대해 일찍이 주목한 학자는 프랑스의 모리스 알박스Maurice Halbwachs이다. 그는 기억을 개인적 행위가 아닌 집단, 즉 사회의 관점에서 설명하면서, **집단 기억**collective memory이라는 개념을 제기했다. 그는 기억 행위가 사회적 관계 속에서 나타나며, 개인들이 사회 구성원으로서 지속적으로 상호작용할 수 있게 만드는 것임을 간파하고 이를 최초로 이론화한 학자이다. 특히 알박스는 "모든 사회의 사상이나 생각들은 본질적으로 기억이며, 그 모든 내용은 집단 기억이거나 회상의 영역에 있다"(Halbwachs, 1992: 189)고 하면서 집단 기억 개념을 통해 개인들의 정체성을 형성시키는 근간이 무엇인지 파악하고자 했다. 그는 집단 기억을 사회적 상황, 사회적 관계를 설명할 수 있는 개념틀로 이론화하고자 시도한 것이다.

집단 기억이 가지는 유용성은 기억이 사회적 기능을 수행한다는 것이다. 알박스 이후에 이러한 의미는 **사회적 기억**social memory이나 **문화적 기억**cultural memory 등의 개념으로 변형되어 논의된다. 이러한 개념들이 가지는 공통적 특징은 기억이 사회 구성원들에게 특정한 서사를 제공함과 동시에, 그것이 전승되고 현재화되는 특별한 방식들을 활용한다는 점에 있다. 또한 기억한다는 일상적인 행위는 개인과 집단의 정체성 형성에 영향을 미친다는 점에서 의미를 가진다.

이러한 논의에 비추어 보면, 최근 우리 사회의 일상 문화적 실천에서 과거를 소재나 대상으로 하여 대중적 호응이나 주목을 받는 사례가 많이 있다. 이는 과거가 대중의 집단적 소비의 소재이자 상품이 되는 특별한 방식의 대중 커뮤니케이션으로 이해될 수 있다. 이들을 열거해 보면, 텔레비전 드라마의 사극이나, 역사 영화, 향수 영화뿐만 아니라, 음식이나 패션 등에서도 나타나는 복고 문화, 향수 문화, 과거의 사건을 체험하기 위한 다크 투어리즘과 같은 새로운 여행 문화 그리고 박물관 혹은 기념관 등을 거론할 수 있다. 문화적 형식의 방식에서 다소 차이가 있을지라도, 이들은 과거를 대상으로 하여, 그것을 고증하고, 해석하고, 특별한 방식으로 현재화하는 사례들이다. 무엇보다, 이들은 앞서 언급한 기억이라는 개념과 연관해 보면, 문화적 형식들을 통해 우리의 일상에서 과거를 기억하는 행위라는 점에서 중요하다.

특히 일상에서 향유되는 이러한 여러 **문화적 재현**cultural representation의 분야들은 대중들에게 이미 지나간 과거에 대해서 여러 경로를 통해 직간접적으로 경험할 수 있도록 한다는 점에서 그 생산과 소비의 과정이 주목될 수 있다. 하지만 해당 과거(인물, 사건, 상황 등)에 대한 여러 맥락이 존재하며 동시에 그에 따른 개인들의 상이한 이해가 가능함에도, 이러한 여러 문화적 재현들은 그러한 과정을 획일화시킨다는 점도 지적될 수 있다. 이는 현대 사회에서 문화적 재현이라는 것이 문화경제학이나 문화 산업 등과 같은 논리를 통해 경제적 가치를 염두에 두고 생산 및 소비되기 때문에 그러하다. 다시 말해, 현재의 문화적 재현은 그것이 일종의 상품 경제 속에서 특정한 규범을 통해 생산되고 소비되는 재화로서 기능하기 때문이다. 특히 이러한 상황은 서두에서 제시한 기억의 사회적 기능과 연관해 볼 때, 대중들이 과거에 대한 기억을 특별한 사회적 방식으로 공유케 하는 것으로 해석될 수 있다.

사실 이러한 기억 개념과 일상의 문화적 재현과의 관계에 대한 논의는 그간 다양한 분야에서 다뤄져왔다. 특히 역사학, 철학, 사회학, 미디어 연구, 문화 연구 등과 같은 영역에서 이들의 관계에 대해서 적지 않게 논의되어 온 것도 사실이다. 이 논의들 가운데 다수는 특정한 재현물에 대해 그것을 단일한 텍스트로 바라보면서 그것의 의미하는 바가 무엇인지 혹은 전달하고자 하는 메시지는 무엇인지 분석함과 동시에 그것을 구체화하는 재현 방식은 어떠한가에 대해 초점을 맞추고 있다. 물론 그러한 논의들도 과거를 둘러싼 현재 우리 일상의 모습들을 해석하기 위해 기억 개념이 가지는 문화적 의미는 무엇인지를 전면에 내세워 고찰하고 있으며, 동시에 그것이 가지는 개인과 집단의 정체성의 관계 혹은 그 사회문화적 함의에 대해 다루기도 한다. 이러한 점에서 보면, 이들 또한 기억 개념을 통해 우리 사회의 여러 국면을 이해할 수 있게 한다는 점에서 일종의 기억 문화 연구의 성과들이기도 하다.

이 글에서도 이와 동일한 맥락에서 문제의식들을 공유하지만, 여기서는 그러한 논의들을 종합함과 동시에 현재의 사회적 상황에 대한 관계론적인 관점을 견지하고자 한다. 다시 말해, 이 글은 우리의 일상에서 나타나고 있는 과거를 기억하는 문화적 재현들의 의미 작용을 통해 우리의 정체성을 표상하는 방식은 무엇이고, 이들이 커뮤니케이션의 장으로서 어떻게 이해될 수 있는지에 대해 좀 더 총체적인 시각을 가지고 다루어보는 데 목적이 있다.

이러한 맥락에 비추어, 이 글은 다음과 같은 내용들을 다루고자 한다. 우선 본격적인 일상 문화의 실천들을 논의하기에 앞서, 관점을 좀 더 명확하게 하기 위해, 이론적인 논의의 차원에서 기억 개념에 대해 살펴보고자 한다. 특히 이는 앞서 언급한 기억의 사회성에 대해 최초로 이론화된 집단 기억 개념에 초점을 두어 그것이 이후 사회적 기억, 문화적 기억, 대중 기억 등과 같은 다양한 방식으로 어떻게 변형 및 계승되어 왔는지에 대해 살펴보고자 한다. 이후 이러한 기억 개념이 공간형 콘텐츠, 영상콘텐츠 등과 같은 일상 문화의 실천 영역들에서 어떻게 적용되고, 그에 따른 사회문화적 함의는 무엇인지에 대해 살펴보고자 한다.

우선 **집단 기억**은 사회적으로 매개되는 기억을 의미한다. 여기서 사회적이라 함은 집단이라는 '구성원들'로 이루어진 의사소통 주체들을 상정하고 있기 때문에, 집단 기억은 이러한 구성원들이 공유하고 있는 과거에 대한 공통적인 기억을 뜻한다. 하지만 여기서 짚고 넘어가야 할 점은 집단 기억이 공유하고 있는 특정한 과거는 과거에 대한 모든 사실이 아니라는 점에 있다. 다시 말해, 집단 기억은 개인 기억의 총합도 아니며, 해당 과거에 대한 엄밀한 검증이나 고증의 과정도 아니라는 것이다. 이는 엄밀하게 말하면, 개인들이 의사소통하고 상호작용할 수 있는 과거에 대한 특별한 기억 혹은 기억 방식에 더욱 가깝다.

이렇게 보면 집단 기억은 사회 구성원들에 의해 매개되는 과거에 대한 '사회적 사실'이라 할 수 있다. 즉, 사회적으로 용인되고 이해되고 거론될 수 있는, 그에 따라 커뮤니케이션의 수단으로서의 사실인 것이다. 집단 기억을 개념화한 알박스는 이러한 집단 기억이 개인들의 회상을 보증해 준다는 점을 강조한다. 그는 각 개인들의 기억은 파편적일 뿐만 아니라 불완전하며 독립적이지 않다는 점을 지적한다. 각 개인들이 기억의 최소 단위 혹은 주체인 것은 분명하지만, 이들의 인식 방식과 수준이 상이할 뿐만 아니라 개인적 상황들 또한 다르다. 그러므로 각 개인들의 기억이 의미를 획득하기 위해서는 집단을 통해 가능하다는 것이다(Halbwachs, 1992: 38). 이렇게 보면 집단 기억은 개인들로 하여금 사회 구성원의 일원으로서 사고하고 행동하게끔 한다.

여기서 **집단 기억**은 크게 두 가지 문제를 수반한다. 첫 번째는 집단 기억이 정체성의 형성에 깊이 관여한다는 것이다. 정체성이 주체의 근원과 본질 그리고 존재에 대한 물음이라는 점을 염두에 둔다면, 각 개인은 정체성에 대한 참조 지점을 집단 기억에서 찾을 수 있을 것이다. 왜냐하면 정체성은 '타자'에 대한 체험과 이를 통한 주체의 능동적인 변화 과정 속에서 타자를 전유함으로써 형성될 수 있기 때문이다(전진성, 2005: 72~73). 그리고 이러한 과정 속에서 집단 기억은 각 개인들의 과거에서부터 현재에 이르기까지의 다양한 궤적을 설명하고 조건으로 만들 수 있는 의미틀이 될 수 있다.

중요한 문제는 집단 기억이 사회적 맥락에 따라 구성과 재구성의 과정을 계속해서 거친다는 것이며, 그에 따라 정체성 또한 단수로서의 정체성이 아닌 '정체성들'의 형태로 다양하게 나타날 수 있다는 점이다. 특히 집단 기억의 (재)구성이라는 과정은 특별히 기억해야만 하는 과거에 대한 현재적 의무를 요구하기도 하는데, 이러한 상황 속에서 집단 기억은 망각 과정을 반드시 수반한다. 재차 강조하지만 기억 과정은 과거를 모두 현재화하는 것이 아니라 선택적으로 재구성되어 이루어지는 특별한 사회적 실천 행위이기 때문이다. 이렇게 보면 망각은 (집단)기억의 상대적인 개념이 아니라 기억 과정의 일부라고 볼 수 있다.

두 번째는 집단 기억이 문화적 재현의 과정을 동반한다는 것이다. 집단 기억이 집단성 혹은 사회성을 갖기 위해서는 사회 구성원들 사이에 특별한 형식을 통해 매개되어야 한다. 여기서 형식은 의사소통이나 상호작용을 위한 수단인 미디어를 뜻한다. 이는 미디어의 역사적 변화 과정의 관점에서 보면 구두 언어부터 시작된 문자, 인쇄 출판 미디어, 텔레비전, 라디오 등의 전자 영상 미디어, 최근의 인터넷 등과 같은 뉴미디어 등을 의미한다. 이 외에도 구획된 공간이나 장소, 거리 등도 이와 같은 역할을 할 수 있다. 이들에 의해 매개되는 집단 기억은 문화적 재현들로서 영화, 방송콘텐츠, 출판물, 박물관, 전시회, 축제, 문화 공간(거리) 등의 다양한 형태로 나타난다.

이와 같은 집단 기억의 문화적 실천에 대해 얀 아스만Jan Assmann과 알레이다 아스만Aleida Assmann 부부는 문화적 기억으로, 피에르 노라Pierre Nora의 경우 '**기억의 터**sites of memory'라는 메타포를 통해 논의하기도 했다. 좀 더 정치적인 실천의 맥락에서 미셸 푸코Michel Foucault와 대중 기억 연구회Popular Memory Group는 대중 기억을 통해 이를 다루기도 했다. 이들은 기억이 존재하는 형식에 대해 공통적으로 주목하면서, 기억이 어떻게 사회의 특별한 인식의 형태로 작동하며, 그에 따른 정체성을 구축하는 데 기여하는가에 대해 논의하기 위해 기억의 문화적 재현 과정에 관심을 가졌다.

실제 기억의 재현을 위해 활용되는 다양한 매체는 그 각각이 가지고 있는 재현 관습 같은 의미 생성 메커니즘을 가지고 있다는 점을 주목할 필요가 있다. 여기서 의미 생성 메커니즘은 단지 매체의 물리적인 속성이나 그것이 전달하고자 하는 의미의 표현 방법만을 뜻하는 것이 아니다. 각각의 매체는 해당 매체의 (생산 및 소비를 포함한) 활용 관습과 사회 문화적 이해관계, 그리고 매체의 시대적 가치(역사성) 등에 따른 다양한 의미 생성 방법을 통해 기억을 재현한다. 이렇게 보면 무엇을 기억하는가에 대한 질문도 짚고 넘어가야 할 논의이겠지만, 어떻게 혹은 어떠한 방식으로 기억하는가에 대한 물음이 기억 개념을 통한 당대의 커뮤니케이션 상황과 우리의 일상을 이해하는 데 더욱 중요한 문제가 될 수도 있다. 특히 이러한 인식은 집단 기억 개념을 결정론적 시각에서 다루는 관점의 한계를 피할 수 있으며, 동시에 그 사회적 추동력이 다양한 관점에서 생성될 수 있음을 드러내는 것이기도 하다.

덧붙여 **기억** 개념은 과거를 다루는 학문이자 주된 인식의 틀로서 역사 개념 혹은 역사적 해석 같은 메타 내러티브를 성찰적으로 바라볼 수 있게 해준다는 점에서 주목할 필요가 있다. 역사는 과거로부터 현재에 이르는 과정을 연속성에 기반을 두고 다루는 실증주의적 논의이다. 하지만 포스트모더니즘의 관점에서 보면, 역사는 일종의 진리 효과나 여러 담론들 중 하나로 이해될 수 있다. 기억 개념은 과거에 대한 다양한 의미 체계를 고려한다는 점에 비추어, 역사 개념에 대해 미시적 관점에서 수정하거나 검토할 수 있는 계기를 마련하는 것이기도 하다. 요컨대, 기억 개념은 현재를 살아가는 구성원들의 문화적 실천에 대한 이해를 가능케 하며, 특히 이미 지나간 과거를 매개로 하여 나타나고 있는 현재의 다양한 커뮤니케이션 상황이 의미하는 것은 무엇인지에 대한 물음에 단초를 제공해 준다.

일상에서 나타나는 기억의 활용과 문화적 재현

기억이 재현되는 문화적 재현 범위는 매우 넓다. 기억(기)술 혹은 기억 매체의 관점에서 보면 과거라는 정보는 다양한 매체에 의해 저장되고 전달된다. 그리고 이는 앞서 언급한 바와 같이, 문화적 기억의 맥락에서 이해되기도 한다. 문화적 기억은 그러한 매체들 각각의 속성에 의해 (재)구성되며, 그에 따른 특별한 문화적 실천을 수반함을 강조한다. 이 장에서는 매체에 따른 기억의 모습들은 현재 어떠한지 살펴보고자 한다.

이에 우리 일상의 문화적 실천과 매체는 분리되어 논의될 수 없다는 점을 인식하는 것이 중요하다. 물론 이와 관련하여, 매체미학적·문화(콘텐츠)산업적·역사적 그리고 기술공학적 관점에 의해 개별적으로 혹은 통합적으로 다뤄질 수도 있다. 하지만 강조되어야 할 점은 그러한 문화적 재현들이 의미하는 바가 무엇인지에 대한 문제이며, 이것을 통해 현재의 커뮤니케이션 상황을 어떻게 해석할 수 있는지에 대한 논의이다. 문화 산업 혹은 문화콘텐츠의 주목이라는 현실의 상황 속에 비추어 보면, 현재의 문화적 재현은 그 효과 혹은 산업적이고 경제적인 가치와 그 의미도 주목될 수 있다. 하지만 여기서는 그러한 관점에서 이를 다루기보다는 문화적 재현에 대해 당대의 대중이 공유하는 감정 구조의 차원에서 바라보고, 그에 대한 해석적 논의로서 진행하고자 한다. 이는 문화적 재현의 산업적 관점에 대한 논의를 제외하기보다는 오히려 그러한 관점을 포함함과 동시에 생산과 소비라는 문제를 '실천'의 관점에서 더욱 폭넓게 바라보기 위함이다.

기억이 공간에 제시되는 유형은 박물관, 테마파크, 축제 그리고 투어리즘 등을 거론할 수 있다. 이들은 최근 들어와 **공간형 콘텐츠**라는 문화적 재현의 영역으로 일컬어진다. 공간형 콘텐츠는 문화적 소재가 구체적으로 가공되어 '공간'이라는 미디어에 체화한 무형의 결과물을 뜻한다(태지호, 2014: 10). 공간형 콘텐츠의 경험은 특정한 방식으로 구획된 공간에서 이루어지며, 그 속에서 문화적 결과물의 생산과 유통 그리고 소비가 이루어진다.

우선 박물관은 그 정의 및 설립 목적에서부터 기억 그 자체가 주된 모티브가 된다. 일반적으로 박물관은 인류의 유·무형적 자원들에 대한 수집과 보존 그리고 연구를 통해 대중에게 전시하는 목적을 가지고 있다. 중요한 것은 그러한 목적의 수행을 위해 특정한 대상들이 선별된다는 점이며, 그 과정에서 특별한 방식의 기억과 망각 작용이 진행된다는 점이다. 특히 현대의 박물관 모습이 근대 국민국가의 성립과 궤를 같이 했다는 점을 비추어 볼 때, 박물관은 해당 국가 및 시대의 정체성 형성을 위한 기제로 활용되었다는 사실에 주목할 필요가 있다. 박물관이 특정한 사회적 제도로서의 역할을 한다는 것이다. 이러한 양상이 최근 들어 다소 달라지는 듯하다. 그간 강조했던 근대성, 공공성, 문화시민 등과 같은 가치와 더불어, 문화(콘텐츠) 산업의 환경하에서 대중에게 유희성 및 편의성 등을 제공해야 하는 과제를 가지고 있기도 하다. 이러한 관점에 비추어, 최근의 박물관은 기존의 박물관에 관한 일반적인 인식으로서 엄숙하고, 경건한 공간 구성에서 벗어나 좀 더 '재미있고', '안락한' 경험을 제공하기 위한 여러 방법을 강구하고 있다. 특히 박물관의 '전시'는 다른 여타의 문화적 실천들과 구별되는 박물관만의 특성인데, 기존에는 해당 과거를 직접 보여주는 전시를 통해 관람객들에게 해당 과거에 대한 기억의 확실성과 항시성을 부여했다(태지호, 2013: 156). 덧붙여, 박물관이 이제는 다양한 멀티미디어의 활용이나 기술 그리고 체험 전시 등을 통해 그러한 기억의 의미를 직접적으로 경험하게 하는 방식들로 제시되고 있다.

일상 문화적 실천의 관점에서 박물관이 가지는 의미는 **다크 투어리즘**이라는 최근의 현상을 통해서도 논의될 수 있다. 다크 투어리즘이란 블랙black 투어리즘 혹은 그리프grief 투어리즘이라고도 불리는데, 과거에 있었던 대규모의 학살이나 재앙 등과 같은 장소를 '관광'의 관점에서 방문하는 현상을 의미한다. 이는 최근 들어 유행하고 있는 새로운 여행의 개념으로, 많은 다크 투어리즘의 경우, 과거의 사건에 대한 기념관, 기념 공원, 전시관 등에 대한 방문 형태로 나타나기도 한다. 또한 다크 투어리즘은 해당 과거에 대한 여행이나 관광 상품의 소비를 통해 특별한 과거의 기억을 내재화하는 문화적 실천으로 해석될 수 있다.

공간형 콘텐츠의 또 다른 유형인 축제 또한 박물관이 수행하는 기억의 문화적 실천과 유사한 사례로서 설명될 수 있다. 본래 축제는 해당 공동체에게 특별한 의미가 있는 사건을 기념하는 일종의 제의에서 유래한다. 따라서 해당 공동체의 구성원들은 축제를 통해 특별한 기억을 내재화할 뿐만 아니라, 공동체의 결속을 강화하는 집단적 체험을 한다. 최근의 경우도 이와 크게 다르지 않지만, 여기에 더해 축제는 지역 문화 산업의 한 영역이자, 지역의 브랜드 및 마케팅의 수단이 되었다.

우선 최근 지자체에서 개최하고 있는 여러 축제는 지역의 역사와 전통 문화, 설화, 인물 등을 소재로 활용하여 제시된다. 이는 지역민들이 가지고 있는 과거에 대한 기억을 활용하여 현대적 이벤트가 개최되는 현상이며, 이에 대한 집단적 경험을 통해 해당 지역은 문화적 정체성을 제고한다. 축제는 그 속성상, 생산과 소비에서 집단적이고 실제적인 공간 경험이 우선시되는 문화적 실천이며, 그에 따른 집단적 연대감과 참여를 강조한다. 축제 참여자들은 축제의 다양한 프로그램의 체험을 통해 현실의 전복과 일탈을 경험한다. 그러한 집단적 경험은 구성원들 간의 기억의 공유가 전제되는 것이며, 이는 지자체라는 행정조직과 경험재라는 경제적 가치에 의해 제시되는 새로운 형태의 '만들어진 전통'으로 자리매김하고 있다.

요컨대, **공간형 콘텐츠**라 불리는 공간에서의 문화적 재현들은 오랫동안 인류가 활용해 온 기억의 재현 방법이라 할 수 있다. 최근 들어 이들의 구성 전략과 의미 전달 방식 등은 기술의 발전과 생산과 소비의 맥락에 따라 달리 나타나고 있다. 하지만 이들이 정치적·경제적 효과를 위해 기억을 활용함은 분명하다. 덧붙여, 이러한 공간에서의 문화적 재현들은 일상의 공간에서 물리적인 실재를 통해 해당 기억을 직접적으로 경험하게 하는 특징이 있다는 점을 강조하고자 한다. 따라서 공간에서의 문화적 재현들은 기억이 '그곳'에 있음을 알게 해주며, 대중은 해당 공간 혹은 장소에서 기억의 주체가 되는 경험을 하게 된다.

영상은 일반적으로 시각에 소구하는 전자미디어를 활용한 문화적 생산물을 의미한다. 여기에는 영화와 방송콘텐츠가 주로 언급되지만, 이외에 게임, 애플리케이션 등과 같이 뉴미디어를 활용한 디지털콘텐츠의 일부가 포함된다. **영상 재현**은 영상미디어를 통해 특별한 시각성을 가지는 기억을 구체화한다. 이들은 다양한 '이미지화' 전략을 통해 기억을 제시하는데, 특히 주목해야 할 것은 이미지들의 간의 결합 양상이다. 이는 특히 다양한 장르와 연관해, 영상 재현에 의해 제시된 기억의 내용과 형식으로서의 특징인 일종의 영상 기억과 연관된다. **영상 기억**의 관점에서 보면, 영상 재현은 영상이라는 특별한 물질적 실천을 통해 단지 이미지의 배열에서 그치는 것이 아니라, 과거에 대한 의미의 전유를 가능하게 하고, 이를 통해 기억이 다양한 방식으로 재구성될 수 있는 가능성을 가진다.

영화의 경우, 최근 흥행작들의 다수는 과거를 소재로 하고 있다는 점이 주목된다. 물론 여기에는 전통 시대에 있었던 사건이나 인물에 관한 과거의 이야기들도 여럿 존재하지만 최근의 경향성에 비추어 보면, 상대적으로 가까운 과거를 다루고 있는 작품들이 상업적 흥행을 이어가고 있다는 점이 두드러진다. 이들 영화가 다루는 기억은 한국의 근현대사를 관통하거나 그에 대한 특정한 시점 혹은 인물들에 관한 것이다. '근현대사'라는 개념적 특성상 아직 현재 진행형인 과거이거나 '역사적' 평가에 대한 문제가 분분하기 때문에 일부 영화들의 경우, 정치적 입장에 따른 해석 차이가 나타나기도 한다. 이는 일종의 기억을 매개로 한 문화정치학의 모습으로 이해되기도 한다. 중요한 것은 정치적 해석에 대한 문제가 표면적으로 드러나는 영화는 물론이지만, 대중에 의해 그러한 문제에 대한 이견이 크지 않았던 영화일지라도 이들 영화에 의해 과거에 대한 특정한 형태의 기억이 발현되고 있다는 점이다. 특히 푸코의 대중 기억에 관한 논의에서와 같이, 대중은 이러한 영화들을 통해 과거에 대해 기억하는 방식과 더불어 기억해야 할 과거가 무엇인지도 알게 된다(Foucault, 1975: 24~29). 이들 영화는 과거를 그리움과 연민의 대상으로서 기억하는 방식인 '향수'를 불러일으키며, 그러한 과정 속에서 과거는 탈맥락화되고 영화라는 판타지 속에서 물신화된다.

방송콘텐츠도 이와 유사한 맥락 속에서 유행하고 있다. 최근 대중적으로 성공한 드라마의 경우, 그 재현의 강조점은 과거에 대한 추억을 보여주는 데 있다. 하지만 이러한 향수 기억의 주체가 누구인지는 명확하지 않다. 이는 과거에 대한 스펙트럼을 폭넓게 보여주지 않고, 오히려 과거에 대한 정경이 매우 좁은 시각으로 특수하게 제시되기 때문에 그러하다. 이들 드라마를 통해 망각되는 해당 과거의 다양한 사회적 상황과 연관해 보면, 드라마가 보여주는 과거는 방송 매체를 통한 집단 경험에 의한 기억의 고착화 혹은 강요가 된다.

이와 달리 방송콘텐츠의 또 다른 장르 중 하나인 (시사/교양)다큐멘터리의 경우, 그 기억은 '기념 기억'을 통해 구체화된다. 기념은 공적인 차원에서 기억할 것을 요구하는 집단 기억의 한 유형이다. 따라서 상징적인 주기와 기념 공간 및 장소 등의 문제가 기념 기억에서는 강조되며, 구성원들의 암묵적인 동조를 수반하도록 한다. 최근 한국 근현대사와 연관한 사건들에 대한 특정한 주기가 많이 나타나고 있기 때문에, 방송 다큐멘터리들은 이러한 과거를 다룸으로써 해당 과거에 대한 기억을 (재)생산하는 사회적 기능을 수행한다. 특히 방송 다큐멘터리는 그 장르적 특성상, 대중들의 인식이 다큐멘터리에서 다루는 내용들에 대해 사실 기반 및 정보 제공이라는 점에 기대어 있다. 따라서 다큐멘터리를 통한 과거의 재현은 공적 기억이자 지배 기억으로서의 해당 과거에 대한 기억을 구성하는 기제가 될 수도 있다.

일상의 커뮤니케이션 체계 속에서 기억을 맥락화하기

기억 산업의 유행과 기억 재현의 의미 작용

일상의 다양한 영역에서 나타나는 기억의 문화적 재현은 과거에 대한 우리 사회의 신념과 현재 상황에 대한 문제를 이해할 수 있게 한다. 기억은 일상 속에서 사회적 이해관계의 요구와 대응에 의해 형성되고 변화된다. 이러한 기억 양상에 대해 배리 슈워츠Barry Schwartz는 문화 체계로서 기억을 논의했다. 이는 기억에 관한 두 가지 모델의 제시로 구체화된다. 첫 번째로 기억은 사회의 요구, 문제, 두려움, 사고방식 그리고 열망의 반영이라는 점에서 사회의 모델이다. 두 번째로 기억은 사회의 경험들을 정의하고, 그 가치와 목적을 분명히 하며, 동시에 이러한 것들을 현실화하기 위한 인지적이고, 감정적이고 도덕적인 지향을 제공하는 프로그램이라는 점에서 사회를 위한 모델이다(Schwartz, 1996: 910).

여기에서는 이러한 논의를 방법론적 틀로 활용하여 현재의 일상 문화적 실천의 양상을 해석하고자 한다. 이를 좀 더 구체화하면, 기억이 과거에 대한 당대의 상징이나 표현이라는 점에 비추어, 그러한 문화적 실천의 특징과 함의는 무엇이며, 이는 어떠한 방식으로 현실을 반영하고 있고, 동시에 현실의 지표나 척도의 측면은 어떠한가에 대해 맥락적으로 살펴보고자 한다. 이는 곧 텍스트로서 앞서 언급한 기억을 재현하는 문화적 실천의 여러 영역의 양상과 더불어 그것을 둘러싸고 있는 일상의 커뮤니케이션 체계가 의미하는 것은 무엇인지 살펴보는 것을 의미한다.

기억이 과거를 현재화하는 방식으로서 문제적이고 성찰적인 차원에서 특별한 인식론의 관점에서 논의되고 있음은 자명하다. 하지만 이러한 사실과 동시에 일상 영역에서 기억이 광범위하게 소비되고 있다는 점을 인식하는 것이 중요하다. 문화 산업의 관점에서 생산 및 소비의 양식이자 그 방법 혹은 전략이라 할 수 있는 스토리텔링이라는 개념을 상정해 볼 때, 기억은 문화적 재현을 통해 다양한 방식으로 스토리텔링되고 있다. 이러한 기억의 스토리텔링은 일종의 기억 산업이라 할 만큼, 해당 문화 산업 영역의 생산 및 소비의 관습 내에서 구현될 뿐만 아니라 각 장르의 경계를 넘어 통합되며, 다양한 방식으로 재생산되는 모습을 보이기도 한다.

이에 대해 여기서 다루고자 하는 일련의 현상은 '**복고 문화**'나 '**향수 문화**'의 범주 속에서도 논의가 가능하다. 복고 문화는 일반적으로 언급되는 문화 산업 분야는 물론이고 그 외의 문화 산업과 유관한 다양한 일상 문화 속에서도 나타난다. 일종의 기억 산업으로 나타나고 있는 현재의 복고 문화 열풍은 과거에 대한 기억을 상품 경제의 틀 속에 위치시킴으로써 과거를 물신화하고 있다. 최근의 경향성에 비추어 보면, 어느 특정 문화적 재현이나 문화 상품이 과거에 대한 기억을 활용하여 흥행을 하게 되면, 여지없이 관련 상품들이 (재)생산되고 소비된다. 영화나 드라마의 소품, 배경음악, 음식, 패션, 그리고 해당 이야기의 배경 공간 등은 의도되었든 혹은 그렇지 않든 간에 최근의 문화 산업의 주된 전략 중 하나인 OSMU One Source Multi Use로서 파생되어 유행하게 된다. 이외에도 최근의 각종 음악 프로그램은 과거에 유행했던 음악을 리메이크하여 방송되기도 하며, 과거의 소품 등을 활용하여 해당 시대의 모습을 재현한 놀이 문화 공간 등도 대중적 인기를 얻고 있다.

기억의 소비 혹은 기억 산업으로서 이러한 복고 문화는 문화 산업의 생산과 소비의 맥락 속에서 볼 때, 일종의 문화적 퇴행 현상으로 이해될 수 있다. 일반적으로 문화 산업의 성공 조건이 창의성 혹은 창조성이라고 언급되는데, 현재의 복고 문화는 '퇴행적 창조'라 할 수 있다. 이는 온고지신溫故知新도 아니며, 과거에 대한 기억을 매개로 그 스타일을 전유하는 일종의 '피상적 기억sketchy memory'이기 때문이다. 물론 이러한 현상은 개개인의 스토리텔링이라는 관점에서 과거를 기억하는 일환이자 일상 속에 개인들의 과거에 대한 체험이 다시금 현재화된다는 점에서 자기 향유라고 해석될 수도 있다. 그리고 이러한 복고 문화는 세대 간의 새로운 커뮤니케이션 장으로 이해될 수도 있다. 하지만 그 기저에는 '익숙함'과 지나가버린 과거에 대한 '소유 욕망'이 지배적이며, 동시에 그 진행 과정은 마치 '대중적 기념'이라 할 만큼 반복적이며, 규칙적이고, 관습화되고, 제의적인 모습을 띤 과거 찬양으로 나타난다. 실제 이러한 복고 문화 현상에는 과거에 대한 '낯설게 보기'와 같은 생산적인 시도도 거의 보이지 않을 뿐만 아니라, 오히려 의식화되거나 의례화된 소비 패턴만이 지배적인 모습으로 나타난다. 이전보다 일상에서 활용할 수 있는 매체가 훨씬 다양해졌음에도, 과거에 대한 기억은 획일화된 모습으로 소비되고 있는 것이다. 결국 이러한 복고 문화의 열풍은 성찰적이거나 자기 반성적인 맥락에서가 아니라 단지 과거를 그리워함으로써 현재의 자신과 사회적 관계를 주변화시키는 차원에서 이루어지는 수동적인 소비로 읽힐 수 있다.

이러한 맥락에 비추어 보면, 과거의 극단적 폭력 행위나 전쟁 경험과 같은 사건에 대한 상흔으로서 트라우마를 재현한 문화콘텐츠의 소비 현상 또한 동일한 차원에서 문제적으로 읽힐 수 있다. 특히 박물관이나 다크 투어리즘, 그리고 여러 기념 재현과 같은 일련의 형식적이고 관습화된 트라우마의 현재화가 그러하다. 발터 벤야민Walter Benjamin이나 테오도어 아도르노Theodor Adorno 같은 학자들은 참혹한 과거에 대한 기억을 재현하는 것 자체가 불가능하며, 그러한 재현은 과거의 희생들에 대한 숭고함을 가장한 거짓 위안이고, 그 속에서 사회적 갈등과 모순은 은폐된다고 강조했다(Adorno, 1970: 308; Olick, 2007: 242). 물론 일상의 소비에서 성찰과 같은 진지한 자기 고민을 언급하는 것 자체가 매우 비일상적이고, 편협한 시각일 수 있다. 하지만 기억을 둘러싼 정치경제학적인 힘의 논리들은 거시적인 사회구조에서만 작동되는 것이 아니라 미시적이고 일상적인 차원에서도 침투력이 강하다는 점을 인지해야 할 필요가 있다.

여기서 더 나아가 도미니크 라카프라Dominick LaCapra는 그러한 재현들에 대해 상징적 전치일 뿐이라고 일축한 바 있다. 그에 의하면, 사회적 공감이 결여된 트라우마에 대한 부정적 승화 혹은 순화는 반복적이면서도 정형화된 형태로 과거를 재현할 뿐이다. 라카프라의 관점으로 보면, 현재의 일상 문화에서 나타나는 과거에 대한 기억 재현은 오히려 처절했던 과거를 진지한 성찰의 관점을 통해 바라보는 것을 방해하는 사회적 기제일 뿐이다(Lacapra, 1994: 23~41). 덧붙여, 이러한 논의들이 시사하는 것은 기억 산업과 같이 제도화되고, 행정적이고, 산업적인 관점에서 탈맥락화되어 과거가 대상화될 때 제기되는 문화적 획일화와 더불어 과거에 대한 편협한 이해에 대한 우려이다.

하지만 이러한 진단에도 불구하고, 기억의 문화적 재현과 그 재생산이 가지는 새로운 가능성은 여전히 존재한다. 이에 대한 인식의 출발점은 문화가 상이한 담론들이 공존하는 자율적 영역이라는 데 있다. 이에 대해서는 좀 더 구체적으로 기억의 의미 작용은 어떠한지와 더불어 기억 행위 혹은 기억이라는 개념이 지니는 본래적 특질은 무엇인지와 연관해 다뤄질 필요가 있다.

앞서 살펴본 바와 같이, 일상의 다양한 지점 속에서 기억이 빈번하게 활용되고 재현되는 것은 현재의 문화적 기호들의 집합체를 조직하고 작동시키는 논리로서 기억의 부상을 의미하는 것이다. 이는 현실의 상이한 문화적 체계들이 존재함에도, 기억이 과거에 대한 특정한 의미를 부여하는 과정에서 우리 시대의 문화 그 자체로 이해될 수 있음을 뜻한다. 왜냐하면, 문화란 개인 혹은 특수한 상황에서의 의미 부여가 아닌, 보편적이고 관습적인 체계를 수반하기 때문이다. 이렇게 보면, 어떠한 과거에 대한 기억은 그와는 다른 기억들과 비교하여 일종의 문화적 위계의 토대가 될 수 있으며, 동시에 과거에 대한 인식의 맥락적 차원에서 작동되는 지배적인 규칙으로 이해될 수 있다.

이와 같은 맥락에서 유리 로트만Yuri M. Lotman은 집단의 비유전적 기억이 금지와 제한의 일정한 체계로서 문화라고 주장한 바 있다. 그에 의하면, 기억으로서의 문화는 기호학적 규범 체계에 관한 문제를 수반하고, 이것이 일종의 프로그램으로 간주되어 삶의 경험들이 그 안에 녹아들게 된다(Lotman, 2000: 68~69). 문화로서의 기억이 구체적인 실천으로서 일상의 영역에서 재현될 때, 그 의미 작용은 망각과 쌍을 이루며 진행된다. 문화 체계로서 기억의 의미 구성에서 기억이 아닌 것으로 여겨지는 것은 망각을 통해 삭제된다. 즉, 망각되는 것은 기억의 관점에서 비문화적인 것이며, 이는 기억과 대립되어 명시되지 않는다. 동시에 문화로서의 기억은 계속해서 계열체를 생산함으로써 해당 기억의 위계를 드러낸다. 공식 기억, 지배 기억 등은 이러한 기억의 특정한 형태로서 공식 문화, 지배 문화를 구성할 수 있는 데 반해, 사적 기억, 대항 기억 등은 문화가 아닌 것으로 기각될 수 있다. 정리하면, 기억과 망각의 작용은 문화와 문화가 아닌 것과 계열관계를 이루며 일상의 영역에서 재생산된다.

한편 기억이 문화 체계의 기저를 이룬다고 전제하면, 기억은 무의식적 차원에서 발생하는 문화 코드로서 다양한 문화적 경험을 생성하는 토대가 된다고 이해할 수 있다(Rapaille, 2006: 18). 즉, 기억은 문화가 고유의 의미를 갖도록 허용하는 일종의 코드가 되며, 이는 사회적 관습으로서 역사성과 문화성을 함축하게 된다(김운찬, 2005: 52). 문화 코드로서 기억은 문화적 재현이라는 일상의 다양한 기호들의 집합체에 대한 의미화가 가능하도록 하는 규칙이 된다. 여기에는 기억이라는 규칙을 만들어내는 단위인 '기억소'가 존재하며, 이를 통해 문화적 재현은 하나의 서사로 구성되어 과거에 대한 의미를 구성한다. 이에 대한 대표적 사례가 앞서 논의한 지역 축제이다.

축제는 지역문화의 전승 및 보존이라는 기치 아래 지역의 공통된 기억을 동원하여 지역 경제의 활성화를 꾀하는 문화적 실천이다. 축제는 그 기획의 콘셉트라는 관점에서, 특별한 기억소를 모티브로 활용한다. 이는 지역만의 서사를 위한 대상으로서 활용되며, 구체적으로 축제 프로그램으로 제시되어 지역 주민과 외부인의 참여를 확대시킨다. 이러한 관점에서 축제는 지역 내의 결속 및 지역 정체성을 구축하려는 제도적이고 경제적인 실천으로 이해될 수 있다. 덧붙여, 기억이 서사로 구성되어 의미화되는 이러한 방식은 박물관에서도 동일하게 적용될 수 있다.

이 외에도, 실제 여러 문화 산업의 영역들은 그것이 재현하는 과거가 무엇이건 간에 구조주의적인 관점에서 논의될 수 있다. 예컨대, 최근 홍행했던 여러 기억의 문화적 재현은 사랑과 우정 혹은 아름다운 추억 등과 같은 보편적인 코드를 활용한 메시지를 주 내용으로 담고 있는 특징을 보인다. 특히 이는 담화나 형식적 측면에서도 '회상하기'라는 서술 방법을 공유한다. 좀 더 구체적으로, 이러한 회상하기는 플래시 백flashback과 같은 편집 방법이나 반역광半逆光 및 파스텔 톤 조명 등의 빈번한 사용을 통해 재현되기도 한다. 이러한 특징들은 영화나 방송콘텐츠의 드라마와 같은 영역에서 특히 두드러지게 나타난다.

결국 문화 코드에 의해 규범화된 문화 산업의 여러 영역은 장르로서 여겨질 만한 서사적 특징을 보여준다. 이는 일종의 '향수 영화' 혹은 '향수 드라마'로서 과거를 대상화하는 방식이며, 내용과 형식에서 영상 산업적 관습이라 할 수 있다. 또한 이는 문화 산업을 통한 일종의 호명이며, 대중은 그러한 문화 상품들이 제시하는 여러 장치와 전략을 통해 기억해야 할 과거는 어떠하며, 그것은 어떠한 방식으로 기억되어야 하는지를 인지하게 되는 대중의 소비 실천과 연계된다. 이러한 관점에서 보면, 기억의 의미 작용은 문화적 체계에 의해 문화 코드로 이해되어 해당 문화 상품이 재현하는 과거 또한 특별한 방식으로만 읽혀지고 소비하게 된다.

그러나 다른 시각에서 보면, 문화 상품들의 그러한 내적 속성이 묘사하는 방식 자체가 우리의 현실 관계를 표명해 주는 것이자, 특히 개인들의 삶에 대한 의미 부여라는 관점에서 해석될 수 있는 가능성도 존재한다. 앞서 언급한 코드의 개념과 연관해, 기억의 의미 작용은 이보다는 좀 더 열려 있는 과정으로 해석될 수도 있기 때문이다. 이에 대해, 우선 코드는 서로 연관된 영역들이자, 특정한 구조 관념을 가능케 하는 표시들로 이루어진 조직이며, 자연스럽게 여기게 되는 규칙들의 총체라는 점을 전제로 삼을 필요가 있다(Tambling, 1991: 53).

롤랑 바르트Roland Barthes는 의미 작용의 단편적인 문제를 제기하면서, 텍스트는 코드들이 교차하는 입체적 공간으로서 접근해야 함을 강조한 바 있다(Barthes, 1970). 텍스트는 여러 코드가 직조되어 있는 개념일 뿐만 아니라 그것들을 해체하는 것은 해석 주체들의 몫이기도 하다. 이러한 관점에 비추어 보면, 기억은 단일한 문화 코드로서가 아니라, 그 자체가 다양한 기억과 융합 및 연결되어 있는 것으로 이해되어야 할 것이다. 코드들의 조합이라는 관점에서 기억은 단순화된 과거에 대한 해석이 아니며, 구조화된 재현의 원리를 거부하는 가능성을 가지게 된다. 물론 이는 수적인 개념으로서 기억들의 총합만을 의미하는 것은 아니다. 기억 자체가 단일하지 않을 뿐만 아니라, 그것이 의미화되는 방식과 그에 따른 해석의 자율성은 분명 존재하기 때문이다.

특히 기억은 다양한 문화적 재현에 의해 특정한 방식이 아닌 여러 방향에서 일상적으로 의미를 획득하게 된다는 점이 재차 강조되어야 한다. 기억은 수동적으로 주어지는 관념이나 개인들의 체험과 관계가 없는 대상이 아니라 그 자체가 현재적 의미를 생산하기 위한 각 개인들에 의한 인식 대상인 것이다. 그러므로 기억은 역사와 같이 닫힌 형식이 아니라 과거에 대한 여러 기억에 의해 의미화된 개념으로 이해되어야 할 것이다. 기억의 의미 작용은 과거를 둘러싼 인식의 한 종류로서, 기억을 담지하고 있는 해당 문화적 재현 자체의 의미와 더불어 다른 문화적 재현 및 다양한 해석자인 대중과의 관계 설정을 통해 진행된다고 볼 수 있다.

기억들의 경합과 일상의 문화정체성

문화적 재현이 매체와의 관계 속에서 일상의 모습들을 보여준다고 전제할 때, 이는 그 자체로 커뮤니케이션의 장이자 내용이 된다. 여기서 강조하는 것은 이에 더해, 문화적 재현의 기억 활용이 다양한 기억의 경합과 소통의 창구가 된다는 것이다. 특정한 기억은 단지 하나의 지배 기억으로서 해석되는 것이 아니라 집단들의 기억이자 사회적 기억들 중 하나로 이해될 수 있기 때문이다.

이미 다양한 문화적 재현에 의해 과거에 대한 **기억**은 '단수'로서 고정된 것이 아니라 여러 사회적 관계들에 의해 자율성을 확보한 '복수'의 기억들로 재현되고 있다. 복고 문화 역시 그러한 단수들 중의 하나가 될 수 있다. 왜냐하면, 과거에 대한 '사실'은 총체적인 문화의 개념과 연관해, 상대적인 가치를 가지기 때문이다. 다시 말해, 사실은 기호학적 공간을 부유하며 문화적 코드들이 바뀔 때, 그 속에서 용해되어 의미를 생성하기 때문이다(Lotman, 1990: 320). 이러한 관점에 비추어, 기억은 객관적인 과거를 담고 있는 개념이 아니며 사회의 여러 계층에 의해 전유되고 그러한 과정 속에서 (재)구성된다.

특히 최근 계속해서 생산되고 있는 기억을 활용하고 있는 사례들에서는 이러한 모습이 더욱 극명하게 나타난다. 앞서 언급한 복고 문화뿐만이 아니라 도시 행정, 지역 개발 및 계획 등과 같은 거시적이고 제도적인 차원에서도 마찬가지이다. 이는 여러 도시에서 나타나고 있는 역사도시, 문화도시 등과 관련한 장소나 건축물 등의 보존과 활용 문제와도 연관된다. 실제 장소나 건물, 특정 공간에 대한 기억의 '행정적 활용'은 과거를 둘러싼 투쟁이나 경합의 장이 되기도 한다. 장소는 시간의 흐름에도 불구하고 해당 기억이 물리적으로 남아 있는 실체이며, 현재 진행 중인 기억이라는 점에서 이를 둘러싼 다양한 담론이 존재한다. 게다가 근현대의 장소일 경우, 그러한 기억들의 주체인 해당 과거를 직접 겪은 세대들이 생존해 있는 경우가 많을 수 있으며, 시간의 흐름이나 동시대적 맥락에 따라 그들의 해당 과거에 대한 인식 자체도 변화할 수 있는 가능성도 있다.

한편 이러한 해석이 국내적 상황에만 한정되는 것은 아니다. 계속되고 있는 한국과 일본의 교과서 문제, 위안부에 대한 인식 및 보상 문제 등과 같은 일련의 상황들은 국제 정치적 맥락에서도 기억의 문제가 중요한 화두임을 시사한다. 이렇게 보면, 기억을 활용하는 문화적 재현은 민족주의, 국수주의, 문화제국주의, 국가주의 등과 같은 거대 담론의 맥락 속에서 이데올로기의 관점에서 읽혀져야 하는 대상이 된다.

결국 기억 그 자체의 내용보다 기억의 활용과 문화적 재현이 커뮤니케이션의 관점에서 더 중요한 의미를 가진다. 일련의 경제적·정치적·행정적 체계들에 의한 이해관계가 작동하여 특정한 과거가 부각되기도 하고, 동시에 기억 또한 (재)구성되기 때문이다. 따라서 기억의 활용을 통한 문화적 재현이 문화적 기억이라는 개념 속에서 이해되는 것은 당연하다. 문화적 기억으로서 문화적 재현은 동일한 과거라 할지라도, 계속해서 다른 기억에 의해 도전받으며 동시에 생산된다. 여러 문화적 재현을 둘러싼 담론들은 과거에 대한 기억의 정치적 입장 차이와 무관하지 않게 진행되고 있으며, 그것은 특정 계층의 이데올로기를 담지하는 것으로 인식된다. 기억은 문화적 재현을 통해 이러한 경합과 소통의 과정과 결부되어 우리 일상의 '감정 구조'로서 특별한 사회적 의미를 획득한다. 이러한 관점에서 기억은 순수한 개념이 아니라, 기억 행위 자체가 사회적 실천으로 이해될 수 있다.

이러한 관점은 제프리 올릭Jeffrey K. Olick이 논의한 기억 실천들mnemonic practices과 연관된다. 기억 실천들이란 기억의 실천이 항상 다수로 나타나고 있으며, 기억 개념에 대해 본질적이지 않고 능동적인 변화의 과정을 강조하는 개념이다(Olick, 2007: 26~27). 즉, 지속적인 기억의 경합과 소통의 모습은 기억이 유동적인 개념임을 일깨워준다. 물론 다양한 기억들끼리는 물론이고 그러한 기억들의 재현들 또한 상호 영향을 받기도 한다. 그러한 상황에서 기억과 기억의 재현은 본래의 의도와 모습에서 왜곡되거나 지배 기억의 모습으로 나타나기도 한다. 동시 다발적으로 생산되고 유통되는 과거에 대한 기억들은 그 자체가 또 다른 기억을 구성하는 기제가 되기도 한다. 다시 말해, 일종의 '기억 환영'이라고 할 만큼, 직접 경험하지 않은 과거라 하더라도 실제 체험한 것과 같은 착각을 불러일으키기도 한다. 그러한 과정 속에서 일종의 '**의사 기억**pseudo-memory'이 생기기도 하고, 그 자체를 사실로서 받아들이기도 한다.

중요한 것은 그러한 상호 관계를 결정론적인 시각에서 바라볼 것이 아니라 맥락적으로 해석할 필요가 있다는 점이다. 다양한 기억 담론은 그 담론 자체가 시간과 공간, 그리고 여러 가지 사회 구성체와의 관계 속에서 나타난 결과물이기 때문이다. 이는 앞서 언급한 코드들의 교차로서 논의한 기억의 의미 작용과도 연관된다. 기억은 절대적인 가치나 실체가 아니며, 우리 사회의 다양한 상호작용 모습을 보여주는 장이다. 따라서 기억의 재현이 계속해서 진행되는 상황을 소모적인 관점이나 비관주의적으로 해석할 것이 아니라 오히려 해당 사회가 변화 가능성을 가지고 있다는 측면에서 이해해야 할 것이다.

기억을 활용한 문화적 재현은 그 생산의 과정에서 해당 사회의 문화적 관습과 제도적 이해관계를 내면화하고 있으며, 동시에 대중의 수용 및 소비 또한 그러한 과정 속에서 이루어진다. 중요한 것은 이러한 상황에 대한 단일한 해석과 비판이 아니라 국내외적 맥락 속에서 그 자체가 다양한 세력의 경합과 소통의 가능성을 가지고 있다는 점이다. 문화 산업이라는 제도와 그에 따른 생산과 소비의 과정 속에서 과거에 대한 기억들은 특정한 기억과 통합되기도 하며 저항하기도 한다. 기억은 국면적인 개념인 것이다.

　다양한 문화적 실천의 영역에서 기억이 활용된다는 점은 대중과 우리 사회의 문화정체성에 대한 맥락이 과거에 대한 의미화 속에서 진행되고 있음을 뜻한다. 물론 정체성의 문제는 '나 그리고 우리는 누구인가'라는 문제이기 때문에 그 자체가 과거에 천착될 수밖에 없으며 기억의 문제를 동반하는 것은 당연하다. 이와 관련하여 강조하는 것은 정체성의 근간이나 형성 조건이 무엇인가에 대한 문제가 아니다. 그보다는 현재 문화적 재현이 생산되고 소비되는 양상에 비추어 볼 때, 그러한 정체성의 표상에 대한 지형도 자체가 과거 의존적이라는 점에 주목할 필요가 있다.

　현재 우리 사회는 '2019년'이 아니라 다양한 문화적 실천에 의해 기억되는 해당 '과거'의 시기로 돌아간 듯한 모습을 보이고 있다. 수많은 기념일과 과거에 대한 고증 및 해석의 담론들이 이를 방증한다. 이는 과거에 대한 기억 재현이 현재에서 소비되는 모습을 넘어 오히려 과거가 현재를 압도하는 양상이다. 앞서 언급한 향수 문화, 복고 문화 같이 '캐주얼'한 일상의 모습들뿐만 아니라, 정치, 경제 등과 같은 거대 담론의 영역에서도 과거를 자본화하고 권력화한 기억이 중심에 서 있는 모습이다. 이러한 상황은 기억이 다양한 제도 속에서 객관화된 문화적 실천으로 구축되면 특정한 목적을 위해 그것이 활용될 수 있음을 방증하는 것이기도 하다.

　과거에 대한 기억은 여러 지점에서 계속해서 생산되며, 동시에 대중은 그러한 기억들을 소비할 뿐만 아니라 찬양한다. 즉, 문화정체성의 모습 그 자체가 과거일변도에 있다. 이러한 상황 속에서 개인의 특수한 기억은 물론이고 과거를 둘러싼 다양한 시각은 닫히고 만다. 현재의 일상의 전 영역에서 나타나는 과거 의존적인 담론은 특정 기억에 대한 주목도를 높임과 동시에 지배 기억으로서 특정한 기억만을 재생산하는 역할을 할 뿐, 기억 개념을 통해 제기될 수 있는 지배 담론에 대한 저항과 새로운 질서에 대한 가능성들은 제거되는 것처럼 보인다.

그럼에도, 이는 분명 과거를 현재화하는 또 다른 방법인 '역사' 쓰기와는 차이가 있다. 역사의 기능이 실증주의적 해석을 전제로 하여, '실제 있었던 그대로의 과거를 생각하는 것'이라는 목표를 가지고 있는 데 반해 기억은 사고의 내용이 과거일지라도 현재 속에서 생각하는 수단이라는 점에서 다르기 때문이다(Lotman, 1990: 398). 역사는 항상 목적이 전제되어 있고, 그에 따른 내러티브를 강조하며, 모두가 역사의 주체이기도 하지만 실제 역사의 주체는 누구인지 불분명하다. 이와 달리 기억은 기억하는 주체가 분명함과 동시에 그 주체는 복수로 나타난다. 여기서 복수라 함은 기억의 주체가 개인이나 집단 혹은 집단들이 될 수 있음을 의미한다. 게다가 역사 이전에 기억이 존재한다는 점에 비추어 기억에 의해 특정 역사가 구축된다는 점을 상기할 필요가 있다. 다시 말해, 역사 또한 여러 기억들의 한 방법이기 때문에 그 절대적인 권위는 기억 개념에 의해 해체될 수도 있다는 것이다.

이러한 논의는 이미 역사(학) 내에서 논의되고 있는 '누구를 위한 역사인가'(Jenkins, 1991)와 같은 문제의식과 궤를 같이 할 뿐만 아니라 실증적·전문적·학문적 지향으로서의 역사가 아닌 직관적·일상적·대중적 관점으로서의 기억 개념의 유용성과도 관계된다. 기억은 일상적으로 누구에게나 언제나 일어나는 삶의 과정이다. 기억의 이러한 모습과 연관해 보면, 기억에 의해 현시대에 나타나고 있는 과거 의존적인 문화적 실천의 지형도는 정체성의 참조 지점이 변화되고 있음을 드러내는 징후가 된다. 특히 앞서 언급한 다양한 문화적 재현이 과거 의존적이라 함은 과거를 통해 대중과 우리 사회를 구속하려는 것이 아니라 오히려 과거를 재구성하는 적극적인 '과거 찾기'이며, 그 방법으로 기억을 활용하는 것이다. 이러한 문화적 재현들은 박제화되고 대중과 유리된 고정 불변의 진리로서의 역사 쓰기나 역사적 텍스트를 지향하는 것이 아니라 논리적이지 않으면서 유희적이고, 사적인 차원에서 의미화할 수 있는 '기억하기'라는 전략을 활용하는 것이다. 이렇게 보면, 더욱더 많은 문화적 재현에 의해 계속해서 과거에 대한 기억이 활용되어야 할 것이다. 그러한 과정 속에서 여러 사회적 실천과 담론들에 의해 문화정체성의 문제가 공유될 것이고, 문화 상품 또한 단순한 소비 대상이 아니라 소통의 장의 기능을 수행할 수 있을 것이다.

종합하면, **기억**의 **문화적 재현**이 내포하는 시대적 의미는 크게 두 가지로 요약될 수 있다. 이는 과거를 현재화하는 인식의 범주가 기존의 역사가 아닌 기억에 기반하고 있다는 것과 그 방법 또한 제도화된 역사학이 아닌 대중 상품을 통해 진행되고 있다는 것이다. 이는 역사의 종말이 아니라 역사 쓰기의 새로운 시작으로서 문화적 재현이 가지는 가능성이다.

앞서 다루었던 논의들이 기억이 사회적 관계 속에서 매개되고 집단을 통해 형성된다고 보면 모리스 알박스의 '집단 기억'으로, 아스만 부부의 관점에서와 같이 정체성을 구성하는 기제이자 그 재현으로 보면 '문화적 기억'으로, 피에르 노라의 관점에서와 같이 다양한 기억의 재현과 역사와의 관계 그리고 그 과정 속에서 우리가 찾을 수 있는 것은 기억의 흔적들이라는 관점에서 보면 '기억의 터'로, 푸코나 대중 기억 연구회의 관점에서와 같이 지배 권력에 대한 저항으로서의 정치적 실천의 관점에서 보면 '대중 기억'으로 연관되어 이해될 수 있을 것이다. 이 글은 기억 개념에 대한 이러한 해석들의 지형을 추적함과 동시에 기억과 이를 둘러싸고 있는 일련의 현상을 살펴봄으로써 우리 사회에서 기억 개념이 일상 문화적 실천을 통해 어떻게 전개되며 그 생산과 소비 과정에서 가지는 의미는 무엇인지를 논의하고자 했다.

결론적으로 말해, 이 글은 기억이 단일한 내용이나 형식을 가지고 재현되지도 않으며, 그 의미 구성 방식 또한 단순하게 읽히지도 않고, 다양한 사회적 맥락 속에서 이해되어야 한다는 관점을 견지했다. 그리고 기억의 구체적인 현시화인 일상 문화적 실천 또한 그러한 관점을 공유하여 구조화되고 있으며, 단지 유희와 소비의 대상이 아니라 오히려 생산적인 가능성을 지니고 있음을 확인했다. 특히 이 글은 이러한 기억과 일상 문화의 관계를 문화 산업의 관점에서 활용된다는 측면에서만 바라본 것이 아니라, 좀 더 거시적으로 우리 사회의 상징 체계와 문화정체성과 관련하여 이를 어떻게 이해할 수 있는가에 대한 논의와 병행했다.

이러한 일련의 상황들은 우리 사회에서 기억 열기가 매우 뜨겁다는 것을 반영한다. 여기에는 거시적인 '역사적' 사건들뿐만 아니라, 현재 진행형인 일련의 크고 작은 재난이나 일상에서 일어나고 있는 여러 행위 등에 대한 논의의 문제에서도 기억 개념이 동원된다. 그러나 기억 개념을 활용하고 있는 상황들 속에서 정작 기억하고자 하는 바가 무엇인지, 그리고 왜 기억해야 하는지, 동시에 어떻게 기억해야 하는지에 대한 고민들은 다소 부족해 보인다. 기억해야만 하는 당위성에 매몰되어 기억함으로써 우리 사회가 공유해야 할 가치가 무엇인지에 대한 문제는 오히려 망각되고 있는 것이다.

이 글에서는 일련의 논의와 연관해, **차가운 기억**cold memory이 필요함을 제안하고자 한다. 차가운 기억이란 일종의 메타포로서, 현재의 기억 열풍에서 나타나고 있는 **뜨거운 기억**hot memory과 달리 기억의 윤리성을 염두에 둔 기억을 말한다. 현재의 뜨거운 기억은 기억 행위 자체에 초점을 두고, 그 행위는 반드시 재현되어 사회적 담론의 위계 속에서 구성되어야만 하는 당위성에 초점을 두고 있다. 이에 반해, 차가운 기억은 오히려 담론적 실천을 거부하면서도 기억의 효과와 그 윤리적 측면을 염두에 두는 기억으로, 그것의 구체적 모습이 규정되어 있음을 의미하기보다 현재의 뜨거운 기억의 열풍을 '식혀주기' 위한 사회 구성원들의 역할이라고 이해될 수 있다. 특히 기억 대상을 대상이나 사건으로서만 물화시켜 바라볼 것이 아니라 해당 과거의 당사자들에 대한 문제를 진지하게 고려할 필요가 있다. 동시에 기억한다는 것이 과거를 극복하기 위한 최선의 방안일 것이라는 무조건적인 신봉도 피해야 할 것이다. 물론 이는 기억 자체를 반대하는 것이 아니다. 차가운 기억은 기억 대상과 기억 주체라는 이분법에 함몰되지 않는 것을 의미하며, 기억 행위 자체에 문제의식을 가질 것을 강조한다.

실제 우리 사회의 뜨거운 기억들은 의도했거나 그렇지 않았거나 관계없이 정치적·경제적 담론의 영역에서 영향력을 가지고 있다. 그리고 그러한 담론들

간의 갈등이 가지고 있는 사회적 손실과 부작용도 적지 않다. 물론 문화라는 개념은 다양한 담론의 경합과 충돌이라는 내적 구동력을 가지고 있는 것도 사실이지만 그러한 힘과 작용들을 좀 더 '효율적'으로 작동시키기 위한 차원에서 차가운 기억의 효용성이 있을 것이다. 이는 기억 개념이 내포하고 있는 과거를 둘러싼 능동적 행위자들에 의한 사회적 참여와 문화적 가치의 고양이라는 의미를 성찰적으로 내면화하기 위한 관점에서 그러하다.

주

1   이 글은 필자의 「문화콘텐츠에 재현된 집단 기억의 문화기호학적 의미 연구」, ≪기호학연구≫, 43집(2015)에 수록된 논문을 재구성했습니다.

기억의 터에 남겨진 영상의 흔적들[1]

강승묵 공주대학교 영상학과 교수

기억의 공간, 헤테로토피아와 기억의 터

영화적 공간과 헤테로토피아

공간空間, space은 말 그대로 '빈 곳'이다. 빈 곳인 공간은 그 자체가 물질적으로 실체이다. 또한 그 빈 곳에 무엇인가가 실재한다면 그것이 공간의 실체를 입증하는 도구가 된다. 그러나 실제로 실재하는 모든 것들이 실체일 수는 없다. 또한 실체가 있는 것이 빈 곳에 실재하는지의 여부와 관계없이 공간은 '비어 있음' 그 자체만으로 의미를 가질 수도 있다. 복잡하게 여길 필요 없다. 빈 곳인 공간은 비어 있다는 사실로도 의미를 가지며, 그곳에 무엇인가 실체가 있는 것이 실제로 실재한다면 그것 때문에 공간의 의미가 새로 구성될 수 있다는 것이다.

공간과 함께 자주 인용되는 장소場所, place는 공간과 달리 '비어 있지 않은 곳'이다. 장소의 원형이 인간의 삶과 밀접하게 관련된 순수한 시스템으로서의 공간이다(Choay, 1986: 160~175). 장소는 인간의 삶과 관련된 무엇인가가 채워져 있는 곳인 셈이다. 특히 장소에는 빈 곳인 공간에 대한 개인적인 경험이나 추억, 구체적인 인상이나 감정, 주관적인 지식이나 가치(판단) 등이 가득 채워져 있다. 따라서 "추상적인 공간에 대해 더 많은 것을 알게 되고 그 공간에 가치를 부여함으로써 공간은 비로소 장소"(Yi-Fu Tuan, 1977: 6)가 된다. 특정 장소는 사람이나 시대, 사회나 문화에 따라 각각 단일한 의미만을 갖는 데 반해 공간은 의미 자체가 아예 부재(빈)하기 때문에 특정 공간의 의미는 사람, 시대, 사회, 문화 등이 상호 교차하는 순간순간의 맥락에 따라 끊임없이 (재)구성된다. 그 래서 장소보다 공간에 대한 논의가 더 흥미로울 수밖에 없다.

프랑스 출신의 마르크스주의 철학자인 앙리 르페브르Henri Lefebvre는 **공간**은 결코 비어 있지 않으며, 항상 의미를 구체화한다고 역설한 바 있다(Lefebvre, 1991: 33~46). 그에 의하면, 공간은 늘 비어 있는 상태로 머물러 있기보다 공간과 관련된 다양한 사회문화적인 실천에 따라 변이되고 역동적으로 생산된다. 따라서 공간의 의미는 그곳에 대한 일상적인 경험과 경험을 바탕으로 수행되는 실천적인 행위에 따라 수시로 (재)구성된다고 할 수 있다. 일상생활에서 우리에게 "익숙한 공간 형식은 매일의 일과 오락과 일상적 활동에 대한 명백한 배경이 된다. 일상의 활동과 거주 양식이 무의식적으로 실행되는 곳 역시 바로 이 공간"(에덴서, 2008: 137)이다. 영화의 이야기 구조인 **서사**narrative에도 공간(시간과 함께)은 배경background의 핵심 구성요소이다. (시)공간은 인물character이 존재하는 이유, 인물 행위의 가치, 사건event의 인과율causality을 논리적이고 타당하게 확보할 수 있게 한다. 특히 **영화적 공간**cinematic space은 "등장인물의 경험과 기억을 관객의 것으로 치환시켜 이야기를 전달하는 서사장敍事場, narrative field"(강승묵, 2015: 129)의 기능을 한다.

비단 영화에서만 그런 것이 아니라 특정 (시)공간을 배경으로 이야기를 구성하는 인간의 기억은 그 자체로 존재하지 않고 "언어, 이미지, 사운드의 흔적들로 저장되고 부상"(Chambers, 1997: 234)된다. 언어, 이미지, 사운드는 영화 서사를 구성하는 재현의 필수 재료들이다. 중요한 것은 이것들 자체가 아니라 그

'흔적들'이 기억의 형태로 저장 및 부상된다는 점이다. 기억을 통해 과거를 구성하거나 재현하기 위해 필요한 언어, 이미지, 사운드는 잔상이나 잔영처럼 일종의 자취라고 할 수 있다. 특히 역사적 고증이나 사료에 기반을 두는 역사 서술처럼 영화도 영화적 (시)공간에서 언어, 이미지, 사운드의 흔적을 활용해 이야기를 서술한다. 언어, 이미지, 사운드 자체가 아니라 그 흔적으로 이야기하기storytelling 하는 것이다. 그래서 "역사적으로 기억은 과거의 막연한 흔적"(강승묵, 2018a: 12)에 불과하다는 부정적인 평가를 받아왔다. 그러나 기억은 그렇게 추상적이거나 체계적이지 않은, 애매모호한 흔적이 아닐 수도 있다.

역사처럼 기억도 과거에만 해당하지 않고, 과거의 것만을 다루지 않는다. 과거라는 시간과 과거의 어떤 공간에서 있었던 일들이 현재라는 시간과 현재의 어떤 공간에서 오롯이 그대로 기억되지 않기 때문이다. 따라서 과거와 현재의 관계, 현재의 사회문화적인 맥락 등에 따라 현재 시점에서 과거는 새롭게 구성되고 재현된다. 즉, 과거는 "원래 모습 그대로 보존되지 않고 현재적인 관점에서 재구성"(Halbwachs, 1992: 39)되는 것이다. 또한 과거에 대한 현재의 기억은 기억 주체들이 자신이 경험했거나 들었던, 또는 스스로 만들어낸 이미지 등을 꺼내는 일련의 행위라고 할 수 있다(Hirsch, 1995: 13~15). 특히 과거와 현재가 맺고 있는 관계(성)에 따라 특정 기억이 "강조되거나 억압되며, 왜곡되기도 하고, 전혀 새롭게 만들어질 수도 있다"(Langer, 1991: 157). **기억**은 "단순히 현재 시점에서 과거를 '되살리는 것'이 아니라 과거와 현재의 관계 속에서 끊임없이 구성 및 재구성되어 현재 시점에서 과거를 '되돌리는 것'"(황인성·강승묵, 2008: 48)인 셈이다.

영화에서 **기억**은 이야기의 흔한 소재이자 주제이다. 영화는 (특정) 기억을 공유하며 기억의 의미를 적극적으로 구성하는 대표적인 기억 기술technology of memory이다(Sturken, 1997: 9~10). 특히 영화적 공간에서 이루어지는 **영상 재현** 방식과 재현된 영상의 의미를 이해하기 위해 참고할 만한 기억 개념이 **집단 기억** collective memory과 **사회적 기억**social memory이다. 이 기억들은 모두 특정 공간에서 (재)구성된다는 공통점을 가지고 있다. 사적 기억은 개인이 속한 사회의 틀 안에서 만들어진다. 이 틀은 당연하게도 사회 내 집단과 구성원들 사이에서 공유되기 때문에 사적 기억은 사회문화적인 맥락에 따라 집합된collected 형태로 (재)구성되면서 집단 기억의 일부가 된다. 또한 어느 한 사회의 구성원으로 살아가는 개인의 사적 기억은 사회적으로 (재)구성되는 사회화 과정을 거치면서 사회적 기억이 되기도 한다. 개인의 사적 기억이 사회 내에서 '실천되는 장'(Burke, 1998: 97~114; Connerton, 1989: 2~3)이 바로 사회적 기억인 셈이다. 사회적 기억은 개인이 사회 내에서 기억을 습득하고 과거를 회상하거나 인식하며 지역화시키는 곳은 사회 내에 존재한다고 전제한다(Halbwachs, 1992).

집단 기억과 사회적 기억은 당연히 사적 기억보다 더 강력한 권력을 가진 지배 기억이 될 개연성이 높다. 개인은 그런 집단 기억과 사회적 기억에 저항하기 위해 자신만의 **반기억**counter-memory으로서의 대항 기억을 모색한다. 대항 기억은 "역사 서술에서 밀려나고, 억압되고, 망각된 과거를 되돌리는, 고착된 의미의 집단 기억에 대한 대항적인 실천"(황인성·남승석·조혜랑, 2012: 88)이 행해지는 '장'이다. 기억은 "과거의 사건이나 변혁 혹은 갈등적인 쟁점들을 대안적인 방식으로 복기하고 ─ 일종의 '반기억' 혹은 대안적인 기억의 망으로 ─ 재구성"(이기형, 2010: 63)한다. 특히 "주류 중심 공간보다 비주류 주변 공간을 중심으로 영화적 공간을 구성하는 영화는 지배 기억에 저항하는 반기억 같은 대항 기억을 중심으로 인물과 사건, 배경을 기억(동시에 망각)할 가능성이 높다"(강승묵, 2018a: 15)고 할 수 있다.

반기억이나 대항 기억의 기능을 하는 공간들 가운데 하나가 **헤테로토피아** heterotopia이다. 프랑스의 저명한 철학자이자 역사학자인 미셸 푸코는 파놉티콘 panopticon과 시놉티콘synopticon에서 착안해 고정된 공간에 균열을 내고 새로운 틈을 확보하도록 하는 이질적 공간인 헤테로토피아를 주창한 바 있다(Foucault, 1984: 22~27). 현실에 실재하는 물질적인 실제 공간은 제1의 공간이고, 실재하지 않기 때문에 상상에 의해 존재할 수 있는 비실제 공간이 제2의 공간이다(소자,

1997: 103~121). 제1, 2의 공간이자 제1, 2의 공간이 아닌, 제3의 공간이 바로 헤테로토피아이다. 즉, **헤테로토피아**는 동일 공간에 동시에 공존할 수 없는 이질적 요소들이 "정상성을 벗어나는 공간 배치와 현실적 실현으로, '없던' 것과 '아닌' 것을 살려내는 상상력의 장소"(푸코, 2014: 12)라고 할 수 있다.

현실에 존재하는 동시에 부재하고, 실제이자 허구이기도 한 헤테로토피아 공간은 이異문화의 혼종적 공간으로서, 이질적인 문화 간 차이를 통합할 수 있는, 혼란스럽지만 역동적인 공간이다. 완벽하고 이상적인 세계이지만 현실에는 결코 존재하지 않는 유토피아가 현실에 존재하는 것과 같은 의미를 갖는 공간이 헤테로토피아이다(강승묵, 2018a: 17). 따라서 헤테로토피아는 타자성이나 이질성, 불확실성, 환상성 등을 통해 기존의 권력 공간에 저항하는 대항 터counter-sites로 기능하며 상상과 현실, 탈주와 전이, 폭로의 공간으로서, 가까우면서 먼, 현존하지만 부재하는, 일상과는 정반대로 역설적이고 모순된 공간이라고 할 수 있다(강승묵, 2015: 131). 또한 헤테로토피아는 다른 "모든 장소와 관계를 맺는 동시에 그것에 저항하는 주변적 공간"이며, "기존의 사회 공간과 다른, 심지어는 대립적인 공간"(황인성 외, 2012: 86)이다.

스웨덴 출신의 영화감독 잉마르 베리만Ingmar Bergman은 영화가 예술인 까닭은 안드레이 타르코프스키Adrei Tarkovsky 같은 감독 때문이라고 타르코프스키 감독을 격찬한 바 있다.[2] 타르코프스키 감독의 SF 영화 〈잠입자Stalker〉에는 영화가 예술일 수밖에 없는 영화적 헤테로토피아 공간들이 넘쳐난다. 출입이 통제된 구역과 이 구역을 넘나들며 길잡이 역할을 하면서 생계를 꾸리는 스토커, 구역의 경계를 기점으로 한 흑백과 컬러의 대비, 종교와 과학, 예술의 역할과 책임, 자본과 권력, 진리(진실) 추구 등에 대한 **아포리아**들도 무수히 많다. 무엇보다 금지와 금기를 뜻하는 경계를 넘어 들어선 구역이 바로 헤테로토피아이고, 이곳은 믿음과 불신, 희망과 절망, 구원과 원죄가 중첩되어 있는 (영화적) **반공간**counter-space이라는 점을 안드레이 타르코프스키 감독은 잠입자를 통해 여실히 드러낸다.

그림 10-1 〈잠입자〉 포스터   그림 10-2 〈잠입자〉 타이틀

　전술했듯이, 영화에서 **헤테로토피아**는 일종의 반기억이자 대항 기억의 역할을 하는 (영화적) 반공간이다. 현실적이면서 비현실적이고, 이질적인 것들이 공존하는 헤테로토피아 공간에서는 예측 불가능하고 혼란스러운 인간의 삶에 내재된 모순이나 역설이 오히려 당연시된다. 따라서 "인간과 인간의 삶(또는 죽음)을 재현하는 영화적 공간 역시 다양한 공간 구성요소들이 중복적으로 병치되며 새로운 삶의 경험을 제시한다는 점에서 헤테로토피아 공간"(강승묵, 2015: 131)이며, 이 공간은 "충격적이고, 강렬하며, 불일치적인, 그리고 모순적이며 전환적인 공간"(황인성 외, 2012: 87)이라고 할 수도 있다.

　특히 헤테로토피아는 정상적인 범주 내에서 명백히 현실에 존재하는 동시에 비정상적인 범주에 속하는 또 다른 현실의 공간이기 때문에 존재하면서 부재하거나 부재하면서 존재하는 유토피아와 흡사하다고 할 수 있다. 물리적으로 실존하는 공간이자 그 공간과 다른 공간, '자아, 우리'의 공간인 동시에 '타자, 그들'의 공간, **반기억의 반공간**이 곧 헤테로토피아인 셈이다. 영화처럼 영상의 재현 과정을 통해 구성되는 헤테로토피아는 "동질적 공간으로서의 호모토피아homotopia나 이상향에 가까운 이질적 공간으로서의 유토피아가 아니라 현실에 실재하지만 현실과 전혀 다른 기능"(강승묵, 2018a: 18)을 한다.

　끊임없이 정상적인 궤도를 벗어나 탈중심을 지향하는 헤테로토피아는 "사회의 지배 질서를 교란시키며 어딘가에 존재하는 현실감을 지닌 장소로서 일상생활로부터 일탈된 '타자의 공간'을 생산하는 잠재력"(황인성 외, 2012: 87)을 가지고 있다. 결국 일상적인 공간이자 일상으로부터 분리된 공간인 헤테로토피아는 그곳에 거주하는 이들의 "정주와 이주를 모두 허용하고, 타자가 임시로 거주할 수 있는 주변부적인 공간으로 기능"하면서 "이탈과 전이를 반복하는 역설의 공간"(강승묵, 2018a: 18)이라고 할 수 있다. 헤테로토피아에 머물러 있거나 벗어나고자 하는 이들은 또 다른 기억 공간인 **기억의 터** les lieux de mémoire, sites of memory로 탈주하거나 기억의 터에서 이미 사라진 기억의 진실을 회구하면서 지배 기억을 전복시키고자 시도한다.

기억이 존재하지 않는 기억의 터

살다 보면 잊고 싶은데 유난히 더 기억되거나 잊고 싶지 않은데 기어코 망각되는 경우가 적지 않다. 앞에서 여러 번 살펴봤듯이, 어느 쪽이든 기억(망각도 그렇지만)은 오롯이 개인적인 차원에만 해당하지 않는다. 개인의 사적 기억은 그가 속한 사회에서 그의 문화적인 경험을 통해 기억으로의 선택과 망각으로의 배제의 과정을 거치며 (재)구성되기 때문이다. 따라서 개인의 사적 기억이 사회 내에서 공유되기 위한 공통의 시공간 같은 사회적 틀, 시각, 입장(견해)이 필요해질 수밖에 없다(Halbwachs, 1992: 38~39). 기억은 개인의 기억'하기'보다 사회에 의한 기억'되기'에 의해 기억되는 셈이다.

따라서 **기억**은 "과거의 것, 과거에 대한 것, 과거를 위한 것만 가리키지 않는다는 사실을 '기억'"(강승묵, 2018b: 211)할 필요가 있다. 과거보다 오히려 현재와 밀접하게 관련된 것이 기억이니 말이다. 사람은 누구나 과거에 있었던 모든 일을 그대로 기억하지 못한다. 현재 시점에서 과거를 '더듬어' (재)구성한 것이 기억이라는 이름의 실천 행위이다. 기억은 기억'된' 어떤 이미지(언어와 사운드도 포함해)를 가시적으로 드러내는 것이기에 "'과거 속의 현재'라고 인식하는 현재론적인 설명의 틀과 현재의 구조적 맥락이 기억의 내용을 규정할 뿐만 아니라 과거의 기억이 현재의 정체성 형성에도 영향을 미칠 수 있다(황인성·강승묵, 2008: 48).

동일한 문화를 공유하는 이들은 공동의 언어와 공통의 의미 체계를 통해 각자 또 서로의 기억을 (재)구성하며 의사를 소통한다. 이런 과정을 통해 동일 문화권에 속한 이들 사이에는 일종의 집단적 정체성이 형성되고, 그들은 이 정체성을 상호 검증하고자 각자의 기억의 실체를 파악하려 든다. 그러나 과거의 모든 것이 현재로 온전히 복원될 수 없기에 그들이 밝히고자 하는 기억은 완벽하게 그 실체를 드러내지 않는다. 엄밀히 말하면 셀 수도 없을 만큼 무수히 많은 과거'들' 중에서 현재의 (사회)문화적인 맥락에 따라 선별된selected **문화적 기억** cultural memory만이 그나마 기억의 실체에 근접한 것이라고 할 수 있다.

문화적 기억은 기억과 망각이 서로 분리되지 않고 상호 영향을 미친다는 전제하에 기억의 문화적 구성력을 강조하기 위해 쓰인 개념이다(아스만, 2003: 33~35). 특히 (사회)문화적인 맥락에 의해 의미화의 과정을 거치며 (재)구성된 기억의 의미에 천착하도록 하는 개념이 문화적 기억이다. 따라서 기억 대상이 무엇(누구)인지보다 어떻게 기억하(되)는지, 즉 기억 방식에 더 중점을 두는 것이 문화적 기억이라고 할 수 있다.

다시 강조하지만, **기억**은 과거에서 현재와 미래로, 미래에서 현재와 과거로, 현재에서 과거와 미래로 지속적으로 이어지는 과정적인 개념이다. 그때그때마다의 현실적 필요에 따라 즉자적으로 형성되었다가 이내 소멸되는 의사소통적 기억communicative memory인 집단 기억의 논리적 한계를 보완하기 위해 얀과 알레이다 아스만Jan & Aleida Assmann 부부가 제안한 문화적 기억 역시 마찬가지이다. 그들에 의하면, 문화적 기억은 각각의 사회마다 특정 방식으로 조직되고 제도적으로 공고해지며 체계적으로 전승되면서 사회구성원들 사이에서 (기억의) 객관성을 확보하도록 하는 문화적 산물이다(아스만, 2003). 이를 통해 문화적 기억은 사회적(인간, 사회관계, 제도), 물질적(미디어, 문화적 생산물), 정신적(사상과 생각이 설명되는 방식) 관점과 기억의 방식에 주목하게 한다(Erll, 2008: 3~7).

비록 **문화적 기억**이 기존 "사회 내에 정착된 기억만을 지칭할 뿐, 미처 통제되거나 조직되지 못한, 기성 가치에 대항하는 기억은 배제"(강승묵, 2009: 13)한다고 비판받는데도 불구하고 기억과 문화의 관계를 탐구하는 중요한 방법론으로 활용되는 이유는 문화적 기억이 결과보다 과정을 중시하며 동적으로 작동하기 때문이다. 특히 문화적 기억을 포함해 문화적 산물은 사회 내 지배적 권력이나 신념 체계(흔히 이데올로기로 지칭되는)에 의해 인위적으로 (재)구성되고 재현되기 때문에 반기억이나 대항 기억의 역할을 하는 대안 기억의 발현을 억압하기도 한다. 그러나 이는 오히려 역설적으로 그만큼 문화적 기억이 대안 기억의 출현 가능성을 높이는 것이라고 할 수도 있다.

대안 기억을 촉발하는 문화적 기억과 함께 주목해야 할 개념이 '기억의 터'이다. 프랑스의 역사학자인 피에르 노라Pierre Nora가 프랑스 역사를 이해하기 위해 모리스 알박스Maurice Halbwachs의 집합적 집단 기억을 응용해 제시한 개념이 **기억의 터**이다.[3] 노라에 의하면, 기억은 기억되는 내용인 동시에 일종의 틀로서, 현재를 기준으로 과거를 기억하는 가변적인 전략적 집합체이다. 또한 기억은 그 자체로는 실체가 없고, 그나마 존재하는 것은 진실한 기억이 부재한 상태에서 더 이상 남아 있지 않은 기억의 흔적일 뿐이다(Nora, 1996). 기억의 터는 집단 기억이나 사회적 기억처럼, 기억이 개인에게 '보관'되기보다 사회에서 '구성'된다는 점을 강조한다. 또한 구체적인 지리적 위치를 가진, 실제로 존재하는 공간이 아니라 상징적이고 은유적인 이미지로만 존재하는 추상적 공간이 기억의 터이다. 이런 주장에 따르면, 이른바 살아 있는 기억lived memory이란 없으며 단지 집단 기억의 힘이 약해져서 기능을 상실하는 상황이 되면 원래의 진짜 기억이 사라지고 유사 기억이나 잉여 기억만 남는다고 할 수 있다.

기억의 진실성이 소멸된 채 그 자취만 남아 있는 '빈 곳, 공간'인 기억의 터는 결국 '아무도 거주하지 않는 집'(전진성, 2002: 172)이나 마찬가지이다. 따라서 기억의 터는 앞에서 살펴본 헤테로토피아처럼 이질적이거나 불확실한 환영이나 환상에 가까운 공간이고, 기억의 실체와 무관하게 기억 자체는 기억의 터에 남겨진 허상일 수 있다. 그 이유는 기억의 터가 단지 기억 대상이 아니라 기억의 형태 변이로서 기억 그 자체에 대한 성찰이며, 사라져가는 기억은 오직 그것에 대한 성찰 속에서만 존재(전진성, 2002: 173)하기 때문이다.

피에르 노라에 의하면, 결국 **기억의 터**는 '살아 있는', 진짜의, 진실한 기억이란 존재하지 않는다는 점을 역설적으로 시사한다. 이는 아마도 우리가 일상에서 계속 기억에 관심을 갖는 이유가 더 이상 기억할 것이 남아 있지 않거나 굳이 기억할 필요가 없다고 생각하거나, 기억의 방법을 기억하지 못해서일 수도 있다는 것을 우회적으로 드러내는 것이라고 할 수 있다. 그렇다 보니 기억하지 못하는데 기억한다고 이야기하거나 기억의 흔적을 실제 기억으로 믿는 모순이 종종 발생하기도 한다. 그 이유는 모두 **기억**은 그 자체로 실체가 없는, 존재하지 않는 것이기 때문이다(강승묵, 2018b: 222~223).

결국 기억하지 못하는데 기억한다고 철석같이 믿거나 자취나 흔적의 형태로만 남겨진 기억을 실제 기억이라고 단정하는 것은 아마도 "흔적의 물질성, 기록의 즉시성, 이미지의 가시성"(Nora, 1989: 13)이라고 하는 (근대) 기억의 특성 때문이라고 할 수 있다. 특히 기억의 터는 의례적이고 획일적이며, 동일성을 추구하는 개인을 강조하고, 사회 내에 존재하는 특정 집단성을 명시하는 동시에 여타의 집단을 구별하는 기호를 만들기도 한다. 또한 이미지와 영화(영상) 등에서 나타나는 기억의 문화적 재현은 전통적인 서술과 다르게 감각적이고, 미디어 특유의 형식적인 폐쇄성을 갖는다(Nora, 1989: 12~17). 그 폐쇄성이 영화적 공간을 통해 재현됨으로써 영화의 이야기와 관련된 다양한 기억을 상기시킬 수 있는 기억의 터를 더욱 단단하게 다지는 역할을 한다.

기억나지 않는 기억, 존재하지 않는 공간

욕망만 남은 슬픈 헤테로토피아, 시카고 하이츠

영상을 매개로 세상에 대해 이야기하고 세상을 보여주는 영화와 방송은 현대사회에서 가장 대중적인 영상 매체이자 커뮤니케이션 수단이며, 지배 권력의 강력한 이데올로기적 도구이기도 하다. 특히 우리가 살아가는 "현실 공간에서 기억이 객관적이고 지속적으로 작동된다는 사실을 시각적으로 확증"(강승묵, 2018b: 225)해 주는 흔하디흔한 영상 매체가 영화와 방송이다. 영화와 방송 같은 영상 매체가 재현해 구성하는 기억은 대중이 직접 과거의 어떤 사건을 경험하지 않더라도 그 사건에 대한 인식을 구체화할 수 있게 하는 단초가 되며, 또 다른 기억을 만드는 일정한 준거나 개요가 된다(Erll, 2008: 1~15).

앞에서 살펴봤듯이, **기억**은 그 "자체로 존재하는 것이 아니라 언어, 이미지, 사운드의 흔적들로 저장되고 부상"(Chambers, 1997: 234)된다. 여기서는 미국 영화 산업 내에서 인종이나 민족, 언어 등의 다양성 측면에서 독특한 위상을 차지하고 있는 독립영화 한 편을 통해 기억이 저장되고 부상되는 과정과 그 결과가 갖는 함의를 살펴보고자 한다. 분석 대상 영화는 2009년, 제14회 부산국제영화제 플래시 포워드 부문에 출품된 〈시카고 하이츠Chicago Heights〉(다니엘 니어링Daniel Nearing, 2009)이다.[4]

〈시카고 하이츠〉의 다니엘 니어링 감독은 캐나다 출신의 작가이자 영화감독이다. 또한 프로듀서와 촬영감독을 맡은 이상훈 감독은 한국 출신이다. 미국 사회에서 비주류이자 소수(자) 그룹에 속하는 두 사람이 약 2000달러(미국 달러)의 초저예산으로 제작한 실험적인 독립영화가 〈시카고 하이츠〉이다. 니어링 감독은 마크 트웨인Mark Twain, 어니스트 헤밍웨이Ernest M. Hemingway와 함께 미국 모더니즘 문학사의 선구자로 일컬어지는 셔우드 앤더슨Sherwood Anderson의 『와인즈버그, 오하이오Winesburg, Ohio』(1919)를 현대적으로 각색해 〈시카고 하이츠〉의 시나리오를 썼다. '한 남자가 스스로 진리를 추구할 때When A Man

그림 10-3 〈시카고 하이츠〉의 포스터와 주요 영화적 공간들

Takes A Truth To Himself'라는 주제를 가진 〈시카고 하이츠〉에서 다니엘 니어링과 이상훈 감독은 미국에서 소수자로 살고 있는 자신들의 **반기억**을 시카고 하이 츠라는 **반공간**에 풀어놓으면서 '진리'라고 하는 **아포리아**의 답을 구한다.

〈시카고 하이츠〉는 '특별히 아름답지 않은 시카고 하이츠'를 배경으로 '기 이하지만 마음의 평온을 얻은 이들의 이야기'[5]를 늙은 작가(네이션 워커Nathan Walker)의 시점으로 바라본다. 옴니버스 형식과 흑백 영상으로 재현된 이 영화 에서 극 중 인물들은 '지나간 선의善意와 순수의 시간'을 동경했으며, 단절과 고 립, 고독과 소외 속에서 존재하지 않는 진리를 갈구하면서 '찌그러진 사과'처럼 기괴하게 변해갔다. 그들은 소통하는 방법을 알지 못했거나 설령 알았더라도 부러 모른 척했다. 서로를 외면하며 서로의 관계가 소실된 일상을 반복적으로 살았던 그들에게 꿈은 아예 없는 것이나 마찬가지였다. 그러나 어떤 꿈이든 꿈 자체를 포기하는 순간 죽음에 이를 수밖에 없었기에 그들은 살아남은 채 모순 된 현실에 스스로 갇히고 만다.

원작에 나오는 22편의 단편들을 12개의 신으로 각색해 65분 47초 동안 재현한 〈시카고 하이츠〉는 원작처럼 독립적이면서 상호 유기적인 관계를 형성하는 각각의 신들에 해당 신의 주제를 담은 부제sub title를 붙였다. 심리학자인 리피 박사Dr. Reefy와 작가인 네이선 워커가 공동으로 화자narrator의 역할을 맡고, 젊은 네이선 워커가 작가가 되기 위해 시카고로 떠나기 전까지 시카고 하이츠에서 만났던 다양한 인물과 그가 경험한 사건들에 대한 기억이 핵심 플롯으로 구성되어 있다.

영화의 제목인 '시카고 하이츠'는 미국 시카고의 위성 도시들 가운데 하나로 뉴욕에서 샌프란시스코까지 이어지는 링컨하이웨이Lincoln Highway가 지나는 교통의 요지에 위치해 있다. 일리노이Illinois주 시카고 하이츠에 실제 거주하는 약 3만여 명의 인구 가운데 절반 가까이는 아프리카계 미국인African American이며, 대부분의 극 중 등장인물도 흑인이다.[6] 시카고 하이츠는 시카고의 위성 도시들 가운데 상대적으로 더 낙후한 지역이다. 실제 거주민들처럼 극 중 등장인물들은 지리적인 고립과 단절에서 비롯된 고독과 소외를 일상적으로 경험하며 살아간다.

세 번째 신scene(이하 S#로 표기)에서 재현된 시카고 하이츠는 젊은 네이선 워커에게 "어디로 가고 있는지 몰랐지만 내 자신과 시카고 하이츠의 모든 것과 싸워야만" 했던 '바닥' 같은 공간이다. 네이선을 향한 애틋한 모정과 자신의 불행한 운명 사이에서 고통스러워하는 '어머니Mother'라는 부제가 붙여진 S#3(3분 1초)에는 시카고 하이츠의 도로 표지판, 기울어진 급수탑, 간판secret heart of Jesus, 빈민가, 익명의 사람들이 교차 편집되어 있다. 젊은 워커는 S#9(8분 8초)에서 이 공간을 '떠나야만 할' 절망적인 곳으로 기억한다. 또한 S#5(4분 40초)에서 워커의 어머니인 엘리자베스는 아들에게 "이곳(시카고 하이츠)에 너를 위한 것은 아무것도 없단다. 너는 (시카고로) 떠나야만 해"라고 충고한다.

엘리자베스와 네이선에게 시카고 하이츠는 '쓸모없는' 공간이었지만 시카고는 그렇지 않은 곳이었다. 엘리자베스는 시카고를 물질 만능의 미국식 꿈을 보증하는 제1의 물질적 공간으로, 네이선은 작가로서의 꿈을 갖게 하는 제2의 상

상적 공간으로 여겼다. 시카고라는 하나의 공간이 제1의 지각 공간(현실)과 제2
의 인지 공간(상상, 비현실)의 두 가지 의미를 동시에 갖는 것은 워커가 시카고
하이츠를 떠나 시카고로 향할 때 그가 탄 기차의 차창 밖에 펼쳐진 시카고 강,
도심 거리, 철교, 전철, 고층 빌딩, 시카고 극장, 밀레니엄 공원 등을 통해 구체
적으로 재현된다. 이처럼 하나의 영화적 공간에 복수의 의미를 중첩시키는 것
은 캐나다(토론토)와 미국(시카고)에서 이주와 정주를 겪은 니어링 감독의 기억
경험에서 비롯된다. 그는 "나도 백인이고, 캐나다와 미국은 같은 영어권이며,
지리적으로 인접해 있어 사회문화적인 배경의 차이가 크지 않지만, 미국(시카
고)은 항상 상상이 현실화될 수 있는 곳이라는 희망과 그렇지 않을 수도 있다
는 절망이 교차되는 곳"이라는 두 가지 의미를 동시에 갖고 있다고 강조한다.[7]

〈시카고 하이츠〉에서 공간 내 거주자가 미처 지각, 인지, 상상하지 못하는
제3의 공간 기능을 하는 곳은 하르트만Curtis Hartman 목사의 집무실과 스위프트
Kate Swift 교수의 집(주방)이다. '시카고 하이츠 첫 교회' 목사인 하르트만은 당
연히 신앙심이 충만한 성직자지만 자신조차 '이해하거나 조절할 수 없는 어떤
힘' 때문에 번민한다. '신의 권능The Strength of God'이라는 부제의 S#4(2분 27초)에
서 하르트만은 교회 집무실에서 '진리'에 대한 강론을 작성한다. 그는 "인간은
스스로 진리를 만들어냈고, 그 대부분은 모호하기 이를 데 없는 생각들을 모아
놓은 것"이라고 혼잣말을 하다가 이웃인 스위프트를 엿본다. 그러다가 황급히
창문 옆 벽으로 몸을 숨긴 하르트만은 "예수그리스도님 감사합니다"라고 외치
며 성경을 덮고 방을 뛰쳐나간다. 신과 종교에 대한 진리를 사유해야 할 성직
자의 눈에 비친 또 다른 '진리'는 다름 아닌 정욕이었다. 그는 그때까지 그것을
전혀 지각하거나 인지하지도, 상상조차 하지 못했다.

스위프트의 집 주방과 사선으로 배치된 하르트만의 교회 집무실은 종교적
성聖과 세속적(인간적) 속俗이 역설적이고 모순적으로 공존하는 헤테로토피아
이다. 이곳에서 그는 벌거벗은 채 십자가를 안고 있는 그녀와 아기 예수를 품
에 안은 성모상을 등치시키고(S#10), "부와 가난, 검약과 방탕, 경솔과 방종의

진리, …… 인간은 …… 그것에 의지하려 합니다. (그럴수록) 그는 기괴해지고 그의 진리는 거짓이 됩니다"(S#5)라는 종교적 신념과 "케이트와 정사를 나누고 싶다"는 인간적 욕망 사이에서 갈등한다. 하르트만처럼 스위프트에게 욕정을 품었던 워커도 '개 조심Beware of Dog'이라는 부제의 S#5에서 진리가 인간을 기괴하게 만든다는 하르트만의 강론에 동의한다.

제3의 공간인 헤테로토피아에서 하르트만, 스위프트, 워커는 서로가 서로에게 타자이다. 이들에게 시카고 하이츠는 성과 속의 이실적인 경계가 무너지고 인간의 진리에 대한 신념도 무화되는 '타자의 공간'이다. 특히 목사 하르트만의 교회 지하실은 불확실하고 환상적인 헤테로토피아를 극적으로 재현한 공간이다. 플라스틱 크리스마스트리와 인조 눈을 뿌리는 천사의 손이 그대로 프레임에 잡힐 만큼 지극히 표현주의적으로 재현된 이곳에서 엘리자베스는 '사랑'을 갈구한다. 그러나 그녀의 열망은 남편 톰 워커를 만나면서 '깨진 거울'에 비친 자신처럼 산산조각 난다. 그녀가 다수의 남성과 성교하는 이 공간은 진리는 결국 인간이 만든 허상임을 상징적으로 나타낸다. 교회라는 신성한 공간에서 벌어지는 세속적인(인간적이기도 한) 행위는 충격적이고 강렬하다. 이런 불일치적인 공간 설정을 통해 니어링 감독은 교회라는 공간에 내재된 고정관념에 균열을 내고 역설과 모순을 의도적으로 드러낸다.

이 책의 1장에서 살펴본 것처럼, 플라톤은 세상의 모든 아름다움을 동경하며 진리(추구)를 향한 **사랑**eros의 가치를 역설했다. 시카고 하이츠에서 사랑(의 아름다움)을 갈구한 〈시카고 하이츠〉의 등장인물들은 사랑이라는 허상을 그들의 기억 속에 감금시켰다. 수많은 절망의 끝에서야 비로소 시카고 하이츠를 벗어나 시카고 하이츠를 기억의 터로 기억하게 된 워커의 기억도 그와 함께 살았던 이들과의 관계를 통해 형성된 허상의 집단 기억에 다름 아니다. 집단 기억이 특정 공간에서 구성된다는 점을 상기해 보면, 그해 여름날 밤, 시카고 하이츠라는 공간에 존재했던 마지막 영혼The last soul on a summer night이 워커만은 아니었다는 것을 알 수 있다. 시카고 하이츠에서 살았던 모든 이들은 기억의 터로 이어지는 망각의 길에 들어선passing to oblivion '마지막 영혼'이었던 것이다. 네이선 워커의 기억에 의하면, 그들은 모두 (시카고 하이츠에서) 기괴했었고, 그렇게 변했다는 것을 알고 있었다.

젊은 워커가 사랑하지 않는 루이스와 나누는 정사(S#9)의 배설, 스위프트를 향한 욕정을 신성으로 합리화하는 목사 하르트만의 위선(S#4~5, 9~10), 아내의 부정 때문에 장모를 폭행한 윌리엄스Wash Williams의 분노(S#7), 엘리자베스에 대한 연민과 정념 사이에서 갈등하던 리피 박사가 버린 진리의 종잇조각들(S#11) 등에 얽힌 기억들은 모두 완전히 사라질 것이라고 그들은 굳게 믿었다. 그러나 그 기억들의 흔적이 남겨진 워커의 집, 하르트만의 집무실, 윌리엄스의 처가, 리피의 사무실 등의 **기억의 터**에서 그들은 탐욕스럽고 고독한 '괴물'이 되고 만다. 워커는 그 "기괴스러움이 끔찍할 정도는 아니었다(S#3)"라고 고백하지만 다니엘 니어링 감독은 워커를 비롯해 시카고 하이츠에서 살아가는 이들의 파편화된 기억들이 마치 화석처럼 시카고 하이츠라는 기억의 터에 퇴적되었으며, 그들은 일종의 '찌그러진 사과'처럼 변할 수밖에 없었다고 강조하면서 워커를 위로한다.

젊은 워커가 '진정한' 사랑이라고 여겼던 헬렌 화이트Helen White와 첫 키스를 나누고(S#6), 엘리자베스가 빗속에서 질주하며(S#11), 노년의 워커가 기억의 터에 화석으로 남겨진 과거를 반추하기 위해 돌아오는(S#12) 곳은 숲(길)이다. 니어링 감독은 숲(길)을 워커를 비롯해 '누구에게도 관심을 받지 못하는 비틀린 사과들'(S#11) 같은 이들에게 스스로의 정체성을 자각하게 하는, 일종의 성찰적 공간이라고 설명한다. 이 공간은 '너무 황량한 곳'이지만 이들이 '성장하고 정체성을 일구기 위해 싸워야 하는 곳'[8]이어서 그 일그러진 사과마저 달콤하게 느껴지게 한다.

달콤하지만 볼품없는 사과가 뒹구는 삭막한 시카고 하이츠는 그곳에 살아가는 이들로 하여금 자신을 드러내거나 감추는 일을 당연시하게 하는 역설이 허용된 **헤테로토피아** 공간이다. 그 기억의 터에서 그들은 서로를 괴기스럽게 여기면서 부재하는 진리를 기억하고자 했다. 그러나 환상적이고 불확실하며 이질적인 헤테로토피아 공간인 시카고 하이츠에서 그들의 기억은 결국 실체는 말할 것도 없고, 그 자취나 흔적조차 찾기 어려운 '기억의 터의 기억'일 수밖에 없었다. 기억의 터는 그것의 진실성 여부와 관계없이 기억 자체의 부재를 전제하기 때문에 그들의 기억도 실제로 존재하지 않는 것들이었다.

〈시카고 하이츠〉의 등장인물 가운데 유일하게 시카고 하이츠 출신이 아닌 이방인은 "나는 나의 선의를 잃어버린 적이 없어. 내가 알고 있는 선의가 나를 위해 아무것도 하지 않는 그곳에서 이곳까지 끌려왔을 뿐이야"(S#7)라고 토로한다. 그는 선의가 존재하는 순수의 공간인 '그곳'(환상이나 상상 속에 존재하는)과 달리 선의가 존재하지 않는(순수하지 않은) 현실 공간인 '이곳'(시카고 하이츠)을 맹렬히 비판한다. 주름은 깊어지고 머리카락은 하얗게 바랜 노년의 흑인 작가 네이선 워커는 이방인에게 이렇게 답한다.

> "그(나)는 (그해 여름의) 기억과 기억의 순간을 뚜렷하게 구분할 수 있다고 확신
> 했다. 기억이 먼저 존재했다(기억의 순간은 후에 찾아온 것이었다). 그 기억이 어
> 떻게 흩어졌거나 기괴해졌든, 기억은 진리의 징후들이 빠져나가는 경험의 체이다
> (He assured himself that of memory and the moment, those two distinct realms in
> time, memory ranked first. No matter how fragmented and grotesque, memory is
> the colander of experience through which only manifestations of the truth may
> pass)."

정주할 수 없는, 영원한 이주의 공간들

과거를 다루는 영화는 대중이 기억해야 할 것만을 보여줌으로써 그 기억을 통제하려 하고(Foucault, 1977: 18~36), 대중이 기억하고 싶어 하는 것을 이야기함으로써 과거와 기억 모두에 적극적으로 개입하면서 과거의 '실제, 실재, 실체' 여부와 무관하게 기억을 (재)가공하려 든다. 미국의 철학가이자 작가, 영화 제

작자인 수전 손택Susan Sontag도 **기억**은 기억의 터에서 '규정'된다는 피에르 노라의 견해에 동의한 바 있다(Sontag, 2004: 76~77). 기억의 터가 실제 실재하는 실체를 가진 기억이 아니라 기억의 흔적이 남은 공간이니만큼 인간은 기억의 터에서 다양한 맥락에 따라 기억을 기억으로 재규정한다는 것이 손택의 주장이었다. 따라서 "과거에 어떤 사건이 발생했는가보다 그 사건을 현재 시점에서 어떻게 기억하는가를 중심으로 과거와 현재의 관계를 살펴보는 것"(강승묵, 2018b: 230)이 중요할 수밖에 없다.

'바람꽃'처럼 부유하는 군상들의 정체성에 천착하는 장률張律, Zhang Lu 감독의 영화에 등장하는 인물들도 과거와 현재(미래까지)가 맺고 있는 관계의 방식에 따라 자신들의 기억을 여러 가지 형태로 (재)구성한다. 장률 감독은 조선족 출신의 중국인이자 재중 동포이다. 인종적·민족적·국가적으로 복잡한 정체성을 가진 그는 중국과 한국 양쪽에서 이중적인 **타자**the other일 수밖에 없었다. 또한 그의 양국으로의 자발적 유랑은 그에게 이념적 대립과 민족적 갈등에 의해 강요된 **이산**離散, diaspora의 기억을 남겼고, 동시에 그 기억의 강박으로부터 탈출하고자 하는 욕망을 갖게도 했다. 중국, 한국, 몽골, 일본이라는 기억의 터에서 장률 감독은 인위적으로 구획된 '국경'의 경계 공간 이편과 저편 어디에도 속하지 못한 이들의 이야기를 주로 영화화한다.

장률 감독의 장편 데뷔작인 〈당시Tang Shi〉(2003)를 비롯해 〈망종Grain in Ear〉(2005), 〈경계Desert Dream, Hyazgar〉(2007), 〈중경Chongqing〉(2008), 〈이리Iri〉(2008), 〈두만강Dooman River〉(2011), 〈경주Gyeongju〉(2014), 〈군산: 거위를 노래하다Ode to the Goose〉(2018), 〈후쿠오카Fukuoka〉(2019) 등 일련의 영화들은 이른바 트랜스 로컬trans local 영화로 일컬어진다. 이 영화들의 영화적 공간은 지역적이고 국가적인 지리적 경계를 지명 형식으로 구체화한 명시적 공간(중경, 이리, 두만강, 경주, 군산, 후쿠오카)과 추상적으로 관념화한 은유적 공간(당시, 망종, 경계)으로 나뉜다.

명시적이고 은유적인 영화적 공간들 모두 중심이 아닌 주변에 속하는 변방

<〈당시〉 〈망종〉 〈경계〉

〈군산: 거위를 노래하다〉 〈후쿠오카〉 〈중경〉

〈경주〉 〈두만강〉 〈이리〉

그림 10-4 장률 감독의 영화들

에 위치해 있다. 가령, 〈당시〉의 아파트, 방, 복도는 누가 거주하거나 잠시 들러도 상관없는 '아무나'의 공간으로, 어느 한 곳도 개방되지 않은 주변으로 밀려난, 밀폐된 무명無名의 공간이다. 그곳에 사는 무명의 남자(왕시앙 분)에게 가끔 무명의 여자(최월매 분)가 찾아오고, 둘은 자신들의 존재 의미를 그곳에서 찾으려 하지만 애당초 그곳은 그와 그녀가 결코 정착할 수 없는 유배지 같은 곳이었다. 그 변방에서 남자와 여자는 자신들의 존재 의미뿐만 아니라 정체성마저도 잊어버린다.

유폐된 공간으로의 은신을 당연시하고 종용까지 하는 〈당시〉의 영화적 공간은 〈망종〉에서는 도시와 농촌의 경계에 위치한 외딴 섬 같은 공간으로 재현된다. 〈망종〉의 북경 외곽 변방은 〈당시〉의 도시(아파트)가 그렇듯이 의미는 고사하고 이름조차 없는 곳이다. 그 공간은 장률 감독과 극 중 등장인물인 최순희(류연희 분)와 그녀의 아들 창호(주광현 분)처럼 이산의 기억을 간직한 이들이 잠시 머무는 간이역으로 기억되는 곳이다. 〈경계〉에서도 최순희(서정 분)와 창호(신동호 분)가 자발적으로 찾아가는 항가이(O. 바트울지O. Bat-Ulzii 분)의 게르ger는 〈당시〉의 아파트와 〈망종〉의 철길 옆 버려진 집처럼 정주를 허용하지 않으며, 최순희와 창호를 다시 유랑의 처지로 내모는 일시적 거주지이다. 모자의 정주와 이주의 자발적 선택은 과거에 대한 그들의 기억을 다시 현재로 '되돌려' 미래에 대한 일말의 희망을 품게 하는 역설적인 상황에서 이루어진 것이다.

장률 감독 영화에 등장하는 인물들은 주로 이산의 기억을 간직한 이방인으로서 한국과 중국의 국경을 횡단하며 신산한 삶의 여정을 고통스럽게 이어간다. 이들에게 국경은 국적과 민족을 구획하는 강제적이고 물리적인 지리적 경계이자 자아와 타자를 구분하는 심리적 경계이다. 국경의 경계 공간을 비롯한 **영화적 공간**들은 감독 자신과 등장인물들에 의해 자의적으로 선택된 곳이 아니라 타의에 의해 규정된 배타적인 차별 공간이다. 따라서 그 영화적 공간들에서는 정착과 유랑, 귀향과 이향, 지역적인 것과 전 지구적인 것의 이항대립적인 충돌과 함께 다양한 국면의 갈등이 발생한다.

장률 감독은 영화적 공간 자체를 등장인물과 자주 등치시킨다. 전체 숏이 고정 숏인 〈당시〉에서 소매치기 여자가 춤을 추거나 수전증에 걸린 남자가 비질하는 복도, 〈망종〉에서 철길 옆 오막과 보리밭 사이에 위치한 대합실, 〈경계〉에서 사막 한가운데 있는 천막집은 등장인물들의 이산의 기억이 고스란히 체화된 공간들이며, 그들의 유랑이 지속적으로 순환될 것임을 암시하는 기억의 터이다. 영화적 공간이 인물로 기억되고 인물이 영화적 공간으로 다시 기억되는 이러한 방식은 〈경계〉 직후에 제작된 〈중경〉과 〈이리〉에서 교차 편집의 형식으로 재현된다. 〈중경〉에서 쑤이(궈커이Ke-Yu Guo 분)는 도시재개발로 인해 격변에 휘말린 중경重慶을 떠나 이리역 폭발 사건 이후의 이리(현재의 익산)로 이주한다. 쑤이에게 중경은 "폐쇄된 무기력한 남성들의 공간"이자 "폭력적으로 질주하는 자본주의화한 거대 도시 공간"(주진숙·홍소인, 2009: 614~615)이다. 흥미로운 점은 중경과 이리가 동시간대에 동일 공간에 공존하듯이, 〈중경〉에서 중경을 떠나 유랑을 결심한 쑤이가 〈이리〉의 이리라는 기억의 터에서 순희와 조우한다는 사실이다.

〈이리〉에서 진서(윤진서 분)는 지명 '이리'의 명시적이고 은유적인 공간이며, 지명 '이리'가 곧 진서 자신이기도 하다. 영화가 제작된 2007년경에 이리라는 고유명사는 이미 과거가 되었듯이, 진서라는 인칭 명사도 망각된 이름이었다. 이런 기억 방식은 진서를 이리라는 과거의 공간으로 회귀시키지 못한 채 이리를 유랑지 삼아 배회하는 이방인으로 재현한 것이라고 할 수 있다. 1977년 이리역 폭발사건 당시에 태어난 진서는 기억과 망각을 고통스럽게 반복한다. 그리고 그 기억과 망각은 그녀를 통해 1977년의 이리와 2008년의 익산에서 다시 부상한다. 이리는 30여 년 동안 서서히 망각되었지만 중재자로서의 진서와 태웅(엄태웅 분) 남매를 통해 익산이라는 (시)공간으로 다시 기억되는 것이다.

이와 같은 기억 방식은 〈두만강〉의 영화적 공간인 북한(함경도)과 중국(연변 조선족자치주)의 국경인 '두만강'에서도 반복된다. 두만강은 국가 간 경계이기보다 삶과 죽음의 월경을 주관하는 레테의 공간이다. 죽음에 이르러서야 삶을 회한하도록 하면서 기억과 망각을 겹겹이 중첩시킨 곳이 두만강이다. 〈두만강〉과 '두만강'에서 순희(윤란 분)는 삶과 죽음을 가로지르는 다리에 얽힌 할머니에 대한 기억을 그림으로 재현해 영화적으로 공간화한다. 또한 이산의 기억을 고스란히 유산으로 물려받은 순희의 차별적이고 억압적이며, 배제되고 소외된 기억은 동생 창호(최건 분)의 자살로 인해 막혔던 말문이 일순간에 열리면서 대항 기억으로 전치된다. 창호가 두만강을 삶과 죽음, 희망과 절망을 가르는 경계로 여기며 집단적 정체성을 강요하는 폭력에 저항하는 실천을 수행한 데 반해 순희는 가족에 얽힌 자신의 사적 기억을 계승하고 이를 공유하려 한다. 결국 레테의 강을 건넌 창호와 미처 그 강을 건너지 못한 채 강가를 서성이는 순희의 망각된 과거가 현재의 기억으로 되돌려지면서 비로소 두만강은 반기억의 영화적 공간으로 변모한다.

영생을 염원하는 사자의 거주 공간인 무덤은 과거를 현재화시키는 대표적인 기억 공간이다. '경주'와 그곳에서 현재를 살아가는 이에게 경주는 과거의 죽음과 현재의 삶이 공존하며, 그 경계에서 일상이 꾸려지는 공간이다. 최현(박해일 분)이 선배의 부고를 듣고 경주에 들르면서 발생하는 사건들로 구성된 〈경주〉의 영화적 공간은 박물관, 사찰, 기념관 등이 산재한 거대한 기념 공간인 경주 자체이다. 특히 최현이 자살한 소녀와 소녀의 엄마와 조우한 터미널, 폭주족들이 질주하는 거리, 공윤희(신민아 분)의 죽은 남편에 대한 추억 공간인 찻집 아리솔, 점집, 왕릉 등 〈경주〉와 경주 곳곳에 배치된 공간들은 죽음과 삶의 **일상성**을 동시에 내포하고 있다.

특히 **문화적 기억**의 측면에서 보면, 능(陵), 고분(무덤), 터미널, 찻집 같은 공간들이 일상적으로 공존하는 것은 그 공간들 전체가 일종의 정경scape처럼 추상화된 것이라고 할 수 있다. 감독은 경주를 대상화·객체화하면서 그곳에 사는 인물들을 풍경화의 한 장면으로 전환시킨 것이다. 특히 7년 전, 찻집에서 봤던 춘화에 얽힌 최현의 기억은 연속과 단절의 반복을 통해 흑백영화처럼 재현된다. 감독은 흑과 백 가운데 무엇이 기억이고 망각인지 굳이 설명하지 않는다. 다만, 그는 경주라는 지리를 물질적 기반 삼아 현실(실제)과 비현실(허구)의 경계를 없애는 문화적 기억의 방식으로 과거와 현재를 접목시킬 뿐이다.

이런 기억 구성은 〈두만강〉에서 '두만강'을 중국과 북한을 지리적으로 구획하는 경계이기보다 삶과 죽음, 현재와 과거, 희망과 절망이 교차되며 기억과 망각이 다층적으로 켜커이 중첩된 경계로 설정한 데서도 나타난다. 〈두만강〉의 경계는 한쪽에서 다른 한쪽으로의 일방적인 월경을 통해 동질성을 추구하기보다 이질성을 촉발하는 헤테로토피아라고 할 수 있다. 또한 〈경계〉의 사막에서 정주하던 항가이와 달리 정주를 '꿈꾸던' 순희와 창호는 언젠가는 그곳을 떠나 다른 곳으로 이주함으로써 과거와 결별하고 새롭게 현재를 살 수 있기를 희망한다. 가령, 엔딩 신에서 순희와 창호가 게르를 떠나 새로운 여정을 떠날 때, '앞에 큰길이 보인다'는 창호의 대사가 끝나면서 360도 패닝하는 카메라가 멈춘 지점에 항가이가 평소에 제의나 의례처럼 수행했던 희망의 의식을 상징하는 푸른 천이 대로大路라는 이름의 다리 난간에 매달려 있는 것이 보인다. 이 장면은 그들의 만남과 헤어짐이 우연적이지 않고 마치 윤회하듯이, 필연적으로 다시 이어질 것임을 암시한다. 다리는 물질적인 제1의 공간이자 상상에 의존할 수밖에 없는 제2의 공간이며, 둘 다 아닐 수도 있는 헤테로토피아인 셈이다.

〈경계〉에서 이방인(이산인) 순희와 창호가 일시적 거주 공간인 게르로 들어설 때 넘는 문지방(문턱)도 집 내부로의 진입을 허용하는 헤테로토피아라고 할 수 있다. 이 문지방은 〈망종〉에서는 순희, 창호와 함께 두 명의 '아가씨'가 동거하는 집에 장치된 터널 같은 통로로 재현되어 있다. 통로는 순희, 창호의 방과 매춘을 하는 '아가씨'들의 방을 구획하는 내부 경계이자 그들 사이와 집 안팎을 동시에 이어주는 외부로 향한 문이다. 특히 변변한 세간살이 하나 없이 단출하다 못해 초라하기까지 한 〈망종〉에서의 집은 사람마저 정물처럼 보이게 한다. 이 집의 통로는 일상이면서 일상이 아니며, 현실이면서 현실이 아닌 헤테로토피아이다. 어느 누구도 통로에서는 과거에 대한 기억이나 죽음에 대해 언급할 수 없다. 통로는 죽음을 공인하는 레테의 강과 마주해야 하는 금기의 공간이자 정주에의 집착을 용인하는 욕망이 은닉된 공간이기 때문이다.

환상fantasy은 영화의 등장인물은 물론이고 관객인 "우리의 욕망을 구성하고 그 구성의 좌표를 제공함으로써 우리에게 욕망의 방법을 일러주는"(Zizek, 1989: 118) 영화적 기제이다. 장률 감독 영화에서 일상과 현실을 벗어난 환상의 경험은 금기를 깨는 행위를 통해 이루어진다. 〈망종〉에서는 창호가 그 행위의 주체이다. 엔딩 신 외에 단 한 번도 통로를 지나지 않는 순희와 달리 수시로 통로를 넘나들며 기차역 대합실과 철로까지 자신의 일탈적 행로를 확장시키는 창호는 마치 죽음의 의례를 주관하는 사제처럼 재현되어 이주와 정주에의 환상을 욕망한다.

끊임없이 주변적 공간으로 탈주를 시도하는 창호는 마침내 레테의 강을 건넌다. 창호의 죽음 이후 순희도 통로를 지나야 마주칠 수 있는 대합실과 그 대합실 건너편의 강가로 간다. 집과 기차역을 거쳐야 나타나는 보리밭이 바로 레테의 강이다. 그녀는 그 보리밭(레테의 강)으로 걸어가며 이주의 길(저승길이자 이승길인)에 들어선다. 보리밭이 또 하나의 헤테로토피아로 기억되는 순간이다. 보리밭은 순희가 꿈꿨던 고향이거나 미지의 타향일 수 있다. 중요한 것은 이상향utopia에 가까운 보리밭에 들어선 순희, 장률, 〈망종〉이 공히 '망종'이라는 이름의 뜻처럼 이미 지난 과거(죽은 아들과 그를 위한 의식)와 결별하고 다가올 미래(죽지 않은 그녀에게 다가올 내일)와 만나기 위해서는 오늘(현재)을 기억해야 한다는 점이다.

〈망종〉에서의 보리밭은 〈이리〉에서의 이리역과 역 주변 마을로 다시 재현된다. 〈이리〉에서 이리역 폭발사건 현장에 있었던 과거의 진서는 30주년 추념식장 뉴스 인터뷰를 통해 현재의 진서를 만난다. 이처럼 과거의 '이리'와 현재의 '익산'을 마주보게 하는 기억 방식은 동일한 공간을 상이한 시간에 중첩시켜 익산(이리)을 헤테로토피아로 재현하는 것이라고 할 수 있다. 이리역(익산역)과 주변 마을이 과거와 현재라는 양립할 수 없는 이질적인 시간을 하나로 통합하는 영화적 공간으로 작용하는 것이다. 〈경계〉의 사막에서 벗어난 순희와 창호(모자)는 〈이리〉에 이르러서는 진서와 태웅(남매)으로 환생해 과거의 두만강, 중국, 몽골의 이문화가 혼재된 혼종적인 문화공간으로서 현재의 이리를 기억하게 한다.

장률 감독이 서로 다른 영화에 등장하는 같은 이름을 가졌거나 유사한 이산인의 정체성을 가진 인물들을 혼재시키는 것은 〈당시〉의 아파트(방, 복도), 〈망종〉의 기차역(집, 대합실, 보리밭), 〈경계〉의 사막(초원, 게르), 〈이리〉의 진서와 태웅 집, 〈두만강〉의 두만강(마을, 집), 〈경주〉의 경주, 〈군산〉의 군산, 〈후쿠오카〉의 후쿠오카 등 이질적인 영화적 공간들을 하나의 헤테로토피아로 관통시켜 이산의 문제에 대한 반기억과 대항 기억을 구성하려 한 결과라고 할 수 있다. 이 영화적 공간들은 타자일 수밖에 없는 그들에게 정주와 이주를 모두 허용하는 역설적인 헤테로토피아이다. 또한 장률 감독 영화들은 회문palindrome처럼 북한(두만강)에서 중국(두만강, 북경 변방)과 몽골(사막)로, 중국과 몽골에서 한국(이리, 경주, 군산)으로, 다시 중국(중경)으로 이동하는 영화적 공간들을 통해 지역을 횡단trans local한다. 윤회 같은 이런 회문의 헤테로토피아는 삶과 죽음, 고향과 타향, 만남과 이별, 정주와 이주, 현실과 비현실 같은 이항대립적인 구조로 구성되어 등장인물이 탈주와 전복, 이탈과 전이를 반복하도록 작용한다.

결국 장률 감독 영화들의 **영화적 공간**은 이쪽이나 저쪽, 중심이나 주변의 어느 한 쪽이나 양쪽 모두, 또는 어느 쪽도 아닌 곳일 수 있으며, 또한 그 틈에 낀 **사이-공간**between-space일 수도 있는 **헤테로토피아**이다. 장률 감독은 **타자**일 수밖에 없는 등장인물이 일상으로부터 탈주해 일시적으로 거주하는 수많은 주변의 틈 사이에 영화적 공간을 구성한다. 따라서 등장인물이 사이-공간에서 겪어야 하는 정체성의 혼란스러움은 그 자체가 새로운 정체성의 발로일 수 있다. 명백히 이질적인 공간들이지만 그렇기 때문에 서로의 타자성에 공감하고 그것을 공유하며 기억하도록 하는 곳이 장률 감독 영화의 헤테로토피아적인 영화적 공간들이다.

중국인이자 조선족이고, 조선족이며 중국인인 장률 감독은 중국에서는 내부자의 시선으로, 한국에서는 외부자의 시선으로 자신의 (시)공간을 바라본다. 따라서 그의 문화적 기억 재현 방식도 그가 경험하는 (시)공간에 대한 그의 이중적인 시선과 기억의 발현에 다름 아니다. **기억**은 타자를 통해 자아를 성찰할 수 있게 한다. 매체와 작품으로서의 영화는 문화적 기억하기의 과정과 결과를 탐색할 수 있게 하는 문화적 산물이며, 영화적 공간은 그 기억하기의 양상과 국면을 복기할 수 있게 하는 '기억의 터'라고 할 수 있다. 특히 영화를 통한 기억 경험은 관객으로 하여금 영화적 (시)공간에 구성된 기억의 터를 제3의 공간인 헤테로토피아 공간으로 인식하게 한다. 그렇기 때문에 과거를 재현하는 대중매체 중의 하나인 영화는 과거에 머물지 않고 "과거-현재 관계the past-present relation"(Popular Memory Group, 1982: 211)에 대한 관심을 촉구한다고 할 수 있다.

주

1 공간과 장소, 기억의 관계를 통해 영상을 사유하는 이 장은 필자가 '기억의 터'라는 개념을
핵심 이론이자 방법론으로 참조해 쓴 세 편의 논문을 재구성했다. 세 편의 논문은 다음과
같다. 강승묵, 「기억의 터에 구성된 디아스포라 기억의 내러티브 연구: 〈피부색깔=꿀색〉
을 중심으로」, ≪애니메이션연구≫, 10권 4호(2014), 7~22쪽; 강승묵, 「〈시카고 하이츠
Chicago Heights〉의 영화적 공간과 기억의 터에 관한 연구」, ≪씨네포럼≫, 20호(2015), 125~
156쪽; 강승묵, 「장률 감독 영화의 영화적 공간에 구성된 기억 재현과 문화적 기억」, ≪씨
네포럼≫, 30호(2018), 9~37쪽.

2 이탈리아 출신의 영화 극작가이자 영화 이론가인 리치오토 카누도Ricciotto Canudo는 빛과
리듬을 상징하는 과학과 예술이 만나 탄생시킨 영화가 시, 음악, 무용의 율동예술과 회화,
조각, 건축의 조형예술을 하나로 통합한 종합예술로서 '제7의 예술'이라고 선언한 바 있다.
그러나 예술로서의 영화에 대한 반론도 당연히 만만치 않다. 영화의 탄생 배경에는 기술과
산업 등의 예술 외적인 측면들이 있었기 때문이다. 또한 영화를 예술로 주장하고 싶은 속
내에는 영화학이 갖고 있던 학문으로서의 열등의식 때문이라는 지적도 있다(강승묵,
2018c: 118, 129).

3 불어의 lieux는 영어로는 sites, 독일어로는 Orte로 번역되는데 노라는 이 용어를 구체적 장
소를 지칭하기 위해서라기보다는 다분히 은유적으로 사용했으므로 '장소'나 '공간'이 아닌
'터'로 번역했다. 또한 원어가 본래 복수형이지만 국어의 어감을 고려하여 단수형으로 표현
했다(전진성, 2002: 168).

4 〈시카고 하이츠〉는 다니엘 니어링 감독의 장편극영화 데뷔작으로, 2010년, 미국 시카고 소
재 진 시스켈Gene Siskel 필름센터에서 열린 블랙 하비스트 필름 페스티벌Black Harvest Int'l
Festival of Film and Video에 초청되었으며, 베를린 블랙 필름 페스티벌Black Int'l Cinema, Berlin
에서 베스트 필름 상을 수상하는 등 전 세계 9개 영화제에서 상영되었다. 이 영화는 2012년
〈The Last Soul on a Summer Night〉라는 타이틀로 재개봉되었고, 필자는 이 영화를 2009년
에 부산국제영화제, 2015년에 진 시스켈 필름센터에서 관람했으며, 2015년 2월 21일 열린
상영회에서는 감독과 프로듀서를 만나 약 3시간 동안 별도의 인터뷰를 진행했다.

5 "Chicago Heights is seen as a not particularly lovely place … as a place like Winesburg
where the countryside is always in walking distance, and one can go there with one's
grotesqueries and feel at peace," 923 필름, http://www.923films.com/#!chicagoheights/
c164h (검색일: 2015.2.3).

6 시카고 하이츠는 일리노이주 1번 고속도로와 30번 US 고속도로가 교차하는 한복판crossroads
of the nation에 위치해 있다. 이곳은 1833년 아일랜드계 앱설럼 웰스Absalom Wells가 처음 터
전을 잡은 후, 1901년 시카고 하이츠라는 지명으로 시로 승격되면서 독일, 이탈리아, 폴란
드 이민자와 함께 아프리카 출신 흑인들이 대거 유입되었다.

7   감독은 〈시카고 하이츠〉에서 현실과 비현실, 지각과 상상이 공존하는 공간은 제1의 물리적 (현실적) 공간(시카고 하이츠)에 대한 지각과 제2의 상상적(비현실적) 공간(시카고)에 대한 동시적 인지를 통해 두 공간을 극적으로 대비시킨다. 그 결과 동일한 영화적 공간이 복수의 의미를 혼재한 곳으로 의미화된다. 예컨대, 네이션과 그의 가족이 살고 있는, '시카고 하이츠의 새로운 워커네 집New Walker House of Chicago Heights'의 네이션의 침실 장면에서 부감 숏의 침대는 젊은 네이션과 노년의 네이션의 과거와 현재를 압착해 하나의 영화적 공간에 인입시킨 곳이다. 침대는 제1의 현실적 공간으로 지각되는 동시에 제2의 비현실적 공간으로 인지됨으로써 과거에 대한 회한과 현재의 갈등, 미래에 대한 불안을 다층적으로 중첩시킨다. 가령, 동일한 침대 위에서 젊은 네이션과 늙은 네이션이 디졸브dissolve된 S#1~2의 연결 지점(27초), 늙은 네이션이 혼자 누워 있는 S#3(16초), 젊은 네이션과 늙은 네이션이 각자 혼자 누워 있는 S#10(29초) 등을 그 예로 들 수 있다.

8   "it would be a struggle to grow up and to cultivate a sense of identity," ≪시카고 리더 chicagoreader≫, http://www.chicagoreader.com/chicago/winesburg-ohio-movie-daniel-nea ring-governors-state/Content?oid=2848672 (검색일: 2015.1.7).

반복되는 역사의 잔인한 기억들[1]

이자혜 동서대학교 방송영상학과 교수

크리스 마커와 기억, 역사

기억을 통한 역사 쓰기

평생을 역사의 맥락 안에서 기억의 문제에 천착한 시네아스트cineaste가 있었다. 작가-여행가-사진작가-영화감독-미디어 아티스트 등 다양한 이름으로 불려온 온 크리스 마커Chris Marker는 2012년 7월 29일, 91번째 생일에 타계하기까지 기억과 역사, 그리고 망각에 관한 일관된 문제의식을 견지해 왔다. 그는 전쟁과 테러, 혁명이 지나간 세계 각지를 여행하며, 끊임없는 분쟁과 죽음의 역사에도 불구하고 이를 망각하고 있는 이 세계의 집단적 기억상실증에 대해 토로한다. 중국, 러시아, 칠레, 쿠바, 이스라엘, 아프리카, 일본 등등 그의 관찰 대상이 되는 나라들은 하나같이 전쟁이나 분쟁, 혁명 등의 역사를 지니고 있으며 그가 이들 나라를 찾는 순간은 대부분 그 역사의 기억은 망각된 채 땅속에 묻힌 후다.

국내에서도 2008년 EBS 다큐멘터리영화제에 초청 상영된 바 있으며, 마르

셀 프루스트Marcel Proust의 "『잃어버린 시간을 찾아서A la recherche du temps perdu』를 연상시키는 방대한 기억의 보고寶庫(Kohn, 1997: 742)"라는 평가를 받고 있는 〈태양 없이Sans Soleil〉(1982)에는 크리스 마커가 일본과 아프리카를 종횡무진 오가며 채집한 역사에 대한 집단적 기억상실의 흔적이 가득하다. 출퇴근에 바쁜 사람들의 물결, 거대한 지하 아케이드를 부유하는 사람들, 자극적인 성적 표현들로 가득 찬 도심의 광고판과 텔레비전 프로그램들, 그리고 오키나와 전쟁 유적지에서 기념품으로 팔고 있는 수류탄 모양의 라이터까지 전쟁을 일으킨, 그리고 패전한 역사를 지닌 일본의 현재에서 반성적 기억을 찾아보기란 쉽지 않다. 아프리카 역시 빈곤과 기아, 무기력만이 남은 현재의 이미지들 속에서 식민 지배로부터 독립을 이뤄낸 투쟁의 역사 흔적은 찾아볼 길이 없다.

1921년생인 크리스 마커는 전쟁과 폭력의 역사를 관통하며 성장해 왔다. 1차 세계대전의 상흔을 기억하고 2차 세계대전을 겪었던 그는 실제로 1940년, 독일의 파리 함락 이후 레지스탕스résistance 활동을 한 바 있다. 이 때문에 마커에게 역사-과거란 "단순히 기억해야 할 대상이 아니라 구원되어야 할"(김남시, 2014: 247) 대상일 것이다. 이렇듯 역사와 기억의 문제에 집착한 이유는 아마도 반복되지 않아야 할, 그러나 끊임없이 반복되는 역사에 대한 깊은 우려 때문일 것이다. 사실 역사의 반복성에 대한 테제는 게오르크 빌헬름 프리드리히 헤겔Georg Wilhelm Friedrich Hegel, 카를 마르크스Karl Marx, 발터 벤야민Walter Benjamin 등 우리에게 친숙한 철학자들의 끊임없는 관심사였다. "헤겔은 어디선가 세계사의 위대한 사건들과 인물들은 말하자면 두 번 반복된다는 사실을 관찰했다. 그가 잊은 것은, 처음에는 비극으로, 다음에는 소극으로라는 것"(Marx, 1996: 31)이라는 마르크스의 언급은 이제 식상하리만치 자명한 듯 보인다.

오랜 학문의 길에서 역사와 기억의 영화적 재현의 문제를 성찰해 온 황인성은 우리가 현재 가지고 있는 공적 역사public history의 재현은 '지배 기억dominant memory'을 생산하는 과정에 속하며 '사적 기억private memory'은 공적으로 기록되지 않는 억압되어지는 기억의 영역이라는 푸코의 입장을 견지하며(황인성, 2001:

25) 19세기를 주도했던 '역사주의' 전통이 20세기에는 '반反역사주의'적 지적 전통으로 대체됨에 주목해 왔다(황인성, 2014: 352). 푸코에 의하면, 국가적 기념행사, 국립 박물관이나 극장, 문화정책이나 교육 제도, 공공 매체의 역사 드라마나 뉴스 등의 다양한 범국가적이고 공식적인 역사기술 방식에 의해 생산되는 '지배 기억'은 진실의 전달보다는 국가권력 유지에 그 목적이 있는 반면, 개인적 편지나 일기장, 사진, 수집품 등 개인적 추억 속에 보존된 '사적 기억'이야말로 실제적이고 생생한 사실fact이라는 것이다. 이런 보통의 사람들, 즉 자신의 책을 출간하거나 그림을 그리고 역사책을 편찬할 수 없는 사람들이 자신들만의 방식으로 기록하거나 기억하는 형태를 **대중 기억**popular memory이라 일컬으며 공적 기억에 대항할 수 있는 실천적 행위로 본다(황인성, 2001: 26에서 재인용).

따라서 이러한 '사적 기억'을 어떻게 주조하는가의 문제는 정치적이라 할 수 있을 것이다. 이 정치적임의 의미는 역사-과거를 필요하고 유익한 교재로 간주하고 현재와 과거의 관계를 사회적·구조적 맥락 안에서 파악하며 당대의 기억들이 이데올로기를 형성하는 방식에 대해 비판적 이해를 도모하는 실천적 행위인 것이다(황인성, 2001: 26~27에서 재인용).

푸코에게 기억과 역사 연구는 과거를 과거라는 틀 안에서 이해하려는 것이 아니라, 과거 속에서 사회적·경제적·정치적·인식론적인 또는 그 밖의 다른 갈등을 둘러싼 현재적 조건들의 흔적을 찾아내려는 것이다. 과거를 재현하는 주요 매체의 하나인 '영화'는 우리로 하여금 단순히 '과거'에 머물지 않고 "과거-현재 관계the past-present relation"에 대해 관심을 갖도록 유도한다. 따라서 우리는 푸코식의 관점을 차용함으로써 영화가 어떻게 현재적인 맥락에서 과거를 구성해내는지, 그리고 그러한 기억이 현재적인 맥락에서 갖는 정치적인 함의는 무엇인지 이해할 수 있는 것이다(황인성, 2014: 357).

이러한 관점에서 볼 때 평생을 기억을 통한 역사 쓰기의 작업을 해온 크리스 마커의 작품들은 가장 좋은 분석 대상이 될 수 있을 것이며, 그중에서도 현재라는 맥락에서 과거를 구성해낸 가장 대표적인 작품이 있다면, 아마도 〈미래의 기억Souvenir d'un Avenir〉(2001)이 될 것이다. 〈미래의 기억〉은 마커와 야니크 벨롱Yannick Bellon과의 공동 작업으로, 야니크의 어머니이자 사진작가인 드니스 벨롱Denis Bellon이 1935년에서 1955년 사이에 촬영한 사진들을 영화적 재료로 사용한 작품이다. 이미 〈조각상도 죽는다Les Statues meurent aussi〉(1953)와 〈환송대La Jetée〉(1962)를 통해 시도한 바와 같이 정지된 사진에 줌인, 줌아웃, 디졸브dissolve, 몽타주montage 등의 영화적 기법을 통해 운동과 시간을 부여하며, 마커 특유의 내레이션-에세이를 통해 역사의 맥락 안에서 기억을 심문하는 일관된 문제의식을 담고 있다.

〈미래의 기억〉의 프랑스어 원제를 그대로 번역하면 '어떤 미래에 대한 회상'으로, 이는 시간적 역설을 포함한다. 〈미래의 기억〉은 드니스 벨롱이 포착했던 과거의 사진을 토대로, 그 과거의 이미지들이 담지하고 있는 미래(2차 세계대전)의 징후를 현재(영화를 만드는 시점)에서 해독하는 것이며, 이는 바로 마커의 기억을 통해 재구성된다. 결국, 드니스 벨롱의 사진들, 즉 과거의 이미지들이 은밀하게 예견한 '미래에 대한 회상'인 것이다. 마커는 벨롱이 찍은 사진, 1937년 파리 만국박람회에서 마주보며 자리한 소련과 독일의 전시관의 이미지를 통해 〈미래의 기억〉이 보유한 시간적 역설을 다음과 같이 설명한다.

> 2000년에 이것을 보며 우리는 무의식중에 1939~1940년의 전쟁, 소련-독일 간 불가침 협정과 독일의 소련 침공, 베를린 장벽의 붕괴 등을 떠올린다. 과거와 현재, 미래를 모두 볼 수 있는 전지적 존재의 응시를 빌려 과거의 사진들을 바라보고 있는 것이다.[2]

마커, 에세이스트

〈미래의 기억〉을 살펴보기 전에 우리는 먼저 마커의 영화들이 갖는 에세이적 특성을 생각해 볼 필요가 있다. 앙드레 바쟁André Bazin이 마커의 〈시베리아에서 온 편지Lettre de Sibérie〉(1958)에 대해 마커의 텍스트에서 강조된 언어적 지성의 탁월성과 영상의 부수적 역할에 대한 언급과 함께 "영화로 이뤄진 다큐멘터리 에세이essai documenté par le cinéma"(Bazin, 1958: 27)라 표현한 이래 그에게는 에세이스트란 명칭이 함께해 왔다. 크리스 마커 이후 지속되어온 가장 진보적이고 대담한 영화 만들기의 방식 중 하나라 할 수 있는 **에세이 영화**는 그것이 가지고 있는 역사적 기반과 특징적인 표현 방식들로 인해 특정 범주의 영화적 양식으로 여겨져 왔다.

특히 최근 몇 년간 유럽은 물론 영미문화권의 제작과 비평, 학문적 연구의 모든 영역에서 에세이 영화는 그 어느 때보다 주목을 받고 있는 상황이다 (Corrigan, 2011: 3). 영국영화협회BFI가 발간하는 영화전문지 ≪사이트 앤 사운드 Sight & Sound≫가 2013년 에세이 영화를 특별 조명하는가 하면, 2015년부터는 런던대학교 버벡칼리지Birkbeck University of London의 영상연구소Institut for Moving Image와 국제커뮤니케이션학회ICA의 공동 주관으로 매년 '에세이 영화 페스티벌The Essay Film Festival'이 개최되는 등, 그간 주류 영화들과 비교해 변방에 위치해 있던 에세이 영화는 이제 중요한 영화적 지위를 획득해 가고 있다. 한국에서도 최근 박경근 감독의 〈철의 꿈〉(2013)이 세계 유수 영화제에서 수상하면서[3] 에세이 영화에 대한 관심이 이어지고 있다. 주류 영화들과 차별화되는 에세이 영화의 특성이 한국 영화의 양식적 다양성과 경계를 확장시켜줄 수 있으리라는 기대를 촉발한 것이다(조혜정, 2015: 151).

그러나 한편으로, 에세이 영화는 그 '규정할 수 없음'[4]의 특성으로 인해 비전통적이고 개인적이며, 성찰적인 '새로운 다큐멘터리' 정도의 의미로 사용되며 최근 이러한 유형의 다큐멘터리들의 급증으로 인해 거의 다큐멘터리의 유의어가 되어가는 실정이다. 국내에서도 에세이 영화는 종종 '사적 다큐멘터리'의 또 다른 명칭 정도로 사용되기도 한다(Rascalori, 2009: 21).

에세이 영화는 태생적으로 문학의 한 형식으로서의 에세이와의 연관선상에서 그 특성이 연구되어 왔으며, 특히 에세이라는 용어를 처음으로 사용한 몽테뉴Michel de Montaigne의 에세이론에 그 기반을 두고 있다. 열린 형식, 주관성, 성찰성 등의 다양한 특징으로 규정되는 에세이는 극단적으로는 '아무 규칙에도 얽매이지 않는' 양식으로, 스스로 끊임없이 변혁하는 미학을 구축하며 20세기 문학 양식의 범위를 철학과의 접점으로 확장시킨 바 있다(Starobinski, 2003: 165). 에세이 영화의 기원과 정의, 영화적 양식들을 정리한 저서 『에세이 영화: 몽테뉴로부터 마커 이후The Essay Film: from Montaigne, after Marker』(2011)의 저자 티모시 코리건Timothy Corrigan은 몽테뉴가 중시한 경험과 성찰, 사적 주관성의 표현 등의 특성을 기반으로 에세이 영화를 '공적 경험에 대한 개인적 관점을 다층적 활동을 통해 묘사하는 것'으로 규정한다(Starobinski, 2003: 165).

사실, 문학적 기반을 통해 에세이 영화를 규정하려는 시도는 코리건이 처음은 아니다. 영화사에서 중요한 '작가주의'를 낳은 알렉산드르 아스트뤽Alexandre Astruc은 1948년, 유명한 '카메라 만년필Caméra-Stylo'의 개념을 통해 문학에서의 에세이와 연관해 고전 영화, 소비에트 몽타주, 초현실주의나 아방가르드 영화들과 구별되는 '새로운 영화들'을 설명하고 있다는 점(Fihman, 2004: 41~427), 그리고 에세이 영화의 필요조건이 '사적 시각을 드러내는 수려한 문체로서의 텍스트의 존재'임을 엄격하게 규정하는 필립 로파테Phillip Lopate의 주장(Lopate, 1992: 19) 등 이미지에 우선하는 언어적 수단의 중요성이 강조되어 왔다.

반면, 2000년대에 들어서면서 에세이 영화를 이미지, 편집 등의 영화 언어적 관점으로 고찰하는 경향도 드러난다. 아서Paul Arthur는 영화는 동시다발적으로 다양한 수준 ─ 이미지, 말, 자막, 음악 등 ─ 에서 작동하기 때문에 에세이 영화의 발언 방식은 카메라의 움직임, 편집 등에 의해 순간에서 순간으로, 혹은 표면으로 분산될 수밖에 없으며, 이 때문에 영화 언어의 가장 근본적 요소인 이미지와 언어 간의 결합 방식을 에세이 영화의 핵심적 요소로 규정한다(Arthur, 2003: 59). 이러한 아서의 견해를 토대로 로라 라스카롤리Laura Rascalori는 에세이 영화에서 보이스오버voice-over의 중요성은 폄하하지 않으면서도 순수하게 이미지만으로 논쟁거리를 제공하고 '관객과의 대화'에[5] 돌입할 수 있다면 이 역시 에세이 영화라 규정한다(Rascalori, 2009: 37). 또한 에세이 영화의 성격을

1인칭, 자기성찰적, 주관적, 비공식적, 회의적, 다양성, 이접적, 역설적, 모순적, 이단적, 개방적, 자유로운, 무형식의 등의 수식어로 설명하며 그중 가장 핵심적인 성격은 아도르노Theodor Adorno 와 몽테뉴를 참조하여 이단성heresy과 개방성openness으로 꼽는다(Rascalori, 2009: 38~39).

이 밖에도 에세이 영화는 "픽션과 논픽션 사이의 변증법"(Burch, 1981: 164), "작가의 열정과 지성이 연관된 개인적 조사연구"(Rascaroli, 2009: 24에서 재인용), "지적인 동시에 감정적인"(Rascaroli, 2009: 27에서 재인용), "자기반성적self-reflective 인 동시에 자기성찰적self-reflexive"(Rascaroli, 2009: 24에서 재인용) 등으로 다양하게 규정되며, 결국 에세이 영화를 정의하는 것 자체는 어쩌면 불가능하거나 무의미한 일일지도 모른다. 그렇다면, 문학과의 유사성에 방점을 두거나 그 차이점에 더 주목하거나, 혹은 주관성과 성찰성을 가장 중요한 특성으로 간주하거나 이단성과 개방성을 우선시하거나, 이 다양한 학자들의 정의와 규정들을 관통하는 공통적 속성은 무엇인가?

호세 무르José Moure는 사실상 에세이 영화가 문학으로부터 차용한 바는 미미한 수준으로 다만 '사유의 영역'에 있어서는 문학의 그것과 필적하는 힘을 보유하고 있었음을 역설한다(Moure, 2004: 25). 또한 에세이 영화는 근대성(모더니티)을 참조하고 있으며, 여전히 실험적 다큐멘터리와 연관되긴 하지만 동시에 새로운 형태를 향해 영화적 기호들을 변화시키는 영화들로, 비평가와 영화 제작자 모두에게 '창의력과 사유의 힘 사이의 조화'로 인식된다(Hermann, 2010: 88~89). 이처럼 에세이 영화와 관련된 연구들을 통해 지속적으로 주목되는 바는 바로 사유와 연관되어 있으며, 따라서 '사유'는 에세이 영화를 설명하는 데 가장 적절한 개념이 될 것이다.

스스로를 에세이스트라 칭한 바 있는(Corrigan, 2011: 69에서 재인용) 장 뤽 고다르Jean-Luc Godard는 자신의 작품 〈영화사Histoire(s) du Cinéma〉(1997)에서 영화를 "형성되는 사유이자 사유하는 형식une pensée qui prend forme, une forme qui pense"이라 정의한 바 있다(Godard, 1998: 54~55). 그에게 영화-에세이란 지식의 거주지로

서가 아니라 사유의 민감한 차원에서 스스로 사유하는 역동적 과정이며, 그 사유의 과정을 통해 스스로 끊임없이 변혁하는 미학을 구축하는 것이다.

에세이 영화를 거론할 때 가장 빈번하게 언급되는 크리스 마커 역시 스스로를 '에세이스트'라 규정하며, 영화라는 매체는 자신이 "에세이를 만들 수 있는 시스템"이라 언급한다(Alter, 2006: 16). 마커의 경우, 역사라는 맥락 안에서 개인적 또는 집단적 기억과 망각의 메커니즘에 대한 끊임없는 사유를 다양한 매체들을 통해 구현한다. 이 때문에 그의 작품 세계는 바로 기억과 그 보존 방식에 대한 사유의 과정에서 비롯된다(Alter, 2006: 22). 이처럼 에세이스트들에게 사유의 문제는 특정 상황이나 소재에 대한 성찰의 결과로서의 주제의식을 의미하는 것이 아니며, 스스로 변화하고 생성되는 방식으로서의 사유의 과정에 관한 것이다.

에세이 영화의 사유에 대한 고찰은 크게 '감독의 사유 과정을 드러내는 방식'과 '관객이 사유의 과정에 연루되는 방식'에 관한 두 차원에서 이뤄지고 있다. 코리건은 에세이 영화를 공적 영역에서의 경험적인 조우를 통해 개인의 주관성을 실험하여 그 결과물이 하나의 영화적 태도와 관객의 응답으로서의 사유 또는 사유 행위를 형상화하는 것으로 정의한다(Corrigan, 2011: 30). 에세이 영화는 감독이 세계를 통해 사유한 바를 중재해 주는 언어로서, 관객 역시 사유하는 자로서 완전히 지적이고 현상적 감각으로 세계를 경험하기를 요구한다는 것이다. 이러한 요구에 기꺼이 부응한 관객들이 바로 특별한 지성을 보유한 비판적 청중, 즉 시네-클럽의 관객들로, 이러한 관객들과의 사유의 상호작용이 에세이 영화의 발전에 중요한 역할을 했음을 시사한다(Corrigan, 2011: 57~58).

코리건이 관객의 사유를 지성과 감각이라는 특별한 조건을 갖춘 이들에 의해 가능한 것으로 제한한 데 반해 라스카롤리는 관객의 사유를 좀 더 일반적인 개념으로 확장시킨다. 라스카롤리는 에세이 영화가 사유를 담지하는 방식으로서의 '관객과의 대화'에 주목한다. 그녀는 문학적 에세이의 독자들은 작가가 제시한 모순과 여담이 야기하는 정신적 과정을 따름으로써 진정한 대화에 연루되어 있다고 느끼며, 이는 영화의 관객들에게도 마찬가지로 적용됨을 강조한다(Rascaroli, 2009: 30). 관객이 이러한 정신 작용에 참여하기 위해 필요한 것이 바로 '작가의 발언'으로서의 보이스오버(내레이션)인데, 에세이 영화에서 감독은 이를 통해 관객에게 직접적 대화를 시도한다. 이때 '나'는 항상 '당신'을 분명하고 강하게 시사하며, '당신'은 발언자의 사유에 참여하고 공유하도록, 그리하여 체화된 관객이 되기를 요구받게 된다. 이 과정에서 에세이 영화는 '닫힌' 논증을 전달하는 것이 아니라 제기된 문제들을 열어 놓고 관객에게 질문을 던지는 것이 되어야 하며, 감정적이나 지적 반응으로 관객을 움직이려 하는 것이 아니라 관객이 감독의 사유하는 바에 관해 스스로 성찰할 것을 촉구해야 한다는 것이다. 이것이 바로 라스카롤리가 정의하는 "개방성"이자 사유의 과정으로서의 "관객과의 대화"이다(Rascaroli, 2009: 34). 이때 개방성이란 단지 확정적인 의미를 전달하지 않는다는 차원이 아니라 관객이 감독의 사유 과정을 성찰함으로써 스스로 사유하도록 하는, 사유 능력pensabilité을 일깨우는 것과 관련된 문제인 것이다(Ménil, 2004: 93). 결국 에세이 영화의 사유의 형상화 과정이란 공적 영역으로서의 세계에 대한 경험을 개인의 주관성을 통해 사유하는 과정인 동시에 관객과의 대화로서의 사유의 유발 과정이라 할 수 있다.

크리스 마커는 프랑스 일간지 ≪리베라시옹Libération≫과의 인터뷰에서 그 특유의 우회적인 방식으로 자신의 영화가 관객과 관계를 맺은 특별한 경험에 대해 언급한 바 있다. 그는 도쿄의 영화 소개 책자에서 자신의 대표적 두 작품 〈환송대La Jetée〉(1962)와 〈태양 없이Sans Soleil〉(1982)에 대한 작자 불명의 작품 소개 글을 읽고 "나를 모르고, 영화의 제작 과정을 모르는 누군가가 쓴" 글을 통해 "미세한 감동"을 느꼈던 에피소드를 이야기하며, 이때 그 자신에게 "무엇인가가 일어났다Quelque chose a passé/Something happened"라고 고백한다.[6] 〈환송대〉와 〈태양 없이〉는 마커의 영화적 발언에 대한 관객의 응답으로서의 사유를 생산했을 뿐 아니라, 다시 마커에게 '무엇인가 일어나는' 경험을 제공함으로써 감독-관객-감독으로 연결되는 사유의 연쇄를 형성한 것이다.

〈미래의 기억〉이 사유하는 법

〈미래의 기억〉의 이중의 응시

〈미래의 기억〉은 1차 세계대전 이후 2차 세계대전이 발발하기 직전의 시대를 집중적으로 응시한다. 오프닝 시퀀스는 1938년 파리에서 열린 초현실주의 전시회의 이미지들로 시작된다. 크리스 마커는 당시 초현실주의 작품들을 사회에 대한 위협과 공격으로 받아들인 세간의 조롱과 비난을 언급하고, 자칫 사라질 뻔했던 이 전시회의 이미지들이 현재까지 보존된 것은 "한 여성의 응시 regard d'une femme 덕분"이라 말한다.[7] 이어 벽에 기대 자신의 머리 위에 있는 카메라를 바라보는 드니스 벨롱의 사진을 〈그림 11-1〉과 〈그림 11-2〉에서처럼 회전과 줌인을 통해 그녀의 응시가 정면을 향하도록 강조하여 고정시킨다.

크리스 마커의 작품세계에서 '응시 regard'는 매우 중요한 영화적 장치이자 핵심 개념이다. 마커에게 응시는 이중의 의미를 지니는데, 그것은 '응시의 시간 temps du regard'의 측면과 '시간에 대한 응시 regard du temps'의 측면이다(Habib, 2012: 6). '응시의 시간'이란 세계 ― 한 시대, 국가, 문화, 혹은 특정 상황과 그 세계에서 조우한 대상들 ― 에 대한 해독을 모색하는 자신과 카메라의 시간으로, 그가 영화 찍기를 통해 세계를 사유하는 방식임과 동시에 이를 통해 맺은 세계와의 관계를 관객과 나누는 방식이다. 또한, 그의 작업은 역사가 현재에 남긴 흔적을 통해 망각된 기억을 현재에 되살리려는 시도로, 모든 중요한 순간을 삼켜 망각으로 만드는 시간의 작용을 사유하는 '시간에 대한 응시'이기도 하다.

마치 발터 벤야민의 역사 인식과 유사하게 마커는 "인식 가능한 순간에 인식되지 않으면 영영 다시 볼 수 없게 사라지는 섬광 같은 과거의 이미지"를 통해 그것이 품고 있는 의미를 심문한다. 왜냐하면 "과거의 진정한 이미지는 매 현재가 스스로를 그 이미지 안에서 '의도된 것'으로 인식하지 않을 경우 그 현재와 더불어 사라지려 하는 과거의 복원할 수 없는 이미지이기 때문"이며 이 이미지들의 복원이 필요한 이유는 "적 앞에서 안전하지 못하다는 점을 투철하

그림 11-1 드니스 벨롱의 사진
자료: 〈미래의 기억〉(2001).

그림 11-2 강조된 '응시'
자료: 〈미래의 기억〉(2001).

게 인식하고 있는 역사가만이 오로지 과거 속에서 희망의 불꽃을 점화할" 수 있기 때문이다(벤야민, 2008: 333~335). 따라서 마커는 시간을 들여 세계를 관찰하고, 찰나의 기억을 되살리고자 하는 그의 사유 과정을 드러내는 방식으로서 응시의 이미지들을 활용한다.

카메라를 통해 관객을 도발하는 강렬한 응시의 이미지는 관객에게 이를 해독하라는 메시지를 보내는 것이다. 이러한 마커의 이중의 응시double regard는 그의 이전 작품들에서도 지속적으로 드러나는데, 〈어느 전투의 기록Description d'un Combat〉(1961)의 마지막 시퀀스에서 "마치 암호처럼, 기호처럼" 존재하는 "그 자체로 이스라엘"인 한 소녀의 모습을 2분여에 걸쳐 지속하며 관객 역시 그녀를 응시할 것을 강요하는가 하면(〈그림 11-3〉), 〈태양 없이〉에서 정면을 응시하는 25분 1초 동안의 "동등한 응시égalité du regard"와의 마주침의 순간을 시간의 흐름을 이겨내는 '구역Zone' 안에 고정시킴으로써 관객이 이 수수께끼 같은 이미지를 심문하기를 요구하기도 한다(〈그림 11-4〉).

결국 마커에게 응시는 그가 세계를 사유하는 방식인 동시에 관객과의 관계를 형성하는 사유의 중재 방식이다. 마커의 작품들은 이러한 이중의 응시를 통해 영화와 관객에게 '잃어버린 시간'을 되돌려주는 과정이며, 〈미래의 기억〉은 마커가 일관되게 추구해 온 시간의 심연abîme du temps에 대한 사유를 가장 잘 구현하는 작품 중 하나라 할 수 있다(Habib, 2012: 8). 〈미래의 기억〉에서의 응시

그림 11-3 〈어느 전투의 기록〉의 엔딩 시퀀스
자료: 〈어느 전투의 기록〉(1961).

그림 11-4 〈태양 없이〉의 응시
자료: 〈태양 없이〉(1982).

는 좀 더 다중적인 양상을 띤다. 무엇보다 먼저 사진작가 드니스 벨롱의 동시대에 대한 응시가 존재하며, 그녀가 포착한 세계의 이미지들을 자신의 기억을 통해 바라보는 마커 자신의 응시, 그리고 드니스 벨롱의 삶에 대한 마커와 야니크 벨롱의 사적인 응시가 공존한다. 이 때문에 영화는 두 차례의 세계대전 사이, 그 특별한 시기를 바라보는 드니스 벨롱의 시선 — 새 시대의 시작에 대한 낙관적 기대와 또 다른 전쟁에 대한 불안이 공존하는 — 에 대한 오마주인 동시에, 이 사진들을 몽타주를 통해 시공간을 재구성한 마커 자신의 에세이며, 때때로 사적 추억을 되새기는 드니스 벨롱의 가족 앨범이 되기도 한다.

영화의 1차적 질료는 드니스 벨롱이 응시한 세계의 이미지이다. 초현실주의 작가들과 그들의 전시회, 육체의 발견과 여성 잡지의 출현, 파리의 일상과 만국박람회, 식민지 아프리카의 평화로운 일상과 그 이면의 착취 현장, 스페인 내전에 동원된 아프리카인들, 유럽의 집시들, 독일의 폴란드 침공 전후 프랑스에 감돌던 전운 등의 이미지들을 마커는 은밀히 감춰진 무엇인가를 담고 있는 잠재적이고 변화하는 질료들로 간주한다. 그리고 이 이미지들을 이미지와 말 사이의 관계를 통해 재배치한다.

이미지와 내레이션의 상호작용에 의한 기억의 발명

〈미래의 기억〉은 철저하게 몽타주에 의한 작품이다. 제3자가 찍은 사진을 마커의 시각으로 선별하고 그 사진들에 줌zoom, 팬pan, 디졸브 등의 카메라워크를 통해 영화적 운동과 시간을 부여하며, 이 이미지들과 말과의 관계를 창조한다. 크리스 마커의 영화 〈시베리아에서 온 편지〉를 '에세이'라 명명한 바 있는 앙드레 바쟁은 마커 특유의 몽타주 방식을 '**수평적 몽타주**montage horizontal'라 칭하며 그 특징을 다음과 같이 설명한다. "(마커의) 몽타주는 숏shot과 숏의 관계에 의해 필름 길이의 방향으로 작용하는 전통적인 몽타주와 대립된다. 여기서 이미지는 이전의 이미지나 이후의 이미지에 반향하지 않고, 이 이미지에 대해 말해진 것에 측면으로 반향한다"(Rascaroli, 2009: 27에서 재인용). '수평적 몽타주'란 마커 영화에서의 이미지와 말, 보는 것과 듣는 것 사이의 역동적 상호작용을 일컫는 것으로(이윤영, 2011: 813), 이는 아서가 명시한 에세이 영화의 중요한 특징인 "말과 이미지 사이의 결합 방식"과도 상응한다. 폴 아서에 의하면 위대한 에세이 영화들은 대부분 말과 이미지 사이에 매우 복잡한 관계를 견지하고 있는데, 이들은 서로에 대해 주석을 달거나 그 의미를 약화시키거나 심지어 의미를 바꿔놓기까지 한다는 것이다(Arthur, 2003: 60).

영화는 드니스 벨롱이 촬영한 1938년 국제 초현실주의 전시회와 이에 대한 언론의 비난을 언급하며, 앙드레 브르통 André Breton을[8] 인용하여 초현실주의는 "다가올 미래의 교활한 잔인성과 악행에서 스스로를 멀리하고자" "그 예시와 타당성을 적나라하게 드러내는" 것이라 역설하며, "전후 après-guerre가 스스로 전전 avant-guerre으로 탈바꿈한 시대를 포착한 각각의 사진들은 과거를 보여주는 동시에 미래를 간파하고 있다"고 덧붙인다. 이 오프닝 시퀀스의 이미지와 내레이션은 바로 영화 자체를 설명하고 있다. 마커에게 초현실주의 전시회의 왜곡되고 뒤틀린 인간 육체의 이미지들은(〈그림 11-5〉) 이후 영화 중반에 등장하는 1차 세계대전 참전 용사들의 '망가진 얼굴'(〈그림 11-6〉)에 대한 반향인 동시에 다가올 2차 세계대전을 알리는 신호였던 것이다.

마커는 계속해서 드니스 벨롱의 보도사진들과 함께 시공간을 종횡무진하며 일시적이고 깨지기 쉬운 평화의 시대의 임박한 전쟁의 징후들을 채굴해낸다.

그림 11-5 초현실주의 이미지
자료: 〈미래의 기억〉(2001).

그림 11-6 참전 용사 얼굴
자료: 〈미래의 기억〉(2001).

1차 세계대전 종전 이후 새로운 시대에 대한 흥분과 기대감이 감돌던 1930년 대의 유럽에서는 노동자들의 휴가 문화가 탄생하며 캠핑, 등반, 수영 등 다양한 여가를 즐기는 사람들이 드니스 벨롱에 의해 포착된다. 마커는 이 이미지들에 미래, 즉 전쟁의 이미지를 덧씌운다. 새로 탄생한 낙하산 동호회의 사진과 강가에 누워 휴식을 취하는 여성의 이미지에 2차 세계대전 당시 독일 전투기의 기독 영상을 디졸브로 병치시키며, 내레이션을 통해 "낙하산 동호회"를 "낙하산 부대"로, 여성의 모습은 "폭격이 휩쓸고 간 뒤 거리에 나뒹구는 시신"으로 비유한다. 드니스 벨롱의 낙관적 이미지의 의미를 역전시킨 것이다.

또한 1937년 파리에서 열린 만국박람회에서 서로 마주보고 있는 독일과 소련 전시관의 사진을 통해 "유럽은 자살 계획을 세운다. 전쟁을 목전에 둔 나라들끼리 서로 자신의 부를 과시한 것이다. 마치 임종을 앞둔 구두쇠들이 재물을 헤아리듯"이라며 "파국의 조짐"을 예견한다. 만국박람회의 일상적인 풍경은 추가된 주석으로서의 내레이션에 힘입어 곧 다가올 전쟁을 읽어내는 단서로 재창조된다.

1939년, 유럽을 떠돌며 음악가, 떠돌이, 좀도둑 등의 다양한 이름으로 불리던 '항상 정의할 수 없고 항상 의심의 대상인', '훗날 유대인 다음으로 살생부에 오르게 될' 집시 여인의 결혼식 사진이 표지로 실린 뉴스 매거진 ≪마치Match≫ 안에는[9] 히틀러의 『나의 투쟁』에 관한 기사가, 그리고 히틀러가 아프리카인들을 '유인원demi-singe'이라 표현한 그 내용 뒤에는 '검은 군대'라는 제목하에 지배국의 전쟁에 대비해 자국민을 훈련시키는, '프랑스가 미더워하는' 식민지 아프리카 모시족의 황제의 기사가 뒤따른다. 마커는 드니스 벨롱의 사진들과 그것들이 실린 잡지 안의 기사들을 촬영한 영상을 교차시키며, 이미지 위에 혹은 이미지와 이미지 사이에 특유의 성찰적이면서도 풍자적인 내레이션을 통해 미래의 피해자와 가해자가 기이하게 공존하는 시대를 사유하도록 관객을 초대한다.

이처럼 〈미래의 기억〉의 이미지와 내레이션은 서로를 자극하거나 충돌하며 내레이션이 이미지에 새로운 시선을 부여하거나 이미지 본래의 의미를 약화 혹은 역전시킨다. 그리고 이는 관객이 보는 것과 듣는 것 사이의 반향으로서의 역동적인 상호작용을 생성하도록 이끈다.

영화 전체를 통해 마커는 과거의 이미지들을 미래와 상응하는 것으로 읽어내고 있으며 자신의 기억을 활용하여 드니스 벨롱의 이미지들을 내레이션, 사운드와 함께 재구성한다. 그는 소르본 대학 광장을 담은 사진에 자신의 작품 〈대기의 바닥은 붉다Le fond de l'air est rouge〉(1977)에 사용했던 1968년 5월 혁명 당시 소르본 학생들의 시위 현장음을 삽입한다. 그리고 이어지는 도서관의 학생들 이미지에 내레이션을 통해 "학업에 열중하는 이 젊은이들은 앞으로 저 벽 너머에서 역사적인 선언을 듣게 될 것이다"라고 예견한다. 사실, 30년 후 5월 혁명의 광장이 된 소르본 대학에서 그 함성을 들은 것은 사진을 찍은 드니스 벨롱도, 그 사진 속 학생들도 아닌 마커 자신이다. 〈미래의 기억〉를 이끄는 힘은 바로 마커 자신으로부터 비롯된 것이다.

그는 1935년 프랑스 시네마테크를 창립한 앙리 랑글루아Henri Langlois가 고전 영화들의 소실을 우려하여 영화 필름들을 자신의 집 욕조에 쌓아놓았다는 당시의 풍문과 이에 대한 증거로서 '드니스 벨롱에 의해 유일하게 찍힌 이 전설의 욕실' 사진을 제시한다. 그리고는 이 욕실을 '프랑스 시네마테크의 요람'이라 칭하며 욕조에 쌓여 있는 영화 릴reel들의 이미지 위로 1915년부터 1916

년까지 시리즈로 제작된 무성영화 〈뱀파이어들Les Vampires〉의 한 장면과 여주
인공 무지도라Musidora의 이미지를 연이어 디졸브 한다(〈그림 11-7〉). 이어서 유
모차를 밀고 거리를 걷는 평범한 부부의 사진(〈그림 11-8〉) 위로 내레이션을 덧
붙인다.

(독일) 점령기간 동안 이 보물들은 유모차에 실려 다녔다. 여기에서 연상되는 한
가지 … 그것은 〈전함 포템킨〉 또한 이 신세를 졌을 것이라는 것이다. 시간 속으
로의 여행…

드니스 벨룽이 찍은 랑글루아의 욕실과 파리 거리의 유모차, 이 두 장의 사
진은 마커가 덧붙인 다른 이미지들과 내레이션을 통해 프랑스 시네마테크의
역사적 의미와 나치의 문화말살 정책의 잔인성의 기억을 소환한다. 이처럼 마
커는 사진, 뉴스 기록 영상, 고전 영화 장면, 마커 자신의 영화 사운드 등에 이
르기까지 다양한 용도의 이질적인 이미지들과 사운드의 연쇄를 통해 시공간을
횡단하는 자신의 기억 과정을 드러내고 있으며, 그러한 의미에서 〈미래의 기
억〉은 마커에 의해 발명된 것으로, 랑시에르Jacques Rancière의 개념으로는 '허구
적'이라. 할 수 있다. 랑시에르는 소비에트 영화감독 메드베킨Aleksandr Medvedkin
의 영화들과 기록 영상들을 통해 메드베킨의 기억에 봉헌한 〈마지막 볼셰비키
Le Tombeau d'Alexandre〉(1992)를 분석하며 마커가 이질적 이미지들을 활용하는
방식 — 본래의 의도와 용도를 벗어나 새로운 내러티브를 구성하며 가상의 이미지들을 생
산하는 과정 — 이 예술로서의 다큐멘터리가 갖춰야 할 '허구성'임을 역설한 바
있다.
　랑시에르에 의하면, 기억이란 모종의 총체, 기호들, 자취들, 유적들로 구성
된 일련의 배열이며 자료와 증언들, 사건의 자취들 간의 연관성, 즉 '사건들의
결합'으로서 구축되어야 한다는 것이다. 그리고 이렇게 구축된 기억은 집단적
무의식을 환기시키는 '신화myth'가 아니라 '우화fable' 혹은 '허구fiction'라는 것이

그림 11-7 랑글루아의 욕조 사진과 영화 〈뱀파이 어들〉의 영상 디졸브
자료: 〈미래의 기억〉(2001).

그림 11-8 〈전함 포템킨(Bronenosets Potemkin)〉 의 오데사의 학살을 연상시키는 유모차
자료: 〈미래의 기억〉(2001).

다. 랑시에르가 말하는 '허구'란 표상된 사건들과 그들의 결합 형태, 기호들이 서로 조응하는 일련의 '체계'로, "진실임 직함이나 필연성에 의한" 인과관계를 나타내는 사건들의 연쇄가 아니라 작품을 형성하는 기호들과 그들의 결합 방식에 따라 "변화하는 의미 형성의 역량"이다. 따라서 이러한 허구로서의 기억을 형상화하는 다큐멘터리 역시 같은 방식으로 허구적이어야 한다는 것이다(랑시에르, 2001: 258~259, 262). 그리고 이러한 다큐멘터리의 허구적인 혹은 시적인 함량은 어떤 스펙터클한 재앙 영화들과도 비교될 수 없을 정도로 시대의 기억을 창조한다고 역설한다(랑시에르, 2001: 260~261).

랑시에르의 언급처럼 마커는 2차 세계대전을 스펙터클화하지 않는다. 〈미래의 기억〉은 러닝타임의 80%에 달하는 34분여까지 전쟁을 '감지하는' 이미지들에 집중한 후, 영화의 후반부에 황폐한 마르세이유 항구 풍경과 파시스트 프랑코 정부에 대항하는 스페인 게릴라, 전쟁을 피해 리옹으로 내려간 드니스 벨롱의 개인적인 사진들로 전쟁의 이미지를 대체한다. 물론, 이 시기 드니스 벨롱이 '해가 되지 않을' 사진들만을 찍었기 때문이기도 하지만, 전쟁의 이미지를 직접적으로 제시하는 방식을 택하지 않은 것은 마커 자신이다. 왜냐하면 그가 의도한 것은 전쟁의 참상을 재현하는 것이 아니라 전쟁의 역사에 대한 기억을 사유하는 것이며, 그 사유의 과정을 형상화함으로 인해 또 다시 일어날 가능성으로서의 미래를 기억, 혹은 예견하는 것이기 때문이다. 그리고 영화의 엔딩

그림 11-9 〈미래의 기억〉의 엔딩 숏
자료: 〈미래의 기억〉(2001).

시퀀스는 이러한 마커의 의도를 명확하게 드러내고 있다.

〈미래의 기억〉의 엔딩은 다시 초현실주의 전시회로 회귀한다. 그러나 이번엔 1947년, 2차 세계대전 종전 후에 열린 전시회의 이미지이다. 전쟁을 겪은 초현실주의 예술가들은 수용소에서 죽음을 맞이했거나 파시스트 정권에 동조하거나 정치적 견해를 달리하는 이들을 제명하는 등의 변화에도 불구하고, '그 본연의 저항성révolte originelle이 남긴 것'은 여전히 '은연중에 자유에 대한 갈망을 내포'하고 있으며 '그 파괴할 수 없는 밤의 핵은 남다른 그 무엇'이라고 강조한다. 그리고 이어지는 영화의 마지막 시퀀스에서 마커는 초현실주의 예술가들이 마지막으로 한자리에 모여 찍은 기념사진의 이미지(〈그림 11-9〉)와 내레이션을 통해 마지막으로 다음과 같이 각인시킨다.

그들은 모두 포즈를 취하고 덧없는 엄숙함을 갖춰 세련되게 단체 사진을 찍는다.
그리고 무엇보다, 다시 한 번 금세기 말의 상황, 즉 '가면의 시대'를 예견한다.

이 엔딩 시퀀스는 영화의 오프닝과 기묘한 유사성을 가지며 관객의 의식을 순환하는 역사의 소용돌이 안으로 다시 불러들인다. 영화 초반 1938년 초현실주의 작품들의 이미지가 2차 세계대전을 예견했다면, 2차 세계대전이 끝난 1947년의 이 그로테스크한 가면 속의 엔딩 이미지는 또다시 20세기 말의 세계를 예견하는 구조를 띤다. 2001년 상영된 이 영화의 관객들은 ― 혹은 2019년에 이 영화를 보게 된 관객까지도 ― 이미 과거가 된 세기말의 역사를 회상하게 만든다.

2차 세계대전 이후 유럽과 식민지 국가들 간의 잇단 독립전쟁과 숱한 죽음의 역사, 1970년대 프랑스에서의 인종주의적 극우정당의 탄생, 1990년대 유럽의 신나치주의의 귀환, 1999년 유럽연합EU의 탄생과 그 이면의 문제들, 그리고 지구상 곳곳에서 여전히 되풀이되는 종교와 인종, 정치적 갈등과 전쟁의 양상 등등 크리스 마커는 초현실주의자들의 가면이 예견한 이 모든 기억을 관객의 뇌 안에서 부활시킨다.

그리고 이 기억 혹은 예견은 여기서 멈추지 않는다. 마치 〈환송대〉에서 자신을 사로잡은 어린 시절의 기억을 쫓던 주인공이 결국 그것이 자신의 죽음의 순간에 대한 기억임을 알게 되는 마지막 시퀀스와 유사하게, 그리하여 시간 속에서 끊임없이 반복되는 또 다른 이야기를 재창조하게 되는 것처럼, 〈미래의 기억〉은 2019년 현재에도 계속하여 관객의 기시감déjà vu을 불러일으키며 역사의 기억을 부활시키고 또 미래를 예견하며 우리의 의식을 무한하게 미래로 확장시킨다.

주

1   이 글은 2017년 ≪커뮤니케이션디자인학연구≫에 실린 필자의 논문의 일부를 수정·보완한
     것이다.

2   〈미래의 기억〉의 보도자료(Habib, 2012: 8에서 재인용).

3   2014년 베니스영화제 포럼부문 넷팩상 및 수상, 뉴욕현대박물관MOMA의 공식 초청 상영,
     토론토국제영화제 공식 초청작, 로마아시아영화제 최우수 다큐멘터리상, 대만국제영화제
     작가시선상 등 수상.

4   에세이 영화의 특성은 종종 "유형 없는 유형(Arthur, 2003: 59)", "단정할 수 없는 변화무쌍한
     (Lopate, 1992: 19)" 등으로 수식되어 왔다.

5   라스카롤리의 '관객과의 대화'의 개념에 대해서는 추후 설명할 것이다.

6   ≪리베라시옹≫, 2003.3.5, http://next.liberation.fr/cinema/2003/03/05/rare-marker_457649

7   따옴표 또는 별도의 단락으로 인용한 내용은 크리스 마커가 직접 쓴 〈미래의 기억〉의 내레
     이션으로, 이후 반복되는 인용은 미주를 사용하지 않는다.

8   프랑스의 시인이다. 1924년 『초현실주의 선언Manifestoes of Surrealism』을 발표하며 초현실주
     의의 창시자로 불린다.

9   『마치Match』는 1938년 창간된 뉴스 매거진으로, 1949년 『파리 마치Paris Match』라는 이름으
     로 재 창간된 프랑스의 대표적 우익 잡지다.

영상 재현과 몽타주 기억[1]

태지호 안동대학교 사학과 교수

문화적 기억과 영화 재현

문화적 기억과 미디어 기억술의 역사

"모든 인지 행위는 과거의 잔존물을 변화시킨다"(Lowenthal 2006: 581). 이 말은, 과거는 고정된 '보편적' 과거가 아니며 변화 가능성을 가진 '특수한' 과거임을 뜻한다. 그 변화 가능성은 현재의 관점에 근거한다. 과거는 있는 그대로 순수하게 제시presentation될 수 없으며, **재현**representation의 관점 속에서만 구체화될 수 있다. 과거가 현재화되기 위해서는 두 번의 재현 과정을 거친다. 우선 과거는 기억이라는 재현 과정을 직면하게 된다. 기억은 과거를 인식하는 유일한 방법이기 때문이다. 이미 '지나가버린' 과거가 기억되지 않는다면 그것은 현재화될 수 없기 때문이다. 하지만 기억 또한 인식의 한 형태라는 점에 비추어, 다시 한 번 재현을 필요로 한다. 즉, 과거는 기억(재현) 그리고 기억의 재현이라는 과정을 통해 현재성을 획득한다.

중요한 것은 이러한 과정이 개인적인 개념이 아니라 사회적이고 문화적인 차원에서 이해되어야 한다는 점에 있다. '다시' 보여준다는 것은 해당 사회 속에서의 의미와 그에 따른 문화적 체계를 공유한다는 것을 전제하기 때문이다. 과거를 기억하고 이를 재현한다는 것은 과거를 통한 현재의 의미 교환 과정임을 뜻한다. 재현은 독립적인 객관 세계에 존재하는 '사물'을 단순하게 상징적인 형태를 통해 반영하는 것이 아니다. 중요한 것은 오히려 재현은 그 재현이 대신하고자 하는 바에 의해 의미로 구성된다는 점에 있다. 즉, 재현의 체계가 중요한 것이다. '과거', '기억(재현)', '(재현된 기억의) 재현'이라는 특정한 과정을 논의하기 위해서는 '어떤 과거가 기억되는가', '그것은 어떠한 방식으로 재현되는가', '왜 해당 과거가 기억되고 재현되어야 하는가', '그러한 재현의 효과는 무엇인가'와 같은 일련의 문제들이 수반된다. 여기에는 재현의 기술, 사회적 관계, 권력과 자본의 문제, 정치적 이해 등과 같은 현재의 조건들이 결부된다.

이러한 일련의 과정을 얀 아스만과 알레이다 야스만은 문화적 기억을 통해 논의한 바 있다. **문화적 기억**이란 과거에 대한 기억이 개인적 차원에서 그리고 인식론적 차원에서 추상적으로 존재하는 것이 아니라, 다양한 문화적 재현에 의해 저장되고 전승되며, 그에 따른 문화적인 의미를 획득하게 되는 과정에 주목하는 개념이다. 이는 문화적 재현을 통한 기억의 실천이라는 관점에서 폭넓게 활용되고 있다(Assmann, A., 1999; Bal, 1999; Weissberg, 1999; Erll, 2008; Assmann, J., 2011).

문화적 기억 개념에서 특히 눈여겨봐야 할 것은 '문화'라는 단어이다. 문화는 상대적인 자율성을 확보하고 있는 사회의 여러 요소이기 때문이다. 다시 말해, 문화는 경제나 정치 등의 요소에 영향을 받을지라도 그 자체가 구성원들의 실천 의지를 반영함과 동시에 일상적이고 미시적인 차원에서 작동될 수 있는 고정된 개념이 아니기 때문이다. 따라서 문화적 기억 개념은 기억의 다층적이며 역동적인 의미에 초점을 두고 동시에 기억을 통한 다양한 지식들의 보존과 전승을 강조하는 개념이다(태지호, 2013: 420). 이러한 관점에 비추어, 문화적 기억은 기억을 중심으로 한 구성원들과 사회적 관계, 제도 등과 같은 사회적 관점은 물론이며 미디어와 문화적 생산을 통해 구체적으로 나타난다는 물질적 관점, 그리고 사상과 생각 및 관념 등이 설명되는 방식인 정신적 관점에 주목한다(Erll, 2008: 3~7). 결국 중요한 것은 기억이 사회적 상황에 따라 집단의 관념 속에 존재한다 할지라도, 이것이 물질적이고 상징적인 형식을 통해 현재 우리의 삶에 보존되고 전승될 때, 특정한 신념과 인식으로서 기능할 수 있다고 논의하는 것이 문화적 기억 개념의 요체이다. 이러한 문화적 기억 개념은 과거가 기억을 통해 재구성되는 특징을 내포할 뿐만 아니라 더 나아가 특별한 문화적 실천의 관점에서 과거와 기억이 어떠한 관계를 유지하는가에 대한 문제에서 그 중요성이 더욱 강조된다.

결국 **문화적 기억** 개념은 **문화적 재현** 형식을 통해 과거가 현재적 의미를 구체화한다는 점을 강조하기 때문에 그러한 형식을 둘러싸고 있는 다양한 조직, 기술 등과 같은 일련의 제도에 대한 논의와 이러한 상황 속에서 구축되는 사회 구성원들의 정체성에 관한 이해를 가능케 한다. 따라서 문화적 기억의 관점에서 과거, 기억, 재현의 관계를 살펴보기 위해서는 문화적 형식은 어떠하며, 그것은 어떠한 의미를 가지고 있는지 살펴볼 필요가 있다.

앞서 언급한 바와 같이 기억은 특정한 방식으로 재현될 때 현재성을 획득한다. 따라서 재현은 의미의 교환 과정을 염두에 두게 되는데, 이를 위해서는 언어나 이미지 등과 같은 매개 체계가 수반되어야 한다. 다시 말해, 의미 교환을 위해서는 특별한 방식을 필요로 하는데, 이것이 곧 미디어이다. 미디어란 사전적 의미로는 정보, 감정, 의견 등을 저장하여 전달하는 역할을 하는 것이다. 중요한 것은 미디어에 담기는 일련의 '메시지'들은 그것이 '미디어에 담기는 그 순간'부터 이미 과거의 메시지가 된다는 점에 있다. 따라서 미디어는 과거의 메시지를 기억하기 위해 필요하기도 하지만 이를 재현하고 전달하기 위해서도 필요하다. 이러한 관점에서 보면, 미디어의 역사란 기억술과 기억 재현의 방법에 대한 역사이기도 하다.

애초에 인간은 '뇌'를 통해 과거의 메시지를 인지하고 저장했다. 하지만 뇌를 통한 기억은 한계가 분명했다. 무엇보다 이는 집단적 혹은 사회적 차원에서는 기억한 것을 전달하고 저장하는 데 어려움이 있었기 때문이다. 따라서 기억의 공유를 위해서는 공통된 약속 체계로서의 매개체를 고민하게 되었고, 이로 인해 등장한 사회적 미디어이자 최초의 사회적 기억 재현 방식이 구두 언어와 문자인 것이다. 특히 구두 언어는 동일한 시공간이라는 제약이 있는 데 반해, 문자는 저장과 전달이 상대적으로 용이하다는 장점이 있다. 오랜 기간 문자는 기억의 재현 수단으로 독보적인 지위를 누려왔으며, 이는 권력층에 의한 기억의 통제와 독점이라는 관점에서도 주로 활용된 미디어였다.

하지만 문자는 인쇄 미디어의 발명으로 인해 그 변화를 모색하게 된다. 그간 지배 계층에 의해 독점되었던 문자는 인쇄 기술에 의해 다양한 계층에게 확산된다. 인쇄 미디어는 전통 사회의 균열과 변화를 야기하기도 했지만, 동시에 대량으로 신속하게 생산되는 신문, 책 등은 인쇄 자본주의와 결합하면서 근대 민족 국가라는 새로운 기억 공동체를 정립시키는 데 일조하기도 한다. 즉, 베네딕트 앤더슨이 언급한 상상의 공동체는 인쇄 미디어 및 인쇄 자본주의에 의한 특정 언어의 활용이 내집단과 외집단을 구분토록 하고, 동시에 기억할 것과 망각할 것이 사회적으로 구축된 모습을 설명한 것이기도 하다(Anderson, 1991). 동시에 이 시기에 출현한 전화와 라디오 그리고 축음기 등은 앞서 언급한 바와 같이 제약이 분명했던 구두 언어의 기억술 또한 다시금 재도약하게끔 했다.

한편 기억술은 구두 언어와 문자 외에도 다양한 시각적 형식들을 통해서도 변화되어 왔는데, 그 최초의 것은 동굴 벽화였다. 이후 회화라는 예술 장르를 통해 시각 형식 또한 오랜 시간 지배적인 기억술로 활용되어 왔다. 특히 회화는 서구의 역사에서 보면, 중세의 종교적 권위가 쇠퇴하고 인간 중심적으로 세상을 이해하게 되는 르네상스 시기를 기점으로 원근법과 소실점이 발견됨으로서 좀 더 사실적으로 기억을 시각적으로 재현하는 역할을 하게 된다. 그러한 사실주의적인 욕구는 근대에 등장한 사진을 필연적으로 수반하게 된다. 그리고 사진의 등장과 함께 회화는 다양한 회화적 분파를 이루며, 특히 현실의 장면이 아니라 개념을 재현하는 방식으로 급변하기도 한다.

사진 이후, 더욱 극대화된 사실주의 열망은 영화를 통해 현실화된다. 현실은 시공간의 선험적 구조 속에서 계속해서 변화하고 움직이는데, 영화는 이러한 움직이는 현실을 그대로 기억할 수 있는 재현 방법이었다. 초창기 영화는 무성영화였지만 이후 유성영화가 등장하고, 흑백에서 컬러로의 전환을 통해 그 현실성을 더욱 강화했다. 영화가 제시한 움직이는 현실에 대한 기억 방법은 이후 텔레비전을 통해 계속 확장되어 간다. 텔레비전은 실시간 영상을 제공함과 동시에 각 가정에서 다양한 영상 장르를 통해 기억이 재현될 수 있는 가능성을 열어주었다. 이러한 기억 재현 방법은 최근 들어와 인터넷 및 뉴미디어의 보편화로 인해 디지털로 코드화되고 있다. 디지털의 '수적 재현'은 기억을 데이터로 처리하고 있으며, 그에 따라 기억되는 양이 급격하게 늘어남과 동시에 속도도 매우 빨라진다. 또한 전기적 신호를 통해 기억을 처리한다는 점에 비추어 삭제의 방식도 이전과 다른 양상이다. 이러한 환경 속에서 기억의 주체와 그에 따른 시공간의 문제도 과거와는 차이가 드러난다. 이제 기억의 장소 및 용량, 속도, 주체 등의 제한이 사라졌다 해도 과언이 아니다.

정리하면, 기억 재현 혹은 기억술로서 미디어는 개인적 차원의 인지적 능력을 넘어서 사회 구성원들이 지속적으로 상호작용하기 위한 과정에서 유용하게 활용되어 왔다. 덧붙여 앞서 살펴본 바와 같이 미디어의 특성에 따라 기억은 다양한 방식으로 재현될 수 있으며, 그에 따른 사회적 효과 또한 다르게 나타난다. 따라서 미디어는 과거, 기억, 재현의 문제를 논의하기 위한 필요조건인 것이다.

영화 재현의 관습과 대중 기억

앞서 논의한 바와 같이, 과거에 대한 기억은 다양한 미디어를 통해 재현되어 현재 구성원들에게 제시된다. 동시에 그러한 재현은 또 다른 기억을 구성하는 기제가 된다. 이 장에서는 이러한 과정에 대해 영화 재현을 통해 살펴보고자 한다. 우선 영화는 '기념'과 같은 국가적이고 공식적인 기억 재현과 달리 대중문화의 다양한 맥락 속에서 형성된 대중의 취향 및 기대치와 연관되며, 동시에 영화 산업의 고유한 생산 및 소비 시스템 속에서 나타난다. 이는 영화가 영화 산업과 이와 관련된 제도 및 정치적 상황과 관련하여 특정한 형태의 사회적 서사로 제시되는 것임을 의미한다.

영화가 기억을 재현한다는 것에 주목하는 이유는 무엇보다 영화적 재현 체계가 정서적이면서도 집단적이며 동시에 산업적 관습과 규범을 따르고 있기 때문이다. 다시 말해, 이는 다른 영상 재현과 달리 영화는 감정적 친화에 소구하고, 그것이 집단적으로 영화 관객에게 제시되며, 이는 영화 제작 및 유통 그리고 소비라는 산업적 프로세스를 구축하고 있음을 의미한다. 영화는 영화관이라는 소비 장소를 전제로 한, 특정한 상영 시간 동안 즐길 수 있는 문화 상품이다. 이러한 영화가 과거의 기억을 재현할 경우, 그것은 상업적 효과를 기대하고 있기 때문에 특별한 서사 전략을 취하게 된다. 이는 '어떠한 과거의 기억인가'라는 내용적 측면뿐만 아니라, '그 과거의 기억은 어떻게 보이는가'라는 담화적 측면을 포함하게 된다. 그리고 이러한 전략을 통해 과거에 대한 기억이 현재화되는 것이며, 이는 구성원들의 정서적인 일체감 형성의 기제가 되기도 한다.

영화의 기억 재현이 미치는 대중적 파급 효과는 과거의 인물과 그들 간의 관계를 서사화시킨다는 점에서 좀 더 구체적으로 논의할 수 있다. 이에 대해 스테이시(Stacey, 1994)는 대중의 영화 수용과 관련해서 배우가 맡은 과거의 인물에 대해 각인되는 **우상적 기억**iconic memory과 그 배우들에 의해 진행되는 과거의 사건이 인식되는 **서사적 기억**narrative memory이라는 개념을 통해 논의한 바 있다. 이것이 의미하는 바는 영화라는 상품은 '스타'라는 배우를 통해 구체화될 뿐만 아니라, 그것은 과거에 대한 의미가 무엇인가보다는 그것이 현재 어떠한 볼거리와 정서적 친연성의 문제를 제기하는가를 더욱 중요하게 여긴다는 점에 있다. 동시에 이는 곧 영화 흥행을 위해 과거의 기억이 활용되는 방식을 의미하는 것이며, 이를 위해 영화의 내용 구성은 낯설게 짜이기보다는 더욱 익숙한 구조를 채택하며, 담화적 형태는 당대의 첨단 기법을 활용하여 스펙터클을 강화하는 방식으로 제시된다는 것을 의미하기도 한다.

특히 영화가 기억을 재현한다는 것은 과거에 대해 말하고 표현할 수 있는 사회적 상황과 그에 따른 지배 기억의 구속력에 의해 상업화된 공적 기억 commodified public memory의 형태로 과거의 특정 사건이 활용되는 것이라고 볼 수 있다(Pearson, 1999). 이를 위해 영화는 기록 사진 및 영상 등에 의해 포착되거나 익숙해진 특정 이미지를 몽타주 기법을 통해 활용하여 과거에 대한 특별한 기억을 각인시키는 데 활용하기도 한다(한정선, 2008). 이는 곧 영화가 문화 산업의 시스템 속에서 생산되고 소비되는 재화임을 의미하는 것이기도 하다. 즉, 홍행할 만한 것이 영화로 제작되어야만 하고, 이는 기억의 재현과 관련하여 기억될 만한 과거의 인물과 사건이 영화 재현으로 현재화되는 과정으로 이해될 수 있는 대목이기도 하다.

한편 이러한 과정과 연관해 푸코는 텔레비전이나 영화와 같은 대중 미디어들이 **대중 기억**을 만들어내는 수단이라고 주장한 바 있다. 이는 대중이 미디어와 같은 재현 장치를 통해 과거 자신들의 모습을 경험하는 것이 아니라 미디어를 통해 그들이 기억해야 하는 것을 보게 된다는 것이다(Foucault, 1975: 25~26). 이러한 논의는 영화가 당대의 지배 권력의 부산물로서 활용될 수 있는 대상이 된다는 점으로 읽힐 수도 있지만, 실제 푸코가 의미하는 대중 기억은 그보다는 영화와 같은 미디어가 오히려 권력에 대한 투쟁의 장이 될 수 있음을 강조하는 것임을 인식해야 한다. 영화가 기억할 만한 과거를 보여주는 것임은 분명하지만, 이는 과거를 통해 지배 기억과 대항 기억이 경합하는 가능성을 내포하고 있기 때문이다. 다시 말해, 영화는 그것이 현대 사회의 경제 논리 속에 산업적 효용성을 가지는 산물임이 분명하더라도, 그 자체가 오히려 다양한 대중의 요구 조건과 현재의 담론들을 확산시키고 그것을 통해 과거에 대한 지배 기억이 변화될 수 있는 지점으로 역할을 할 수 있기 때문이다.

요컨대, 기억의 재현과 연관해 영화는 특별한 사회문화적 함의를 가지는데, 그것은 현재의 과거에 대한 기억을 (재)구성하는 기제이며, 이는 구체적으로 영화 재현 관습, 영화의 제작 및 소비의 맥락 그리고 해당 과거에 대한 현재의 지식 체계 및 담론과 연관해 이해될 수 있는 특별한 문화적 실천임을 의미한다.

영화가 재현하는 한국전쟁의 기억

희망, 로맨스, 비극, 아이러니의 한국전쟁

이 글은 앞서 언급한 영화의 문화적 실천의 논의에 근거하여, 영화가 어떻게 한국전쟁을 기억하고 재현하는지 살펴보는 데 목적이 있다. 한국전쟁은 세계사적 관점에서 보면, 제2차 세계대전 이후 냉전 시기에 발생한 대규모의 국제전이며, 한국사의 관점에서 보면, 그간 경험하지 못한 참혹한 내전이기도 하다. 한국전쟁 이후 우리 사회는 지금에 이르기까지 분단 체계가 지속되어 오고 있으며, 무엇보다, 한국전쟁의 기억에는 냉전 이데올로기가 짙게 드리워져 있다(김백영·김민환, 2008). 즉, 한국전쟁은 한국 사회에서 다양한 형태로 소환되면서 우리 정체성의 형성과 사회적 갈등 등에 직간접적으로 관여하고 있는 과거이다. 이 과정에서 한국전쟁에 관한 기억의 방식과 내용은 시대적 상황에 따라서 달리 나타났으며, 이는 여전히 진행 중이기도 하다. 즉, 그간 국내외 정세와 정치사회적 맥락 속에서 한국전쟁이 기억되는 방법이 변화되어 온 것도 사실이다. 이 글의 관점과 연관해, 한국전쟁은 다양한 담론과 결합하여 기억 재현의 대상이 되어왔다. 이미 익숙한 기념일, 기념관, 박물관, 참전비 등은 물론이며, 영화가 아닌 드라마, 다큐멘터리 등과 같은 여러 영상 재현에서도 한국전쟁은 줄곧 다뤄져온 과거이다.

이러한 관점에서, 이 글은 2000년 이후 개봉한 여덟 편의 영화 〈태극기 휘날리며〉(강제규, 2004), 〈웰컴 투 동막골〉(박광현, 2005), 〈포화 속으로〉(이재한,

그림 12-1 2000년 이후 개봉된 한국전쟁을 다룬 영화들

2010), 〈고지전〉(장훈, 2011), 〈국제시장〉(2014, 윤제균), 〈서부전선〉(2015, 천성일), 〈오빠생각〉(이한, 2016), 〈인천상륙작전〉(이재한, 2016)을 통해 한국전쟁이 어떻게 재현되고 구성되는지 살펴보고자 한다. 이들은 모두 한국전쟁을 소재 혹은 영화적 배경으로 다룬 블록버스터 영화들이며, 대규모의 제작비와 마케팅 등을 동원해 단기간 내에 많은 관객을 확보하고 막대한 수입을 올리려는 목적으로 제작되었다. 실제 이들 영화의 공통점은 대중에게 잘 알려진 배우를 캐스팅하여 스타 시스템으로 제작되었으며, 컴퓨터 그래픽과 대규모 세트 등을 활용해 이전의 한국전쟁 영화와는 다른 화려한 볼거리를 제공하고 있다는 점이다. 또한 이들은 과거의 반공 영화와는 달리, 이념 대립을 직접적으로 보여주기보다는 다양한 관점에서 그것을 해석하거나 혹은 다른 의미를 내포한 한국전쟁의 기억을 보여줄 수 있는 가능성을 제시한다. 그러므로 이 영화들에 대한 연구는 한국전쟁의 기억이 최근 들어 대중에게 어떻게 수용될 수 있으며, 그 사회문화적 의미는 무엇인지 파악하는 단초가 될 것이다.

이를 분석하기 위해 이 글은 노드럽 프라이Herman Northrop Frye가 제시한 플롯의 유형론을 적용하고자 한다. 프라이에 의하면 **서사**는 특별한 법칙들이 작동하고 있으며, 이는 신화의 원형이자 동시에 모든 서사 구조의 근간을 이룬다(Frye, 1957). 그에 의하면, 우선 희극은 불만족한 상황에서 만족한 상황으로 넘어가는 이야기다. 이는 사회 혹은 인간 상호 간의 화해를 유도하며, 이에 대한 극적 상황은 방해꾼과 주인공의 시련으로 나타난다. 로망스는 자기 확신과 이상 세계에 대한 이야기이며, 영웅적 행동이나 승리, 악에 대한 선의 입장에 대한 관점을 강조한다. 이는 초월적 인간상이나 고난의 역경을 극복한 인물에 대한 이야기로서 부활이나 재생, 구원 등과 같은 모티브가 제시되기도 한다. 비극은 희극과 대비되기 때문에 상실을 강조하고, 복수와 인과응보를 보여주지만 주인공의 투쟁이 운명론적 관점에서 다뤄진다. 주인공은 고립되어 있고, 동시에 모든 사건의 정점에 있기도 하다. 아이러니(풍자)는 일종의 분열의 드라마로서 로망스와 대비된다. 이는 현실 세계의 좌절과 시련을 보여주며, 이야기가 제시하는 가치관이나 세계관이 착각이나 오류에 근거하고 있음을 드러낸다. 다시 말해 아이러니는 현실의 삶이 신념이나 이념과 일치될 수 없음을 이야기한다.

이러한 플롯 유형은 서사의 장르, 양식을 분류하는 방법이다. 각각의 플롯은 서사의 인물과 사건 간의 시공간적 연결을 제공하며, 이를 통해 서사와 관객 간의 관계에 영향을 미친다. 특히 장르 영화에서 '기대하는' 수용자들의 입장도 존재한다. 따라서 영화 산업이 관습화되고 일관된 양식을 통해 생산 및 제작된다는 점에서 유형론의 활용 가능성이 있다. 결국 서사의 양식은 장르 영화로서 영화의 생산 관습과 그에 따른 수용자들의 입장이 만나기 위한 특별한 문화적 실천이 된다.

희극은 방해와 장애의 상황을 만들며, 동시에 발견과 화해의 국면을 만드는 데 역점을 둔다(Frye, 1957: 166). 〈오빠생각〉과 〈국제시장〉에서 한국전쟁은 그러한 상황의 순간으로 기억된다. 물론 이 두 영화 또한 전쟁 상황에서 오빠와 아버지를 잃는 '비극적 요소'가 분명히 존재한다. 하지만 이들을 비극이 아니라 희극적 관점에서 통합의 서사로서 바라볼 수 있는 이유는 가족의 죽음이 앞으로의 인생에서 새로운 가치를 완성시키는 계기가 된다는 점에서 그러하다. 즉, 가족의 죽음이기 때문에 비극이 아니라, 그로 인해 새로운 정체성을 실현하는 '해피엔딩'을 강조하기 때문에 희극적이다.

우선 〈오빠생각〉은 한국전쟁 중에 실존했던 어린이 합창단을 모티브로 하여 제작한 영화이다. 중요한 것은 이 어린이 합창단은 영화에서와 달리 전혀 다른 맥락에서 존재했다는 점에 있다. 실존했던 합창단은 영화에서처럼 육군이 아니라 해군 정훈음악대 어린이 합창단과 선명회 어린이 합창단이었으며, 특히 군인이 합창단을 조직하고 진행한 것도 아니었다. 그럼에도 영화에서 어린이 합창단을 모티브로 삼은 이유는 '어린이'와 '합창단'이라는 메타포에 대한 인식에 있다. 비인간적인 전쟁 상황과 '어린이'라는 순수한 개념, 분열과 갈등이라는 전쟁과 '합창단'이라는 하모니의 개념은 내러티브를 더욱 극적으로 만드는 기제가 된다. 따라서 〈오빠생각〉은 상처의 치유와 통합이라는 관점에서 한국전쟁을 기억하고 있는 것이다. '작은 노래가 만든 위대한 기적'이라고 포스터에서 말하듯이, 〈오빠생각〉의 한국전쟁은 '극적'인 시공간으로 기억되고 있다. 이러한 관점에 비추어, 영화에서는 전쟁으로 인한 '가족의 해체'가 등장하지만 실제 그로 인한 아픔을 강조하기보다는 이를 극복하고 꿈을 실현해 나가는 동심이 전개된다. 이러한 내러티브를 강조하기 위해 영화상에서 초반에 악역으로서, 어린이들을 이용하여 사적 이익을 취하는 캐릭터조차도 어린이의 순수한 열정에 '개과천선'하는 모습을 보이기도 한다.

이와 유사하게 〈국제시장〉 또한 한국전쟁의 상처를 사회적 통합으로 해소하는 내러티브를 전개한다. 엄밀히 말해, 〈국제시장〉은 한국전쟁만을 기억하는 것은 아니다. 〈국제시장〉은 한국전쟁 중, 1.4 후퇴를 시작으로 하여, 한국현대사의 여러 모습(파독 광부·간호사, 월남 파병, 이산가족 상봉 등)을 연대기적 순으로 풀어내고 있다. 하지만 중요한 점은 〈국제시장〉이 '그때 그 시절, 굳세게 살아온 우리들의 이야기'를 보여준다는 점에서 과거의 상처는 치유되고, 힘들었던 과거는 추억으로 남아 있을 수 있음을 강조하는 데 있다. 이는 한국전쟁 뿐만 아니라, 격변기의 사건들을 탈맥락화 시킴으로써 상처의 치유라기보다는 상처를 덮어두는 내러티브 전략이다.[2] 그 기저에는 분열과 저항보다는 가부장제나 오이디푸스 콤플렉스에서 기인하는 통합과 순응의 논리가 작동하고 있다. 〈국제시장〉에서 이에 대한 설정은 1.4 후퇴 중, 아버지와 헤어지게 되는 주인공이 이후 아버지의 역할을 대신하는 과정으로 제시된다. 따라서 〈국제시장〉에서의 한국전쟁은 가장으로서 아버지를 대신하고 이후 가족들을 이끌어가는 순간으로 기억된다.

이러한 관점에서 이 글에서 다루는 영화들과 달리, 〈국제시장〉과 〈오빠생각〉은 등장인물들의 화합과 친화적인 모습을 강조한다. 이에, 일부 평론가들은 이들 영화를 전형적인 신파극으로 평가하기도 했다. 〈국제시장〉과 〈오빠생각〉의 화합적인 모습은 전쟁 자체에 대한 고민과 반성이라기보다는 현실에 대한 수긍과 만족을 위한 일종의 봉합이기 때문이다. 다시 말해, 〈국제시장〉과 〈오빠생각〉에서의 전쟁은 영화의 소재이자 여러 사건의 모티브로 제시되는 것일 뿐, 전쟁 자체를 문제 삼지는 않는다.

〈포화 속으로〉와 〈인천상륙작전〉은 애국이라는 거대한 역할을 수행하는 영웅들의 이야기라는 점에서 로망스적이다. 특히 로망스는 영웅의 죽음, 사라짐, 부활이라는 3중 구조 형식을 취하는데 〈포화 속으로〉와 〈인천상륙작전〉의 담화적 구성은 이를 반영한다. 우선 〈포화 속으로〉는 그 영웅 서사가 실화임을 강조한다. 주인공들은 잊힌 영웅들이기에 영화에서는 이들을 되살리려는 시도를 한다. 영화는 이들의 영웅적 면모를 극대화하기 위해 국가를 위한 희생은 필연적이고 대의를 위한 선택임을 강조한다. 따라서 영화에서 그러한 희생을 거부한 인물은 '도망자'로 낙인찍히며, 국가를 위한 '죽음'을 택한 인물들은 의무를 수행했음을 강조한다. '포화 속으로'라는 영화 제목은 그러한 영웅들의 능동적 혹은 자발적 희생에 대한 메타포이기도 하다. 〈포화 속으로〉는 남한의 학도병과 북한군 장교가 주인공이다. 북한군 장교가 주요 행위자로 나타난다는 점은 주목되나 이들의 대립 구도는 기존의 반공영화와 크게 다르지 않다. 이러한 관점에서 영화는 기존의 한국전쟁에 대한 공식 기억을 따라가면서, 미군이 학도병의 조력자로 등장하며, 국군은 이들 학도병을 위로함과 동시에 자신들의 부족한 역할을 자책하는 모습으로 나타난다.

그러나 북한군 장교가 '주인공 격'으로 등장하는 것처럼, 〈포화 속으로〉는 그러한 영웅 서사 속에서도 기존 반공영화와 같은 첨예한 이념 대립 속에서 북한군의 만행이나 잔인함 같은 설정을 통해 노골적 체제 비판이나 체제 간 비교 등을 보여주지는 않는다. 다만, 애국과 그것의 실천으로서의 희생을 강조함으로써 〈포화 속으로〉는 그간 한국 사회의 한국전쟁에 대한 지배 기억을 재확인한다고 볼 수 있다. 다시 말해, 〈포화 속으로〉의 학도병들이 묘사되는 지점은 애국을 위해 희생을 택한 주인공들이기 때문이다. 이와 관련하여, 〈포화 속으로〉는 '실화'라는 것을 반복적으로 드러내고 있으며, 영화 서두에서도 이를 전제한다. 영화 말미에는 다큐멘터리 같은 객관적이고 상세한 정보를 자막을 통해 구체적으로 제시하면서, 이들 학도병의 공훈을 강조한다. 이는 당시 자료 영상과 실제 학도병 생존자의 인터뷰 영상을 활용함으로써 영화적 진실의 증거로 활용하고 있다. 특히 〈포화 속으로〉의 경우 정부 부처인 '국방부'와 국무총리실 산하 '6·25전쟁 60주년 기념사업위원회'가 영화 제작 후원을 했다는 점에 주목할 필요가 있다. 당시 '6·25전쟁 60주년 기념사업위원회'는 '기억과 계승, 감사와 경의, 화합과 협력'이라는 어젠다를 통해 다양한 기념사업을 추진하며 이를 통해 국민의 국가관과 안보관 형성에 기여한다는 취지를 가지고 있었다.

영웅 서사를 통한 지배 기억의 공고화에 대한 문제에서는 〈인천상륙작전〉도 마찬가지이다. 〈인천상륙작전〉은 더글러스 맥아더의 지시로 대북 첩보작전 'X-RAY'에 투입되었던 일군의 한국 해군첩보부대를 다룬 영화이다. 〈인천상륙작전〉은 할리우드의 유명 배우를 포함한 여러 화려한 배역진을 통해 블록

버스터 액션물에 방점을 두고 화려한 스펙터클을 보여주는 영화로 제작되었다. 하지만 영화에서는 한국전쟁에서 인천상륙작전이 가지고 있는 역사적 의미와 맥아더라는 인물에 대한 논란은 전혀 제시되지 않는다. 〈인천상륙작전〉 또한 '실화'임을 강조하고 있으나 '작전'을 지휘하는 맥아더의 영웅적인 면모만을 드러낼 뿐이다. 이를 방증하는 것은 영화에서 클로즈업을 통한 맥아더의 비장한 각오 및 독백이 빈번하다는 것이며, 이러한 장면에서는 배경음악 또한 감상적인 선율로 제시된다. 리암 니슨Liam Neeson이라는 할리우드의 거물급 배우는 실제 맥아더와 흡사한 외모로 배역을 소화했으며, 영화는 이를 통해 우상적 기억을 만들어냈다. 즉, 영화는 맥아더라는 인물이 가지고 있었던 한국전쟁에 대한 영웅으로서의 공적 기억을 할리우드 배우를 통해 재확인시켜 주고 있다. 이러한 영화의 전략은 '유효하여', 관객 수가 700만 명이 넘었으며, 최근에는 영화에 출연했던 배우 및 제작자들이 올해의 인천인으로 선정되기도 했다.[3]

물론 학도병이나 해군첩보부대는 그간 한국전쟁의 지배 기억 속에 존재하는 정규군(국군)이 아니라는 점에서, 이들에 대한 이야기는 미시사의 가능성을 가지고 있는 것이기도 하다. 그럼에도 이들은 지배 기억의 재확인을 위해 묘사될 뿐, 영화는 각 개인들이 처한 현실을 보여주지는 않는다. 공적 기억의 관점에서 한국전쟁은 안보와 투철한 국가관에 의거하여 재현될 뿐이다. 다시 말해, 〈포화 속으로〉와 〈인천상륙작전〉은 '역사'라는 거대 서사를 재현하는 근대적 수사를 답습하고 있다. 〈포화 속으로〉와 〈인천상륙작전〉은 지배 기억의 정치적 논리와 영화라는 상품의 경제적 이해관계가 결합되어 지배 이데올로기적 속성을 드러낸다.

〈포화 속으로〉와 〈인천상륙작전〉에서 강조한 공적 기억의 재현 양상은 〈태극기 휘날리며〉에서도 일부 유사하게 나타난다. 〈태극기 휘날리며〉가 강조하는 지점은 형제애이다. 이러한 형제애는 영화에서 민족이라는 추상화된 집단을 되살리고 그것에 대한 기존의 담론을 강화하기 위한 모티브이다. 물론 〈포화 속으로〉와 〈인천상륙작전〉이 국가를 강조한 것에 비해, 〈태극기 휘날리며〉는 민족이라는 감정에 호소한다는 점에서 다소 차이는 있다. 〈태극기 휘날리며〉의 시작은 '동생'이 '형'의 유해 발굴 소식을 듣고 그것을 확인하러 간다는 설정이며, 이후의 에피소드 또한 다정했던 형제의 과거 일상으로부터 제시된다. 즉, 〈태극기 휘날리며〉는 생계의 어려움은 있었지만, 각자의 꿈을 이루고자 하는 형제와 가족의 평온했던 일상에서 시작한다. 하지만 이후 한국전쟁으로 인해 일상의 혼돈 상황이 나타나며, 그로 인해 형제의 갈등이 나타나고, 이는 곧 해당 형제의 비극을 넘어 민족적 비극이라는 결말로 이어진다. 영화의 주된 행위자들인 '형'과 '동생'의 오해와 갈등은 민족의 비극을 대리하는 행위자들에게 부여된 영화적 설정이다.

하지만 〈포화 속으로〉 및 〈인천상륙작전〉의 영웅이 구체적인 실존 인물들인 데 반해, 〈태극기 휘날리며〉는 그러한 영웅들이 등장하지 않는다는 점은 큰 차이다. 무엇보다, 제목에서 제시되는 '태극기'가 그러한 영웅들의 상징으로 제시되지도 않을뿐더러, 민족의 표상도 아니다. 특히 〈태극기 휘날리며〉의 영문 제목은 〈Taegukgi: The Brotherhood of War〉이다. 즉, 형제애를 부제를 통해 따로 강조하고 있는데, 이는 태극기는 국가에 대한 상징성으로 제시된 것이 아니라, 고유명사로서 태극기일 뿐임을 알게 해준다.

이렇듯 〈포화 속으로〉와 〈인천상륙작전〉이 앞서 언급한 바와 같이, 공적 기억으로서 전쟁 영웅을 재현하는 데 반해, 〈태극기 휘날리며〉는 사적 기억을 중심으로 한 전쟁에서의 형제의 갈등과 화해를 제시한다는 점에서 가장 큰 차이가 있다. 전형적인 비극의 주인공은 운명의 수레바퀴에서 정점에 있으며, 그 비극의 중심은 주인공의 고립과 소외에 있다(Frye, 1957: 207~208). 〈태극기 휘날리며〉의 주인공인 '형'의 역할은 국군과 인민군을 오가는데, 이는 오로지 동생을 위한 역할로만 한정된다. '형'은 마치 광인처럼 전쟁을 수행하는데, 이는 동생에 대한 사랑에서 시작되는 행위이며, 그 과정 속에서 동생을 포함한 모든 이로부터 외면당하는 존재가 된다.

아이러니(풍자)의 서사는 실제 삶과 신념 사이의 차이에서 출발한다(Frye,

1957: 229). 따라서 아이러니는 아이러니로 제시되는 대상에 대한 부정의식을 명확하게 드러낸다. 이러한 관점에서 〈웰컴 투 동막골〉과 〈고지전〉, 〈서부전선〉은 '반전'에 비중을 두는 영화들이다.

〈웰컴 투 동막골〉에서는 남한, 북한, 미군이 동시에 '동막골'이라는 가상의 공간을 보전하기 위한 역할을 부여받는다. 동막골은 현실이 아니라, 현실과 정반대되는 것을 보여주기 위한 아이러니한 공간인 것이다. 이를 위해 각 행위자들이 지키고자 하는 가치는 '동막골'로 상징되는 평화와 순수 그리고 인간애이며, 이를 위해 이념 대립과 정치적 목적은 일부 제거된다. 즉, '동막골'은 그러한 정치적 대립이 없는 상상의 공간이자 신념의 공간인 것이다. 〈웰컴 투 동막골〉은 한국전쟁의 모순을 직접적으로 다루지 않고, 오히려 전쟁이라는 현실을 극복하기 위한 판타지를 보여준다. 즉, 한국전쟁의 모순을 보여주기 위해 〈웰컴 투 동막골〉은 상징 이미지를 활용한다.

우선 영화에서 빈번하게 등장하는 '나비'는 '동막골'이 현실이 아니며, 상상의 공간임을 은유적으로 보여준다. 전쟁이라는 당시의 상황에서 나비가 평화롭게 나는 모습은 아이러니이다. 또한 영화 속에서 국군과 북한군, 미군이 극적으로 화합하는 계기가 되는 '멧돼지 사냥' 또한 아이러니이다. 무엇보다 '멧돼지'는 이념을 떠나 모두를 위협하는 대상이며, 이를 제거하기 위해 모두 합심 단결하는 모습 또한 아이러니이다. 앞선 영화들과 달리, 〈웰컴 투 동막골〉에서의 국군과 북한군은 각자의 국가를 지키기 위한 사명과 의무보다는 '동막골'을 지키기 위한 역할이 강조되고 있다. 가상공간인 동막골 내부인들은 이념, 국가, 전쟁 등과 같은 현실에 대해 알지 못하지만, 이들로 인해 국군과 북한군 그리고 미군은 화해하게 된다. 하지만 결국 이들과 동막골은 외부(현실)에 의해 파괴되면서 판타지는 현실이 될 수 없음을 영화는 아이러니하게 강조한다.

이와 유사한 공간 설정을 통해 전쟁 자체의 모순을 강조하는 영화가 〈서부전선〉이다. 〈웰컴 투 동막골〉이 '동막골'이라는 판타지 공간을 배경으로 하는

데 반해, 〈서부전선〉의 공간은 '탱크 안'이다. 〈서부전선〉의 '탱크'는 영화의 두 주인공의 갈등과 화해가 계속해서 발생하는 지극히 '인간적인' 공간이다. 탱크 밖의 실제 공간은 전쟁으로 인한 참혹한 죽음과 결코 화해할 수 없는 대립이 지속되는 데 반해, 탱크 안의 공간은 이상적이고 반反현실적인 공간으로 제시된다. '탱크'에 대한 일반적인 이미지는 전쟁의 상징이다. 하지만 영화에서는 탱크의 포신이 휘어지게 되면서 전쟁 수행의 기능을 상실하고 그 안에서 국군과 인민군이 공존하게 된다. 이후 이들의 관계는 유머러스하게 묘사된다.

물론 두 인물이 탱크 안에 머물러야 할 이유는 서로 다르다. 국군이 비문을 찾기 위해서라면, 인민군은 탱크를 사수해야 하기 때문이다. 하지만 탱크가 전쟁 수행의 기능을 상실한 것과 마찬가지로 이 공간 또한 전쟁이 아닌 일상적인 공간으로 변모하게 된다. 그럼에도 전쟁 상황이기 때문에 그러한 일상적인 관계가 비현실적인 상황이라는 설정은 결국 결말에 가게 되면 인민군의 죽음을 통해 확인된다. 다시 말해, 포신이 휘어진 비일상적이고 비현실적인 공간에서의 공존은 〈웰컴 투 동막골〉의 '동막골'과 마찬가지로 판타지의 상황임을 드러내고 있는 것이다. 〈서부전선〉의 그러한 이상적인 설정은 영화 포스터에서도 나타난다. 다른 요소는 거의 주목되지 않고, 거의 동일한 크기로 국군과 인민군이 어깨동무하고 해맑게 웃고 있는 표정을 드러낸 영화 포스터는 역설적으로 한국전쟁에 대한 공적 기억에 저항하는 모습이다.

한편 〈고지전〉은 〈포화 속으로〉와 〈인천상륙작전〉과 함께 전투 혹은 전장 장면을 직접적인 소재로 삼고 있는 영화이다. 그럼에도 〈고지전〉에서 기억하고 있는 한국전쟁은 공적 기억인 남북의 대립을 보여주지 않는다. 〈고지전〉 또한 〈웰컴 투 동막골〉과 마찬가지로 전쟁 자체를 부정하는 방식으로 전쟁을 다루고 있다. 하지만 〈웰컴 투 동막골〉이 낭만주의적 관점에 위치하고 있는 것과 비교하여, 〈고지전〉은 전쟁의 좀 더 사실주의적인 전투 장면을 묘사하고 있으며, 남북의 대립이라는 상황 속에서 일어나고 있는 사건들을 회피하지 않고 적극적으로 드러낸다는 점에서 차이를 보인다. 이를 통해 〈고지전〉은 전쟁의 모순을 더욱 노골적으로 그려내고 있다. 무엇보다 〈고지전〉은 〈포화 속으로〉나 〈인천상륙작전〉 같이 전쟁 장면을 더욱 구체적으로 재현하고 있음에도 불구하고, 공적 기억의 관점에 근거하는 '대한민국'과 '반공'을 강조하지 않는다.

〈고지전〉은 오히려 그러한 공적 기억의 이면에 숨겨진 전쟁의 참혹함을 보여준다. 〈고지전〉은 이를 표현하기 위해 전쟁을 수행하는 주인공들이 전쟁 과정을 부정하는 것을 영화의 주요 갈등으로 제시한다. 실제 〈고지전〉은 '깨작깨작 땅따먹기 2년에 죽은 사람만 50만이라는데, 이거 미친 짓 아닙니까'라든가 '우리는 빨갱이랑 싸우는 게 아니라 전쟁이랑 싸우는 거야'와 같은 직접적인 대사를 통해 그러한 전쟁의 비합리적 속성을 비판하고 있다. 이러한 갈등의 주요 인물은 생존을 위해 아군을 공격한 국군과 이에 동화되는 또 다른 국군 그리고 인간애를 간직하고 있는 북한군이다. 이들의 목적은 전쟁이라는 참혹한 상황에서의 생존이며, 전쟁의 비합리성으로부터 탈출하고자 하는 것이다.

몽타주 기억으로 매개되는 한국전쟁의 기억

앞서 다룬 영화들에서 알 수 있듯이, 각 영화는 그 이전의 일관된 한국전쟁의 재현 양상에서 벗어나 다양성이 엿보이기도 한다. 이는 기존의 '천편일률적인' 반공 이데올로기 영화들의 한계를 극복하기 위해 변화하고 있는 모습으로 해석될 수도 있다. 하지만 중요한 것은 이들의 상이한 재현 방법들은 독립적인 것이 아니라 상호 참조적이라는 점이다. 다시 말해, 영화에 의한 한국전쟁의 기억은 각기 다른 방식으로 이루어지지만, 실제 이들 영화는 상호 반응하고 동시에 서로를 재배치하고 경쟁하고 개혁하고 있다고 할 수 있다. 그러므로 한국전쟁에 대한 여러 기억은 그 자체로 고립되어 순수한 문화적 의미 공간으로 설정되지 않는다. 즉, 이 글에서 예시론 든 영화들이 각기 다른 제작 배경과 의도를 가지고 생산되었고, 그에 따른 각기 다른 대중의 호응이 있었음에도, 이는 각기 다른 한국전쟁에 대한 '재매개'로 기능하게 된다. 그리고 이후 한국전쟁에 대한 다른 기억을 생성하는 데 기여하거나 또는 다른 기억들과 경합하는 요인이 될 수도 있을 것이다.

결국 이러한 논의를 영화라는 형식과 연관하면, 몽타주 기억의 관점으로 이해될 수 있다. **몽타주**montage란 편집 혹은 짜깁기라는 의미를 가진 영화 재현 관습의 특징 중 하나라고 이해된다. 몽타주는 선별하기, 이야기를 조직하기, 배치하기, 이미지들의 연결 지점을 결정하기, 연결을 맞추기, 이미지들의 전환 방법을 결정하기, 리듬감 부여하기, 기타 효과를 설정하기 등 일련의 기능으로 설명할 수 있다(Pinel, 2001: 87). 따라서 이미지들의 나열로서 이해되는 영화는 몽타주를 통해 영화적 서사로서 의미를 획득한다. 따라서 동일한 이미지일지라도 이들은 몽타주 과정을 통해 새로운 의미 구성체가 된다.

즉, 몽타주는 개별적인 이미지의 병치를 통해 의미를 창조하는 방식이라는 점에서 이미지들이 특정한 관념을 창조할 수 있도록 그 결합을 강조하는 원칙인 것이다(Sobchack, 1997). 이러한 논의를 종합하면 몽타주는 특정한 미학적 가치를 생산하기 위해 시각적·청각적·극적 요소 등을 상호 결합하는 일련의 방식을 의미하며, 이는 결국 특정한 서사를 효과적으로 전달하기 위해 모든 예술적 요소를 배열 및 결합하는 과정으로 귀결된다(김용수, 2006: 13). 영화는 이미지의 추가, 삭제, 재배열이라는 몽타주를 통해 내러티브와 그에 대한 의미 및 시각 경험을 변화시키는 것이다. 또한 몽타주는 이미 부여된 원래의 의미를 변화시킬 수 있는 여러 가능성을 가지고 있다는 점에서 의미의 비본질주의와 다양성을 내포하지만, 동시에 그 변화를 통한 전유와 재전유의 특성도 가지고 있다. 그러므로 몽타주 개념에서 중요한 것은 단순한 물리적인 이미지의 배열이 아니라 의미가 각각의 이미지들 간의 맥락에 의해 생산된다는 점이다.

영화를 통한 기억 재현과 그에 따른 영화의 구조적 의미 획득은 이러한 몽타주 과정을 통해 기억의 추가, 제거, 그리고 조정의 과정을 거치며, 새로운 시간성과 공간성을 획득하기도 한다. 또한 다양한 영화 재현의 관습을 통해 스펙터클의 기억으로서 현시화되며, 이는 **영상 기억**visual memory이라는 새로운 형태의 기억술이자 그 자체가 기억으로서 구성된다. 이러한 논의를 종합하면, 몽타주 기억은 사회 구성원들의 경험과 연관해 정서적 측면, 영화 그 자체의 대상과 연관해 미학적 측면, 그리고 사회적 기능과 연관해 정치적 측면의 특성을 포괄하는 개념이다. 따라서 영상 재현을 통한 기억의 의미화는 기억 주체, 기억 대상, 기억 매체 그리고 이를 포괄하는 사회적 맥락 속에서 이루어지는 문화적 약호화의 과정이다.

실제 한국전쟁 또한 이러한 과정을 통해 영화로 재현되고 있음을 강조할 필요가 있다. 이 글에 나오는 여덟 편의 영화들은 대중들로 하여금 한국전쟁은 어떠했으며 무엇을 집중적으로 기억할 것인가를 몽타주 기억을 통해 안내한다. 이러한 몽타주 기억은 영상문화 시대에서 새로운 역사 쓰기와 읽기의 가능성을 가지고 있기도 하다. 하지만 여기서 강조되어야 할 점은, 각 영화들이 설정한 기억 대상과 강조점, 그리고 그에 따른 구조화된 의미 체계는 한국전쟁을 어떻게 볼 것인지에 대한 지식이며 담론이 된다는 점이다. 그러므로 그 기억은 한국전쟁에 대한 암묵적인 현재의 사회적 합의와 평가적 의미가 내재된 집단 기억이자 대중 기억이기도 하다.

이와 연관해, 논의할 수 있는 지점은 스펙터클의 양상이다. 이들 영화는 폭력성의 몽타주적 구성을 통한 스펙터클한 전쟁 영화의 스테레오타입stereo type을 벗어나지 못하고 있다는 점에서 이데올로기적이라 할 수 있다. 다시 말해, 이들 영화의 내용인 한국전쟁의 기억은 각 영화마다 차이가 있지만, 그 형식은 기존 전쟁영화의 포맷을 벗어나지 못한다. 이들 영화 중 특히 〈포화 속으로〉와 〈인천상륙작전〉을 제외한 나머지 영화들은 공적 기억이 아니라 다양한 형태로 부유하는 기억들을 담고자 했음에도, 화려한 시각적 볼거리들을 중심으로 폭력성 재현을 강조한다는 점에서 또한 이데올로기적이라고 할 수 있다.

이미 프레드릭 제임슨Fredric Jameson이 논의한 바와 같이, 문화적 텍스트는 사회의 무의식을 드러내는 사회적 상징 행위로 여겨질 수 있는 서사이다 (Jameson, 1983). 한국전쟁의 기억으로 제시된 그러한 폭력성의 몽타주 기억은 치유되지 않은 전쟁의 트라우마를 의미할 뿐 아니라, 우리 사회의 구조적 모순과 연관해 정치, 경제, 사회, 그리고 문화적인 면에서 드러나고 있는 파괴, 강제, 억압 등의 여러 가지 폭력적 상황의 징후로 해석될 수도 있다. 하지만 기억이 역사와 다른 차원에서 문화적 실천의 가능성이 있다는 관점에서 볼 때, 이러한 폭력성의 몽타주 기억은 스펙터클한 재현 속에서 한국전쟁의 다양한 기억과 그에 따른 성찰은 억압될 수밖에 없다는 점을 상기하게 한다. 다시 말해, 영화는 비록 그것이 가시성을 특징으로 하는 영상 재현일지라도, 이들 영화에서 전쟁의 참혹함이 폭력의 스펙터클한 모습으로만 재현된다는 것은 한계를 갖는 것이라 볼 수 있다.

아직까지 한국전쟁에 대한 재현에서 전쟁의 폭력성 외에 다른 모습을 보여주지 못한다는 것은 '금기'와 '금지'의 문화적 구속(Olick, 2007)으로 작동되는 문화 산업의 논리 혹은 정치경제학적 지형의 영향이 존재하고 있음을 방증하는 것이기도 하다. 이렇게 본다면, 이 영화들이 종래의 전통적인 반공주의적 영화들과는 다른 한국전쟁의 기억들을 드러낸다고 할지라도, 폭력성의 재현을 통한 스펙터클의 강조는 그러한 공적 기억의 틀 안에 머물고 있을 뿐, 적극적인 대항 기억의 모습은 부족하다고 할 수 있다.

따라서 몽타주 기억으로서 한국전쟁의 기억은 고정된 것이 아니라 다양한 스펙터클의 형태로 문화적 상징이 된다는 점에서, 사회적 합의의 접점에 따라 재구성되며 그에 따른 생산과 소비가 가능해질 수 있는 가능성을 타진할 필요가 있다. 대중 기억의 기제인 영화가 새로운 대안이나 그에 상응하는 문화적 실천의 가능성을 내포하고 있다는 점에서 한국전쟁에 대한 기억의 재현은 선언적이거나 그 폭력성만을 몽타주로서 드러낼 것이 아니라, 전쟁이라는 폭력이 가지고 있는 그 이상의 의미도 제시할 수 있어야 할 것이다.

주

1 　이 글은 필자의 논문,「영화에서 드러나는 한국전쟁에 대한 집단 기억과 대중 기억 만들기」, ≪한국언론학보, 58권 6호 내용을 일부 활용했습니다.

2 　이와 매우 유사한 내러티브 설정으로 제시되는 것이 〈대한민국역사박물관〉이다. 〈대한민국역사박물관〉 또한 발전론적 관점에서 '대한민국의 역사'를 바라보고 있지만, 그에 관한 여러 성찰적 논의는 미흡하다. 영화와 공간(박물관)이 관람객들에게 소구하는 담화적 전략은 분명 차이가 있으나, 이 둘의 심층적인 가치는 동일하다. 이에 대해서는 태지호·정헌주(2014: 146~179)를 참조할 수 있다.

3 　실제 〈포화 속으로〉와 〈인천상륙작전〉의 각본 및 감독은 동일인이며, 적어도 감독의 영화 산업적 전략은 소기의 목적을 달성한 것으로 평가된다.

대담

영상이 우리에게, 우리가 영상에게 말을 건네다[*]

강승묵: 지난 4월 13일에 만난 이후에 이메일로만 연락을 주고받았는데, 오늘 다시 모이게 되었습니다. 오늘은 『영상 아포리아』라는 책의 형식과 내용에 대해 자유롭게 이야기를 나누고 서명이나 목차, 구성 등을 최종 확정하려 합니다. 잘 아시겠지만 이 책을 처음 계획할 때부터 가장 먼저 떠오른 낱말이 '아포리아'였습니다. 영상과 관련된 일이나 공부를 하시면서 겪으셨을 법한 고민거리들 가운데 '아, 이건 정말 어려운 문제구나' 라고 생각하셨던 것들을 이참에 정리해 보자는 취지였었죠. 서명에 '아포리아'라는 말이 들어가는 것에 대해서는 이미 어느 정도 동의하고 계신 걸로 알고 있는데, 혹시 덧붙이실 말씀이 있으시면 해보면 어떨까요?

[*] 이 대담은 2019년 4월 13일과 7월 26일에 있었던 두 차례 집담회에서 나눈 이야기를 편집해서 정리한 것입니다. 『영상 아포리아』라는 책의 집필 계획을 본격적으로 세운 뒤 저자마다 각자 쓰고자 하는 내용을 일차 정리한 후에 책의 성격, 방향, 구성 등을 집중적으로 논의하는 내용으로 구성되어 있습니다. 인칭 명사 같은 고유명사의 경우, 편의상 원어를 추가하거나 부연설명을 했습니다. 대담 내용을 꼼꼼하게 녹취해 준 홍현혜, 김예림, 김소이 학생에게 고마움을 전합니다.

일 동: 이 책에서 영상에 대한 이런저런 아포리아들을 다루기로 했고, 그래서 서명을 『영상 아포리아』라고 결정한 것에 이견은 없습니다.

서원태: 아마도 아포리아라는 개념에 대해 직관적으로 이해할 수 있는 독자들이 이 책을 볼 텐데, 영상이라는 키워드는 너무 보편적이고 쉬운데, 아포리아는 좀 이해가 필요한 것 같아요.

강승묵: 우선 간략하게나마 아포리아에 대해 부연을 해드리자면, 잘 알려진 이야기지만 아마도 소크라테스를 먼저 언급해야 할 듯합니다. 소크라테스는 제자들에게 어떤 문제의 정답을 일러주지 않았다고 합니다. 지식이 아니라 지식을 찾는 방법을 건네면서 끊임없이 문답을 주고받기만 했다지요. 그게 소크라테스의 대화법이었고, 핵심은 대화 상대(제자)가 더 이상 대답하지 못할 때까지 계속 질문을 건넨다는 겁니다. 대부분 정답이나 결론이 없는 상태에서 일단 문답(대화)이 마무리되기 일쑤였다고 해요. 문답(대화) 동안에 상대는 자신의 생각이 뭔가 잘못되었다는 점을 깨닫고, 그런 자기모순을 해결하려고 애쓰면서 마침내 자기비판까지 이르러서야 어렴풋이나마 해답을 찾을 수 있었다고 합니다. 소크라테스는 내내 상대의 곁을 지켰는데, 그가 어떤 마음으로 그 자리에 있었을지 궁금하지만, 중요한 것은 '알지 못함', 즉 '모름'의 자각과 인정입니다. '나는 내가 아무 것도 모른다는 것을 안다I know that I know nothing'라는 소크라테스의 격언이 지금도 곧잘 회자되잖아요. 그래서 이 책의 서명이 『영상 아포리아』가 된 것입니다.

일 동: 혹시 부제에 관해서는 더 이야기를 해봐야 하지 않을까요?

강승묵: 가제로 생각해볼 만한 '영상, 말을 걸고 길을 묻다'는 두 가지 의미가 있습니다. 첫째는 영상이 우리에게 말을 걸고 길을 묻는 것, 둘째는 우리가 영상에게 말을 걸고 길을 묻는 것, 아울러 '아포리아'의 해답을 구하기 위해 말을 걸거나 길을 묻는다는 보다 큰 의미도 담겨 있습니다.

서원태: 영상에게 말을 건다는 화법의 톤은 나쁘지 않다고 생각해요. 그런데 목차에 있는 세 개의 파트에 왜 '일상'이라는 말이 들어간 건가요?

강승묵: 영상이 우리의 일상이어서? 그런 이유로 들어간 건데, 사실은 이자혜 선생님의 '밥과 커피, 영화 …, 반복되는 일상의 시성'이라는 표현에서 아이디어를 얻은 것이기도 합니다. 어쩌다 마주친 그대와의 사랑은 과연 운명일까?'도 영감을 주었고요. 이 책의 전체적인 콘셉트일 수 있겠다는 생각이 들었어요.

이자혜: 그 내용들은 제 주변 사람들이 많이 관심을 갖는 것들이에요.

서원태: 두 번째 파트의 주 내용인 실험영회와 일상은 어떤 관계가 있어요?

강승묵: '실험'이라는 낱말이 갖고 있는, 내러티브 영화에서 벗어난 영화가 실험영화라는 생각에서 일상에서 벗어나는 것, 그런, 일상을 탈출하는 실험을 해본다는 의미에서 일상과 실험을 연결해 본 것이고, 마지막 세 번째 파트의 기억도 일상과 밀접한 관련이 있는 것이어서 세 개의 파트에 일상이라는 말이 공통으로 들어간 겁니다.

서원태: 일상이라는 키워드가 가지고 있는 의미가 너무 넓어요.

이자혜: 일상이라는 말이 맞지 않을 수 있다는 거죠?

강승묵: 그럼 부제를 먼저 정하고 세 개의 소제목을 정하거나 반대로 소제목을 먼저 정하면 부제가 정해질 수 있겠네요.

최종한: 영상 아포리아는 충분히 이해되고 매력적인 것 같긴 해요, 부제는 세 개의 파트에 있는 키워드인 일상, 실험, 기억들을 활용하면 어떨까요?

박동애: 더 단순하게 삶과 영상, 영상 실험, 영상과 기억으로 하면 세부 내용에서 어떤 이야기를 해도 그냥 다 아우를 수 있지 않을까요? 아니면 '과'를 빼면 오픈 결말처럼 (독자들에게) 더 상상할 수 있게 할 것도 같고, 디자인적인 측면에서 보면, 노래 가사를 쓸 때 운율을 맞추듯이 영상이라는 말을 빼고 삶, 실험, 기억이라는 말이 부제로 가서 영상 아포리아, 삶과 실험과 기억에 관하여는 어떨까요?

강승묵: 삶, 실험, 기억 그 뒤에 뭐 한마디가 더 있으면 좋겠어요. 삶, 실험, 기억에 관한 어떤 것?

서원태: 이 대담의 제목을 부제로 가는 건요?

이자혜: 저도 대담 제목이 좋은 것 같아요. 영상이, 영상에게 말을 걸다 정도? 묻다, 답하다 이런 개념들이 그동안 많이 사용되기도 해서, 그래서 그냥 말을 걸다 정도면 어떨까요? 그것만 간단하게 하면 영상, 말을 걸다 이 정도면 되고. 그러니까 우리한테 걸다. 우리가 영상에게 말을 건다는 의미도 있고요.

박동애: 제목에서 결론을 내지 말고 오픈하는 걸로, 세 개의 톤을 맞춰서 하면 어떨까요?

이자혜: 부제는 영상, 말을 걸다, 파트는 삶영상, 영상과 실험, 기억과 영상이 조금 도식적이어서 불편함이 있으니깐 삶·영상, 영상·실험, 기억·영상으로 하면 좋을 듯도 해요.

최종한: 개인적으로 아포리아, 난제의 화두가 나왔으면 좋겠어요. 그런데 난제가 과연 뭐냐는 거죠.

강승묵: '잘 몰라', 아포리아의 핵심이라고 합니다. 난제 중의 난제인 아포리아를 접했을 때, '잘 몰라', '그래서 알고 싶어, 알아야겠어, 알게 될 거야'가 아포리아의 화두라고 해요. 도무지 알 수 없는데 어떻게 해야 하지, 고민하다 보면, 자기모순에 빠진대요. '어디서부터 어디가 문제였지'라고 알게 되는 그 지점에서 할 수 있는 방법이 두 가지가 있다고 합니다. 자기비판과 자기성찰, 예를 들어, 내가 하는 말이, 쓰고 있는 글이 과연 논리적으로 타당한지를 스스로 비판하고 성찰하다 보면 아포리아가 풀린다고 하거든요. 그래서 아포리아에 대해 더 깊게 고민하면서 부제와 파트 제목을 논의해 보면 어떨까 합니다. 다음은 선생님들 각자 쓰시고자 하는 챕터 내용을 간략히 소개하고 서로의 의견을 구해볼까 하는데, 먼저 이자혜 선생님의 무척 흥미롭고 또 이 책의 콘셉트와도 연결된 내용을 들어보겠습니다.

이자혜: (2장에서) 〈패터슨Paterson〉(2016) 관련해서 비평한 내용 중에 일상에 대한 관심이 평소에 있었는데 '밥, 영화, 카페'라는 노래를 듣다가 갑자기 생각이 났어요. 반복되는 일상이 그렇게 꼭 지리멸렬하고 의미 없는 걸까? 그게

문제 제기 되어서, 반복되는 일상 속에서 미세한 차이들이 가지는 예술적 아름다움? 시성? 의미? 이런 거에 주목한 영화들을 가지고 풀어볼까 했어요. 흔히 홍상수 영화에서 그런 이야기들을 하고 있고, 일본 영화들이 요즘 미세한 일상성에 주목하는 경향이 있어서 그런 것들을 묶어서 들여다보면 어떨까 했던 거죠. 예전에 크리스 마커에 대해 썼던 논문이 있어서, 에세이 영화의 사유와 관련된 부분에 대해 어떤 식으로 영상적으로 사유했는가에 대한 것이거든요. (3장) '어쩌다 마주친 그대와의 사랑은 운명일까?'는 사랑이라는 게 영원한 주제잖아요. 영화도, 노래도, 그림도 그렇고 사랑이 운명일까 그냥 그저 그런 우연한 사건일 뿐일까? 이런 거에요. 이런 여러 가지 시각들을 풀어놓고, 그런 것들을 보여주는 영화, 회화, 팝송 등등을 활용해서 사랑이 운명이냐 우발적인 그런 해프닝이냐 그런 사건일 뿐이냐를 고민하게 됐어요. 고전철학이 가지고 있는, 본질이나 진리는 있는 것이고 그로부터 의미가 그 본질과 진리를 추구하는 과정이나 그 결과로써 생성된다고 보는 것이라면 현대철학은 우발성이라는 것에 주목하는, 의미나 진리라는 게 원래 있었던 것이기보다 우발적인 어떤 사건의 부딪힘에 의해 그 순간에 생성되는, 그래서 항상 변화하는 그런 것들에 주목하게 돼요. 운명론에서 바라보는 시각은 고전적인 시각에 가깝지 않을까? 그렇다면 이런 우발성, 우발적인 조우에 의해 생성되는, 들뢰즈적으로 본다면 사랑이라는 것은 그렇게까지 운명적으로 내 목숨을 걸 정도는 아니지 않은가, 그저 스쳐지나가는 one of many events인 건 아닐까, 그러니까 어떤 방식으로 사랑을 바라볼까에 관한 문제, 정말 운명론으로서 사랑을 바라보는 영화들도 있고 이런 스침, 그 순간의 마주침에 주목한 영화들도 있고, 예를 들면, 저한테 사랑의 운명론을 어린 시절부터 각인시켰던 〈러브 어페어An Affair To Remember〉 (1958), 〈첨밀밀Comrades: Almost A Love Story〉(1996)도 있고. 그런데 최근 영화들은 후자 쪽에 영향을 많이 받는 것 같기도 해요. 〈라라랜드La La Land〉(2016)도 순간에 우연히 마주쳐 정말 사랑했으나 각자 자기 길을 떠나며 다음 사랑을 대비하는 거잖아요. 또 회화 같은 경우도 고전주의 회화 쪽에서는 운명적인, 로미오와 줄리엣 같은, 많은 화가가 끊임없이 그려왔던 전설적인 사랑의 주인공이 있단 말이에요. 이런 거에 현대 회화에서의 경향들을 섞어보면 어떨까. 가요나 팝송 가사들도 엄청나게 많거든요. 운명이라고 하는 키워드가, '잔나비' 노래들도 그렇고, 어디까지 담을지는 모르겠는데 이런 다양한 것들을 써볼까, 너무 무겁지 않게 그냥 제가 재미있게 써질 것 같아서 그렇게 고민을 했어요.

강승묵: 역시 무척 흥미진진한 얘기입니다. 우리의 일상에서 아무렇지 않게, 너무나 쉽고 간단하게 접할 수 있는 것들이 사실은 그래서 더 의미 있을 수 있다는 것, 특히 사랑이 운명이냐 필연이냐는 참 많은 것을 고민케 하는 문제라는 데 전적으로 동의합니다. 박동애 선생님은 어떠세요? 일상에서의 팬덤, 방탄소년단에 대한 무한 애정과 관련된 내용인 것 같은데요.

박동애: 이거를 가족 관계를 중심으로 풀어볼까 싶어요. 방탄이 가족이라는 의미가 대두될 때는 굉장히 터부시되는 가족적 관계? 우리나라에만 있는, 가족 문화에 대한 내용일거 같아요.

강승묵: 그런 쪽으로 본다면 사실은 아이돌 그룹과 팬 사이에서 가족에 대한 논의는 방탄소년단에만 유독 해당하는 건 아닐 거예요. 그래도 좀 다른 맥락에서의 가족 개념이 '아미'하고 방탄소년단 사이에 있다고 보시는 거 같아요.

박동애: 오래전에 이런 글을 써보고 싶다고 생각했던 것 중에 하나가 터부였거든요. 그걸 한참 연구해서 (교수님께) 갔는데 왕창 깨져서 접으라고, 그런 기억도 있고, 제가 방탄소년단에 대해 일종의 '덕질'을 시작한 이유가 어떻게 한국말로 하는 노래가, 어떻게 미국 라디오에서 나오지? 이게 우리나라 라디오에서 틀어주는 개념하고 다르기 때문에 그게 제일 궁금해서 시작을 했던 거예요. 저는 뭐 아이돌이니 뭐니 이런 거를 해본 적이 없었는데, 그래서 동영상이나 SNS, 이런 플랫폼이 대여섯 개 이상 되잖아요. 제일 큰게 V LIVE 같은 경우, 그게 한 1600만 명에 가까운 팔로워를 가지고 있는데

거기서 터부시되는 어떤 문화적인 것들을 굉장히 자연스럽게 그냥 어느 순간에 받아들이게 된 거예요.

서원태: 기존 문화에서는 터부시되던 것들을? 그 범주 안에서는 거부감이나 저항 없이 받아들이신다는 건가요?

박동애: 그러니까 만일에 내가 먹던 숟가락으로 다른 멤버에게 먹여줘요. 그거는 미국에서는 있을 수도 없고, 서양에서 음식문화라는 건 가운데 꽃이 있잖아요. (그 꽃이 있다는 것은) 절대로 나눠먹지 않는다는 거잖아요.

이자혜: 그게 '아미 컬처'라고 하기도 하는 거죠.

박동애: 어쨌든 가족이라고 봐요. 7명이 거의 10년째 한집에서 살고 있는데, 롤이 다 있어요. 아빠, 엄마, 막내, 중간에서 말썽부리는 약간 튀는 아들, (외국 팬들이) 그런 문화적인 거를 굉장히 좋아하는 거예요. 노래나 퍼포먼스의 문제가 아니라 일상적인 부분이요.

강승묵: 그게 혹시 현대사회에서 가족이라는 개념이 전통적으로 혈연관계에 끈끈하게 묶여 있는 관계보다 다양한 형태의 가족이 등장하고, 핵가족화되고, 가족이 와해, 해체되기도 하는 그런 현상들 때문에 오히려 거기서 오는 결핍들이 BTS로 인해 대리충족 되는 건 아닌가 하는 생각도 들어요.

박동애: 그래서 제가 〈어느 가족Shoplifters〉(2018)이라는 영화, 그게 혈연이 아닌 관계에서 혈연에 대한 이야기도 나오고, 마지막에 막내는 엄마 아빠가 나타나잖아요. 정말 가족으로서 전혀 (연결)하지 않는 엄마 아빠가 나오는데, 혈연이 아닌 가족 안에서 조금 더 가족적인 이런 걸 보여주는데, 이게 방탄소년단의 뮤직비디오, 비하인드 스토리의 일상성과 맞닿아 있다는 생각이 들어요. 사실 뮤직비디오보다 비하인드 스토리에 더 많은 것이기도 해요.

강승묵: 혹시 그게 (아이돌 그룹의) 마케팅 전략 중에 하나일 수 있지 않나요?

박동애: 그러니까 중요한 건 얼마나 (자연스럽게) 만들어졌는지예요. 어차피 인스타그램이나 페이스북이나 트위터 같은 경우는 가공을 해서 넣잖아요.

그런 의미로 보면 가공된 일상? 패밀리 본딩family bonding, 가족 유대 같은 거예요.

이자혜: 어떻게 보면 이 시대의 영상문화에서 가장 중요한 키워드 중에 하나가 가공된 일상이잖아요.

박동애: 그래서 〈어느 가족〉의 비혈연성 가족이 방탄소년단에게는 어떤 식으로 작동이 돼서 영상으로나 상품으로 성공을 하는 건지, 굉장히 일상적이에요. 가공되지 않은, 그런 걸로 봐서 제가 키워드를 찾은 건 가족 유대와 소셜 네트워크 패밀리예요.

이자혜: 그러면 BTS와 가공된 일상으로서의 영상문화, 이런 제목으로 가시는 게 조금 더 명확하게, 그렇죠?

최종한: 유튜브나 사실은 영화도 하나의 가족이라고 볼 수 있죠. 지금 이 세상에서는, 엄마 아빠보다도 유튜브와 대화를 더 많이 하니까

이자혜: 『커뮤니케이션의 새로운 은유들』책 있잖아요. 거기서 황인성 교수님 쓰신 게 신화의 개념을 과거로부터, 현대사회에서 신화는 미디어, 유튜브, TV 등이라는, 예를 들면 가족이라는 신화가 어떻게 현대사회의 미디어 환경과 함께 또 하나의 신화가 되었는지, 이런 걸 좀 들여다보면 좋을 것 같아요.

박동애: BTS 비하인드 내러티브, 그걸 구글에서 검색하면 2억 100만 개가 나와요. 팬덤에 대한 투명성? 그게 가공이 됐을지라도, 어차피 저도 누구한테 무언가를 보여줄 때는 스스로 가공이 되어서 보여주는 것처럼, 제가 또 관심 있는 분야가 다큐멘터리 쪽인데, 다큐멘터리가 어디까지가 진짜고, 그런 거에 관심이 가요.

강승묵: 이걸 비판적으로 본다면 K-POP을 하는 아이돌 그룹인데, BTS가 이미 하나의 미디어 신화나 하나의 권력으로 되었다는 거죠. 자본주의 사회에서 BTS만이 가질 수 있는 권력의 최고치를 누리고 있다는 거죠. 아미의 관점에서가 아니라 연구자, 비판적 관점에서 바라보시면 좋겠다는 생각이 들어요.

박동애: 저는 이게 학문적으로 너무 어프로치(접근)가 안 될까봐 고민이 되는 거죠.

서원태: 이게 학술적 글쓰기의 영역에 안 들어와도 되는 거 아니에요?

강승묵: 맞아요. 다른 분들도 마찬가지인데요. 저도 그렇기도 하고요. 최종한 선생님은 어떠세요? 한국의 실험영화에 대한 글이신데…….

최종한: 약사는 말 그대로 역사를 보는 거고, 실험영화는 어떤 작품을 실험영 화로 넣을 수 있는지, 그걸 매체 실험이라는 관점에서 봤을 때 이러이러한 작품이 고대 전통부터, 사실은 시대가 복잡해지기 전까지 실험영화, 실험적 인 작품이라고 얘기할 수 있다는 것도 살펴보고, 약사가 전부 다 들어갈 수 없으니까 그중에 한 파트인 60년대가 실험영화 창작이 제일 활발해요. 그때 유현목 감독님이나 몇 작품을 디테일하게 분석해서 이분들이 실험영화에 대한 인식이 있었는지 고증하고, 작품 분석도 하려 합니다.

서원태: 저는 이토 다카시가 만든 영화들이 영미권의 구조주의 영화와 맺는 미학적 관계, 그런게 궁금했어요. 그래서 이토 다카시 선생님을 만나러 일 본에 가서 인터뷰도 했고, 제 관심사는 구성 그 자체, 창작에 있어서 구성의 기능성이 어떤 생산적인 창작 원리로 환원되는지 그런 거라서 이토 다카시 의 실험영화에 대해 이야기하려 합니다.

강승묵: 사실 내러티브가 없는 내러티브, 또는 내러티브가 아닌 내러티브라 는 점에서 보면 실험영화는 무척 매력적일 수밖에 없습니다. 그래서 어렵기 도 하지만요. 아마도 영상의 형식과 내용, 장르, 구조 등의 실험이 어렵게 느껴지는 것은 우리의 일상, 삶이 만만치 않아서 그런 것도 같다는 생각이 듭니다. 좀 쉽게, 어렵지 않게 일상도 살고 영화도 만들고 하면 좋을 텐데 그게 항상 그렇지 않은, 박홍열 감독님의 글도 빛과 그림자가 갖고 있는 어 떤 물질성, 비물질성들을 실험적인 관점에서 〈마더〉(2009)를 분석하는 것 같 아요.

박홍열: 영화를 읽는 다양한 방식이 있지만 대부분 영화 읽기는 서사를 중심

으로 구조적 틀 안에서 사회와 문화의 현상을 들여다보는데 치중하는 것 같은데, 촬영미학은 서사라는 선형적 시간에 가려진, 영화 속의 물질들로 영화를 읽어보는 방식이거든요. 사진에 대한 바르트의 고찰처럼 영화가 만들어질 때 거기에 있었기에 담겨진 수많은 물질, 예를 들면 빛, 색, 렌즈, 필름의 질감, 프레임, 카메라의 거리감 등등과 컷의 배치, 사이즈에 의해 만들어지는 효과와 간격들을 중심으로 영화를 파악하는 겁니다. 영화 프레임은 '잠재성의 장'이라고, 들뢰즈의 표현을 빌리면 내재성의 평면, 규정되지 않은 미분화된 강도들이 끊임없이 차이를 만들어내는 매끄러운 평면인 거죠. 또 촬영미학은 프레임 안에 강도들의 잘 아시겠지만, 필름의 유제면 위로 불규칙하게 흩뿌려진 입자들이 프레임의 연속적 운동에 의해 자신의 고정된 자리가 없이 끊임없이 프레임 위를 맴돌고 있는 드라마화이고, R,G,B 파장의 밸런스가 만들어내는 백생광 빛들이 서로 다른 농도로 불연속적으로 그레이디언트gradient를 만들어내는 차이화의 현장인 거죠. 보색 관계에서 차가운 색은 상대적으로 들어가 보이고, 따뜻한 보색은 앞으로 나와 보인다. 하나의 색은 고유한 의미도 고정된 색도 없이, 어느 곳에 어떤 색과 접하는지에 따라서 자신의 색을 다르게 발현한다. 똑같은 사물을 같은 크기로 보여줘도 광각렌즈, 망원렌즈에 따라 다르게 보이고, 같은 렌즈도 피사체와 카메라의 거리감에 따라 다른 감정과 의미를 발생한다. 이런 것처럼, 영화 속 프레임 안의 물질들은 하나의 고정된 표현이나 의미를 갖는 것이 아니다. 영화 속 물질들이 무엇을, 어느 순간, 어디서 무엇과 만나는지에 따라서 다르게 표현되고 다양한 의미를 생산한다고 생각해요. 그래서 촬영미학은 영화 서사처럼 하나로 귀결되는 의미를 파악하는 것도 아니고, 영화를 만든 감독의 의도를 파악하는 것도 아닌 것 같습니다. 영화 속에서 한 번도 중심을 차지해 보지 못한 물질들이, 아니 변두리에서 가장자리에 있던 영화의 요소들이 서사와 주인공이 표현하지 못한 이야기와 감정들을 표현하고, 드러내지 못한 의미들을 다층적으로 쌓아 서사를 더 풍성하게 하고 주인공을 빛낸다고도 합니다. 또 촬영미학은 밝음은 기쁨, 어둠은 슬픔이나 고독, 빨강은 정렬, 흰색은 순수와 같은 하나의 의미와 이야기로 고정시키는 도식을 확인하는 것이 아닌 것 같아요. 촬영미학은 영화 속 물질들이 서로 만나며 서사와 캐릭터 너머 수많은 표현과 의미들을 드러내는 것이고, 미시적이고 미분화된 차이들이 만들어내는 강도의 차이들의 향연을 보는 거라고 생각해요. 들뢰즈의 말처럼 이것이 생성이다. 촬영미학은 영화의 또 다른 생성을 만나는 것이다. 그런 거죠. 〈마더〉를 이야기의 서사, 사회구조의 서사가 아닌 촬영미학의 관점에서 빛의 서사로 읽어보고 싶었어요. 빛이 만들어내는 가장 비현실적이고 이질적인 표현들이 영화의 사실성을 어떻게 극대화시키고 있는지 빛을 중심으로 영화 속 프레임 안의 물질들을 들여다보는 거죠. 〈마더〉에서 빛을 따라가다 보면 엔딩 장면의 필연성을 조우할 수밖에 없는데, 주인공인 도준이 엄마 김혜자가 고속버스에서 지는 햇빛을 받으며 미친 듯 춤을 출 수밖에 없는 상황을 이해하게 되는 거죠. 그것이 이야기의 힘이 아니라 빛이 만들어내는 장면이라고 생각해요.

강승묵: 사실 빛과 어둠, 그림자이기도 하지만, 영화 영상에 이 빛과 어둠이 내러티브의 또 다른 한 축이라는데 많은 분들이 동의하는 것 같아요. 영화 〈마더〉에 관한, 봉준호 감독에 관한 이야기라서 더 기대가 되는 내용이기도 합니다. 마지막 세 번째 파트는 일상에서의 기억과 영상의 관계에 대해서인데, 아무래도 태지호 선생님께서 간단하게, 그렇지만 명확하게 얘기를 정리해 주실 듯합니다.

태지호: 일상 속에서의 기억의 문제, 다양한 장르들, 축제, 테마파크, 영화, 드라마, 게임 등등 여러 가지 장르에서 다루는 기억의 문제를 살펴보려고 합니다. 영화도 빠질 수 없는데, 예전에 황인성 교수님과 같이 쓴 한국전쟁을 다룬 논문에 영화 네 편이 나와요. 〈태극기 휘날리며〉(2003), 〈웰컴 투 동막골〉(2005), 〈포화 속으로〉(2010), 〈고지전〉(2011), 여기에 〈국제시장〉(2014), 〈서부전선〉(2015), 〈인천상륙작전〉(2016)을 추가해서 전부 일곱 편의 영화가

한국전쟁을 어떻게 다루고 있는가를 기억을 중심으로 살펴볼까 해요. 방법론을 바꾸기도 했는데, 서사 방식으로 희극, 비극, 로맨스, 영웅 서사로 구분해서 살펴볼까 합니다.

강승묵: 네, 아마도 기억에 관해서는 이자혜 선생님과 저도 좀 거들어서 우리의 일상에서 기억이 어떻게 구성되는지를 구체적으로 들여다볼까 합니다. 이제 마지막으로 선생님들 모두 영상 아포리아와 관련해 한 분과의 인연이 당연히 있으실 것 같은데요. 저도 마찬가지이지만, 선생님들 각자 갖고 계신 그분에 대한 개인적인 추억이나 소회 등도 좋지만 이 책의 집필 배경이기도 했던, 황인성 교수님의 공부법? 교육에 대한 것들, 느꼈던 것들에 대해 이야기해 보면 어떨까요? 이 책이 '아포리아'란 말이 계기가 되었다고 서두에 말씀드렸는데, 사실 할 말이 참 많지만 저 같은 경우에는 가장 인상적이었던 게 '잘 몰라'에요. 공부란 게 하면 할수록 더 어렵다는 걸 자주 느끼는데, 배우는 입장이든, 가르치는 입장이든 모르면 모른다고, 모르니까 그렇게 얘기할 수 있다는 게 제겐 참 많은 생각을 하게 했거든요.

박동애: '난 잘 몰라', 그런 말씀을 할 수 있는 건, 자신감? '어우 정말 나도 가르칠 때 나도 몰라 소리를 어디 가서 써봐야지' 하는 생각이 들 정도로 그게 되게 신선했었던 거 같아요.

서원태: 겸손하신 거죠. 아까 최종한 교수님도 말씀하셨는데 답이 없다고, 스스로 학자로서 정답은 없다는 것을 아시니까, 그런 걸 모른다고 편하게 얘기하셨을 수도 있어요. 일종의 요즘 선호하는 교수법 중에 레스 티칭less teaching 모어 러닝more learning이라고, 덜 가르치고 스스로 깨닫게 하는.

박동애: 그래서 전 여기저기 방황을 많이 했는데, 그래도 너무 재미있었어요. 온갖 데를 다 가보고 해 본거니까요. '공부를 이렇게 하는 거구나'라는 것을 깨달은 거 같아요.

강승묵: 아마도 제 기억에는, 이렇게 주로 많이 얘기하셨던 것 같아요. '나도 잘 모르는데, 그런데 ……', 그 뒤에 뭐가 항상 붙는 거죠.

일 동: '그런데 내 생각은 이래(그래).'

박홍열: 저는 그래서 개인적으로 황 교수님의 인품과 스승으로서 삶의 태도, 그런 거에 항상 감사의 마음을 갖고 있는데, 제가 다섯 번째 박사과정을 들어갔지만 학교 안에서 배우는 것과 학교 밖에서 공부하는 것이 달라서 고민이 많았습니다. 그때 황 교수님께서 중간중간 짧게 던져주신 말씀들이 자극이 되어 공부를 이어가면서 제 삶의 태도에 대한 방향성들을 찾게 되는 거 같아 기쁩니다.

강승묵: 혹시 교수법이나 학습법, 다른 분들과 다른 황 교수님만의 독특함, 그런 걸 느끼신 적이 있으셨을까요?

태지호: 황 교수님의 공부 스타일? 교육 스타일? 약간 좀 답답하실 정도의 결벽증 같은 게 있다는 느낌이 들기도 했습니다.

이자혜: 황인성 교수님은 사회과학적인 관점에서 연구하고 논문도 써야 한다고 생각하신 것 같은데 그것 때문에 제가 조심스러운 게 되게 많았어요. 논문이 이러이러해야 한다는, 구조가 명확하게 있어야 한다는 거예요. (황 교수님은) 멋있는 얘기 쓰지 말라고 자주 얘기하셨는데 사실 저는 그런 류의 논문 쓰는 방식을 좋아하는 편이어서, 그런 부분에서 걸리는 것들이 있었던 것 같아요.

강승묵: 저도 제일 많이 들었던 말이 누가 읽어도 이해될 수 있게 쉽게 써야 한다는 것이었어요.

박동애: 논문에 대해 본인(황인성 교수)을 설득하라는 말도 자주 했어요. 너무 어려운데……

최종한: 저한테도 책을 더 이상 보지 말라고도 하셨어요. 자꾸 멋진 말만 쓰게 된다고, 책 보지 말고 논문만 보고 증명하는 습관을 들이라 하셨죠.

태지호: 사회과학적으로 보면, 논문의 형식적 측면에서 연구문제가 설정이 되어야 하고, 이론적 베이스가 있어야 되고, 연구방법이 구체적으로 나와야 되지만, 그건 형식에 대한 문제고, 실제 내용이라든가 인식에 대한 문제는

사회과학적이어야 할 필요는 없다고 생각하셨던 것 같아요. 사회과학적인 측면은 하나의 연구방법론적인 것일 뿐이라는 거죠.

이자혜: 연구방법론의 구체성 같은 것?

태지호: 맞습니다. 실험에 의해서 어떤 결과가 하나의 답으로 나오는 게 아니라 철학적 사유에 대한 문제를 강조하신 것 같아요. 그런 의미에서 (황 교수님은) 사회과학의 틀 속에 계시지만 거기에 한정되지는 않는다는 생각이 들어요. 사실 문화연구나 영상연구, 영상문화연구, 영상학 등을 어떤 특정한 분과 학문의 측면으로만 얘기할 수 있는 건 아니잖아요. 또 이론적 배경이든 방법론이든 이론이나 개념들, 학자들이 모두 사회과학에서만 논의되는 것도 아니고, 사실은 여기 계신 분들도 실제 영화 제작이라든가 공연이라든가 미학이라든가 디자인이라든가 미술이라든가 철학이라든가 등등 모두 꼭 사회과학 분야만 전공한 것은 아니니까요.

이자혜: 그래도 제 경우에는……. 문제 제기로 시작해서 이론적 베이스가 뭐고, 중심 개념들이 무엇인지, 이런 개념들을 중심으로 작품들을 분석하는 게 제 스타일이라면, 아까 말씀하신 것처럼 이항대립이면 이항대립, 어떤 명확한 분석 도구가 나와야 되는데 그 부분이 어려웠어요.

서원태: 황 교수님께서는 구조적인 관점에 대해 중요하게 생각하시더라고요. 저는 창작에 있어서 구조주의적인 관점을 중요하게 생각합니다. 황 교수님 같은 경우는 유사한 방법론을 영화에도 적용하시고, 방송 프로그램 분석에도 적용하시는데, 제가 영화를 만들면서 고민하는 것들과 상당히 유사한 측면이 있다는걸 이 책에 참여하면서 새삼 알게 되었어요.

최종한: 저 같은 경우에는, 제일 크게 배운 것 중의 하나가 논문 쓰는 방법이에요. 전 M.F.A를 해서 황 교수님께 논문 지도법을 처음 배운 듯해요. 사실 굉장히 힘들었어요. 박사 프로포절도 준비해서 갔는데 황 교수님께 많이 깨졌죠. 근데 막상 프로포절 심사 때에는 한마디도 안 하셨어요. 오히려 제 디펜스를 해주시는 듯한 느낌이 들기도 했고요. 같이 있던 박사 친구들이 깜

짝 놀라더라고요. 이분이 이럴 분이 아닌데, 제일 앞에서 먼저 깨서야 하는데, 새로운 모습을 봤다고, 또 하나 중요한 건, 황 교수님이 영화를 전공하신 분이 아니라 영화 영상을 사회과학적으로 접근하시다 보니깐 제 연구 분야와 연구 스타일과 잘 안 맞는 부분이 많아요. 일례로 황 교수님은 논문이 공식화되기를 요구하세요. 선명하게 이론과 방법론이 매핑이 되어 논문이 구조화되기를 요구하시지요.

서원태: 창작자의 관점이 있고 없고의 문제가 아니라 구조주의자이서서 그런 거 아닐까요?

최종한: 제 생각에는 일단 당신은 무척 논리적으로 무언가를 사고하고 설명해야 된다는 틀을 갖고 계신 거 같아요. 근데 재미난 건 실제로 그런 논문을 보시면 재미없어하시는 거죠. 이론적 줄기는 튼튼하되 정답이 없는, 논쟁적인, 무언가를 좀 허우적거리는 것도 원하시는데 그걸 맞추기가 어렵기도 했어요. 근데 지금 생각해 보면, 그 과정에서 되게 많이 배웠어요. 당신이 스스로 답이 있는 것처럼 늘 행동하고 이야기하고 수업을 하시지만 결국에 정답이라는 것은 영화에서 또 이론적으로도 상대적일 수 있잖아요. 영화를 다시 어떻게 바라봐야 하는지, 이렇게도 바라보고 저렇게도 바라보고, 저는 저만의 방법으로 바라봐야 한다고 늘 고민하고 생각했는데 그런 것들을 좀 많이 깨주시기도 했고, 그런 것들이 실제 논문과 영화 창작에 도움이 되었어요.

서원태: 학생 때 황 교수님께 작품 작품 크리틱을 받아봤으면 오히려 더 도움이 많이 되지 않았을까 라는 생각을 나중에 하게 됐어요.

최종한: 제가 모르는 거 그리고 모를 수밖에 없다는 사실을 계속 깨닫게 하려고 하신 게 아닌가 하는 생각이 들어요.

태지호: 황 교수님은 예전에 푸코에 대해 말씀하실 때마다 본인이 '푸코리언'이라는 말씀을 하신 기억이 납니다. 푸코는 철학자이기도 하고, 또 역사학자들은 그렇게 보진 않지만 역사학적인 베이스도 있고, 다양한 맥락 속에서 얘기할 수 있는데 본인을 그렇게 '푸코리언'이라고 하신 것은 그분의 학문적

인 성격을 드러내는 상징적인 표현 같아요.

강승묵: 혹시 그런 생각들은 안 해보셨나요? 뭐, 학문적 성향 등과 관련해서 학자인지? 연구자? 지식인? 교수? 뭐 그런 것들에 대해서, 저 같은 경우에는 자주 하는 고민들 중의 하나가 내가 혹시 지식 전문가나 지식 노동자, 지식 전수자 뭐, 그런 류가 아닌가 하는 거거든요.

서원태: 황 교수님은 기본적으로 학자세요. 그런데 이분께서 구성 작가나 프로듀서 같은 걸 하셨으면 어땠을까 하는 생각을 했어요. 예전에 서강연극회에서 하는 공연 출연을 위해 리허설을 하러 가셨던 생각이 나요. 기본적으로 창작자의 마인드가 있지 않나… 창작이나 콘텐츠 구성 원리를 추구하는 지적인 자극 혹은 흥미가 창작자의 마인드와 닿아 있다는 생각이 들어요.

이자혜: 그런 부분에 있어서 여기 모인 분들도 전형적이고 전통적인 의미에서 공부가 세상에서 가장 즐거웠고, 쉬웠어요, 라는, 그런 의미의 학자 느낌은 아니었던 것 같아요. 저는 책 속에 갇혀서 세상을 바라보는 게 학자의 진정한 지향점일까? 그런 생각이 들어요. 그래서 오히려 지금 서 교수님 말씀하신 것처럼 창작자적인 관점을 가지고 있으면서 그게 어떻게 구성되는지 궁금해하고, 그것을 학문적으로 설명하고 싶어 하고, 우리가 모르는 걸 설명하고 싶기 때문에 공부를 하고 싶어 하는 거잖아요. 그런 분이 아닐까 해요.

최종한: 제가 학부 때 기억으로는, 황 교수님께서 재미있게 (강의)하려고 개그도 하고 그러셨어요.

이자혜, 박동애: 그건 아닌데, 상상이 안 가는데…….

최종한: 박사과정 때 개인적으로는 당신이 학자라기보다 교육자라는 생각이 들기도 했습니다. 자신의 주장을 강조하거나 강요하거나 주입시키려거나 그런 게 없었어요. 이게 맞다. 그런 정해진 게 없는 거죠. 유연하신 거예요. 랑시에르가 얘기했듯이 스승은 무지할수록 좋다는 말이 있잖아요. 그런 교육자와 가장 비슷하지 않을까라는 생각이 들어요. 이 친구가 이게 필요하면

나는 이렇게 얘기를 해주고 저 친구가 이게 필요하면 거기에 맞추고 하는 그렇게 교육하시는 분, 같이 걸어가시려고 하는 분이라는 생각이 들어요.

박동애: 학자하고 지식인하고 교육자로 봤을 때, 교육자로서는 철저하게 직업정신이 투철하다고 생각해요. 그분은 교육자로서 어떻게 자극을 줘야 되는지, 이끌어가야 되는지 직업의식은 정말 투철하지 않을까? 자극을 주는 교육자? 학문의 즐거움? 사회과학 업계에서, 업계라고 말하긴 조금 그렇지만 나를 표현할 수 있는 방법을 배우는 자극을 주는 교육자라고 생각해요. 그러니까 내 방법이 틀렸다가 아니라 이쪽(사회과학)으로 오기로 했으면 그 방법을 끊임없이 찾아야 한다고 말씀하셨어요.

서원태: 좋은 교수법인 거 같아요. 저도 학생들을 가르치면서 느끼는 건데 뭔가 지엽적이고 구체적인 것과 병행하지 않으면 학생들은 오해하게 되죠. 뭐 안 가르친다고 느끼거나 못 가르친다고 느끼거나 아니면 나한테 관심 없다고 느끼거나 이렇게 오해할 여지가 생기는 건데. 결론적으로 봤을 때는 좋은 교수법인거 같아요.

강승묵: 방황하고 당황하고, 당황하고 방황하면서 답을 찾아가는, 이게 아마 그분의 교수법이라고 봐도 되겠죠. 일종의 아포리아 같습니다. 정리 겸 다시 처음으로 돌아가 보면, 아마도 본문에도 썼듯이, 가르치는 이와 배우는 이 사이의 대화적 관계가 그래서 중요한 게 아닌가 합니다. 서로에게 긍정적인 변화를 이끌어낼 수 있는 만남이 선행되어야 하겠고요. 그런 측면에서 공부라고 하는 게 이 책의 서명에서처럼, 영상도 그렇지만 여전히, 그리고 앞으로도 계속 아포리아일 수밖에 없는 것 같습니다. 뭐 삶이 아포리아이니 어쩔 수 없다는 생각이 들기도 합니다. 대담을 마치면서 그래도 결론을 내보자면, 공부든, 영상이든, 삶이든 답을 구하려면 일단 말을 건네는 봐야 하지 않을까 하는 겁니다. 이렇게,

'당신은 어느 별에서 왔나요?'

에필로그

영상으로 일상을 실험하고 기억하는 일

나는 내가 아무것도 모른다는 것을 안다I know that I know nothing.

소크라테스가 했다는 이 말은 우리에게 '스스로의 무지'를 자각하는 데서부터 새로운 지식을 깨칠 수 있는 길이 열리고, 배우고 익히는 것의 기본은 겸손이라는 교훈을 일깨워준다. 무엇보다 이 말의 가치는 아포리아aporia를 풀어헤칠 수 있는 여지勵志를 다질 수 있게 한다는 데 있다.

사방이 가로막힌 길 위에서 어찌할 바를 모르고 안절부절못하면서 난처해하고 당황해하며, 두려움에 휩싸일 때 마주치게 되는 아포리아는 그 자체가 새로운 방법이나 관점을 탐구할 수 있게 하는 또 다른 기회이기도 하다. 『**영상 아포리아: 영상이 건네는 일상·실험·기억에 관한 흥미진진한 이야기들**』은 일곱 명의 저자들이 영상으로 일상을 실험하고 기억하면서 마주쳤던 아포리아를 대하는 각자의 방식을 보여주고 들려주기 위해 쓰였다.

일상_영상에서는 일상의 삶과 일상을 살아가는 사람, 그리고 저마다의 사랑(방식)에 대한 이런저런 이야기들이 영상에 대한 단상에 곁들여져 펼쳐졌고, 영상_실험에서는 일상을 잠시나마 벗어나 일상적이지 않은 경험을 할 수 있는 실험적인 영화들에 대한 이야기들이 이어졌으며, 기억_영상에서는 일상 기억이 오롯이 개인적인 기억하기에 의해서이기보다 개인이 속한 사회에서 다양한 문화적 실천에 따라 기억된다는 이야기들이 다양한 영화 영상의 예를 통해 전개되었다.

영상을 매개로 구성된 12개의 이야기들 모두는 '알지 못함'이나 '모름'을 자각하는 데서부터 아포리아를 풀 수 있다는 믿음에서부터 시작되었다. 이리하거나 저리하거나 어차피 도무지 알 수 없는 난제인 아포리아를 그나마 풀 수 있는 방법이 '스스로의 무지'를 깨닫는 것이라면 그리할 수밖에 없다는 데 저자들은 일찌감치 동의했다. '아무것도 알지 못함의 끝에 이르러서야 비로소 알게 됨'이 아포리아임을 저자들 모두 이참에 새롭게 인식할 수 있게 된 것이다.

그리해야만, 사는 동안만이라도 '좋은 삶'을 쫓고, '더 좋은 사람'이기 위해 애쓰며, '더욱더 좋은 사랑'을 할 수 있으리라! 그리하기 위해서 무엇보다 '교육'이 수반되어야 하리라! 저자들은 그리 믿어보기로 했다. 이유가 있었다. 저자들 모두 황인성 선생님과 그의 '삶', 그리고 무엇보다 그의 '사랑'에 대한 가르침을 통해 교육의 소중함을 배웠기 때문이다. 마르틴 부버가 일렀듯이, 가르치는 이와 가르침을 받는 이 사이의 교육적 관계는 만남과 대화를 매개로 진정성 있는 자유를 추구할 수 있게 한다는 잠언을 되새기는 데 있어 그의 영향이 적지 않았음을 저자들 모두 공감한 바 있다.

『영상 아포리아: 영상이 건네는 일상·실험·기억에 관한 흥미진진한 이야기들』이 '창조적 충동'을 촉발하는 아포리아적인 사고와 태도를 기를 수 있는 디딤돌이 되기를 저자들은 간절히 소망한다. 그리하기 위해서는 싱크리티즘syncretism을 추구해 보는 것도 좋은 방법일 듯하다. 저마다 다른 삶의 배경을 지닌 저자들이 한자리에 모일 수 있었던 까닭은 서로의 '다름'을 부러 '같음'으로 획일화시키려 들지 않고, 이질적인 것들의 모순을 거리낌이 없이 수용하면서 혼합주의적으로 사고하는 싱크리티즘을 실천하고자 했기 때문이다.

『영상 아포리아: 영상이 건네는 일상·실험·기억에 관한 흥미진진한 이야기들』에는 저자들이 황인성 선생님으로부터 들었던 이야기들에 그와 함께 나눴거나 저자들마다 따로 하고자 했던 이야기들이 사이좋게 보태져 있다. 그럼에도 불구하고 여전히 미처 하지 못한 이야기들이 적지 않다. 앞으로 독자들과 함께 '천일 동안' 그 이야기들을 나눌 수 있기를 소망한다.

마지막으로 저자들 모두 황인성 선생님께 존경의 마음을 듬뿍 전해드리며, 아울러 흔쾌히 출간을 허락해 주신 한울엠플러스(주)의 김종수 대표이사님과 기획을 맡아주신 윤순현 차장님께도 깊은 감사의 인사를 드리며….

2019년 가을
저자 모두

참고문헌

제1부 일상_영상

01 일상의 삶, 사람, 사랑에 대한 영상 아포리아

강내희. 2015. 「일상의 문제와 문화연구, 그리고 마르크스주의」. ≪마르크스주의연구≫, 12권 2호, 12~44쪽.

강승묵. 2018a. 『문화 보기 영상 읽기: 처음 만나는 문화와 영상 입문서』. 파주: 한울엠플러스.

_____. 2018b. 『영상학 카페: 학문으로서 영상학에 대해 묻고 답하다』. 서울: 한나래

도정일. 1992. 「문화, 상징질서, 일상의 삶: 비판이론의 현대적 전개: 루이 알튀세르와 앙리 르페브르」. ≪문화과학≫, 1호, 117~134쪽.

박의경. 2013. 「계몽과 근대의 아포리아, 여성: 그들의 실종과 귀환을 중심으로」. ≪민주주의와 인권≫, 13권 1호, 167~198쪽.

마이어스, 토니(Tony Myers). 2005. 『누가 슬라보예 지젝을 미워하는가』. 박정수 옮김. 서울: 앨피.

모리스, 윌리엄(William Morris). 2018. 『윌리엄 모리스 노동과 미학』. 서의윤 옮김. 고양: 좁쌀한알.

부버, 마르틴(Martin Buber). 2010. 『교육 강연집』. 이정길 옮김. 서울: 지식을만드는고전선집.

스스무, 오카다(岡田 쯤). 2006. 『영상학 서설』. 강상욱·이호은 옮김. 서울: 커뮤니케이션북스.

여건종. 2018. 『일상적 삶의 상징적 생산: 대중문화와 문화적 민주화』. 서울: 에피파니.

여금미. 2015. 「디지털 아포리아: 크리스 마르케르의 멀티미디어 영상작업에서 기억의 공간」. ≪영화연구≫, 65호, 143~170쪽.

에덴서, 팀(Tim Edensor). 2008. 『대중문화와 일상, 그리고 민족 정체성』. 박성일 옮김. 서울: 이후.

오리, 파스칼(Pascal Ory). 2005. 『지식인의 탄생』. 한택수 옮김. 서울: 당대.

원용진. 1997. 「문화연구에 무슨 일이 있었나」. ≪언론과사회≫, 18호, 206~215쪽.

_____. 2004. 「한국 문화연구의 지형」. ≪문화/과학≫, 38호, 138~153쪽.

_____. 2010. 『새로 쓴 대중문화의 패러다임』. 서울: 한나래.

이기형·이도경. 2007. 「문화연구를 위한 제언: 현장연구와 민속지학적 상상력을 재점화하기: 조은과 조옥라의 ≪도시빈민의 삶과 공간: 사당동 재개발지역 현장연구≫의 사례를 매개로」. ≪언론과사회≫, 15권 4호, 156~201쪽.

이상규·홍석경. 2014. 「강북 청소년들의 일상생활 문화와 계급 정체성 형성에 대한 영상방법론

적 연구」. ≪한국언론정보학보≫, 68권 4호, 87~129쪽.

이상길. 2004. 「문화연구의 아포리아: '위기담론'에 대한 반성을 중심으로」. ≪한국언론학보≫, 48권 5호, 79~109쪽.

이재현. 2013. 「아리스토텔레스에게서 아포리아의 변증적 탐구술과 그 방법론적 기능」. ≪철학연구≫, 126호, 263~293쪽.

이준경. 2017. 「플라톤의 대화편 프로타고라스에 드러난 도덕교육의 아포리아에 관한 고찰: 좋은 삶을 위한 교육의 가능성과 그 교육적 관계에 대하여」. ≪도덕윤리과교육연구≫, 54호, 153~180쪽.

주은우. 2013. 「문화(정치) 경제학과 현대 자본주의 비판」. ≪경제와사회≫, 99호, 184~211쪽.

졸리, 마틴(Martin Joly). 1999. 『영상이미지 읽기』. 김동윤 옮김. 서울: 문예출판사.

진중권. 2009. 『미디어 아트: 예술의 최전선』. 서울: 휴머니스트.

하르투니언, 해리(Harry Harutunian). 2006. 『역사의 요동: 근대성, 문화 그리고 일상생활』. 윤영실·서정은 옮김. 서울: 휴머니스트.

한완상. 1979. 『민중과 지식인』. 서울: 정우사.

홍석경. 2015. 「서울의 풍경들: 블로거들의 서울 사진과 공간 경험에 대한 영상방법론적 접근」. ≪언론과사회≫, 23권 2호, 64~112쪽.

황인성. 1999. 『텔레비전 문화연구』. 서울: 한나래.

Banks, M. 2001. *Visual Methods in Social Research*. London: Sage.

Lefebvre, H. 1991. *The Production of Space*. translated by Donald Nicholson-Smith. Oxford: Blackwell.

Williams, R. 1961. *The Long Revolution*. London: Chatto and Windus.

Willis, P. 1990. *Common Culture: Symbolic Work at Play in the Everyday Cultures of the Young*. Boulder, CO, US: Westview Press.

02 밥과 커피, 영화…, 반복되는 일상의 시성

강승묵. 2018. 『문화 보기 영상 읽기』. 파주: 한울엠플러스.

곽경태·김은경. 2017. 「관찰예능 속에 담긴 일상, 집단적 의사소통의 장을 형성하다」. ≪예술인문사회융합멀티미디어논문지≫, 7권 7호, 813~820쪽.

김병덕. 2003. 「한국 여성작가 소설에 나타난 일상성 연구: 박완서·오정희·양귀자를 중심으로」. 중앙대학교 박사학위 논문.

김성운. 2014. 「옵아트에 나타난 반복 미학에 대한 연구」. ≪한국과학예술융합학회≫, 17호, 83쪽.

김형식. 2018. 「일상없는 삶과 대중문화의 징후: (비)일상-예능의 유행을 중심으로」. ≪문화과학≫, 94호, 212~235쪽.

도정일. 1992. 「문화, 상징질서, 일상의 삶-비판이론의 현대적 전개: 루이 알튀세르와 앙리 르페

　　　　브르」. ≪문화과학≫, 1호, 117~134쪽.

르페브르, 앙리(Henri Lefebvre). 2005. 『현대세계의 일상성』. 박정자 옮김. 서울: 기파랑.

_____. 2013. 『리듬분석: 공간, 시간, 그리고 도시의 일상생활』. 정기현 옮김. 서울: 갈무리.

바바, 호미(Homi K. Bhabha). 2002. 『문화의 위치』. 나병철 옮김. 서울: 소명출판.

박일태. 2017. 「현존재의 '존재해야 함'에 대하여: 『존재와 시간』에서 '일상적인 본래성'의 가능
　　　　성」. ≪철학논집≫, 48집, 233~260쪽.

서동욱. 2019. 「하이데거와 들뢰즈의 반복의 개념」. ≪철학논집≫, 57집, 63~103쪽.

신지영. 2007. 「들뢰즈의 차이 개념에 관련한 여성주의 재정립 가능성」. ≪한국여성철학≫, 7
　　　　호, 115~137쪽.

유정규. 2016. 「영화 〈카모메 식당〉에 표출된 문화의 사이공간」. ≪문화더하기콘텐츠≫, 5호,
　　　　26~42쪽.

이왕주. 2011. 「들뢰즈 극장의 홍상수」. ≪철학연구≫, 117호, 249~273쪽.

이자혜. 2016. 「〈쇼아(Shoah)〉를 통해 고찰한 다큐멘터리에서의 은유의 활용」. ≪영상문화콘
　　　　텐츠연구≫, 통권 11호, 101~121쪽.

_____. 2018. 「영화, 그리고 소수자로서의 지역에 대한 단상」. ≪자음과 모음≫, 258~269쪽.

이현재. 2015. 「현대도시의 일상성 분석을 위한 페미니즘의 개념적 제안: "사회적 재생산"의 장
　　　　으로서의 일상과 "수행적 반복"으로서의 일상실천」. ≪시대와 철학≫, 제26권 2호,
　　　　161~189쪽.

진은경·안상원. 2017. 「식당을 매개로 한 한일 영상텍스트 연구: 〈윤식당〉과 〈카모메 식당〉을
　　　　중심으로」. ≪한국콘텐츠학회논문지≫, 17권 11호, 567~576쪽.

최병두. 2018. 「르페브르의 일상생활 비판과 도시·공간적 소외」. ≪대한지리학회지≫, 53권 2
　　　　호, 149~172쪽.

최용미. 2012. 「거리산보자의 도시 공간 읽기: 『패터슨』과 『율리시즈』」. ≪현대영미시연구≫,
　　　　18권 1호, 127~155쪽.

최항섭. 2008. 「노마디즘의 이해: 들뢰즈와 마페졸리의 논의를 중심으로」. ≪사회와이론≫, 12
　　　　호, 163~196쪽.

하이데거, 마틴(Martin Heidegger). 1995. 『존재와 시간』. 소광희 옮김. 경문사.

한상연. 2019. 「시, 예술, 그리고 죽음: 죽음의 선구성과 일상성의 존재론적 관계에 대한 성찰」.
　　　　≪현대유럽철학연구≫, 53집, 271~300쪽.

Deleuze G. 1983. *Cinéma 1: L'image-mouvement*. Paris: Les Edition de Minuit.

_____. 1985. *Cinéma 2: L'image-temps*. Paris: Les Edition de Minuit.

Lefebvre, H. 1976. *The Survival of Capitalism*. New York: St. Martin's Press. [original work
　　　　published 1973].

_____. 1991. *Critique of Everyday Life: vol.1*. London: Verso. [original work published
　　　　1947].

_____. 1988. "Toward a Leftist Cultural Politics: Remarks Occasioned by the Centenary of

Marx's Death." *Marxism and the Interpretation of Culture*. translated by David Reifman, in Cary Nelson and Lawrence Grossberg. Basingstoke: Macmillan Education, pp.75~88.

_____. 2002. *Critique of Everyday Life: vol.2*. London: Verso. [original work published 1961].

_____. 2003. *The Urban Revolution*. Minneapolis: Univ. of Minnesota. [original work published 1970].

Wesley, B. 2018. "De la poésie à l'écran. Paterson de Jim Jarmusch." *Captures*, Vol.3 No.1.

효리네 민박 https://namu.wiki/w/효리네%20민박 (검색일: 2019.10.2).

03 어쩌다 마주친 그대와의 사랑은 운명일까?

강성훈. 2008. 「플라톤의 국가에서 선분 비유와 동굴 비유」. ≪철학사상≫, 27호, 165~200쪽.

강신주. 2012. 『철학이 필요한 시간』. 파주: 사계절.

강신주. 2012. 『철학 vs 철학』. 파주: 그린비.

김미혜. 2016. 「영화 〈그녀〉를 통해 본 인공지능과 인간의 공존이 주는 의미」. ≪한국콘텐츠학회논문지≫, 16권 10호, 636~644쪽.

노양진. 2009. 「들뢰즈와 시뮬라크르의 의미론」. ≪철학연구≫, 110권, 23~42쪽.

들뢰즈, 질(Gilles Deleuze). 1999. 『의미의 논리』. 이정우 옮김. 파주: 한길사.

들뢰즈·가타리(Gilles Deleuze and Félix Guattari). 2001. 『천개의 고원』. 김재인 옮김. 서울: 새물결.

_____. 2014. 『안티 오이디푸스』. 김재인 옮김. 서울: 민음사.

메이, 사이먼(Simon May). 2016. 『사랑의 탄생』. 김지선 옮김. 파주: 문학동네.

신승철. 2005. 「들뢰즈/가타리의 욕망론과 신체론에 대한 고찰: 『천개의 고원』 제6장 '기관 없는 신체'를 만드는 법을 중심으로」. ≪철학사상문화≫, 1권 1호, 133~173쪽.

연효숙. 2013. 「들뢰즈의 기관없는 신체와 개체성의 문제: 헤겔의 유기체와 개별자에 대한 들뢰즈의 비판」. ≪헤겔연구≫, 34호, 259~280쪽.

이경화. 2013. 「Deleuze와 Guattari의 '여성-되기'의 관점에서 본 이상한 나라의 앨리스」. ≪아시아여성연구≫, 52권 1호, 67~86쪽.

이정우. 1998. 「들뢰즈와 사건의 존재론」. ≪시대와 철학≫, 9권 1호, 139~167쪽.

조현천. 2019. 「쿤데라의 소설 『참을 수 없는 존재의 가벼움』에 나타난 우연의 시학」. ≪독일어문학≫, 85권, 65~84쪽.

Antonioli, M. 1999. *Deleuze et l'histoire de la philosophie*. Paris: Kimé.

Beck, C. and François-Xavier G. 2016. "Deleuze and the event(s)." *Journal for Cultural Research*, Vol.20, No.4, pp.329~333.

Freud, S. 1973. "The Resistances to Psycho-Analysis." in James Strachey(eds.). *The Standard*

Edition of The Complete Psychological Works of Sigmund Freud, Vol.XIX, London: The Hogarth Press Ltd. pp.211~222.

Sauvagnargues, A. 2005. Deleuze et l'art. Paris: Presses Universitaires de France.

Zepf, S. 2010. "Libidio and Psychic Energy-Freud's Concepts Reconsidered." International Forum of Psychoanalysis, pp.3~14.

04 방탄소년단과 함께 하는 일상의 영상문화

가드너, 하워드(Howard Gardner)·케이티 데이비스 (Katie Davis). 2014. 『앱 제너레이션』. 이수경 옮김. 서울: 미래엔.

강승묵. 2018. 『문화 보기 영상 읽기: 처음 만나는 문화와 영상 입문서』. 파주: 한울엠플러스.

_____. 2018. 『영상학 카페』. 서울: 한나래.

다이어, 리처드(Richard Dyer). 1991. 『스타-이미지와 기호』. 주은우 옮김. 서울: 한나래.

몸문화연구소. 2006. 『우리는 가족일까』. 임유진 편집. 서울: 은행나무.

민환기·남연경. 2012. 「사실적인 감정의 미학: 고레에다 히로카즈의 〈걸어도 걸어도〉를 중심으로」. ≪만화애니메이션연구≫, 27권, 199~219쪽.

크리스, 바커(Barker Chris). 2009. 『문화연구사전』. 이경숙·정영희 옮김. 서울: 커뮤니케이션북스.

셸러, 막스(Max Scheler). 2006. 『동감의 본질과 형태들』. 조정옥 옮김. 서울: 아카넷.

스탬, 로버트(Robert Stam). 2003. 『어휘로 풀어보는 영상기호학』. 이수길·문재철·김소연·김병철 옮김. 서울: 시각과 언어.

스터르큰, 마리타(Marita Sturken)·리사 카트라이트(Lisa Cartwright). 2006. 『영상문화의 이해』. 윤태진·허현주·문경원 옮김. 서울: 커뮤니케이션북스.

에드거, 앤드류(Andrew Edgar). 피터 새즈윅(Peter Sedgwick). 2003. 『문화 이론 사전』. 박명진·이영욱·김창남·정준영·손병우·주은우·주형일·양예란·김예란 옮김. 서울: 한나래.

앤더슨, 베네딕트(Anderson Benedict). 2004. 『상상의 공동체: 민족주의의 기원과 전파에 대한 성찰』. 윤형숙 옮김. 서울: 나남.

육상효. 2013. 「가족 영화로 본 한국과 미국의 영화 스토리텔링」. ≪한국콘텐츠학회논문지≫, 13권 10호, 151~159쪽.

윤여광. 2019. 「방탄소년단(BTS)의 글로벌 팬덤과 성공요인 분석」. ≪한국엔터테인먼트 산업학회논문지≫, 13권 3호, 13~25쪽.

이지영. 2018. 『BTS 예술혁명: 방탄소년단과 들뢰즈가 만나다』 서울: 파레시아.

자네티, 루이스(Louis Gianetti). 2008. 『영화의 이해』. 박만준·진기행 옮김. 서울: K-book.

정수완. 2014. 「고레에다 히로카즈 영화에 나타난 가족의 의미 연구」. ≪씨네포럼≫, 19호, 139~167쪽.

차민주. 2017. 『BTS를 철학하다』. 서울: 비밀신서.

히로카즈, 고레에다. 2017. 『영화를 찍으며 생각한 것: 영화 자서전』. 이지수 옮김. 서울: 바다출판사.

Barnardl, M. 2001. *Approches to understanding Visual Culture*. Hanover, NH: Palgrave.

Mirzoeff, N. 1999. *An Introduction to Visual Culture*. New York NY: Routledge.

제2부 영상_실험

05 한국 실험영화 태동기 약사(1919~1979)

강성률. 2010. 「비극, 비판, 실험-하길종 영화를 이해하기 위한 세 코드」, ≪영화연구≫, 44호,
    7~31쪽.

≪경향신문≫. 1962.6.21. "중앙대 연극영화과 학생들의 실험영화 촬영광경".

곽동운. 2015.3.13. "김기종은 미워도 만석중놀이는 미워하지 말자." ≪오마이뉴스≫.

국립현대미술관. 2010. 「미래는 지금이다」. 『전시 프로그램북』.

김미현 외. 2006. 『한국영화사』. 서울: 커뮤니케이션북스.

김수남. 2002. 「연쇄극의 영화사적 정리와 미학적 고찰」. ≪영화연구≫, 20호, 56~92쪽.

김지하. 2012. 「한국 실험영화의 문화적 형성 과정 연구」. 홍익대학교 대학원 박사학위 논문.

김효숙. 2015. 「미디어 퍼포먼스의 사례분석에 관한 연구: 노이즈폴드, 이둔, 태싯그룹을 중심
    으로」. ≪디지털디자인학보≫, 16권 3호, 39~48쪽.

남수영. 2013. 「랑시에르와 영화적 모더니티: 영화를 둘러싼 미학적 위계에 대한 고찰」. ≪영상
    예술연구≫, 22권 22호, 105~129쪽.

≪동아일보≫, 1931.10.8. "영화 몽타주론".

≪동아일보≫. 1962.9.29. "좋은 영화를 보여주자 - 불란서의 씨네클럽 운동".

≪동아일보≫. 1963.1.30. "사진으로 본 전위영화들".

랑시에르, 자크(Jacques Ranciere). 2008. 『감성의 분할: 미학과 정치』. 오윤성 옮김. 서울: 도서
    출판b.

_____. 2012. 『영화 우화』. 유재홍 옮김. 고양: 인간사랑.

문관규. 2011. 「1970년대 실험영화집단 카이두 클럽과 한옥희 감독연구」. ≪현대영화연구≫, 7
    권 1호, 141~172쪽.

_____. 2012. 「한국영화운동사에서 '영상시대'의 등장 배경과 영화사적 의의」. ≪씨네포럼≫,
    14호, 359~388쪽.

박기순. 2013. 「자크 랑시에르: 잊혀진 이름의 귀환: 국내의 랑시에르 연구 현황」. ≪역사비평
    구≫, 105호, 349~371쪽.

박선영. 2016. 「1950년대 후반 극장의 영화상영 관행」. ≪한국영상자료원 한국영화사연구소 심
    포지엄 자료집≫.

박준원. 2013. 「라캉과 현대미술에 관하여」. ≪현대미술학논문집≫. 7호, 7~34쪽.

서원태. 2013. 「한국 실험영화 제도화 과정 연구」. 한양대학교 대학원 박사학위 논문.

안재석. 2001. 「청년영화 운동으로서의 '영상시대'에 대한 연구」. 중앙대학교 대학원 석사학위 논문.

_____. 2009. 「하길종 감독 바로보기: 영화계 입문 이전의 행적을 중심으로」. ≪영화연구≫, 40호, 127~159쪽.

≪영화≫. 1982.5.6. 「대학생 영화제작활동, 제8회 한국청소년영화제 개최에 즈음하여」. 77호, 44쪽.

오준호. 2017. 「이색적인 문화영화: 유현목과 시네포엠의 실험영화 개념에 관한 제안」. ≪영화연구≫, 71호, 101~134쪽.

_____. 2018. 「종합적 이미지의 예술과 영상주의: 최일수와 유현목의 시네포엠」. ≪영화연구≫, 76호, 131~174쪽.

유두연. 1954.3.11. "영화와 시 - 장 콕토에 관한 노트." ≪경향신문≫.

유운성. 2015. 「벽이 없는 영화: 확장영화와 필름 퍼포먼스 입문」. ≪KMDB영화칼럼≫.

이대범. 2009. "미술가 이건용". ≪아트인컬처≫.

이상섭. 1993. 『아리스토텔레스 시학연구』. 서울: 문학과 지성사.

이원곤. 2013.11.17. 「비디오아트 1세대와 그 이후: 1970-2010년의 전시 상황과 작업 경향」, ≪MAP(미디어아트플랫폼)≫.

이정배. 2009. 「조선변사의 연원(淵源)과 의의」. ≪인문과학연구≫, 21호, 79~106쪽.

이효인. 2017. 『한국 근대영화의 기원』. 서울: 박이정.

정연심. 2016. 「1960~70년대 한국의 퍼포먼스와 미술가의 몸」, ≪미술이론과 현장≫, 22권, 86~119쪽.

정종화. 2012. 「조선 무성영화 스타일의 역사적 연구」. 중앙대학교 대학원 박사학위논문.

_____. 2017. 「조선 무성영화 스타일의 역사적 연구」. ≪영화연구≫, 74호.

최종한. 2012. 「시간, 시간이론 그리고 확장시간구조: 실험영화와 비디오아트를 중심으로」. ≪한국영상학회논문집≫, 10권 3호, 111~125쪽.

_____. 2014. 「현대 한국 실험영화 생산주체의 고유성 탐구: 서울국제실험영화페스티벌 10년을 중심으로」. ≪영상기술연구≫, 21호, 251~272쪽.

_____. 2015. 「실험영화 시간구조의 미학과 이데올로기」. ≪한국영상학회논문집≫, 13권 5호, 27~40쪽.

_____. 2017a. 「A View Point for Understanding Korean Experimental Film」. ≪미디어와 공연예술연구≫, 12권 3호, 145~156쪽.

_____. 2017b. 「여성 실험영화 집단 〈카이두〉 작품들에 차용된 퍼포먼스 형식연구」. ≪연기예술연구≫, 10권 2호, 37~50쪽.

_____. 2018. 「한국 실험영화 장르형성과 존재 방식에 관한 연구」, ≪영화연구≫, 78호(12월).

한상언. 2015. 「식민지 조선에서 연쇄극의 유입과 정착에 관한 연구」. ≪영화연구≫, 64호, 203~227쪽.

허은희. 2006. 「영화의 'Pre-Verbal' language 연구」. ≪영상예술연구≫, 9호, 243~273쪽.

Richie, D. 1981. *Japanese Experimental Film: 1960-1980.* New York: The American Federation of Arts.

06 이토 다카시, 개인의 실험영화 연대기

들뢰즈, 질(Gilles Deleuze). 2008. 『감각의 논리』. 하태환 옮김. 서울: 민음사.

리오타르, 장프랑수아(Jean-François Lyotard). 1993. 『지식인의 종언』. 이현복 옮김. 서울: 문예출판사.

변재규. 2013. 「프레임 구축의 미학: 이토 다카시의 작품 〈스페이시〉를 중심으로」. ≪한국영상학회논문집≫, 11권 1호, 159~161쪽.

볼터, 제이 데이비드(Jay David Bolter)·리처드 그루신(Richard Grusin). 1999. 『재매개 뉴미디어의 계보학』. 이재현 옮김. 서울: 커뮤니케이션북스.

서대정. 2007. 「자기 반영 미학의 영화적 구현」, ≪영화연구≫, 32호, 136~155쪽.

_____. 2013. 「미학적 장치와 영화적 효과의 상관관계: 예술영화의 최근 두 가지 경향을 중심으로」, ≪영화연구≫, 57호, 143~168쪽.

수에오카, 이치로(Ichiro Sueoka). 2009. 「일본의 실험영화와 그 주변: 80년대부터 현재까지」. 박노민 옮김. 『아시아 실험영화』. 이행준 편저. 서울: 평사리.

오프레이, 마이클(Michael O'pary). 2003. 『아방가르드 영화』. 양민수·장민용 옮김. 서울: 커뮤니케이션북스

진중권. 2003. 『진중권의 현대미학 강의』. 파주: 아트북스.

_____. 2004. 『미학오디세이3』. 서울: 휴머니스트.

Sitney, P. A. 1979. *Visionary Film: The American Avant-Garde 1943-1978.* New York: Oxford University Press.

Nishiiima, Norio. 2006. "The Ecstasy of Auto-machines."
http://www.imageforum.co.jp/ito/profile_e.html/(검색일: 2019.9.15.)
http://www.imageforum.co.jp/ito/filmography_e.html/(검색일: 2019.9.15.)

〈스페이시(SPACY)〉. 1981. 10분. 16mm. tinted stock.
〈박스(BOX)〉. 1982. 8분. 16mm. tinted stock.
〈스크류(SCREW)〉. 1982. 3분. 16mm. color/silent.
〈드릴(DRILL)〉. 1983. 5분. 16mm. b&w/silent.
〈유령(GHOST)〉. 1984. 6분. 16mm. color.
〈그림(GRIM)〉. 1985. 7분. 16mm. color.
〈월(WALL)〉. 1987. 7분. 16mm. color.
〈악마의 회로(Devil's Circui)〉. 1988. 7분. 16mm. color.

〈비너스(VENUS)〉. 1990. 4분. 16mm. b&w/silent.

〈12월의 숨바꼭질(December Hide-and-Go-Seek)〉. 1993. 7분 30초. video. color.

〈달(THE MOON)〉. 1994. 7분. 16mm. color.

〈구역(ZONE)〉. 1995. 13분. 16mm. color.

〈장치 M(Apparatus M)〉. 1996. 6분. 16mm. color. silent.

〈조용한 하루(A Silent Day)〉. 1999. 15분. 16mm. color+b&w. silent.

〈조용한 하루(A Silent Day)〉. 2002. 20분. video. color.

07 촬영미학: 봉준호 감독의 〈마더〉, 빛과 물질로 영화 읽기

들뢰즈, 질(Gilles Deleuze). 1999. 『철학이란 무엇인가?』. 이정임 옮김. 서울: 현대미학사.

_____. 2002. 『시네마 1: 운동-이미지』. 유진상 옮김. 서울: 시각과언어.

_____. 2004. 『차이와 반복』. 김상환 옮김. 서울: 민음사.

_____. 2005. 『시네마 2: 시간-이미지』. 이정하 옮김. 서울: 시각과언어.

_____. 2008. 『감각의 논리』. 하태환 옮김. 서울: 민음사.

뵐플린, 하인리히(Heinrich Wölfflin). 1994. 『미술사의 기초개념』. 박지형 옮김. 서울: 시공사.

http://www.cine21.com/movie/info/?movie_id=25030 (검색일: 2019.9.19.)

08 1960년대 한국 실험영화의 작품 연구

강성률. 2010. 「비극, 비판, 실험: 하길종 영화를 이해하기 위한 세 코드」, ≪영화연구≫, 44호, 7~31쪽.

김미현 외. 2006. 『한국영화사』. 서울: 커뮤니케이션북스.

김지하. 2012. 「한국 실험영화의 문화적 형성 과정 연구」. 홍익대학교 대학원 박사학위 논문.

김지훈. 2016. 「매체를 넘어선 매체: 로잘린드 크라우스의 '포스트-매체' 담론」. ≪美學(미학)≫, 82권 1호, 73~115쪽.

문관규. 2011. 「1970년대 실험영화집단 카이두 클럽과 한옥희 감독연구」. ≪현대영화연구≫, 7권 1호, 141~172쪽.

_____. 2012. 「한국영화운동사에서 '영상시대'의 등장 배경과 영화사적 의의」. ≪씨네포럼≫, 14호, 359~388쪽.

보겔, 아모스(Amos Vogel). 1997. 『전위 영화의 세계』. 권중운 옮김. 서울: 예전사.

서원태. 2013. 「한국 실험영화 제도화 과정 연구」. 한양대학교 대학원 박사학위 논문.

서현석. 2010. 「다큐멘터리와 아방가르드의 접점에서: 수행적 다큐멘터리에 관한 수행적 단상들」. ≪영화연구≫, 43호, 229~271쪽.

시트니, 애덤스(P. Adams Sitney). 『시각영화: 20세기 미국 아방가르드 영화』. 허기정·박동현·손광주 옮김. 서울: 평사리.

안재석. 2001. 「청년영화 운동으로서의 '영상시대'에 대한 연구」. 중앙대학교 대학원 석사학위 논문.

_____. 2009. 「하길종 감독 바로보기: 영화계 입문 이전의 행적을 중심으로」. ≪영화연구≫, 40호, 127~159쪽.

오준호. 2017. 「이색적인 문화영화: 유현목과 시네포엠의 실험영화 개념에 관한 제안」. ≪영화연구≫, 71호, 101~134쪽.

_____. 2018. 「종합적 이미지의 예술과 영상주의: 최일수와 유현목의 시네포엠」. ≪영화연구≫, 76호, 131~174쪽.

유현목. 1961. 「무비판타지」. 『現代文學』.

_____. 1968. 「女女女」. 『世代』, 제6권.

이원곤. 2013.11.17. 「비디오아트 1세대와 그 이후: 1970-2010년의 전시 상황과 작업 경향」, ≪MAP(미디어아트플랫폼)≫.

임도경. 2012. "한국의 영화감독을 만나다 하길종". ≪월간조선≫, 1월호.

장민용. 2004. 「영화적 시각의 변형에 대한 연구: 실험영화를 중심으로」. ≪영화연구≫, 24호, 403~420쪽.

_____. 2010. 「영화적 공간의 확장에 대한 연구: 실험영화를 중심으로」. ≪영화연구≫, 43호, 333~354쪽.

_____. 2011. 「실험영화의 시간미학 연구」. ≪영화연구≫, 49호, 27~40쪽.

최종한. 2012. 「시간, 시간이론 그리고 확장시간구조: 실험영화와 비디오아트를 중심으로」. ≪한국영상학회논문집≫, 10권 3호, 111~125쪽.

_____. 2014. 「현대 한국 실험영화 생산주체의 고유성 탐구: 서울국제실험영화페스티벌 10년을 중심으로」. ≪영상기술연구≫, 21호, 251~272쪽.

_____. 2015. 「실험영화 시간구조의 미학과 이데올로기」. ≪한국영상학회논문집≫, 13권 5호, 27~40쪽.

_____. 2018. 「한국 실험영화 태동사 연구(1919-1979): 혼종적 매체실험을 중심으로」. ≪한국국학연구≫, 37호, 577~617쪽.

황인성. 1999. 「'트렌디 드라마'의 서사 구조적 특징과 텍스트의 즐거움에 관한 이론적 고찰」. ≪한국언론학보≫, 43권 5호, 221~248쪽.

≪경향신문≫. 1954.3.11. "영화와 시 - 장 콕토에 관한 노트".

_____. 1962.6.21. "중앙대 연극영화과 학생들의 실험영화 촬영광경".

_____. 1965.2.1. "시극동인회 5일에 발표회".

_____. 1966.12.26. "50초짜리 문화영화 〈손〉 출품".

_____. 1968.1.10, 1968.12.11. "언더그라운드시네마".

_____. 1969.10.4. "기차(春夢(춘몽) 유죄 관결과 映盡界(영화계)의 충격".

≪동대신문≫. 1970.11.3. "藝術(예술)로 가다, 映畵(영화) 유현목 감독과 함께". 470호.

_____. 1979.3.27. "大學閑話(대학한화) 禪(선)과 映畵(영화)".

≪동아일보≫. 1931.10.08. "영화 몽타주론".
_____. 1957.6.23. "브뤼셀 국제실험영화제".
_____. 1962.6.01. "예술영화(전위영화) 운동 칼럼".
_____. 1962.9.29. "좋은 영화를 보여주자 - 불란서의 씨네클럽 운동".
_____. 1963.1.30. "사진으로 본 전위영화들".
_____. 1965.1.28. "시극동인회연구회".
_____. 1968.7.25, 1968.8.10. "언더그라운드 예술".
≪매일신문≫. 1965.12.5. "前衛藝術 通俗「드라마」에의 反撥".
≪맥스무비≫. 2004.7.29. "40년만의 감개무량한 복원, 〈춘몽〉의 유현목 감독".
≪오마이스타≫. 2003.10.21. "2003년 캐나다 애니메이션 페스티벌 열려".
≪올댓아트≫. 2017.9.18. "미완의 혁명가, 아방가르드 김구림".
≪중앙일보≫. 1969.11.29. "움직이는 전자예술".
2012년 제6회 시네마디지털서울 영화제 프로그램.

Fiske, J. 1987. *Television Culture*. London and New York: Routledge.
Sitney, P. A. 1979. *Visionary Film: The American Avant-Garde 1943-1978*. New York: Oxford University Press.
Wollen, P. 1975. *THE TWO AVANT-GARDES*. Studio International.

Lux 홈페이지. https://lux.org.uk/about-us/our-history (검색일: 2018.12.5).
한국영상자료원 홈페이지. https://www.kmdb.or.kr/db/per/00004535 (검색일: 2018.12.5).
post at MOMA 홈페이지. https://post.at.moma.org/content_items/202-expressions-without-freedom-korean-experimental-art-in-the-1960s-and-1970s (검색일: 2018.12.5).

마르셀 뒤샹 감독. 〈빈혈증 영화(Anemic Cinema)〉. 8분. 16mm.
유현목. 〈손〉, 〈춘몽〉.
김구림. 〈1/24초의 의미〉, 〈무제〉, 〈문명, 여자, 돈〉.
하길종. 〈병사의 제전〉.
백남준. 〈영화를 위한 선〉.
김인태. 〈코리안 알파벳〉.

제3부 기억_영상

09 일상문화와 기억

김운찬. 2005. 『현대 기호학과 문화 분석』. 파주: 열린책들.
롤랑 바르트(Roland Barthes). 2006. 『S/Z』. 김웅권 옮김. 서울: 동문선.

아도르노, 테오도르(Theodor. W. Adorno). 1997. 『미학이론』. 홍승용 옮김. 서울: 문학과지 성사.

유리 로트만(Yuri M. Lotman). 1998. 『문화기호학』. 유재천 옮김. 서울: 문예출판사.

_____. 2008. 『기호계』. 김수환 옮김. 서울: 문학과지성사.

전진성. 2005. 『역사가 기억을 말하다』. 서울: 휴머니스트.

제레미 탬블링(Jeremy Tambling). 2000. 『서사학과 이데올로기』. 이호 옮김. 서울: 예림기획.

제프리 올릭(Jeffrey K. Olick). 2011. 『기억의 지도』. 강경이 옮김. 고양: 옥당.

클로테르 라파이유(Clotaire Rapaille). 2007. 『컬처코드』. 김상철·김정수 옮김. 서울: 리더스북.

키스 젠킨스(Keith Jenkins). 1999. 『누구를 위한 역사인가』. 최용찬 옮김. 서울: 혜안.

태지호. 2014. 『공간형 콘텐츠』. 서울: 커뮤니케이션북스.

_____. 2013. 「〈독립기념관〉에 나타난 '독립'의 기억과 그 재현 방식에 관한 연구」. ≪미디어, 젠더&문화≫, 25호, 145~177쪽.

Foucault, M. 1975. "Film and Popular Memory, Radical Philosophy." *Radical Philosophy*, Vol.5, No.11, pp.24~29.

Halbwachs, M. 1992. "La topographie légendaire des évangiles en terre sainte: Etude de mé moire collective; Les cadres soiaux de la mémoire." translated by Coser, L. A. *On Collective Memory*. The University of Chicago Press. [original work published 1941, 1952].

Lacapra, D. 1994. *Representing the Holocaust: History, Theory, Trauma*. Ithaca, N.Y: Cornell University Press.

Schwartz, B. 1996. "Memory as a Cultural System: Abraham Lincoln in World War Ⅱ." *American Sociological Review*, Vol.61, No.5, pp.908~927.

10 기억의 터에 남겨진 영상의 흔적들

강승묵. 2009. 「애니메이션 〈Birthday Boy〉가 구성하는 기억의 사회성과 문화적 기억에 관한 연구」. ≪애니메이션연구≫, 5권 3호, 7~24쪽.

_____. 2015. 「〈시카고 하이츠(Chicago Heights)〉의 영화적 공간과 기억의 터에 관한 연구」. ≪씨네포럼≫, 20호, 125~156쪽.

_____. 2018a. 「장률 감독 영화의 영화적 공간에 구성된 기억 재현과 문화적 기억」. ≪씨네포 럼≫, 30호, 9~38쪽.

_____. 2018b. 『문화 보기 영상 읽기: 처음 만나는 문화와 영상 입문서』. 파주: 한울엠플러스.

_____. 2018c. 『영상학 카페: 학문으로서 영상학에 대해 묻고 답하다』. 서울: 한나래

소자, 에드워드(Edward Soja). 1997. 이무용 옮김. 『공간과 사회비판이론』. 서울: 시각과언어.

아스만, 알레이다(Aleida Assmann). 2003. 『기억의 공간』. 변학수·백설자·채연숙 옮김. 대구: 경북대학교출판부.

에덴서, 팀(Tim Edensor). 2008. 『대중문화와 일상, 그리고 민족 정체성』. 박성일 옮김. 서울: 이후.

이기형. 2010. 「영상미디어와 역사의 재현 그리고 '기억의 정치학': 안중근 의사의 순국 100주년 기념 텔레비전 역사 다큐멘터리들을 중심으로」. ≪방송문화연구≫, 22권 1호, 57~90쪽.

전진성. 2002. 「역사와 기억: "기억의 터"에 대한 최근 독일에서의 논의」. ≪서양사론≫, 72호, 167~185쪽.

주진숙·홍소인. 2009. 「장률 감독 영화에서의 경계, 마이너리티, 그리고 여성」. ≪영화연구≫, 42권, 597~620쪽.

푸코, 미셸(Michel Foucault). 2014. 『헤테로토피아』. 이상길 옮김. 서울: 문학과지성사.

홍석경. 2015. 「서울의 풍경들: 블로거들의 서울 사진과 공간 경험에 대한 영성방법론적 접근」. ≪언론과사회≫, 23권 2호, 64~112쪽.

황인성. 2004. 「텔레비전의 미·이라크 전쟁 보도와 미국식 오리엔탈리즘: KBS 텔레비전 뉴스 사례를 중심으로」. ≪한국언론학보≫, 48권 3호, 144~167쪽.

황인성·강승묵. 2008. 「영화 〈꽃잎〉과 〈화려한 휴가〉의 영상 재현과 대중의 기억(popular memory)이 구성하는 영화와 역사의 관계에 관한 연구」. ≪영화연구≫, 35권, 43~76쪽.

황인성·남승석·조혜랑. 「영화 〈공동경비구역 JSA〉의 공간재현 방식과 그 상징적 의미에 대한 일 고찰」. ≪언론과사회≫, 20권 4호, 81~131쪽.

Burke, P. 1989. "History as Social Memory." in T. Butler(ed.). Memory: History, Culture and the Mind. Oxford: Basil Blackwell.

Chambers, I. 1997. "Maps, Movies, Musics and Memory." in D. Clarke(ed.). The Cinematic City. London: Routledge.

Choay, F. 1986. "Urbanism and Semiology." in M. Gottdiener and A. Ph. Lagopoulos(eds.). The City and the Sign: An Introduction to Urban Semiotics. New York: Columbia University Press.

Connerton, P. 1989. How Societies Remember. Cambridge: Cambridge University Press.

Erll, A. 2008. "Cultural Memory Studies: An Introduction." in A. Erll and A. Nünning(eds.). Cultural Memory Studies. New York: Walter de Gruyter. pp.3~7.

Foucault, M. 1977. "Film and Popular Memory: Cahiers du Cinéma/Extracts." Edinburg 77 Magazine, No.2 History/Production/Memory. pp.18~36.

_____. 1980. "Power/Knowledge: Selected Interviews and Other Writings 1972-1977." in C. Gordon(ed.). translated by C. Gordon, L. Marshall, J. Mepham, and K. Soper. New York: Pantheon Books.

_____. 1984. "Of Other Space." translated by Jay Miskowiec. Diacritics, 16, pp.22~27.

Halbwachs, M. 1992. On Collective Memory. translated by Lewis A. Coser. Chicago: The University of Chicago Press.

Hirsch, H. 1995. Genocide and the Politics of Memory: Studying Death to Preserve Life.

Chapel Hill: University of North Carolina Press.

Langer, L. Lawrence. 1991. *Holocaust Testimonies: The Ruins of Memory*. New Haven: Yale University Press.

Lefèbvre, H. 1991. *The Production of Space*. translated by Donald Nicholson-Smith. Oxford: Blackwell.

Nora, P. 1989. "Between Memory and History: Les Lieux de Mémoire." *Representations*, No.26(Spring, 1989), pp.7~24.

_____. 1996. *Realms of Memory: Rethinking the French Past, Vol.1-Conflicts and Divisions*. translated by Arthur Goldhammer. New York: Columbia University Press.

Popular Memory Group. 1982. "Popular Memory: Theory, Politics, Method." in CCCS(ed.). *Making Histories: Studies in History-writing and Politics*. London: Hutchinson. pp.205~252.

Sontag, S. 2004. *Regarding the Pain of Others*. London: Penguin.

Sturken, Ma. 1997. *Tangled Memories: The Vietnam War, the AIDS Epidemic, and the Politics of Remembering*. Berkeley: University of California Press.

Tuan, Yi-Fu 1977. *Space and Place: The Perspective of Experience*. Minneapolis: The University of Minnesota Press.

Zizek, S. 1989. *The Sublime Object of Ideology*. London: Verso.

11 반복되는 역사의 잔인한 기억들

랑시에르, 자크(Rancière, Jacques). 20011. 『영화우화』 유재홍 옮김. 인간사랑

벤야민, 발터(Benjamin, Walter). 2008. 『발터 벤야민 선집 5: 역사의 개념에 대하여, 폭력비판을 위하여, 초현실주의 외』. 최성만 옮김. 도서출판 길

이윤영. 2011. 「크리스 마커의 〈환송대〉에 나타난 '불가능한 기억'의 문제」. ≪문학과영상≫, 12호(No.3), 799~823쪽.

조혜정. 2015. 「압도적 시각 이미지를 통해 발현되는 숭고의 체험 〈철의 꿈〉」. ≪현대영화연구≫, 20호, 133~154쪽.

황인성. 2001. 「Popular Memory 연구의 이론 및 방법론적인 전망에 관한 논의」. ≪언론문화연구≫, 17호, 21~40쪽.

_____. 2014. 「'기억'으로서의 영화 〈지슬〉과 〈지슬〉이 구성하는 '기억'의 의미에 대하여」. ≪한국소통학보≫, 23권, 347~374쪽.

Alter, N. M. 2006. *Chris Maker*. Chicago: University of Illinois Press.

Arthur, P. 2003. "Essay Questions: From Alain Resnais to Michael Moore." *Film Comment*, Vol.39, No.1, pp.53~62.

Burch, N. 1981. *Theory of Film Practice*. Princeton N. J.: Princeton University Press.

Corrigan, T. 2011. *The Essay Film: from Montaigne, after Marker*. New York: Oxford University Press.

Fihman, G. 2004. "L'Essai cinématographique et ses transformations expérimentales." in Suzanne Liandrat-Guigues and Murielle Gagnebin(eds.). *L'Essai et le cinéma*. Paris: Champ Vallon.

Godard, J.-L. 1998. *Histoire(s) du cinéma*. Paris: Gallimard-Gaumont.

Habib, A. 2012. "Marker et les temps de l'essai." *24 images*, No.159, pp.6~8.

Hermann, V. T. 2010. "Cinéma et art contemporain, nouvelles approches de l'essai." *Marge*, No.10, pp.86~100.

Lopate, P. 1992. "In Search of the Centaur: The Essay Film." *The Threepenny Review*, Vol.48, pp.19~22.

Ménil, A. 2004. "Entre utopie et hérésie." in Suzanne Liandrat-Guigues and Murielle Gagnebin(eds.). *L'Essai et le cinéma*. Paris; Champ Vallon.

Moure, J. 2004. "Essai de définition de l'essai au cinéma." in Suzanne Liandrat-Guigues and Murielle Gagnebin(eds.). *L'Essai et le cinéma*. Paris: Champ Vallon.

Rascalori, L. 2009. *The Personal Camera: Subjective Cinema and the Essay Film*. London & New York: Wallflower Press.

Starobinski, J. 2003. "Peut-on définir l'essai?." in François Dumont(eds.). *Approches de l'essai. Anthologie*. Québec: Nota Bene, coll. Visées Critiques, pp.165~182.

12 영상 재현과 몽타주 기억

김백영·김민환. 2008. 「학살과 내전, 공간적 재현과 담론적 재현의 간극: 거창사건 추모공원의 공간 분석」. ≪사회와역사≫, 78권, 5~33쪽.

김용수. 2006. 『영화에서의 몽타주 이론』. 파주: 열화당.

로웬덜, 데이비드(David Lowenthal). 2006. 『과거는 낯선 나라다』. 김종원 옮김. 서울: 개마고원.

뱅상 피넬(Vincent Pinel). 2008. 『몽타주: 영화의 시간과 공간』. 심은진 옮김. 서울: 이화여자대학교출판부.

아스만, 알레이다(Aleida Assmann). 2003. 『기억의 공간』. 변학수·백설자·채연숙 옮김. 대구: 경북대학교출판부.

제프리 올릭(Jeffrey K. Olick). 2011. 『기억의 지도』. 강경이 옮김. 고양: 옥당.

태지호·정헌주. 2014. 「공적 기억의 문화적 실천으로서 〈대한민국역사박물관〉」. ≪아세아연구≫, 57권 3호, 146~179쪽.

한정선. 2008. 「상품화된 기억: 전후 일본의 전쟁 기억과 영화 '로렐라이'」. ≪역사비평≫, 82호, 374~395쪽.

Anderson, B. 1991. *Imagined Communities: Reflections on the Origin and Spread of*

Nationalism. London: Verso.

Assmann, J. 2011. *Cultural Memory and Early Civilization: Writing, Remembrance, and Political Imagination*. Cambridge: Cambridge University Press.

Bal, M. 1999. *Acts of Memory: Cultural Recall in the Present*. Hanover, NH: Dartmouth College: University Press of New England.

Erll, A. 2008. "Cultural memory studies: An Introduction." A. Erll and A. Nünning(eds.). *Cultural Memory Studies: An International and Interdisciplinary Handbook*. New York: Walter de Gruyter, pp.1~15.

Foucault, M. 1975. "Film and Popular Memory, Radical Philosophy." *Radical Philosophy*, Vol.5, No.11, pp.24~29.

Jameson, F. 1983. *The Political Unconscious: Narrative as a Socially Symbolic Act*. London, NY: Routledge.

Frye, N. 1957.. "Archetypal Criticism: Theory of Myths." *Anatomy of Criticism*, Princeton University Press.

Sobchack, T. 1997. *An Introduction to Film*. New York: Columbia University Press.

Stacey, J. 1994. "Hollywood memories." *Screen*, Vol.35, No.4, pp.317~335.

Weissberg, L. 1999. "Introduction." Weissberg L.(eds.). *Cultural Memory and the Construction of Identity*. Detroit: Wayne State University Press, pp.7~26.

찾아보기

지은이

이자혜

서강대학교 영어영문학과를 졸업하고 파리 3대학에서 공연예술학석사(영화 영상학)를 마친 후 서강대학교 신문방송학과에서 공연예술전공 박사과정을 수료했으며, 현재 동서대학교 방송영상학과 교수로 재직 중이다. 영화전문지 월간 ≪스크린≫ 기자, 방송 작가 및 기획자로 활동했으며, 현재 부산콘텐츠마켓(BCM) 자문위원 겸 전문위원으로 방송콘텐츠 기획·마케팅 아카데미의 프로그래밍을 맡고 있다.

저서로는 『방송콘텐츠 기획』, 『영상 이론과 실제』(공저), 『영상과 상호미디어성』(공저) 등이 있으며, 논문으로는 「다큐멘터리에서의 외화면 활용을 통한 리얼리즘 구현」, 「크리스 마르케의 〈Sans Soleil〉에 나타난 시간의 재현방식 연구」, 「재창조(re-invention)로서의 리메이크- 〈현기증〉의 계승과 변형으로서의 〈환송대〉」, 「에세이영화의 사유의 형상화」 등이 있다.

분야: 콘텐츠 기획, 스토리텔링, 영상학

최종한

실험영화 감독이자 연구자로 서강대학교 일반대학원 신문방송학과 박사과정을 수료했으며, 현재 세명대학교 공연영상학과 교수, 실험영화연구소 Lab eX 대표, EXiS 서울국제실험영화제 집행위원 등으로 활동 중이다. 〈Image Concerto: 사할린-제천-모스크바 프로젝트〉, 〈Le Retout a la raison〉, 〈Light Worms〉, 〈App Self-Portrait〉, 〈Watching Video(2005-2010)〉 등의 작품을 제천국제음악영화제, EXiS 서울국제실험영화페스티벌, Nemaf 서울국제뉴미디어페스티벌, KLEX(Kuala Lumpur Experimental Film, Video and Music Festival), 서울시립미술관 등에서 상영했다.

주요 논문으로는 「한국 실험영화 장르 형성 및 존재방식 연구: 1960년대 실험적 영화작업 지형도」, 「한국 실험영화 태동사 연구(1919-1979)」, 「여성 실험영화 집단 〈카이두〉 작품들에 차용된 퍼포먼스 형식 연구」가 있으며 한국연구재단 중견연구자 과제 선정(2016, 2017), KOSAS 학술상 수상(2017), 영화진흥위원회 장편독립영화 후반작업 기술지원사업(2017), 방송문화진흥회 해외연구지원사업(2018) 등에 선정되었다.

분야: 오디오 비주얼, 실험영화

태지호

건국대학교에서 문학사(역사학), 한국외국어대학교에서 문학석사(문화콘텐츠학), 서강대학교에서 영상매체학 박사(영상매체학)를 취득했고, 호서대학교 문화기획학과 겸임교수 등을 거쳐, 현재 안동대학교 사학과에 재직 중이다.

저서로는 『기억문화연구』, 『공간형 콘텐츠』 등이 있으며, 논문으로는 「문화콘텐츠 연구 방법론의 토대에 대한 모색: '문화'와 '콘텐츠'를 어떻게 다룰 것인가」, 「영화에서 드러나는 한국전쟁에 대한 집단기억과 대중기억 만들기: 〈태극기 휘날리며〉, 〈웰컴 투 동막골〉, 〈포화 속으로〉, 그리고 〈고지전〉 사례분석을 중심으로」, 「〈독립기념관〉에 나타난 '독립'의 기억과 그 재현 방식에 관한 연구」 등이 있다.

분야: 기억문화연구, 역사문화콘텐츠, 문화기획

서원태

한양대학교 연극영화학과(학사), 서강대학교 영상대학원 영상미디어학과(석사), San Francisco Art Institute 대학원 Film(M.F.A), 한양대학교 연극영화학과 영화학(박사)을 공부했으며, 현재 공주대학교 영상학과에서 영상 제작과 스토리텔링을 가르치고 있다. 극영화, 다큐멘터리, 실험영화 등 장르 구분 없이 영상 작업을 계속 하고 있으며 최근 수년간은 환경과 관련한 소재와 주제의 작품을 주로 만들고 있다.

첫 극 장편영화인 〈싱킹블루〉(2007)는 밴쿠버국제영화제 용호부문에 노미네이트 되었다. 그리고 국립아시아문화전당에서의 〈아시아의 실험영화-감독주간1 서원태〉(2016), 백남준 아트센터에서의 실험영화 상영전 'Emerging Korean Filmmakers' 등 다수의 전시에서 영상 설치및 실험영화를 소개해 왔다.

분야: 실험다큐멘터리, 스토리텔링, 실험영화

박홍열

서강대학교 물리학과, 한국영화아카데미를 졸업했으며, 한국예술종합학교 영상원에서 촬영전공으로 전문사 학위를 받았고, 서강대학교 커뮤니케이션학부에서 박사과정을 수료했다. 현재 명지대학교 영화과에 조교수로 재직 중이며, 여러 곳에서 촬영미학과 기술에 대한 강의를 하고 있고, 다큐멘터리 연출과 영화를 비롯해 200여 편의 영상작품을 촬영했다.

주요 작품으로 〈상암동 월드컵〉(2002), 〈이것은 다큐멘터리가 아니다〉(2005), 〈이것은 다큐멘터리가 아니다. 2〉와 〈하하하〉(2010), 〈밤의 해변에서 혼자〉(2017) 등 10여 편의 홍상수 감독 영화, 〈세상에서 가장 아름다운 이별〉(2011), 〈아부의 왕〉(2012), 〈찌라시-위험한 소문〉(2014), 〈간신〉(2015), 〈당신 거기 있어 줄래요〉(2016), 〈반도의 무희〉(2019) 등이 있으며,

영화 외에 CF, 뮤직비디오, 현대미술 작업까지 다양한 영상 작업에 촬영감독으로 참여 중이다.

분야: 영상촬영, 영화미학

박동애

이화여자대학교 미술대학 장식미술학과를 졸업하고, 뉴욕 FIT-SUNY(Fashion Institute of Technology-State University New York)에서 Display & Exhibit Design을 전공하여 AAS 학위를 받았다. 연세대학교 언론홍보대학원에서 「모바일 광고의 특성과 유형분석」으로 석사학위, 서강대학교 영상대학원에서 영상미디어 전공으로 박사과정을 수료했다. SAIC(School of the Art Institute of Chicago)에서 Visiting Artist로 Visual Culture에 대해 연구했다. VMD(Visual Merchandise Designer)로 일했으며 국민대, 덕성여대, 경원대, 한양대, 서울예대, 상명대 등에서 20년 동안 디자인과 디자인 경영, 영상문화 등을 강의했다. SADI(Samsung Art & Design Institute) Affiliate with Parsons School of Design 설립과 입학 담당, 디자인 교육행정 전반에 관한 일을 했다. 〈아베바디자인〉을 설립, 대표이사로 GUI와 그래픽 디자인 사업을 했다. 최근에는 영화와 영상문화에 관해 연구 중이다.

저서로는 티파니 윈도디자이너인 진 무어(Gene Moore)의 작품과 일생에 대한 『진 무어-윈도디자인의 역사를 쓰다』와 논문으로 「영화 포스터 이미지의 서사성: 영화 〈인생은 아름다워〉 사례분석」이 있다.

분야: 시각디자인, 영상문화

강승묵

한국외국어대학교에서 경영학사(무역학, 현 국제통상학), 서강대학교에서 언론학 석사(방송학), 영상매체학 박사(영상매체학)를 받았고, 호남대학교 신문방송학과를 거쳐 공주대학교 영상학과에 재직 중이며 거버너스주립대학교(미국) 방문교수를 지냈다. 극영화 연출부를 거쳐 독립제작사에서 다큐멘터리 PD와 제작자로 일한 바 있다.

저서로는 『영상학 카페』, 『문화 보기 영상 읽기』, 『작은 문화콘텐츠 만들기』(공저), 『문화저널리즘』(공저) 등이, 논문으로는 「장률 감독 영화의 영화적 공간에 구성된 기억 재현과 문화적 기억」, 「시카고 하이츠(Chicago Heights)의 영화적 공간과 기억의 터에 관한 연구」 등이, 작품으로는 〈오월, 그날이 다시 오면〉, 〈세계의 커피〉, 〈다름의 행복〉, 〈Puberty #16〉 등이 있다.

분야: 문화/영상연구, 문화/영상커뮤니케이션, 영상학, 영상 제작

한울아카데미 2198

영상 아포리아
영상이 건네는 일상·실험·기억에 관한 흥미진진한 이야기들

ⓒ 이자혜·최종한·태지호·서원태·박홍열·박동애·강승묵, 2019

지은이 ㅣ 이자혜·최종한·태지호·서원태·박홍열·박동애·강승묵
펴낸이 ㅣ 김종수
펴낸곳 ㅣ 한울엠플러스(주)
편   집 ㅣ 조인순

초판 1쇄 인쇄 ㅣ 2019년 12월 5일
초판 1쇄 발행 ㅣ 2019년 12월 10일

주소 ㅣ 10881 경기도 파주시 광인사길 153 한울시소빌딩 3층
전화 ㅣ 031-955-0655
팩스 ㅣ 031-955-0656
홈페이지 ㅣ www.hanulmplus.kr
등록번호 ㅣ 제406-2015-000143호

Printed in Korea.
ISBN 978-89-460-7198-8 93680 (양장)
      978-89-460-6834-6 93680 (무선)

넷플릭소노믹스
넷플릭스와 한국 방송 미디어

**미디어 전쟁의 서막을 연 넷플릭스,
한국에는 어떤 영향을 미칠 것인가**

IT 기술의 발달과 더불어 등장한 넷플릭스는 미디어 유통과 소비부터 미디어 기획과 생산에 이르기까지 방송의 패러다임을 바꾸면서 혁명적인 변화를 주도하고 있다. 넷플릭스가 전 세계 콘텐츠 산업에 어떠한 영향을 미치고 있는지를 체계적으로 정리한 이 책은 한국의 미디어에 미친 영향을 중점적으로 살펴보는 한편, 한국의 지상파 방송사가 넷플릭스에 어떻게 대처해야 하는지 제안한다.

KBS에서 드라마 비즈니스 매니저 및 프로듀서로 오랫동안 일해 온 저자는 2011년 미국에서 처음 넷플릭스를 접한 후 지속적으로 넷플릭스에 관심을 가지면서 자료를 모아왔다. 2015년 KBS 아메리카 사장으로 일하던 중에는 KBS 콘텐츠를 넷플릭스에 제공하기 위해 넷플릭스와 협의하면서 직간접적으로 넷플릭스를 경험하기도 했다. 이 책에서는 이 같은 저자의 다양한 경험을 토대로 넷플릭스를 전망한다.

특히 넷플릭스의 가입자, 매출, 수익, 현금 흐름 등 최신 정보를 풍부하고 상세하게 다룸으로써 넷플릭스의 전략과 잠재력을 분석한다. 또한 넷플릭스가 콘텐츠 공급을 중단키로 한 다른 미디어 기업의 대응에 어떻게 대처하는지, 글로벌 기업으로서의 전망뿐만 아니라 한국에서는 어떻게 시장을 확장하고 있는지, 향후 요금을 인상할 것인지 등 주목되는 현안에 대해 깊이 있게 논의한다.

지은이
유건식

2019년 8월 30일 발행
신국판
392면

한국대중문화예술사
문화시대를 꽃피운 열정과 저력 통찰하기

정치·사회사를 아우른 첫 대중문화예술 통사
모던 걸부터 '태양의 후예'까지 케이컬처의 뿌리를 찾아가다

이 책은 대중문화예술을 축으로 삼아 한국 근현대사를 들려준다. 시대의 공기를 날카롭게 포착해 미적으로 승화하는 대중문화예술의 역사는 자연히 정치사와 사회사를 아우른다.

지은이
김정섭

2017년 3월 8일 발행
신국판
296면

문화부 기자를 거쳐 예술대 교수로 재직 중인 지은이가 문화계를 가까이 관찰하며 연구해 온 경험을 살려 가요, 연극, 영화, 방송, 패션, 스타일, 풍속 등 한국 대중예술의 안팎을 버무렸다. 그간의 근현대사에 익숙한 독자는 새로운 역사적 사실을 알아가는 재미를 얻고, 그렇지 않은 독자는 한국 근현대사를 통합적으로 접할 수 있는 좋은 기회가 될 것이다. 이를 통해 근현대사를 바라보는 관점의 균형을 회복하고 '케이컬처' 시대 문화의 진정한 의미를 새겨볼 수 있다.

『한국대중문화예술사』가 문화사만 강조하는 책은 아니다. 정치적·사회적 배경을 포함한 시대의 전체적 흐름 속에서 대중문화의 역사를 파악하도록 이끈다. 저자는 이를 위해 각 장에 덧붙인 시대별 '정치·사회 미리보기'와 '대중문화예술 연표'에도 공을 들였다.

알렉산드르 소쿠로프
폐허의 시간

베니스 국제영화제 황금사자상에 빛나는 〈파우스트〉 감독
현존하는 러시아 최고의 시네아스트
알렉산드르 소쿠로프 입문서

"러시아 영화의 새로운 희망이 나타났다."
_ 안드레이 타르콥스키(Andrei Tarkovsky)

이 책은 베니스 국제영화제에서 최고의 영예를 안았음에도 우리에게는 여전히 생소한 러시아 영화감독에 대한 일종의 입문서이다. 2000년 전주국제영화제에서 〈러시아 엘레지〉가 상영되면서 우리나라에 소개된 러시아 영화감독 알렉산드르 소쿠로프는 1980년대 후반부터 급변하기 시작한 러시아 영화계의 새로운 경향을 대표하는 인물이다.

시장 원리가 지배하는 1990년대 이후 러시아 영화계에서 비타협적으로 작업하고 있는 그는, 거의 편집하지 않는 관조적 시선의 롱테이크 미학을 작품에 도입했다. "시간의 흐름은 신의 영역에 놓인 그 어떤 수수께끼"라고 말하는 소쿠로프의 미학은 시간을 의식적으로 조작하거나 단절시키는 것이 아니라 '시간의 흐름'을 영상에 담아내는 것이다.

문학과 회화, 음악에 관한 풍부한 소양 위에 구축된 독특한 영상 미학과 삶과 죽음, 시간의 기억에 대한 철학적 주제를 느리고 사색적인 카메라를 통해 담아내는 그의 영화는, 영화가 줄거리와 인물의 대사에 의존하지 않고도 뛰어난 미학적 성취를 이룰 수 있다는 것을 보여준다.

엮은이
이지연·홍상우

2015년 11월 16일 발행
변형크라운판
272면